진실을

외쳐라

케리 케네디(Kerry Kennedy Cuomo) 지음 | 에디 애덤스(Eddie Adams) 사진 | 이순희 옮김

뿌리와
이파리

헌 사

멕시코에서 인권운동에 앞장서다 목숨을 잃은 디그나 오초아,
그리고 우리에게 성자가 되는 법이 아니라
온전한 인간이 되는 법을 가르쳐준
익명의 활동가들과
널리 알려지지 않은 모든 사람에게 바친다.

나의 아이들 카라, 마리아, 미카엘라에게
그리고 여러분의 아이들에게 바친다.

—케리 케네디—

내가 사랑하는 가장 아름다운 여성,
나이 아흔일곱의 애들레이드 수프라노 애덤스,
인생의 의미를 깨닫게 해주신 어머니께 감사드린다.

—에디 애덤스—

이 책의 제작, 이에 따른 연극과 인권교육, 웹사이트 www.speaktruth.org 등을 후원해주신 개인과 단체는 다음과 같다.

Daniel and Ewa Abraham, Tom Adams and Jeanna Lavan, Elliot Broidy, Peter L. Buttenwieser,
Ron and Beth Dozoretz, Gail and Al Engelberg, Tom Gibson, Jane and Mark Hirsh, Matt Gohd Family Foundation, David and Storrie Hayden,
Alexandra, Teddy, and Audrey King, Sidney Kimmel, Cheryl and Hani Masri, Lynne O'Brien, The Pittman Family Foundation, Joseph E. Robert, Jr.,
Robert H. Smith, Mary and Steven Swig, Carrie Trybulec, Vardis and Marianna Vardinoyannis, Agnes Varis and Agvar Chemicals Inc., Kevin Ward, Lou Weisbach, and Dirck and Daniel Ziff;
Assemblages.com, Inc., The Arca Fund, Apotex Corporation, Byron Chemical Company, Inc., Cabell Brand, Coudert Brothers, Faulding Pharmaceuticals, The Paul and Phyllis Fireman Fund,
The Fleet Foundation, Eshare communications, Furthermore, the publication program of The J. M. Kaplan Fund, The Marjorie Kovler Fund, KRKA, d.d.,
The General Motors Foundation, Global Emerging Markets North America, Inc., Impax Laboratories, Inc., The John F. Kennedy Center for Performing Arts,
The Joseph P. Kennedy, Jr. Foundation, The Robert F. Kennedy Memorial, NOVO MESTO, The Open Society Institute, Ranbaxy Pharmaceuticals, Inc.,
The Reebok Foundation, Samson Medical Technologies, L.L.C., Screamingmedia Inc., The Beatrice Snyder Foundation, Stonyfield
Farm; American Airlines, Arti Transcribers, Four Seasons Hotels, Marriott Hotels,
Northwest Airlines, Starwood Hotels, Umbrage Editions, United Airlines.

한국어판 서문

케리 케네디 여사가 전 세계를 돌면서 51명의 유명 또는 무명의 인권운동가를 접촉하고 발굴한 책 『진실을 외쳐라』를 대하면서 감회가 깊다.

케네디 여사는 유복한 가정 출신으로 인권이 잘 보장된 미국에 살면서도 세계의 고통받고 학대받는 인권운동가들을 만나 그들의 피나는 투쟁사를 엮어낸 데 대해서 존경과 칭찬의 심정을 금할 수가 없다. 그리고 케네디 가의 사람들인 고 케네디 대통령, 고 로버트 케네디 상원의원, 에드워드 케네디 현 상원의원, 케리 케네디 여사 등 모두 줄을 이어서 세계에서의 정의와 인권의 신장에 헌신한 데 대해서도 감동을 느낀다.

이 세계에는 인권과 민주주의를 위해서 투쟁하면서 희생된 사람이 얼마나 많은가. 그리고 거룩한 희생에도 불구하고 빛을 보지 못한 사람들 또한 얼마나 많은가. 이 책은 그런 사람들에게 빛을 던져주는 가장 중요한 업적이라 할 것이다.

나는 1983년 로버트 케네디 인권재단에 고문으로 취임했으며, 그 고귀한 목적에 깊은 감동을 받은 바 있다. 나는 귀국 후에 현 여당의 지도자인 김근태 의원을 추천하여 로버트 케네디 인권상을 받도록 하는 데 힘쓴 바 있다. 김근태 씨에 대한 인권상 수여는 가장 적절한 조치였다. 김근태 씨는 군사정권의 살인적인 고문과 박해를 초인적인 용기로 극복하고 살아나온 사람이다. 오늘의 김근태 씨가 있는 데는 로버트 케네디 인권상 수상이 상당한 기여를 했다고 본다.

나는 1950년대부터 1990년대까지 독재정치에 항거하면서 온갖 박해를 받았다. 납치, 사형언도, 6년간의 투옥, 계속되는 연금과 망명생활 등 권력에 의한 박해는 그칠 날이 없었다. 견디기 어려운 고통도 많았고, 죽음을 앞두고 끈질기게 시도된 군사독재에 대한 협력의 압력도 매우 거세게 이루어졌다. 그러나 나는 한 번도 굴복하거나 투쟁을 포기한 일이 없었다. 그것은 내가 믿는 하느님에 대한 신앙이 나를 뒷받침해주었기 때문이다. 우리 국민에 대한 나의 확고한 신뢰는 우리 국민들이 반드시 민주주의를 성취하고야 말 것이라는 믿음에 큰 힘이 되었다.

군부는 나에게 군사재판에서 사형을 언도해놓고 '협력하면 살려주겠다, 정부 요직에 등용하겠다'고 설득했다. 나는 그들에게 대답했다. "내가 당신들과 지금 타협하면 나는 일시적으로 살겠지만, 우리 국민과 역사 속에서 영원히 죽는다. 그러나 내가 당신들과 타협하지 않으면, 지금 일시적으로는 죽지만 국민과 역사 속에 영원히 살 것이다. 나는 그러한 영원히 사는 길을 택하겠다"고 그들의 요구를 거절한 바 있다. 나는 국민의 열화와 같은 구명운동 덕택으로 목숨을 건졌고, 그 이후 대통령이 되고 노벨평화상 수상자가 될 수 있었다.

나는 대통령이 된 이후 우리나라의 민주주의 완성을 위해서 최선의 노력을 다했다. 독재정권에 의해 의문의 죽음을 당한 많은 사건을 조사해서 진상을 밝혀왔다. 민주화운동 유공자들을 포상하고 그 명예를 회복시켰다. 여성의 권리를 크게 회복시켰고, 노동조합 활동의 자유를 보장했다. 국제적 기준에 합당한 국가인권위원회를 만들었고 지금 활발히 운영되고 있다. 이제 한국은 국제 인권단체로부터도 인권국가로서 손색이 없다는 평가를 받고 있다. 이와 같이 대한민국이 인권국가가 될 수 있었던 것은 우리 국민들의 민주주의에 대한 불굴의 투쟁과 정치인, 지식인, 학생, 노동자, 농민 등 많은 사람들의 희생을 무릅쓴 투쟁의 결과다.

지금 한국에서는 반대파와 소수의 의견이 자유롭게 개진되고 있다. 또한 다수의 의견이 존중되는 민주주의가 활발히 진행되고 있다. 한국 국민의 역량은 이 땅에 손색없는 민주국가를 실현시키고 있다. 그러한 민주역량이 힘을 발휘하여 한국이 시장경제 강국으로 등장하여 세계 10대 경제강국의 대열에 서게 만들고 있다. 국민의 힘과 협력은 외환위기를 극복하게 만들었고, 21세기 지식정보화 시대의 선두대열에 참여하게 만들었다. 한국의 문화예술의 성공은 한류의 흐름 속에 한국의 문화예술이 동아시아로부터 전 세계에 뻗어나가게 하고 있다. 거기에다 60년 동안 분단된 남북관계를 화해협력의 길로 이끌어가는 햇볕정책은 튼튼한 자리를 잡아가고 있다. 이 모든 것이 국민의 적극적인 참여 속에 이루어진 인권국가의 바탕 위에서 성취된 것이다.

이러한 한국의 발전은 세계 각국의 지원과 협력에 힘입은 바 크다. 특히 미국의 민주인사와 국민들의 성원은 우리에게 많은 영감을 주고 그리하여 우리 국민의 힘으로 민주주의를 성취하고 정치, 문화, 경제, 남북화해 등 각 분야에 빛나는 발전을 보게 하고 있다. 그러한 성원 속에 케네디 일가의 격려가 크게 자리잡고 있다. 우리는 앞으로도 세계 각국의 민주인사, 그리고 로버트 케네디 인권재단 같은 기구와 협력하여 세계적 인권 발전에 동참하고 기여해야 한다고 생각한다. 케리 케네디 여사의 저서 『진실을 외쳐라』가 한국의 독자에게서 많은 공감을 얻게 될 것을 믿어 의심치 않는다. 이 책의 출판이 큰 성공을 이루기를 바라 마지않는다.

2006년 5월

김대중

(대한민국 15대 대통령, 2000년 노벨평화상 수상자)

서문

케리 케네디

요즘에는 영웅은 더 이상 존재하지 않는다는 한탄을 자주 듣는다. 많은 사람들에게서 볼 수 있는 냉소주의와 절망적인 태도를 도덕적 용기가 소멸했다는 증거로 여기는 사람들도 꽤 많다. 하지만 잘못된 생각이다. 세계 곳곳에는 용기와 열정을 가지고 숭고한 목적에 헌신하는 사람들이 많이 있다. 나는 2년 동안 5대륙, 40여 개국을 다니면서 남달리 용맹스러운 삶을 살아온 51명의 사람들을 만났다. 나는 그들에게서 용기의 가치와 본질에 대한 이야기를 들었고, 그 속에서 희망과 영감, 그리고 좀 더 나은 세계를 향한 전망을 발견했다.

이 책에는 스페인의 발타사르 가르손, 체코공화국의 바츨라프 하벨, 미국의 헬렌 프리진 수녀와 매리언 라이트 에델먼, 방글라데시의 무함마드 유누스, 노벨상 수상자 달라이라마, 데스먼드 투투 대주교, 엘리 비젤, 오스카 아리아스 산체스, 리고베르타 멘추 툼, 호세 라모스 오르타, 그리고 바비 멀러의 삶과 활동이 담겨 있다. 하지만, 많은 이들이 칭송받기는커녕 (아직은) 이름조차 잘 알려지지 않은 채 온갖 어려움을 무릅쓰며 자신의 나라 안팎에서 인권운동에 몸바치고 있는 인권운동가들이다. 케냐의 환경운동 및 여성운동가 왕가리 마타이, 성노예였다가 노예제 폐지운동에 뛰어든 가나의 줄리아나 도그바드지, 가정폭력 방지운동을 벌이고 있는 러시아의 마리나 피스클라코바, 정신장애자 인권옹호운동에 앞장선 헝가리의 가보르 곰보스, 파키스탄의 인권변호사 아스마 자한기르와 그의 여동생 히나 질라니가 그러한 사람들이다.

이 수많은 영웅들은 생명의 위협과 투옥, 신체적인 가해와 같은 개인적인 경험을 통해서 인권유린에 대한 깊이 있는 인식을 가지게 되었다. 하지만 이 책은 이들이 겪었던 경험만을 기록한 책은 아니다. 이들은 한결같이 용기와 가능성과 변화에 대한 확신을 가지고 있으며, 자신들이 헌신하고 있는 대의를 설득력 있게 설명하고 있다. 이들은 의사표현의 자유나 법치주의, 환경보호, 담보노동 철폐, 자본에 대한 접근권, 적법절차의 권리, 여성의 권리, 혹은 종교의 자유를 위해 기꺼이 목숨을 바칠 자세가 되어 있다. 이들은 마틴 루터 킹과 마찬가지로 변화의 불꽃을 밝히는 귀중한 능력을 발휘하여 감격스러운 위업을 성취한 사람들이다.

이 책에서는 인권운동가들을 만나 나눈 이야기들을 그들 자신의 목소리로 표현했다. 독자들은 이 책을 읽으면서 여러 가지 근본적인 의문이 일 것이다. 성공할 가능성도 거의 없고 개인적으로 감수해야 할 고통도 치명적인데도, 투옥과 고문, 죽음을 겪으면서 그 길을 걷는 까닭은 무엇일까? 왜 그 길에 뛰어들었을까? 왜 그 길을 계속 걷고 있을까? 우리는 이런 의문들에 대한 대답 속에서 불의와 맞서는 순간에 뿜어져나오는 연민과 의지, 그리고 결단의 힘을 확인할 수 있다.

나는 개인적으로 이런 근본적인 의문에 특별히 관심이 끌린다. 어린 딸 셋을 둔 어머니로서 내가 궁금한 것은 이들과 비슷한 태도를 지니도록 딸들을 격려할 수 있는 방법이 있는가 하는 것이다. 아니면, 도덕적 용기란 특별한 사람들이 타고나는 것이니 나머지 사람들은 얼렁뚱땅 살아가면 되는 것인가? 능력을 적게 타고 난 사람이라면 책임에서 벗어날 수 있는 걸까? 죄인이라는 딱지를 달고서 성인이 되려고 노력하는 것이 과연 의미가 있는 걸까?

돌이켜 생각해보면, 개인이 어떤 결심을 하고 어떤 삶을 선택하는 과정은 대단히 복잡한 것이었다. 나는 19년 동안 인권운동을 해오면서 꼭 닮고 싶은 존경스러운 활동가들을 만났고, 반드시 짚어보고 싶은 문제들과 마주쳤으며, 엄청난 불의를 저질렀으므로 폭로하고 비난해야 마땅한 나라들을 보았다. 나는 전 세계의 인권운동조직에 연락해서 각 나라와 각 지역사회에서 극적인 변화를 일으킨 사람들을 추천해달라고 부탁했다. 내가 애초에 잡은 목표는 세계 각지에 이런 활동들이 존재한다는 사실, 이런 활동에 참여하는 사람들이 대단히 많다는 사실을 소개하는 것이었다. 마침내 불굴의 자신감과 사심 없는 겸손함을 완비한 인권운동가들이 선정되었다. (물론 백과사전 한 권을 빼곡 메울 만한 업적을 이룬 또 다른 '영웅들'

도 많다.) 그런데 이들을 직접 만나다 보니 머릿속에서 몇 가지 주제가 뚜렷하게 정리되었다.

내가 만나본 활동가들은 대부분 신앙심이 깊었다. 대부분의 사람들이 종교를 가지고 있었고, 언젠가는 종교에 귀의하고 싶다는 포부를 밝힌 사람도 있었다. 여섯 명(달라이라마, 데스먼드 투투, 위싸 주교, 디그나 오초아, 다이애너 오르티스, 헬렌 프리진)은 실제로 종교에 몸담고 있었다. 한편 외부적인 어떤 힘 때문에 인권운동에 뛰어들게 되었다고 밝힌 사람들도 많았다. 줄리아나 도그바드지는 이것을 '천직'이라고 일컬었고, 데스먼드 투투 대주교는 그것을 옛 예언자들의 '소명' 과 비교했다. 파우지야 카신자는 "모든 일이 일어나는 데는 어떤 목적이 있다. 내가 석방된 것은 하늘의 뜻이었다"고 말했다.

특이한 사실은 인권운동가들 대부분이 강한 내적 확신과 추진력이 있었기에 절망의 순간에도 포기하지 않을 수 있었다고 밝혔다는 점이다. 가보르 곰보스는 "내 앞에는 다른 대안이 없었다. 이 일을 맡아 나 자신을 되찾을 수 있는 기회를 잡는 것밖에는. 그렇지 않고 이 일을 뿌리친다면 나 자신을 되찾을 기회는 영원히 사라지게 될 것이다"고 말했다. 카 사 와는 학창시절의 친구들이 돈과 박사학위를 가지고 미국에서 돌아오는 모습을 지켜보면서, "나는 지금 뭘 하고 있는 거지? 나에게는 아무 것도 없다. 그렇다고 주민들의 고통을 덜어주는 일을 제대로 하고 있는 것 같지도 않다. 나의 무능력이 안타깝다"고 생각한 적이 있었다. 하지만 마침내 그는 "하지만 내가 등을 돌리면 누가 이 일을 하지" 하는 깨달음을 얻고 자기비하를 극복했다. 후손들에게 정치적인 권리를 되돌려주기 위해 활동하고 있는 하페즈 알 사예드 세야다와 즈비그니에프 부야크는 "우리가 안 하면 할 사람이 누가 있겠는가"라는 말로 비슷한 생각을 표현했다. 코이기 와 왐웨레는 인권운동가가 걸어야 하는 길이 얼마나 험난하며 일단 그 결과를 알고 난 후에는 투쟁으로 돌아오기가 얼마나 어려운지 이야기했다. 하지만 그는 호세 라모스 오르타와 마찬가지로 "나에게 계속 투쟁하라고 말해주는 사람들의 정신"을 잊지 않고 그 길을 걸어갔다. 바츨라프 하벨과 리고베르타 멘추 툼과 같이, 자신을 숙명적인 사건들을 겪은 반체제인사로 묘사하는 사람들도 있다. 해리 우는 "일단 망명을 한 이상 남은 인생을 즐겼어야 하는 게 아닐까? 나는 왜 중국으로 다시 돌아가야 했는가? 나는 남은 삶을 즐기려고 했다. 하지만 사람들이 해리 우를 영웅이라고 할 때는 죄책감이 심해졌다"는 말로 개인이 감당해야 할 희생이 얼마나 가혹한 것인지 분명하게 알려준다. 웨이징성은 "거대한 억압자와 대치하는 경우, 조국에 대한 사명과 개인의 삶 사이에 균형을 유지하기란 불가능하다. 우리는 고통받는 사람들과 함께해야 할 책임이 있다. 우리가 저항하지 않는 한, 억압자는 결코 우리의 존재를 허용하지 않는다. 자신의 인생을 더 큰 의무에 헌신하는 방법밖에는 없다"는 말로 더 큰 대의를 위해 사심을 버려야 한다는 생각을 밝혔다. 모든 인권운동가들은 다른 사람들에 대해 유달리 깊이 공감하는 능력을 지니고 있다. 달라이라마는 이것을 연민이라고 부르는데, 연민이 깊은 사람에 대해 이렇게 설명한다. "다른 사람의 고통을 묵묵히 지켜보는 것은 갈수록 견디기 어려워지고, 자신의 행동이 결코 해악을 야기하지 않는지 확인하기 위해서 하는 일은 갈수록 많아질 것이다."

다른 사람에 대해 깊은 연민을 느끼는 능력이 개발되는 계기는 여러 가지다. 여러 활동가들이 자신의 사회의식을 각성시킨 최초의 사건이나 순간들에 대해 이야기했다. 어린시절에 불의와 마주쳤던 경험을 이야기하는 사람들도 많았다. 디그나 오초아는 노조활동을 하던 아버지가 납치되었지만 돈이 없어 변호사의 도움을 받을 수 없었던 이야기를 했고, 라지 수라니는 젊었을 때 군인들이 학생들을 때리고 총으로 쏘는 것을 보았다고 말했다. 파트리아 히메네스는 동성연애자들에 대한 가족들의 편협한 태도와 동성연애자라는 편견에 시달려야 했던 자신의 경험을 털어놓았다.

자연스럽게 반체제의식과 불의에 항거하고자 하는 욕망을 지니게 되어 조직의 성원으로서 오랜 압제를 견디고 있는 활동가들도 많다. 매리언 라이트 에델먼과 줄리아니 도그바드지가 그런 경우다. 그런가 하면, 자신이 속하지 않는 공동체에서 벌어지는 불의를 보고 정의 실현을 위해 나선 사람들도 있다. 브루스 해리스와 헬렌 프리진 수녀가 그런 경우다. 또 사회의 엘리트층으로 안락을 누리며 살다가 동료들이 저지른 불의를 바로잡기 위해서 국외추방보다 더한 고통까지 감수했던 사람들도 있다. 나타샤 칸디츠, 카일라시 사티아르티, 그리고 무함마드 유누스가 그런 경우다.

인권운동가들 중에는 고문과 살해의 협박, 학대, 구금, 투옥 등의 경험을 가진 사람들이 상당히 많다. 하지만 이들은 간곡히 요청하지 않으면 이런 경험을 공개하지 않는다. 다이아나 오티스가 "고문실에 다시 들어가는 걸 원하는 사람은 아무도 없다"고 말했듯이, 과거의 고통을 기억하고 싶지 않기 때문일 수도 있다. 하지만 그것 말고도 여러 가지 이유가 있다. 라지 수라니는 "우리는 단호하게 피의자를 보호해야 하며, 박해를 가하는 사람들에게 맞서는 일을 포기하지 않을 만큼 용감해야 한다"고 말했다.

나는 인권운동가들의 다양한 목소리와 동기 속에서 두 가지의 공통된 주제를 발견했다. 그 중 하나는 유머감각을 유지하는 집중력이었다. 바츨라프 하벨은 이 주제에 관해서 "인간이 되고 싶다면, 어느 정도 거리를 유지해야 하고, 거리를 유지하기 위해서는 모든 사람의 행동에는 어느 정도 불합리한 요소가 있다는 것을 인정해야 한다"고 말했다. 아스마 자한기르는 겁이 날 때마다 친구들을 초대하여 "유쾌한 시간을 갖는다"고 말했다. 브루스 해리스는 과테말라에 있던 자신의 사무실에 기관총 공격이 가해진 후 코브넌트하우스 뉴욕 본부로부터 방탄조끼를 받았는데, 거기에는 방탄효과가 없으면 환불해준다는 보증서가 들어 있더라며 웃었다. 또 하나의 주제는 정당한 분노의 역할이었다. 공포를 극복하는 힘의 원천이 무엇이냐는 질문을 던지자, 진실의 순간에 느꼈던 평온에 대해 이야기하는 사람들이

많았다. 서구 유럽사회의 여성들은 흔히 분노를 억제하도록 교육을 받지만, 디그나 오초아는 가해자의 만행에 대한 분노 때문에 공포를 극복할 수 있었다고 한다. 분노가 고귀한 목적을 위해서 쓰였던 것이다. 노예노동으로 건설된 피라미드에는 "목청을 높여 싸울 만큼 화가 난 사람은 아무도 없다"는 오래된 낙서가 새겨져 있지만, 인권운동가들은 불의에 대한 분노 때문에 목청을 높여 싸우고 있는 것이다.

막강한 권력이 가로막고 있지만, 인권운동가들은 대부분 낙천적이다. "우리의 신은 '뭐, 할 수 없지'라고 말하지 않는다. 신은 '일어나라!'고 하면서 우리 몸에 묻은 흙을 털어주고, '다시 한 번 해봐!'라고 말한다"는 투투 대주교의 말은 이런 태도를 강조하고 있다. 이런 자세는 어쩌면 낙관적이라기보다 희망에 가득 찬 태도라고 할 수 있을 것이다. 인권운동가들은 다가올 변화에 대해 상당히 실용적이고 현실적인 태도를 가지고 있으며, 자신이 처한 어려움을 분명히 인식하고 있다. 그러나 이들은 지칠 줄 모르고 바위를 언덕 위로 굴려올린다. 오스카 아리아스 산체스는 이렇게 말한다. "이 세계는 우리에게 생과 사를 넘나드는 비참한 투쟁을 강요하고 있다. 인생을 어떻게 살 것인가, 어떤 사람이 될 것인가에 대해 결정을 내리는 것은 아주 중요한 의미를 가진다. 나는 누구나 삶의 편에 서야 한다고 믿는다. 우리가 정의를 위해서 활동하는 것은 큰 승리를 거두기 위한 것이 아니라 그 투쟁에 가담하는 것이 보람된 것이기 때문이다."

사회정의를 추구하는 사람들은 목표에 대한 공통된 의식을 지니고 있다. 매리언 라이트 에델먼은 "신이 우리를 이 땅에 태어나게 한 까닭을 밝히기 위해서는 신이 우리의 영혼에 놓아둔 주머니 속을 뒤져야 한다"는 키에르케고르의 말을 인용한다. 인권운동가들을 만나보면 그들이 자기 인생의 의미를 발견하고 자신에게 주어진 과업을 위해 헌신하고 있다는 것을 깨닫게 된다. 우리가 인권운동가들을 만날 때 느끼는 고결한 정신력과 평온함은 만족감과는 전혀 다른 것이다. 인권운동가들에게도 꿈이 있다. 아부바카르 술탄은 "나는 언젠가는 아이들이 아이로 대우

받으며 인간으로서 누려야 마땅한 모든 기회를 누릴 수 있는 세상이 되기를 바란다"고 말했다. 이것은 이 책에 소개된 모든 사람들이 품고 있는 희망이다. 정부에 맞서는 이들은 우리에게 육체적인 안락을 넘어서서 더욱 고결한 뜻을 품으라고, 더욱 정의롭고 더욱 공평한 세상을 목표로 삼으라고 요구한다. 달라이라마는 자신의 나라를 짓밟고 동포를 학살한 사람들을 살인강도라고 생각하지 말고, 용서와 자비를 베풀어야 할 인간이라고 생각하라고 한다. 정책방침이나 통계가 아니라 인간적인 차원에서 볼 때, 사랑에 대한 이런 관점은 다른 사람들의 인생이 우리의 행동으로 인해서 변화될 수도 있고, 우리가 행동에 나서지 않음으로 인해서 타락할 수도 있다는 것을 보여준다.

인권유린은 어둠을 틈타, 어둑하고 외떨어진 곳에서 일어나는 경우가 많다. 그렇기 때문에 인권유린을 규탄하는 목소리들이 더욱 절실히 요구된다. 인권을 짓밟히고 있는 수많은 사람들에게 있어 가장 흉악한 적은 고립이며, 만행에 대한 폭로만이 유일한 희망이다. 우리는 인권유린에 대해 국제적인 관심을 불러일으키고, 짓밟히고 있는 사람들을 이해하고 염려하는 공동체의 범위를 넓혀야 한다. 이것만이 실종을 막고, 계속되는 고문을 그치게 하고, 목숨을 구할 수 있는 방법이다. 직접 행동에 나서거나 참여를 하거나 기부금을 보내거나 더 많은 정보를 원하는 독자들을 위해서 이 책의 끝부분에 인권운동가들과 인권단체들의 연락처를 밝혀 두었다. 항의하는 목소리들이 많아질수록, 변화의 가능성은 커진다. 인간의 정신을 고양시키는 일은 측정하기는 어렵기는 하지만 대단히 가치 있는 일이다.

모잠비크의 소년 병사들을 구하는 일에 여러 차례 목숨을 걸었던 아부바카르 술탄은 활동을 계속하는 이유를 이렇게 설명했다. "나는 사람이고 다른 사람들이 위험 속에 있다. 자신과 가까운 사람들이 고통받는 사람들보다 안전한 상태에 있다면, 우리는 자신이 누리는 특권의 일부를 희생해야 한다. 그 이유를 설명하는 건 어렵다. 아마 내면에 일종의 재능을 지니고 있는 건지도 모른다." 내가 디그나 오

초아를 만나고 나서 2년 뒤인 2001년 10월 19일, 오초아는 총으로 무장한 남자들의 습격을 받아 사망했다. 암살범들은 활동을 계속하는 다른 인권운동가들도 비슷한 최후를 맞게 될 거라고 경고했다. 그녀의 죽음은 라틴아메리카 전역을 충격으로 몰아넣었다. 멕시코에서는 그 충격의 여파가 특히 커서, 70년간의 일당독재가 끝나고 멕시코의 인권상황 개선을 내건 빈센트 폭스 대통령의 집권으로 이어졌다. 암살범들은 잡히지 않았지만, 그녀의 뒤를 이은 인권운동은 여전히 계속되고 있다. 인권분야에서 활동하는 사람들은 자신의 활동의 중요성과 가치에 대한 확신을 가지고 활동해야 한다. 이런 맥락에서 사람들이 성공을 어떻게 판단하는지는 알 수 없다. 나는 인권운동가들의 말을 기록하고 편집한 사람들, 그리고 책의 형태로 이 글을 읽었던 수많은 사람들의 반응을 보면서, 인권운동가들의 말을 읽은 경험이 쉽게 잊혀지지 않는 변화의 원동력을 제공한다는 것을 알게 되었다. 신념을 위해 목숨을 바친 디그나 오초아와 같은 영웅들을 만난 경험은 독자들과 목격자들로 하여금 자기 내면의 재능을 발견하고 나아가 자신이 몸담고 있는 사회와 세계를 변화시킬 수 있게 할 것이다.

내가 그 안에서 자라난 유대-기독교의 전통에서는, 교회마다 천정에는 예언자들이, 스테인드글라스에는 성인들이 그려져 있다. 그 예언자들과 성인들은 감히 근접할 수 없는 초인이었으므로, 우리는 그들이 겪었던 어려움을 짊어져야 한다는 부담에서 벗어날 수 있었다. 하지만 여기 소개하는 사람들을 비롯한 수많은 인권운동가들은 지금 이 땅에, 바로 우리 곁에 살아 숨쉬고 있는 이들이다. 거대한 위험에 맞선 이들의 결단과 용기와 헌신은 우리에게 더욱 정의로운 사회를 위해서 횃불을 들고 나서라고 촉구한다. 오늘 우리 앞에 이들이 있다는 것은 축복이다. 그들은 어떻게 하면 성인이 될 수 있는지가 아니라, 어떻게 하면 완전한 인간이 될 수 있는지를 가르쳐주는 스승이다.

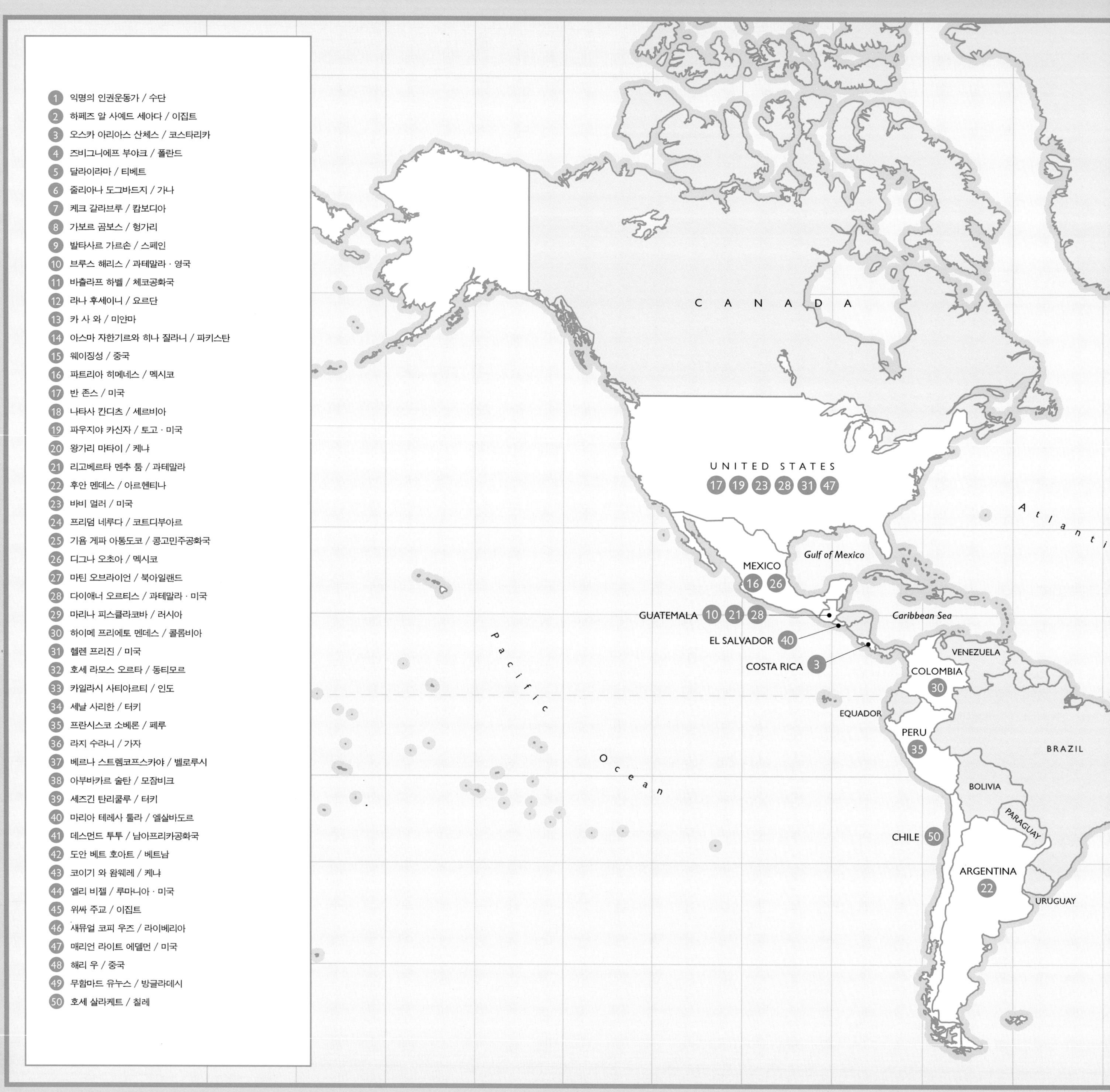

1 익명의 인권운동가 / 수단
2 하페즈 알 사예드 세아다 / 이집트
3 오스카 아리아스 산체스 / 코스타리카
4 즈비그니에프 부야크 / 폴란드
5 달라이라마 / 티베트
6 줄리아나 도그바드지 / 가나
7 케크 갈라브루 / 캄보디아
8 가보르 곰보스 / 헝가리
9 발타사르 가르손 / 스페인
10 브루스 해리스 / 과테말라 · 영국
11 바츨라프 하벨 / 체코공화국
12 라나 후세이니 / 요르단
13 카 사 와 / 미얀마
14 아스마 자한기르와 히나 질라니 / 파키스탄
15 웨이징성 / 중국
16 파트리아 히메네스 / 멕시코
17 반 존스 / 미국
18 나타사 칸디츠 / 세르비아
19 파우지야 카신자 / 토고 · 미국
20 왕가리 마타이 / 케냐
21 리고베르타 멘추 툼 / 과테말라
22 후안 멘데스 / 아르헨티나
23 바비 멀러 / 미국
24 프리덤 네루다 / 코트디부아르
25 기욤 게파 아통도코 / 콩고민주공화국
26 디그나 오초아 / 멕시코
27 마틴 오브라이언 / 북아일랜드
28 다이애너 오르티스 / 과테말라 · 미국
29 마리나 피스클라코바 / 러시아
30 하이메 프리에토 멘데스 / 콜롬비아
31 헬렌 프리진 / 미국
32 호세 라모스 오르타 / 동티모르
33 카일라시 사티아르티 / 인도
34 세날 사리한 / 터키
35 프란시스코 소베론 / 페루
36 라지 수라니 / 가자
37 베르나 스트렘코프스카야 / 벨로루시
38 아부바카르 술탄 / 모잠비크
39 세즈긴 탄리쿨루 / 터키
40 마리아 테레사 툴라 / 엘살바도르
41 데스먼드 투투 / 남아프리카공화국
42 도안 베트 호아트 / 베트남
43 코이기 와 왐웨레 / 케냐
44 엘리 비젤 / 루마니아 · 미국
45 위싸 주교 / 이집트
46 새뮤얼 코피 우즈 / 라이베리아
47 매리언 라이트 에델먼 / 미국
48 해리 우 / 중국
49 무함마드 유누스 / 방글라데시
50 호세 살라케트 / 칠레

CANADA
UNITED STATES
17 19 23 28 31 47
Gulf of Mexico
MEXICO
16 26
GUATEMALA 10 21 28
Caribbean Sea
EL SALVADOR 40
COSTA RICA 3
VENEZUELA
COLOMBIA
30
EQUADOR
PERU
35
BRAZIL
BOLIVIA
PARAGUAY
CHILE 50
ARGENTINA
22
URUGUAY
Pacific Ocean
Atlantic

NORTHERN IRELAND 27
IRELAND
GREAT BRITAIN
NORWAY
SWEDEN
FINLAND
CZECH REP. 11
GERMANY
POLAND 4
FRANCE
ITALY
PORTUGAL
SPAIN 9
HUNGARY 8
Med. Sea
SERBIA 18
BULG.
GREECE
Black Sea
BELARUS 37
ROMANIA 44
UKRAINE
TURKEY 34 39
SYRIA
GAZA 36
EGYPT 2 45
JORDAN 12
IRAQ
IRAN
Caspian Sea
TURKMEN.
RUSSIA 29
KAZAKHSTAN
UZBEK.
KYRG.
MONGOLIA
AFGHAN.
TIBET 5
CHINA 15 48
NEPAL
N. KOREA
S. KOREA
JAPAN
MOROCCO
ALGERIA
LIBYA
MAURITANIA
MALI
NIGER
CHAD
SUDAN 1
Red Sea
SAUDI ARABIA
YEMEN
OMAN
PAKISTAN 14
INDIA 33
Arabian Sea
SRI LANKA
BANGLADESH 49
BURMA 13
LAOS
THAILAND
VIETNAM 42
S. China Sea
TAIWAN
Philippine Sea
PHILIPPINES
CAMBODIA 7
LIBERIA 46
CÔTE D'IVOIRE 24
GHANA 6
TOGO 19
NIGERIA
GABON
CAMEROON
CENT. AFRICAN REP.
DEM. PEP. OF THE CONGO 25
ETHIOPIA
SOMALIA
KENYA 20 43
TANZANIA
Indian Ocean
MALAYSIA
BORNEO
INDONESIA
EQUATOR
EAST TIMOR 32
ANGOLA
ZAMBIA
NAMIBIA
BOTSWANA
ZIMBABWE
MOZAMBIQUE 38
MADAGASCAR
SOUTH AFRICA 41
AUSTRALIA
Ocean
© 2006 Jeffrey L. Ward

아부바카르 술탄
ABUBACAR SULTAN

모잠비크

소년 병사

"병사들은 오두막에서 빠져나오는 가족들을 아이의 눈앞에서 총으로 쏜 다음 칼로 난자했다. 아이는 자기 인생의 최악의 순간을 나에게 털어놓았다."

모잠비크 내전(1895~1992) 동안 25만 명의 어린이가 난민이 되고, 20만 명의 어린이가 고아가 되었으며, 10만 명 이상의 어린이가 강제징집되어 전투에 투입되었다. 정부군과 반군이 교전하는 경우는 드물었고, 전투는 거의 비무장 민간인들만을 상대로 벌어졌다. 잔학무도한 전쟁이 이어지는 동안 아부바카르 술탄은 길이 닦이지 않은 지역까지 전국 곳곳을 소형 비행기를 타고 다니며 전쟁으로 고통받는 어린이들을 구조했다. 그가 구조했던 여섯 살에서 열세 살까지의 어린이들은 가족과 이웃이 만행에 희생되는 것을 목격했거나, 혹은 그런 만행에 가담했던 아이들이었다. 술탄은 날마다 엄청난 위험에 목숨을 내걸어야 했다. 지금 그는 '워나 사나카'를 주도하면서 공동체 교육과 어린이 권리 향상을 위해 헌신하고 있다.

모잠비크에서 내전이 시작되었을 때, 나는 교원대학교 졸업을 앞두고 있었다. 나는 납치되었던 이웃과 친척, 친구들, 그리고 피난민들로부터 전쟁이 벌어지고 있는 지역의 비참한 상황을 전해들었다.

1987년 유니세프는 25만 명의 어린이가 고아가 되거나 부모와 헤어졌다고 발표했다. 강제로 전투원 훈련을 받고 전쟁에 투입된 어린이도 상당히 많았다. 나는 정부군에 잡히거나 전투 중에 사살된 어린 병사들의 사진을 보고 충격을 받았다. 뭔가 크게 잘못되어 가고 있었다. 내 나라에서 이런 일이 벌어지고 있는데, 태연히 학교를 마치고 학생들을 가르친다는 것은 있을 수 없는 일이었다. 나는 무언가 해야겠다고 결심했다. 그 즈음에 가까운 고아원에 전투 중에 잡힌 서른다섯 명의 어린이가 수용되었다. 심리학자와 사회복지사가 이 아이들을 면담했는데, 그들이 들은 이야기는 그야말로 끔찍했다. 아이들은 가족과 함께 납치되어 숲으로 끌려간

뒤 군대 주둔지까지 무거운 짐을 나르면서 갖은 학대에 시달렸다고 말했다. 아이들은 매질과 성적 학대에 시달리고 살인과 폭행 장면을 목격해야 했으며, 전투에 투입되어 살인을 하도록 강요받았다. 이런 일이 일상적으로 이루어지고 있었다. 많은 아이들이 신체적인 부상과 정신적 충격에 시달리고 있었다.

내 삶을 바꾸어놓은 것은 납치된 일곱 살짜리 남자아이였다. 내가 고아원에 도착했을 때 그 아이는 세상과의 소통을 끊어버린 상태였다. 아이는 하루종일 입을 꾹 다물고 말 한마디 하지 않다가, 또 어떤 날은 온종일 울어대곤 했다. 마침내, 그 아이가 입을 열었다. 어느 날 밤에 반군 병사들이 아이를 깨우더니 매질을 하면서 부모가 살고 있는 오두막에 불을 지르라고 강요했다. 병사들은 오두막에서 빠져나오는 가족들을 아이의 눈앞에서 총으로 쏜 다음 칼로 난자했다. 아이는 자기 인생의 최악의 순간을 나에게 털어놓았고, 나는 아이와 한마음이 되었다. 나는 그 아이가 느꼈던 감정을 결코 잊을 수 없을 것이다. 하지만 그 아이는 고통에 시달리는 많은 아이들 가운데 하나에 불과했다.

우리는 미국의 아동구호 단체 '세이브 더 칠드런'과 연대하여 전쟁으로 가족과 헤어진 아이들에 관한 정보를 수집하는 활동을 시작했다. 이 활동의 목적은 고통을 겪고 있는 아이들을 심리적·사회적으로 돕는 것, 아이들이 전쟁 지역을 떠나 가족에게 돌아갈 수 있도록 돕는 것이었다. 하지만 필요한 정보를 얻을 수 있는 통로가 없었다. 우리는 날마다 전쟁 지역으로 들어가서 되도록 많은 아이들의 정보를 기록하고, 난민들이 사는 지역은 물론 이웃나라의 난민수용소를 찾아다니며 가족들의 행방을 수소문하고, 기회가 닿는 대로 아이들을 좀 더 안전한 곳으로 옮겼다.

우리는 아이들을 만나기 위해 전선으로 갔다. 이따금 정부로부터 통행허가를 받지 못할 때도 있었는데, 접촉할 방법이 없었던 반군에게서는 당연히 통행허가를 받을 길이 없었다. 가장 긴요한 문제는 영양실조와 말라리아, 콜레라 등의 질병 확산을 막기 위해서 물과 음식, 간단한 의약품을 공급하는 것이었다. 총상을 입은 아이들이나 지뢰 때문에 불구가 된 아이가 있으면, 본래의 임무를 시작하기 전에 그 문제부터 처리해야 했다. 또한 우리는 끊임없는 위험 속에서 살고 있었다.

당시에는 안전한 도로가 없어서 비행기로밖에는 갈 수 없는 지역이 많았다. 우리가 탄 비행기는 여러 번 사격을 받아 추락할 뻔했고, 심하게 훼손된 활주로에 착륙해야 했다. 비행기 사고도 여러 번 발생했다. 우리는 무서운 일을 당할 때마다 이렇게 살아 있는 것만 해도 행운이라는 것을 잊지 않으려고 애썼다.

모잠비크 내전은 민간인 대중을 목표로 삼고 있다는 점에서 특이한 전쟁이었다. 정부군과 반군 사이에 교전이 이루어지는 경우는 아주 드물었다. 대개 정부군과 반군은 마을로 들어가 오두막을 약탈하고 사람들을 몰살 또는 납치했으며, 여자아이들과 남자아이들은 끌고 가서 병사로 삼았다. 전쟁이 끝날 무렵에 우리는 많은 여자아이들이 허드렛일을 하거나 병사들의 성적 노리개가 되었다는 증거를 확보했다. 병사로 투입되고 몇 년이 지나면 아이들은 완벽한 살인기계로 둔갑했다. 그들은 자신이 당했던 만행을 그대로 되풀이했고, 아무런 망설임 없이 살인을 자행하곤 했다.

테러의 심리가 모든 사람들을 휘어잡고 있었다. 상대가 강요하는 일에 동의하지 않으면 목숨을 내놓아야 했고, 상대를 죽이지 않으면 자신이 죽임을 당했기 때문에, 사람들은 하는 수 없이 그런 만행에 가담하지 않을 수 없었다. 반란군 주둔지의 생활은 너무나 비참했다. 음식이나 기본적인 필수품을 손에 넣을 수 있는 것은 병사들뿐이었다. 따라서 병사가 된다는 것은 목숨을 부지할 수 있다는 것을 의미했다. 아주 간단한 논리였다.

지금은 그런 주둔지들이 평화협정에 따라 모두 해체되었다. 하지만 부대가 해산되면서 이 아이들 중 대다수가 방치되는 문제가 발생했다. 유엔은 성인 병사들에 대해 정착 대책을 내놓았지만, 과거의 부대들이 병사 중에 아이들이 있었다는 사실을 부인했기 때문에 아이들은 정착 대책의 혜택을 받을 수 없었다. 우리가 도움을 줄 수 있었던 아이들은 800명에 지나지 않으니, 대다수의 어린 병사들이 어떻게 되었는지는 알 수 없다.

나는 왜 이 일을 선택했는가 하고 자문할 때가 많다. 나에게는 자식이 둘이 있는데, 아이들이 네댓 살이 될 때까지 내가 아이들 곁에 있었던 것은 한 달에 2, 3일에 지나지 않았다. 내가 가족을 망치고 있다고 느낄 때가 많았다. 가족들은 늘 나의 안전을 염려하고 있었다. 하지만 그때마다 내 마음속에 자리잡은 강력한 무언가가 나는 사람이고 다른 사람들이 위험 속에 있다고 대꾸했다. 자신과 가까운 사람들이 고통받는 사람들보다 안전한 상태에 있다면 우리는 자신이 누리는 특권의 일부를 희생해야 한다. 그 이유를 설명하는 건 어렵다. 아마 내면에 일종의 재능을 지니고 있는 건지도 모른다. 또 다른 이유는 종교(나는 이슬람교도다)와 교육에 있다. 하지만 처지는 나와 비슷하지만 나와 같은 생각을 전혀 해보지 않은 사람들도 많이 있는 걸 보면, 활동의 원동력은 좀 더 심오한 것, 내면적인 것인지도 모르겠다.

우리는 2만 명의 아이들을 가족들과 함께 살게 하는 성과를 거두었지만, 25만이 넘는 아이들이 전쟁 중에 부모를 잃거나 실종된 것에 비하면 우리의 노력은 보잘것없는 것이었다. 나는 열심히 일을 하면서도 아이들 몇백 명을 돕는 데 지나치게 많

은 돈을 쓰고 있다는 생각을 떨쳐버릴 수 없었다.

전쟁이 끝난 지금, 모잠비크는 서서히 회복하여 경제발전과 민주주의로 넘어가는 과도기에 접어들었다. 하지만 전쟁 중에 고통을 겪었던 사람들은 전쟁이 끝난 뒤에도 여전히 고통을 겪고 있다. 기본적인 생활수단이 없어서 고통을 겪는 사람들도 있고, 지뢰 때문에 불구가 되는 사람들도 끊이지 않고 있다. 벽촌에 사는 여자 아이들은 여전히 교육을 받을 기회를 차단당한 채 여러 종류의 학대에 시달리고 있다. 교육과 건강 정책은 사람들이 비교적 안전하게 살고 있는 도시지역에 집중되고 있고, 과거에 전선이 형성되었던 지역에서는 아무런 진전이 없는 것 같다. 이곳 아이들은 다른 지역이라면 쉽게 치료받을 수 있는 질병으로 죽어가고 있다. 투쟁이 끝나려면 아직 멀었다. 전쟁은 끝났지만, 아이들의 권리와 복지를 향상하기 위한 투쟁은 아직도 계속되고 있다.

나는 언젠가는 아이들이 아이로 대우받으며 인간으로서 누려야 마땅한 모든 기회를 누릴 수 있는 세상이 되기를 바란다. 나는 '인간다움'이 모든 규칙과 법규를 이끄는 기본 원칙이 되는 세상을 원한다. 나는 언젠가는 우리가 이 이상을 실현할 수 있기를 바란다.

사람들에게 자신의 잠재력을 표현할 기회가 주어진다면, 많은 문제가 해결될 것이다. 우리나라는, 사람들에게는 가장 극단적이고 어려운 상황에서도 자신이 지닌 자원을 사용할 수 있는 능력이 있음을 보여주는 사례다. 사람이란 참으로 적응력이 뛰어난 존재다. 이 점은 우리나라와 비슷한 처지의 나라에서 참으로 중요한 의미를 가진다. 우리는 이것을 굳게 믿어야 한다.

줄리아나 도그바드지
JULIANA DOGBADZI

가나

———

성노예문제

"나는 일곱 살 때 부모님 손에 이끌려 사당에 보내졌고, 17년 동안 그곳에서 성도착자인 성직자의 성노리개로 살았다."

줄리아나 도그바드지는 모국인 가나에 전해지는 '트로코시'라는 관습 때문에 어린 나이에 사당에서 노예로 살았다. 그녀는 봉급도 음식도 옷도 없이 일을 하고 성직자의 성노리개가 되어야 했다. 그녀는 여러 차례 탈출을 시도했다가 실패를 거듭한 끝에 17년 만인 스물세 살 때 드디어 탈출에 성공했다. 트로코시는 '신의 노예'를 뜻하는 에웨족 말에서 유래한 것인데, 진위가 밝혀지지 않은 친척들의 죄를 속죄하기 위해서 처녀들을 사당에 보내 평생 노역하게 하는 종교적·문화적 관습이다. 1997년 당시, 약 5,000명의 여자아이들과 여성들이 가나 동남부에 있는 345개 사당에 수용되어 있는 것으로 추정되었다. 줄리아나 도그바드지의 용감한 탈출과 이 관습을 무너뜨리기 위한 끈질긴 노력 덕분에 가나 정부는 트로코시 관습을 금지하는 법을 제정했다. 하지만 트로코시 금지 법률은 미온적으로 집행되고 있다. 도그바드지는 트로코시를 반대하는 연설을 하고, 전국 각지의 노예들을 찾아다니며 그들의 해방을 위해 애를 쓰고 있다. 그녀의 용기 있는 행동은 차츰 동조자를 끌어모으고 있다.

나는 교실에 들어가본 적도 없고, 학교에 가본 적도 없다. 나는 일곱 살 때 부모님 손에 이끌려 사당에 보내졌고, 17년 동안 그곳에서 성도착인인 성직자의 성노리개로 살았다. 사람들은 내 할아버지가 2달러를 훔쳤다고 했고, 할아버지는 결백하다고 주장했다. 할아버지를 고소했던 여자가 사당으로 가서 할아버지의 가족에게 저주를 퍼부었고, 그때부터 가족들이 하나둘 죽어가기 시작했다. 점쟁이는 이어지는 죽음을 막으려면 할아버지가 트로코시 사당에 보고를 해야 한다고 말했고, 사당의 성직자는 신의 노여움을 달래려면 사당에 여자아이를 데려오라고 말했다. 가족들은 언니를 1,000킬로미터쯤 떨어진 케베누의 사당으로 보냈다. 하지만 언니는 몇 년 만에 죽고 말았다. 나는 할아버지가 돌아가신 직후에 태어났고, 언니 대신 그 역할을 맡아야 했다.

나는 성직자의 밭에서 일하면서 사당 청소를 맡아했다. 나는 창문도 없는 오두막 안 해진 매트 위에서 성직자에게 수도 없이 겁탈당했다. 나 말고도 여자 노예들이 많았는데, 우리는 사당에서 음식 한 조각, 약 한 봉지 받아본 적이 없다. 우리는 성

직자의 밭일을 끝낸 뒤 틈틈이 가까운 마을에 가서 숯을 굽거나 땔나무를 팔아 양식을 마련해야 했다. 생고추와 야자씨만 먹고 지내야 할 때도 많았다.

나는 나이가 어렸기 때문에 무얼 해야 하는지 몰랐다. 나이든 노예 여성이 나를 돌봐주었지만, 그녀에게는 성직자 때문에 얻은 아이들이 많았기 때문에 나를 많이 도와주지는 못했다. 그녀는 "꼬마야, 잘 들어. 네 몸은 네가 건사해야 해. 안 그러면 죽고 말아"라고 말했다. 한때 그 사당에 매인 여자 노예는 100명에 이르렀지만, 그 성직자는 그 중 아흔 명쯤을 다른 마을로 보내, 그곳에 있는 자기 소유의 밭을 경작하게 했다. 여자 노예들에게 딸린 아이들은 모두 합쳐서 65명이나 되었다. 아이들을 돌보기 위해서라도 여자들은 일을 해야 했다.

나를 포함해서 어른 넷에 아이 여덟 명이 이엉으로 지붕을 인 단칸방에서 살았다. 진흙으로 지은 집이라 창문도 없고 문도 없었다. 비도 들이쳤고, 뱀도 드나들었다. 방은 가로 6미터, 세로 3미터쯤 되고, 천정은 머리에 닿을 만큼 낮았다. 우리는 바닥에 깔개 한 장을 깔고 모두 함께 잤다. 이것 말고도 기억나는 것은 많다. 하지만 일일이 말하다 보면 옛날의 고통이 되살아나기 때문에 낱낱이 늘어놓기는 어렵다.

사당 안에서는 신발을 신을 수도 없고 햇빛을 가릴 모자도 쓸 수 없었다. 비가 오거나 추운 날씨에도 걸칠 것은 작은 헝겊 한 조각뿐이었다. 아침 5시에 일어나서 5킬로미터 떨어진 시내에 가서 물을 길어온 다음, 청소를 하고 성직자가 먹을 식사를 준비한다. 아무것도 먹지 못한 채 밭으로 가서 여섯 시까지 일하고 돌아오면, 저녁도 먹지 못하고 잠이 들거나 먹다 버려진 음식을 뒤져 먹는다. 성직자는 밤이 되면 여자 하나를 제 방으로 불러다가 겁탈하곤 했다. 나는 열두 살이 되던 해에 처음으로 겁탈을 당했다.

그 성직자는 노예들을 놓고도 편애를 했다. 성직자는 고분고분 순종하는 여자들은 좋아하고 반항을 하는 여자들은 매질을 해댔다. 성직자가 편애하는 여자들은 자기

는 매질을 당하지 않으려고 꾀를 쓰는 거라고 말했다. 하지만 사랑하지도 않는 남자와 성관계를 가지는 것을 즐기는 것은 어리석은 짓이라고 말하는 여자들도 있었다. 나는 마을 사람들이 좋은 옷을 입고 음식을 사는 것을 보면서, 나 자신을 위해서 무언가를 해야겠다고 생각하게 되었다. 나는 자유를 얻고 싶었다.

나는 새로운 인생을 살고 싶었다. 나는 몇 번 탈출을 시도했다. 처음에는 부모님이 계신 곳으로 가서 사당에서 심한 학대를 받고 있다고 말했다. 하지만 부모님은 나를 받아들이면 신이 자신들에게 죽음을 내릴 거라고 말하면서 나를 돌려보냈다.

두 번째로 탈출했을 때, 나는 가까운 마을로 갔다. 한 젊은이가 내게 먹을 것을 주고 자기 집으로 데려갔다. 그는 나를 꼬드겨 임신을 시켰다. 성직자는 내가 있는 곳을 알아내자 젊은 남자들을 시켜서 나를 잡아다가 매질을 하게 했다. 나는 온몸에 상처를 입고 거의 죽을 지경이 되었다. 아이 아빠가 나와 아이를 거두게 해달라고 부탁했지만, 성직자는 다시 한 번 나한테 접근하면 죽이겠다고 협박하면서 아이 아빠에게 술 몇 병과 닭 한 마리를 가져오라는 명령을 내렸다. 그 후 나는 그를 만나지 못했고, 그 남자 역시 아이를 만나지 못했다.

세 번째로 탈출했을 때, 나는 다시는 사당으로 돌아가지 않겠다고 결심했다. 당시 나는 그 성직자에게 겁탈을 당해서 임신 3개월째였다. 몸도 좋지 않았고, 며칠을 굶주려야 했다. 임신 중이니 어쨌든 음식을 먹어야지, 잘못하면 죽을 것 같았다. 나는 인근 마을에 있는 그 성직자의 밭에 가서 옥수수를 훔치다가 잡혔고, 나는 성직자의 명령을 받은 마을 젊은이들 손에 뭇매를 받아 실신하고 말았다. 정신을 차리고 보니 온몸이 상처투성이였고, 뱃속의 아기도 위험한 상황이었다. 죽더라도 그곳에서 벗어나고 싶었지만, 마음먹은 대로 되지 않았다. 나는 두려움에 떨면서 사당으로 돌아갔다. 하지만 그 일이 나에게는 큰 전환점이 되었다. 그 당시 열여덟 살이었던 나는 사당에 있는 다른 사람들에게도 도움이 되는 일을 하기로 마음먹었다.

어느 날 '인터내셔널 니즈-가나' 라는 단체에서 나온 남자가 성직자를 만나러 사당을 찾아왔다. 절호의 기회였다. 어디서 갑자기 그런 용기가 나왔는지, 모든 두려움이 사라져버렸다. 다른 사람들에게 도움이 되기만 한다면 죽음도 두렵지 않았다. 신에게 감사할 일이었다. 하지만 나는 몹시 허약한 상태였다. 뱃속의 아기는 잘 자라고 있었지만 먼 길을 걸을 수 없으니, 당장 탈출하는 건 무리였다. 나는 몇 주 뒤에 아기를 낳았다. 나는 갓난아이는 등에 둘러메고 첫째아이는 품에 안은 채 숲을 지나 간선도로로 가서 여러 번 차를 얻어 타고 인터내셔널 니즈 사무실을 찾아갔다.

그 단체 사람들은 내게 여러 가지 기술을 가르쳐주는 한편, 그 성직자의 접근을 따돌려주었다. 나는 제빵을 비롯한 여러 가지 기술을 익혔지만, '사당에는 도움을 필요로 하는 여자들이 많다. 그들의 입장을 대변할 수 있는 사람은 사당에 있으면서 고통을 겪었던 사람, 사당에서 일어나는 일들을 세상에 알릴 수 있는 사람뿐이다. 이 관습을 막지 못하면 모두 고통 속에 죽게 될 것이다'는 생각을 떨칠 수가 없었다. 우여곡절 끝에 나는 이 문제를 폭로하는 사명을 맡기로 결심했고, 그 후로 이 활동을 계속하고 있다. 나는 사당에 가서 그곳에서 노예로 일하는 사람들에게 나처럼 용기를 내서 달아나라고 말했다.

사당은 있지도 않은 거짓 권력을 휘둘러서 노예들에게 두려움을 심어 탈출을 막고 있다. 트로코시라는 관습은 여자들을 복종시키기 위해서 남자들이 일부러 만들어낸 것이다. 죄는 남자가 지었는데 그 대가는 여자들이 치르다니, 도저히 있을 수 없는 일이다. 또한 그 사당은 아동학대의 범죄를 저지르고 있다. 노예의 자식은 어머니와 같은 처지를 면하지 못한다. 어머니가 먹을 것을 구해야 아이도 먹고, 어머니가 먹을 것이 없으면 아이도 굶어야 한다. 어머니가 입을 것이 없으면 아이는 제대로 입을 수 없다. 어머니가 밭에 나가면 아이도 따라가야 한다. 도움이 필요한 자식을 거느린 트로코시 여자 노예들은 수천 명에 이른다. 노예 신분에서 벗어난 사람들 역시 사당에서 겪었던 고통에서 벗어날 때까지는 도움이 필요하다.

나의 무기는 트로코시 관습이 주입한 두려움을 이겨냈다는 사실이다. 나는 자유를 얻게 된 이야기를 하면서 트로코시의 노예가 된 여자들의 두려움을 덜어주려고 노력하고 있다. 나는 내가 지금 하고 있는 일에 대해서 이야기하고, 나는 죽지 않고 당당히 살아 있다고 이야기한다. 나는 성직자들에게 여자 노예들의 고통을 이해시키려고 노력한다. 나를 사당에 들어가지 못하게 막는 성직자도 있다. 나는 도시에 있을 때는 사람들에게 고통스러운 트로코시 관습의 폐지를 주장하는 일을 하고 있다. 내가 하는 일은 위험하다. 하지만 나는 정의를 위해서 목숨을 바칠 준비가 되어 있다. 나는 협박편지를 받기도 하고, 공공연히 공격을 당하기도 한다. 다행히도 나와 함께 일하는 사람들은 아주 용감할 뿐 아니라 내게 용기를 주는 사람들이다. 지금 이 단체에서는 내가 벌이고 있는 일에 여덟 명의 여성이 힘을 보태고 있다. 트로코시를 해체하기 위한 다음 활동목표는 법률의 강제집행력을 확고하게 하고 토고 공화국과 베냉 공화국의 조직들과 연대해서 그곳의 트로코시 관습을 뿌리뽑는 것이다.

그런 일들을 겪고도 멀쩡한 정신으로 살아서 이 일을 하고 있는 것이 이상하게 느껴질 때가 많다. 나는 이 일을 천직이라고 생각한다. 오늘의 나를 있게 한 것은 인터내셔널 니즈의 도움과 나 자신의 자신감이었다. 나는 부모님을 용서한다. 부모님이 그런 일을 한 것은 무지와 두려움 때문이다. 나는 그분들이 죄책감을 느낄까 봐 그분들 앞에서는 그곳에서 겪었던 일들을 말하지 않는다. 하지만 그분들을 자주 만나지는 않는다. 나는 지금 행복한 결혼생활을 하고 있으며, 사랑하는 사람과 계획을 세워서 첫 아이를 낳았다. 요즘 나는 다른 젊은 여성들과 똑같은 생활을 하고 있다.

브루스 해리스
BRUCE HARRIS

과테말라 / 영국

어린이의 권리

"왜 아이들이 굶주리고 있는가?
왜 아이들이 학대받고 살해되고 있는가?"

라틴아메리카 전역에서 집 없는 아이들이 폭행과 고문, 살해, 강간 등에 시달리고 있지만, 가해자에 대한 처벌은 이루어지지 않고 있다. 브루스 해리스는 중앙아메리카 최초로 '거리의 아이들'을 옹호하고 나선 사람이다. 해리스는 1989년 이후 과테말라 시에서 '카사 알리안사'의 회장으로 활동하고 있다. 이 단체는 거리에 버려진 43명의 집 없는 아이들에게 음식과 주거, 의료, 약물 재활치료, 상담, 기술훈련, 법적 원조 등의 지원을 제공하고 있다. 해리스의 조사를 통해서 아이들을 대상으로 한 392건의 범죄에 대한 형사소추가 이루어졌다. 그는 과테말라 역사상 최초로 거리의 아이를 죽인 혐의로 경찰을 고소했다. 그는 법무장관의 요청에 따라 가난한 여성들을 유혹해서 갓난아기를 빼앗은 다음 입양시키는 아기거래조직을 적발했다. 한 명의 아기를 미국으로 보내면 파렴치한 중개인의 손에는 2만 달러가 떨어지는 것으로 밝혀졌다. 한 혐의자(과테말라 대법원장의 부인)가 해리스를 명예훼손으로 고소했는데, 과테말라에서는 명예훼손 소송에 걸리면 진실을 방어할 도리가 없고, 명예훼손은 형사범죄다. 해리스는 투옥될 위험을 무릅쓰고 계속 전진하고 있다.

나의 존재이유가 무엇인지 확신할 수는 없지만, 그것은 아마도 보호해줄 이가 없는 아이들을 보호하는 것이 아닐까 싶다. 사람은 살아가면서 만난 다양한 사람들에게서 받은 영향이 합쳐져 만들어진 결과물이다. 누구에게나 영웅이 있다. 나의 영웅은 나하만이다.

나하만은 카사 알리안사에 들어와서 알게 된 열세 살 먹은 아이다. 어느 날 나하만의 친한 친구인 프란시스코가 위기센터로 와서 끔찍한 이야기를 털어놓았다. 자정 무렵 7, 8명의 아이들이 본드가 든 비닐봉지 속에 머리를 넣었다 뺐다 하며 돌아다니고 있었다. 두 블록 떨어져서 경찰서가 있는 곳이었다. 경찰관 다섯 명이 나타났는데, 한 사람이 권총으로 아이들을 겨누고 움직이지 말라고 명령했다. 아이들은 달아나기 시작했다. 경찰들은 몇 아이를 붙잡아 본드 봉지를 낚아채더니 아이들 머리와 눈에 본드를 쏟기 시작했다. 머리에 붙은 본드를 떼어내려면 머리카락을 박

박 밀어야 했고, 박박 민 머리는 범죄자라는 표시였다. 경찰들은 그것을 알고 일부러 그런 행동을 하곤 했다.

나하만이 경찰의 손을 뿌리치자, 경찰들은 그를 땅바닥에 메다꽂고는 발로 차대기 시작했다. 어른 넷이서 열세 살짜리 아이를 짓이겨댄 것이다. 나하만은 비명을 지르며 몸을 비틀었지만 경찰들은 아이가 실신할 때까지 발길질을 계속했다. 나하만은 갈빗대 여섯 개가 부러졌고 전신의 60퍼센트에 타박상을 입었다. 간장이 파열되고 대소변도 가리지 못하는 상태가 되었다.

프란시스코는 자동차 밑에 숨어서 이 광경을 지켜보다가 경찰들이 떠나자마자 구급차를 불렀다. 하지만 구급차는 오지 않았다. 아이들 말이라고 곧이듣지 않은 것이다. 아이들은 나하만이 죽었다고 생각했다. 죽음은 거리의 아이들이 흔히 목격하는 일이다. 아이들은 공원으로 가서 몇 시간 동안 잠을 잤다.

아이들은 잠에서 깬 뒤 지나가던 경찰차를 세웠고, 경찰이 직접 구급차를 불렀다. 병원에서는 나하만이 약물에 취한 상태라고 생각하고 경과를 지켜보자고 했다. 우연히 우리 사회복지사 한 명이 그 병원에 갔을 때 나하만이 의식을 되찾았고, 그녀에게 고통을 호소했다. 진찰 결과, 나하만의 뱃속에는 1.5리터의 피가 고여 있었고, 두뇌 손상의 조짐이 있었다. 나하만은 경련을 일으켰고 열흘 동안 고통을 겪다가 죽고 말았다.

돌이켜보면, 카사 알리안사는 적과 동침하고 있는 꼴이었다. 우리는 음식과 숙소만을 제공하는 일을 시작했지만, 그것은 천진난만한 행동이었다. 브라질의 한 성직자가 했던 말이 머리를 떠나지 않는다. "내가 굶주린 사람을 먹이면, 사람들은 나를 영웅이라고 부릅니다. 내가 그 사람들이 왜 가난하냐고 물으면 사람들은 나

를 공산주의자라고 부릅니다." 굶주린 사람을 먹이는 것은 고귀한 행동이다. (솔직히 말해서 그들에게 먹을 것만 주는 게 훨씬 편하다.) 하지만 우리 단체는 그 아이들이 왜 굶주리고 있는지, 왜 학대당하고 살해당하고 있는지 자문할 수 있을 만큼 성숙해졌다.

프란시스코가 경찰들이 나하만을 죽였다고 말했을 때 우리는 대뜸 조치를 취해야겠다고 말했지만, 머릿속으로는 그렇게 해서는 안 되는 갖가지 구실을 찾고 있었다. 그건 너무 위험한 짓이야, 여기는 과테말라야, 어디나 죽는 사람은 있는 거야, 윤리적으로 곤란한 일이야 등등. 하지만 그렇게 죽어 있는 나하만을 본 사람이 선택할 수 있는 길은 분명히 하나뿐이었다.

우리는 열 곳의 아동보호단체와 함께 회의를 해서 경찰과 면담을 하기로 결정했다. 하지만 막상 면담 자리에 나타난 단체는 두 곳뿐이었다. 나는 이 사실을 확인하자마자 앞으로 갈 길이 멀고도 외로우리라는 것을 깨달았다. 사람들이 목소리를 높이지 않았던 이유는 짐작할 수 있지만, 그들이 힘을 합쳤더라면 일은 훨씬 쉽게 풀렸을 것이다. 목청을 높이는 단체가 하나뿐이면 허물어지기 쉬운 법이다. 협박전화가 걸려오기 시작하더니, 우리의 활동이 차츰 활발해지기 시작하자 위기센터에 기습공격이 가해졌다.

어느 날 아침, 짙은 선팅을 하고 번호판도 달지 않은 베엠베 자동차 한 대가 과테말라 시내에 있는 위기센터 앞에 멈춰섰다. 남자 넷이 기관총을 들고 문앞에 서서 내 이름을 대더니, "그놈을 죽이러 왔다"고 말했다. 겁에 질린 경비가 안에는 내가 없다고 말하자, 그들은 자동차로 돌아가서 왔던 길을 되돌아가면서 기관총을 난사했다. 다행히도 총을 맞은 사람은 한 명도 없었다. 신고를 받은 경찰은 재빨리 출동해서 총알은 물론이고 모든 증거물을 거둬갔다. 우리는 너무나 어수룩했던 것이

다. 미국의 아동보호단체인 코브넌트 하우스 본부에서 이 소식을 듣고는 나에게 방탄조끼를 보내주었는데, 거기에는 방탄효과가 없으면 무조건 환불해준다는 환불보증서가 붙어 있었다.

이런 폭력을 자행하는 자들이 우리에게 베풀 수 있는 가장 큰 호의는 기관총으로 건물을 난사하는 것이다. 그것이야말로 우리가 누군가의 이익에 영향을 미치는 활동을 하고 있음을 나타내는 구체적인 증거이기 때문이다. 우리는 아이들을 보호하려 했을 뿐이지만, 그 뒤에는 눈에 보이지 않는 무언가가 존재하고 있었다. 우리는 수십 년간 지속돼온 과테말라의 평온에 대해, 총과 제복을 가진 사람은 살인을 하고도 무사할 수 있다는 가설에 대해 도전장을 내밀고 있었다.

거리의 아이들을 대하는 것은 쉬운 일이 아니다. 매를 맞았거나, 눈 주위에 멍이 있거나, 총상을 입고도 울지 않는 아이는 정서적으로 심각한 손상을 입은 아이다. 하지만 그런 아이도 일단 마음을 열고 속내를 털어놓으면 약한 모습을 보이기 시작한다. 하지만 누군가가 사랑을 베푸는 순간, 그 아이는 마음의 문을 닫아버린다. 아이들이 우리 프로그램에 들어와서 가장 힘들어하는 것이 포옹이라는 사실을 보면 그것을 알 수 있다. 아이들은 이곳에 와서 난생 처음으로 아무런 보상을 바라지 않는 솔직한 애정표현이 있을 수 있다는 것을 깨닫는 경우가 많다. 우리는 시기를 놓치기 전에 아이들에게 아이다운 생활을 되돌려주기를 원한다.

나의 간절한 소원은 아이들이 고통받지 않는 세상을 만드는 것이다. 하루이틀 사이에 그 소원을 이룰 수는 없겠지만, 하루이틀 사이에 거리의 아이들을 몇 명 줄일 수는 있을 것이다.

무함마드 유누스
MUHAMMAD YUNUS

방글라데시

무담보 소액대출

"그 여자는 처음 받은 대출금을 갚으려고 갖은 애를 쓴다.
다음 주에는 첫 번째 할부금을 갚고, 그 다음 주에는 두 번째 할부금을 갚는다.
마지막 할부금을 갚고 나면, 그 여자는 '드디어 해냈다!'고 말할 수 있다."

무함마드 유누스는 세계 최대의 무담보 소액대출기관인 그라민 은행의 설립자다. 그는 극 빈국인 방글라데시(당시에는 파키스탄의 일부였다)에서 태어나 경제학 교수가 되었지만, 대학에서 배운 경제이론으로는 주위의 참혹한 가난을 도저히 해결할 수 없다는 사실에 충 격을 받았다. 그는 사람들이 가난에서 벗어나지 못하는 것은 자본도 없고 대출용 담보도 없 을 뿐 아니라, 큰 은행들이 가난한 사람들과 거래해봤자 수지가 맞지 않는다고 판단해서 까 다로운 대출요건을 내세우기 때문이라는 사실을 깨달았다. 그는 시범적으로 토지를 소유 하지 않은 농부들과 극빈 여성들을 대상으로 무담보 소액대출을 시작했다. 그가 1983년에 설립한 그라민 은행의 약관은 엄격했다. 대출을 원하는 사람은 함께 대출을 할 네 명의 친 구를 찾아야 하는데, 그 중 한 명이라도 의무를 이행하지 못하면 다섯 명 모두가 공동책임 을 지고 공동지원을 해야 했다. 처음 대출금은 겨우 10달러였고 이자율은 20퍼센트였다. 그로부터 20년 만에 이 혁신적인 은행은 크게 성장해서 1,050개의 지점을 설립하고, 3만 5,000개 마을, 200만 명의 주민들을 고객으로 삼고 있다. 고객의 94퍼센트는 여성들이고, 대출상환율은 98퍼센트에 이른다. 이것은 돈과 권력을 가진 사람들의 대출상환율보다 훨 씬 높은 비율이다. 무엇보다 중요한 것은 이 은행 고객들의 삶이 완전히 변화된다는 점이 다. 무력하고 의존적이던 삶에서 자족적이고 독립적이며 정치적으로 확고한 삶으로 변화 되는 것이다. 다음세대가 되면 좀 더 양질의 음식과 교육, 의료혜택, 그리고 자기 인생의 주 인으로서 만족감을 누리는 등 실제적인 변화를 구체적으로 느낄 수 있을 것이다. 이 모든

것을 가능하게 만든 것은 유누스의 통찰력과 창의력과 자신감이다.

가난한 사람들을 위한 대출제도인 그라민 프로그램을 시작할 때, 나는 두 가지 커 다란 장애를 염두에 두고 있었다. 첫째는 영리를 추구하는 은행들의 대출제도는 근 본적으로 여성들에게 불리하게 운영되고 있다는 점이고, 두 번째는 가난한 사람들 은 도저히 꿈도 꾸지 못하는 담보 요구 때문에 가난한 사람들에 대한 대출이 완전 히 차단되어 있다는 점이었다.

나는 두 번째 문제를 해결하고 나서 첫 번째 문제에 달려들었다. 나는 여성들이 전 체 대출자의 절반을 차지하도록 만드는 것을 목표로 삼았다. 처음에 여성들은 대 출받는 것을 꺼렸다. 그들은 "아니에요. 나는 이제껏 돈을 만져본 적이 없어요. 제 남편하고 이야기하세요. 그 사람은 돈을 알거든요. 그 사람한테 돈을 빌려주세요" 라고 말했다. 나는 대출이 가족에게 어떤 도움을 줄 수 있는지 설명하려고 노력했 다. 하지만 내가 가까이 다가갈수록 여성들은 내게서 점점 더 멀어졌다. 동료들과 나는 여성들과 신뢰를 쌓아서 그들이 남자들에게서 대출받는 것을 받아들일 수 있 도록 하기 위해 노력했다. 신뢰를 쌓는 데는 시간이 많이 걸렸고, 우리는 더 많은 여성을 끌어모으기 위해서 활동속도를 늦추었다.

6년이 지나 전체 대출의 절반이 여성들을 대상으로 이루어지면서, 우리는 놀라운 사실을 발견하게 되었다. 여성들의 손에 건네진 돈은 남성들의 손으로 넘어간 같은 금액의 돈에 비해 가족에게 훨씬 큰 도움을 주었다. 남성들과는 달리, 여성들은 돈을 신중하게 다루었고 돈을 아이들을 위해서 썼다. 여성들은 한정된 자원을 관리하는 법을 터득하고 있었고, 장기적인 관점을 가지고 있었다. 여성들은 가난에서 벗어날 수 있는 방법을 알고 계획을 실행하기 위한 훈련을 받았다. 여성들은 가난으로 인해서 겪어야 했던 고통이 남성들에 비해 훨씬 크고, 가난에서 벗어나려는 동기도 남성들에 비해 훨씬 강하다.

이에 반해서 남성들은 돈에 대해 훨씬 느슨하다. 그들은 내일을 위해서 기다리기보다는 당장 돈을 쓰고 싶어한다. 여성들은 늘 미래를 위한 일, 자신과 자식, 가족들을 위해서 무언가를 만들고 있었다. 남성과 여성 사이에 그런 차이가 존재하는 것을 여러 번 목격한 뒤, 우리는 여성 고객을 끌어모으기 위해 집중적인 노력을 기울이기로 결정했다. 그것이 동일한 금액으로 훨씬 큰 효과를 얻을 수 있는 방법이라는 판단이 섰기 때문이다. 하지만 여성들을 설득해서 대출을 받게 하려면 직원들의 고생이 심했다. 그래서 나는 대출부서에 성과급제도를 도입했다. 지금 우리 은행의 대출액 가운데 94퍼센트는 여성들을 대상으로 이루어진 것이다.

이런 성과가 나타나게 된 데는 우리가 전혀 예상하지 못했던 과정이 있었다. 여성 대출자들은 '16가지 결심'이라는 서약을 했다. 이 서약은 대출을 받는 것 외에도 대출자 자신과 가족의 복지를 향상하겠다는 내용이다. 아이들을 학교에 보내고, 계속

훈련을 받고, 화합하고, 용감하게 행동하고, 열심히 생활하며, 자식을 많이 낳지 않고, 가능한 한 많이 파종하겠다고 약속했다. 이것은 은행이 강요한 것이 아니라 여성들이 자발적으로 만든 내용이다. 이런 열망은 그들의 생활에서 중요한 역할을 했다. 그들의 이야기를 들어보면 여성들이 남성들과 얼마나 다른지 알 수 있다.

일반적으로 최초의 대출금은 35달러 정도다. 대출동의서를 쓰기 전날 밤이면, 그 대출을 감당할 수 있을까 걱정이 되어 밤새 뒤척인다. 나쁜 일이 생길지도 모른다는 생각에 겁이 난다. 다음날 아침이면 친구들이 찾아와 그녀를 설득한다. "한번 해보자. 네가 포기하면 우리도 할 수 없어. 늘 걱정만 하고 살 수는 없는 일 아냐. 여기까지 오는 것만도 쉽지 않았어. 한번 해보자." 결국 그 여자는 친구들의 격려에 용기를 얻어 은행으로 온다.

여자의 손에 들어온 돈은 엄청나게 큰 금액이다. 여자는 이제껏 한 번도 꿈꿔보지 못했던 희망과 보물을 손에 쥔 듯한 심정이 된다. 여자의 손은 부들부들 떨리고 뺨에는 눈물이 흐른다. 여자는 은행이 자신에게 이렇게 큰 금액을 신용으로 빌려주었다는 것이 믿기지 않는다. 그래서 반드시 갚겠다고 굳게 결심한다. 그 돈은 자신에 대한 신용의 표현이며, 절대로 그 신용을 저버리고 싶지 않으니까.

그 여자는 처음 받은 대출금을 갚으려고 갖은 애를 쓴다. 다음 주에는 첫 번째 할부금을 갚고, 그 다음 주에는 두 번째 할부금을 갚는다. 이렇게 해서 50주가 지나간다. 할부금을 갚을 때마다 여자는 점점 용감해진다. 마지막 할부금을 갚고 나면,

그 여자는 "드디어 해냈다!"고 말할 수 있다. 정말 축하할 만한 일이다. 여자가 해낸 것은 단순한 금융거래가 아니었다. 그것은 인간개조와 다름없는 것이었다. 처음에 여자는 걱정이 되어 몸을 떨었고, 잠을 못 이루고 뒤척였다. 자신은 하찮은 존재라고 생각했고, 실제로도 그랬다. 하지만 이제 그 여자는 똑바로 서서 세계를 마주보고 "나는 할 수 있어, 나는 내 힘으로 할 수 있어!"라고 소리칠 수 있다. 그 여자는 자신의 가치를 발견하는 인간개조의 과정을 경험한 것이다. 그 여자는 자신을 관리할 수 있게 된 것이다.

그라민의 대출제도를 눈으로만 보는 사람은 그 엄청난 영향력을 깨닫지 못한다. 그라민은 인간개조과정과 맞물려 있다. '우리의 16가지 결심'이 그 예다. 우리는 그라민에 참여한 가족의 아이들이 상당히 많이 학교에 나가고 있는 것을 확인했다. 어머니들이 그 서약을 진지하게 받아들이고 있기 때문이다. 지금은 많은 아이들이 대학은 물론 의과대학까지 진학하고 있다. 젊은이들이 고등교육까지 받는 것은 놀라운 일이다. 이 프로그램은 대단히 성공적이다. 앞으로 수많은 학생들이 학자금 대출을 받게 될 것이다. 우리는 최근에 직업학교에 진학하는 그라민의 자녀들의 교육비를 지원하기 위한 대출상품을 기획했다. 이제 그들은 학비가 비싼데 부모가 그것을 감당할 능력이 있을까 걱정할 필요가 없다.

최근의 연구결과를 보면, 그라민 가족의 자녀들이 그라민에 참여하지 않은 가족의 자녀들보다 건강하다는 것을 알 수 있다. 『사이언티픽 아메리칸』의 방글라데시의 인구증가에 대한 연구에 따르면, 20년 전 한 가구의 구성원 수는 일곱이었지만 지금은 셋으로 줄어들었다. 어떻게 된 걸까? 우리의 프로그램이 이런 변화의 원인이라는 미국 학자들의 주장이 뜨거운 논쟁을 불러일으키고 있다. 여성들은 능력을 가지게 되면서 자기 자신과 자신이 할 수 있는 일에 대해 눈을 뜨게 된다. 여성들은 가정경제를 향상시키는 것은 물론 자신의 인생과 출산하고자 하는 자녀수에 대한 결정권을 행사하고 있다. 서약내용 중 16가지 결심의 한 항목은 자식을 많이 낳지 않는다는 것이다. 이것이 인구 방정식에서 주요한 역할을 하고 있는 것이다. 카이로 인구대책회의의 모든 분과회의에서 그라민 모델이 거론된 이유는 그라민의 여성들이 가족계획을 선택하는 비율이 전국 평균의 두 배에 이르기 때문이다. 우리 프로그램은 인구억제 프로그램이 아니다. 하지만 우리 프로그램으로 인해서 인구억제라는 부수적인 효과가 발생한 것이다.

이것 말고도 여러 가지 부수적인 효과가 있었다. 7년 전부터 우리는 그라민 대출자들에게 투표를 통해 정치활동에 참여할 것을 권유했다. 사람들은 처음에는 부정적인 반응을 보였다. 그들은 "후보자들이 죄다 나쁜 놈들인데, 왜 그들을 위해 투표를 해야 합니까?"라고 말했다. 선거가 사람들에게는 그렇게 비쳤으니, 참으로 참담한 일이었다.

우리는 이렇게 대답했다. "맞습니다. 모두 나쁜 놈들입니다. 하지만 투표를 하지 않으면 가장 나쁜 놈이 당선됩니다. 마을 사람들과 마주 앉아서 어떤 사람이 가장 나쁜지, 그 사람이 당선되면 어떤 일이 벌어질지 이야기해보세요. 우리에게는 나쁜 놈들 중에서 가장 덜 나쁜 놈을 선택할 기회가 있는 겁니다." 사람들이 분발한 덕분에 첫 번째 선거참여율은 100퍼센트에 육박했다.

선거 당일에는 대단히 효과적인 조직화가 이루어졌다. 선거 당일 아침에 모든 그라민 가족들이 모여 함께 투표소에 갔다. 정치가들은 이들의 수에 주목하고 이들의 여론에 진지하게 귀를 기울였다. 다음 선거에서 우리는 그라민 가족들을 조직해서 자기 가족은 물론 친구들과 이웃, 특히 여성들을 투표소에 데려가게 했다.

그 결과, 1996년 선거의 투표율은 사상 최고인 73퍼센트에 이르렀다. 모든 사람들이 놀란 것은 여성의 투표율이 남성의 투표율보다 높았다는 점이다. 투표 현장에서는 여성들이 오랜 시간을 기다려야 했다. 선거위원회가 예상했던 것보다 두 배나 많은 여성들이 투표소로 몰려들었기 때문이었다.

그 결과는 정치적 지형을 바꾸어놓았다. 이전 국회에서는 근본주의 종교당이 17석을 차지했는데, 1996년 선거에서는 겨우 3석을 차지하는 데 그쳤다. 여성들이 근본주의 종교당의 공약에 흥미를 느끼지 못했기 때문이었다. 대단한 위력이었다.

지난해 지방선거에서는 놀랍게도 그라민에 참여하는 사람들이 숱하게 당선되었다. 왜 후보로 나섰느냐고 묻자, 그들은 "당신이 가장 덜 나쁜 놈들을 뽑으라고 해서 그렇게 하려고 했습니다. 하지만 그건 넌더리가 나는 일이었어요. 우리는 서로를 바라보다가 '왜 우리는 가장 덜 나쁜 놈을 찾고 있는 거지? 바로 우리가 착한 사람들인데. 우리가 직접 후보로 나서면 되잖아' 라고 생각하게 되었어요"라고 말

했다. 눈덩이는 구를수록 점점 커져갔다. 지방선거에서 4,000명이 넘는 그라민 소속원들이 당선되었다. 놀라운 결과다. 그들이 말하는 방식도 완전히 달라졌다. 나는 그런 식으로 말하는 방글라데시의 여성은 한 번도 본 적이 없었다. 그들은 정부에 도전하고 있다. 그들은 이렇게 말한다. "정부는 우리에게 어떻게 투표하라고 말할 수 없습니다. 우리는 유권자들에게 공약을 했어요." 이렇게 해서 보건과 정치참여, 그리고 어머니와 자식, 남편과 아내 사이의 관계에서 사회개조가 이루어지고 있다.

이제 사람들은 입을 열 수 있고, 여러 가지 일들을 할 수 있다. 사람들은 자신의 재능과 능력을 발견하고 전과는 전혀 다른 방식으로 세계를 볼 수 있다. 그라민은 사람들에게 자신의 일을 할 수 있도록 경제적인 도움을 줌으로써, 정부기관의 성원으로 나설 기회를 제공하고 있다. 우리와 고객의 관계는 일종의 업무관계지만, 실제로는 사람들의 인생에 커다란 변화를 불러일으키는 관계다.

물론 저항도 있었다. 처음에는 자기 대신 아내가 대출을 받았다는 사실에 모욕감과 위협을 느낀 남편들이 저항하기 시작했다. 가족 내부에 갈등이 빚어지면서 여성들에 대한 폭행이 이어졌다. 우리는 남편들을 만나 이 프로그램이 가족들에게 도움이 된다고 설명했다. 남편과 아내를 함께 만나 어떤 효과를 얻을 수 있는지 설명하기도 했다. 이런 노력 덕분에 남편들의 저항은 차츰 누그러졌다.

이웃 남성들 역시 반발했다. 그들은 종교적 위상에서 여성들의 능력이 커지는 것

에 위협을 느끼고 있었다. 우리는 우리 프로그램에 종교에 반대하는 요소가 있는지 꼼꼼히 살펴보았다. 그들은 여성들에게 추월당하는 느낌을 받고 있다는 것을 시인하지 않고 상처받은 자존심을 종교라는 말로 포장하고 있었다.

우리의 최선의 대응은 시간을 두고 기다리는 것이었다. 우리 대출자들은 종교적인 의무를 수행하는 한편으로 돈을 벌면서 자신감을 쌓아가고 있었다. 여성들은 종교를 구실로 반발하는 사람들에게 맞서기 시작했다. 그들은 이렇게 말했다. "당신은 그라민 은행에서 돈을 빌리는 게 나쁘다고 생각하지요? 맞아요. 만일 당신이 그 돈을 주겠다면, 우리는 더 이상 그라민 은행에서 돈을 빌리지 않겠어요. 하지만 돈이 없으면 우리는 아무것도 할 수 없습니다." 그러면 상대방은 당연히 "아니오, 우리는 당신에게 돈을 빌려줄 수 없습니다"라고 대답했다. 이렇게 해서 문제는 해결되었다.

우리는 또한 전문적인 발전론자들의 비난을 샀다. 그들은 지식도 기술도 없는 여성들에 대한 소액대출로는 나라와 지역사회에 구조적인 변화를 일으킬 수 없으며, 따라서 참된 의미의 발전이 아니라고 주장했다. 그들은 발전이란 거대한 사회적 생산기반을 조성할 수 있는 수백만 달러의 대출과 관련되는 것이라고 말했다. 우리는 발전론자들의 반발이 있으리라고는 예상치 못했다. 우리가 하고 있는 일이 그들의 책에는 없는 것이기 때문에 그들은 큰 논쟁을 벌이고 있었다. 그들은 자유시장을 이야기하는 한편 빈곤층을 옹호하는 우리를 좌파인지, 우파인지, 보수주의인지, 자유주의인지 분류할 수 없었고, 큰 혼란에 빠져버렸다.

학교에서 강의를 하는 사람들은 추상세계를 다룬다. 그들은 무담보 소액대출 프로그램은 자신의 이론세계에 부합하지 않으므로 불합리한 것이라고 주장한다. 하지만 나는 현실세계에서 현실적인 사람들과 일하고 있다. 학자들이나 전문가들이 그런 결론을 내리면 나도 혼란에 빠질 때가 있다. 하지만 돌아와서 대출자들과 함께 일하다 보면 누가 옳은지 깨닫게 된다.

인생을 완전히 변화시킨 여성들은 더할나위없이 밝은 웃음을 짓는다. 그 여성이 아이와 함께 경험한 기쁨은 너무나 감동적이고 현실적인 것이기 때문에, 세계 각지의 전문가들이 호텔 연회실에 모여 벌이던 논쟁이며, 그라민 프로그램은 아무 의미도 없는 것이라는 주장은 나의 기억에서 완전히 사라진다. 나는 이렇게 사람들로부터 힘을 얻는다.

그라민 은행은 이제 방글라데시 전역으로 퍼져나가 240만 가족을 아우르고 있다. 홍수 피해가 컸던 올해처럼 경기가 좋지 않을 때도 사람들은 자진해서 빚을 갚고, 대출실적도 좋다. 이것을 보면 사람들에게는 자신이 확신하는 일을 하는 기본적인 능력이 있다는 것을 알 수 있다. 사람들은 우리에게, 모두들 불가능한 일이라고 생각했는데 성공을 거둘 수 있었던 이유가 무엇이냐고 묻는다. 나는 늘 내가 고집이 셌기 때문이라고 대답한다. 그것이 용기를 뜻하는 거냐는 질문을 받으면 나는 그게 아니라 고집을 뜻하는 거라고 대답한다. 아무리 멋진 표현을 갖다 붙인다고 해도, 그런 성과를 만들어낼 수 있는 것은 고집뿐이다.

라나 후세이니
RANA HUSSEINI

요르단

정조살해

언론인이자 여성운동가, 인권운동가인 라나 후세이니는 아무도 입을 열지 않는 가운데 광범위하게 자행돼온 정조살해의 범죄를 폭로함으로써 요르단의 수치에 정면으로 도전했다. 정조살해는 어떤 여성이 강간당하거나 부정한 성관계를 가졌다는 소문이 돌 때 일어난다. 세계 도처에서, 폭행이나 학대, 강간을 당한 여성들이 경찰과 검찰, 그리고 판사들에게 수치심과 모욕을 느낄 뿐 제대로 된 조사와 재판을 받지 못하고 있다. 요르단의 경우, 강간을 당한 여성은 가족의 명예를 더럽힌 것으로 간주된다. 피해 여성의 아버지와 남자형제들, 그리고 아들들은 가해자를 찾아내는 것이 아니라 피해자인 자신의 딸이나 누이, 혹은 어머니를 살해함으로써 가족이 입은 모욕을 갚는 것을 의무로 여긴다. 1999년에 요르단에서 일어난 여성 살해사건의 3분의 1이 정조살해다. 후세이니는 정조살해에 대한 연속기사를 쓰면서 정조살해 중지 캠페인을 시작했다. 그녀는 반이슬람적이고, 반가족적이며, 반요르단적이라는 비난을 받으며 갖은 협박에 시달리고 있다. 하지만 누어 왕비가 그 운동을 후원했고, 새로 즉위한 아브둘라 왕 역시 의회 개회연설에서 여성을 보호해야 할 필요성에 대해서 언급했다. 정조살해를 비롯해서 여성에게 가해지는 모든 형태의 폭력을 중지시키기 위한 첫 단계는 바로 진실을 폭로하는 것이라는 확신에 자신의 목숨을 건 이 젊은 언론인 덕분에, 침묵 속에 이루어지던 정조살해의 음모는 파탄을 맞고 있다.

라나 후세이니

『요르단 타임즈』의 범죄 담당 기자의 역할을 맡게 된 1993년 당시만 해도, 내가 여성문제에 관여하게 되리라고는 전혀 상상하지 못했다. 절도, 사고, 화재 등의 작은 사건들에 대해 기사를 쓰던 나는 4, 5개월쯤 뒤에 정조살해 범죄와 마주쳤다. 나를 충격으로 몰아넣고, 나를 더 깊은 곳으로 끌고 간 이야기의 내용은 다음과 같다.

오빠에게 강간을 당한 열여섯 살 먹은 여자아이가 명예를 지킨다는 명분 아래 가족의 손에 살해되었다. 오빠는 그녀를 여러 차례 강간하면서 누구에게든 그 사실을 알리면 죽이겠다고 협박했다. 자신이 임신했다는 걸 알게 된 여자아이는 가족들에게 사실을 알리지 않을 수 없었다. 가족들은 낙태를 시킨 뒤 이 여자아이를 50살이나 많은 남자와 결혼시켰다. 6개월 뒤 남편이 그녀를 버리자, 가족들은 그녀를 살해했다.

정조살해는 '부도덕한' 행위를 해서 가족의 명예를 더럽힌 여성 친척을 죽이자는 남성 친척의 결정에 의해 이루어진다. 부도덕한 행위에는 남자와 동침을 한 경우는 물론 단순히 낯선 남자와 함께 있는 것이 목격된 경우까지 포함된다. 심지어는 단순한 소문이나 근거 없는 의심 때문에 살해당하는 여성들도 많다.

나는 이 범죄를 조사하면서 그 여자아이의 숙부 두 사람을 만났다. 처음에 내가 그 살인과 관련한 질문을 던지자, 그들은 화를 내면서 "누가 그래요?"라고 물었다. 나는 그 사실이 신문에 실렸다고 말했다. 그들은 "그 아이는 정숙한 아이가 아니었소"라고 말했다. 나는 "강간당한 게 그 아이 잘못입니까? 왜 가족들은 그 아이 오빠에게 벌을 주지 않았지요?" 하고 물었다. 그 중 한 사람이 다른 사람에게 물었다. "자넨 어떻게 생각하나? 우리가 엉뚱한 사람을 죽였다고 생각하나?" 질문을 받은 사람은 "아니, 그렇지 않아. 걱정하지 말게. 그 아이가 제 오빠를 유혹한 거야"라고 말했다. 나는 남자들이 수도 없이 많은데 그 아이가 왜 오빠를 유혹했겠

느냐고 물었다. 그들은 그 아이가 더러운 짓으로 가족의 명예를 더럽혔다는 말만 되풀이했다. 그러더니 대뜸 나에게 왜 그런 옷을 입느냐, 왜 결혼을 하지 않았느냐, 왜 미국에서 공부를 했느냐고 물어대기 시작했다. 그들은 나 역시 정숙한 여자가 아닐 거라고 추측했다.

그 후 나는 부당하고 참혹하게 살해된 여성들의 이야기를 파고들었다. 그들 중 대부분은 불법적인 행위는커녕 어떤 부도덕한 행위도 한 적이 없는 여성들이었다. 설사 그런 행위를 했다고 해도 죽음으로 대가를 치러야 할 정도로 흉악한 범죄는 아니었다. 하지만 내가 분명히 하고 싶은 것은 두 가지였다. 하나는 우리나라에서는 모든 여성들이 이런 위협을 받고 있는 것은 아니라는 점이다. 남자들과 이야기를 나눈 여성들이 죄다 살해되는 것은 아니다. 이 범죄는 계층과 학력과는 관계없이 고립적이고 제한적으로 이루어진다. 또 이 범죄가 이슬람교의 명령에 따라 이루어지는 것이라고 잘못 생각하는 사람들이 많은데, 사실은 그렇지 않다. 이슬람교는 살인에 대해 대단히 엄격하다. 살인을 권유하는 경우는 아주 드문데, 그것은 기혼 남녀가 간통을 저지른 경우다. 이런 경우에도 네 명의 목격자가 있어야 하고, 당사자들의 가족들이 아니라 공동체가 이 처벌을 집행해야 한다.

정조살해는 종교적인 관습이 아니라 문화적인 관습이며, 미국을 비롯한 여러 나라의 아랍계 사회에서 이루어지고 있다. 요르단 내에서 공식 집계된 살인사건 중 3분의 1이 정조살해다. 정조살해를 저지른 살인자들은 관대한 처분을 받는다. 가족들은 정조살해를 미성년자에게 맡긴다. 요르단의 청소년법에 따르면 죄를 지은 미성년자는 소년원에 보내져 그곳에서 직업을 배우고 교육을 계속 받다가 18세가 되면 아무런 전과기록 없이 석방된다. 정조살해범의 평균 복역기간은 7, 8개월에 불과하다.

정조살해가 일어나는 이유는 여성들에게 가족의 명예를 덮어씌우는 사람들이 많

기 때문이다. 잘못된 행동을 한 아내나 딸, 누이가 살해당해야만 그 가족의 명예는 교정될 수 있다. 피로 명예를 씻는 것이다. 살인자들은 "그 아이는 내 누이다. 나는 누이를 사랑한다. 하지만 그건 의무다"고 말한다.

내가 이 문제에 뛰어든 것은 내가 여성이기 때문만은 아니다. 인권운동가들은 대부분 정치적인 문제나 교도소의 상황, 어린이의 권리 등을 위해 싸울 뿐 이 문제에 뛰어들지 않는다. 하지만 여성이 목숨을 부지할 권리를 보장하는 것이야말로 다른 어떤 법률을 위해서 싸우는 것보다 중요한 것이 아니겠는가.

보호감호제도는 정조살해의 관습과 관련해서 왜곡된 형태로 운영되고 있다. 임신을 한 미혼여성이 경찰에 가면, 경찰은 그 여성의 목숨을 보호하기 위한 조처라면서 그 여성을 감옥에 가둔다. 다른 나라에서는 남의 목숨을 위태롭게 하는 사람을 감옥에 가두는데, 우리나라와 아랍의 일부 나라에서는 목숨의 위협을 받는 사람을 감옥에 가둔다. 피해자가 감옥에 가는 것이다. 이 여성들의 투옥은 대부분 무기한으로 지속된다. 이들은 석방되지 않으며 보석을 받을 수도 없다. 가족들이 보석을 시키는 경우가 있다면, 그것은 그 여성을 살해하기 위한 것이다. 이 여성들은 감옥에서 평생을 보내야 한다.

내가 정조살해에 대한 기사를 쓰기 시작하면서부터 상황은 조금씩 개선되었다. 후세인 왕은 13대 의회 연설에서 여성과 어린이의 인권을 거론했는데, 왕이 여성과 어린이를 강조한 것은 처음 있는 일이었다. 현재의 아브둘라 왕은 부왕을 따라 새 헌법에 여성에 관한 항목을 추가했으며, 여성을 차별하는 법을 모두 개정할 것을 수상에게 지시했다. 하지만 법률에는 해결책까지 포함되어 있지 않다. 정부는 가족의 위협에서 벗어나고 싶어하는 여성들에게 감옥 대신 안식처와 재활프로그램을 제공해야 한다.

이런 인권활동에 대해서는 비난하는 사람들이 있게 마련이다. 사람들은 간통과 혼전 성행위를 격려하고 있다며 나를 비난했다. 기사를 중단하지 않으면 '당장 찾아가겠다'는 글을 신문에 올린 남자도 있었다. 나를 가장 당황하게 만드는 것은 사람들이 이 주제에서 벗어나고 싶을 때 써먹는 이런저런 구실들이다. "해마다 여자들 22명이 살해된다고 해도 아무 문제 없어요. 해마다 사생아로 태어나는 아이들이 얼마나 많은데요"라고 말하는 여성도 있었다. 슬픈 일이다. 사람들은 간통이 일어나는 주된 원인은 여성이 악하기 때문이라는 말로 주제에서 벗어나려고 한다. 우리나라뿐 아니라 세계 어디를 가도 사람들은 늘 여성들을 탓한다. 하지만 우리가 지금 이야기하고 있는 것은 헛되이 버려지고 있는 인간의 생명에 대한 것이다.

또 하나 중요한 것은 살인을 하는 사람들 역시 피해자라는 사실이다. 가족들은 모든 걱정과 압박을 그들에게 떠넘긴다. 살인을 하지 않으면 가족의 명예가 걱정이 되고, 살인을 하면 영웅 대접을 받고 모든 사람들에게 칭찬을 받는다.

미국에서 공부하는 동안 나는 도움을 필요로 하는 사람들을 위해서 일하는 수많은 착한 사람들을 목격했다. 나는 어떤 일을 하거나, 어떤 것을 바꾸겠다는 간절한 마음이 있으면 그 일을 해낼 수 있다는 믿음을 가지게 되었다. 하지만 요르단에는 소극적인 사람들이 많다. 그들은 무관심하다. 자신이 무슨 일을 하더라도 사회에는 아무런 영향도 미칠 수 없다고 생각하는 사람들이 많다. 하지만 그건 잘못된 생각이다. "괜찮아. 나는 움직이지 않을 거야. 그래 봐야 아무것도 달라지지 않을 테니까"라고 말해서는 안 된다. 이런 태도를 가지면 실제로 아무것도 달라지지 않는다. 이런 범죄에 대한 기사를 쓸 필요가 없는 날이 하루빨리 왔으면 좋겠다. 요르단이 물질적으로 현대화되고 여성의 인권에 대한 인식이 현대화될 때 이런 일은 이루어질 것이다. 나는 그런 날이 올 거라고 확신한다. 어쩌면 그날은 우리가 생각하는 것보다 가까이 있는지도 모른다.

달라이라마
THE DALAI LAMA

종교의 자유

"세계 공동체가 티베트문제에 뛰어들지 않으면,
인권유린은 계속 이어질 것이다."

중국 국경지역인 암도의 농가에서 아홉째아이 라모 톤둡이 태어났다. 1937년, 티베트 승려들은 두 살이 된 라모 톤둡을 관세음보살의 현신인 라마의 열네 번째 환생으로 인정했다. 텐진 가초라는 새 이름을 가지게 된 아이는 라사로 보내졌고, 그곳에서 16년 동안 형이상학적인 종교서적을 읽으며 영적 지도자가 되기 위한 교육을 받았다. 1949년, 중국이 티베트를 침공하면서 잔인한 압제가 시작되었다. 수천 명의 티베트인들이 투옥되어 굶어죽었고, 수백 개의 수도원과 사원을 비롯한 문화적·역사적 건물에 대한 약탈과 파괴가 이루어졌다. 중국은 티베트 문화와 전통을 뿌리뽑기 위해서 중국식 복장을 하고 무신론을 서약하며 책을 태우고 윗사람과 스승들을 비난하고 모욕하고 살해하도록 강요했다. 1959년, 목숨을 잃을 위기에 처한 달라이라마는 8,000명의 티베트인과 함께 인도 북부지역으로 망명했고, 지금까지 티베트 땅으로 돌아가지 못하고 있다. 1960년대와 1980년대에 거세어진 억압의 물결은 현재까지 이어지고 있다. 중국 정부는 살해, 대량학살, 고문, 식량공급 차단 등의 방법으로 100만 명 이상의 티베트인을 살해했다. 이런 국가적 재난에 직면한 티베트인들이 투쟁을 계속하는 원동력은 무엇일까? 신성한 달라이라마는 확고한 신앙과 꿈을 가지도록 티베트인들을 격려하고 있다. 그는 티베트의 땅을 빼앗아가고 티베트의 사람들을 대량학살한 사람들을 살인강도라고 생각하지 말고 용서와 자비를 베풀어야 할 인간이라고 생각하라고 말한다.

연민에 대하여

나치의 아우슈비츠 수용소를 방문해서 수십만 명이 처형된 화형장을 보는 순간, 나는 엄청난 불쾌감이 치밀어오르는 것을 억제할 수 없었다. 그 끔찍한 일을 하면서 태연한 태도로 합리적인 계산을 했다는 걸 생각하니 가슴이 떨렸다. 이것은 연민을 잃은 사회에서 발생할 수 있는 일이었다. 그런 재앙을 막기 위해서 국제적인 협약과 법률을 만드는 것도 필수적인 일이다. 하지만 그런 것들이 있다고 해도 그런 잔학행위는 다시 일어날 수 있다. 스탈린과 폴 포트, 마오쩌둥을 생각해보라. 이 세 사람은 모두 어떤 사회문제에 대한 전망과 목표를 가지고 있었다. 그렇지만, 그 어떤 것도 그들로 인해서 인류가 겪어야 했던 고통을 정당화할 수 없다. 모든 것은 개인으로부터 시작된다. 우리는 자신의 행동으로 어떤 결과가 빚어질지 자문해야 한다. 윤리적인 행동이란 해악을 야기하지 않는 행동이다. 우리가 다른 사람의 고통을 가슴아프게 받아들이는 태도를 향상시킬 수 있다면, 다른 사람의 고통을 묵묵히 지켜보는 것은 갈수록 견디기 어려워지고, 자신의 행동이 결코 해악을 야기하지 않는지 확인하기 위해서 하는 일은 갈수록 많아질 것이다. 티베트어로는 이런 태도를 '닝레'라고 하는데, 이 말은 대개 '연민'으로 번역되고 있다.

고통에 대하여

모든 인간은 행복을 바란다. 진정한 행복의 특징은 바로 평화에 있다. 지각을 가진 인간은 고통을 경험한다. 고통의 경험은 우리와 타인을 연결시키며 우리가 지닌 공감능력의 토대가 된다. 티베트에는 원하는 것을 빼앗긴 경험을 겪은 사람들이 많다. 우리는 나라를 빼앗긴 난민이고, 사랑하는 사람들과 강제로 격리된 경험이 있다. 티베트에 나쁜 일이 일어났다는 소식을 들을 때마다 나는 깊은 슬픔에 잠긴다. 1970년대 말, 80년대 초까지 수많은 티베트인들이 나를 보기 위해서 인도로 몰려와서, 부모나 형제, 자매가 어떻게 학살당했는지, 자신은 어떤 고문과 고통을 당했는지 이야기해주었다. 나는 그들의 이야기를 들으며 줄곧 눈물을 흘렸다. 너무나 많은 이야기들을 듣는 동안 내 눈물은 말라붙었다. 처음 총소리를 듣고 겁에 질렸던 군인이 총소리를 수없이 많이 들으면서 그 소리에 익숙해지는 것처럼.

중국이 나한테 화가 나서 부교주에게 분풀이를 했을 때, 나는 대단히 슬펐고 그 일에 책임감을 느꼈다. 하지만 내가 무얼 할 수 있단 말인가? 이런 상황에서 절망하고 슬퍼하는 것은 아무 도움이 되지 않는다. 쓸모없는 분노의 감정은 정신에 해로운 영향을 미치고, 마음을 한층 괴롭게 하고, 의지력을 쇠약하게 할 뿐이다. 나는 "고통을 극복할 방법이 하나라도 있다면 걱정을 할 필요가 전혀 없고, 고통을 극복할 방법이 전혀 없다면 걱정을 해봐야 소용없는 일이다"라는 고대 인도의 성현 산티데바의 조언에서 위안을 얻는다. 우리는 이것을 현실에 적용하여 자유와 진실, 정의를 추구하는 인간의 본성이 끝내 이기리라는 것을 늘 잊지 말아야 한다. 고통이 극심한 시기는 곧 지혜와 능력이 크게 성장하는 시기라는 사실 역시 잊지 말아야 한다. 2년이 넘게 감옥에 갇힌 채 고문을 당하고 가혹한 대우를 받았던 티베트의 어느 훌륭한 학자는 구금되어 있는 동안 쓴 편지를 몰래 내보냈는데, 그 편지에는 사랑과 자비에 대한 심오한 가르침이 깃들어 있어서 많은 사람들에게 감동을 주었다.

윤리와 환경에 대하여

내가 자란 티베트는 야생동물의 천국이었다. 사람들은 거의 동물을 사냥하지 않았다. 수없이 많은 야생 당나귀와 야크 떼가 영양과 여우, 가젤과 함께 초원을 거닐었다. 독수리는 수도원 위를 높이 날았고, 밤이면 큰뿔부엉이의 울음소리가 들렸다. 이제 야생동물은 서식지 소멸과 사냥으로 인하여 거의 멸종되었고, 삼림은 중국인들의 손에 파괴되었다. 베이징은 이것이 중국 서부를 휩쓴 무시무시한 홍수의 원인 중 하나라는 것을 시인하고 있다. 우리는 환경에 대한 감수성을 지니고 우리의 행동이 전 지구적인 차원에서 영향을 미치므로 행동을 제한하는 것이 중요하다는 것을 인식해야 한다.

비폭력에 대하여

마오쩌둥은 정치적인 권력은 총구에서 나온다고 말했다. 하지만 나는 폭력으로 단기적인 목표를 달성할 수 있을진 몰라도 장기적인 목표를 달성할 수는 없다고 생각한다. 나는 폭력은 폭력을 낳는다고 확신한다. 비폭력에 대한 나의 신조를 보고 훌륭하기는 하지만 실용적이지는 않다고 말하는 사람이 있을지도 모른다. 사람들은 폭력이 위압적으로 보이고 사람들의 기를 꺾기 쉽기 때문에 그렇게 말하는 것 같다. 과거에 사람들은 자기 나라의 평화에만 관심이 있었다. 하지만 이제는 세계평화가 위태로운 상황이다. 이제는 인류가 상호의존하고 있다는 것이 분명히 밝혀졌다. 우리는 1980년대에 세계를 휩쓴 정치혁명의 근본적인 성격은 비폭력이었음을 깨달아야 한다. 나는 티베트가 평화지구가 되어야 한다는 의견을 밝힌 바 있다. 오랫동안 전쟁을 겪어온 인도, 중국과 같은 나라들에 비무장지역이 설정되면, 국경을 지키는 병력을 유지하는 데 허비되는 엄청난 비용을 절약하는 성과를 거두게 될 것이다.

개인적으로 보면, 폭력은 훌륭한 동기를 훼손할 수 있다. 한 가지 예로, 항의의 수단으로 사용되는 단식도 문제라고 생각한다. 1988년 4월 2일, 뉴델리에서 있었던 티베트인들의 단식시위를 처음 방문했을 때 보니, 시위대는 두 주째 단식을 계속하고 있었는데, 건강이 심각할 정도로 나빠진 상태는 아니었다. 그들은 내게 자신들의 단식을 말리지 말라고 부탁했다. 그들이 시위를 하고 있는 티베트문제는 내 책임이기도 했기 때문에 단식을 중지시키려면 대안을 제시해야 했다. 하지만 안타깝게도 다른 대안이 없었다. 결국 인도 경찰이 개입해서 시위자들을 병원으로 후송했다. 나는 크게 마음이 놓였다. 놀랍게도, 시위자들은 용감하고 단호하게 행동했다. 그들이 단식 끝에 사망하는 사태는 벌어지지 않았다. 그들이 마음을 바꿔서가 아니라 인도 정부가 개입했기 때문이었다. 시위대는 자기희생은 폭력이 아니라고 생각했다. 하지만 나는 그것은 폭력이라고 생각한다. 그들은 우리의 대의가 정당하다고 인식하고 있었다. 하지만 적의 눈앞에서 죽는 것이 대의를 위해서 마땅히 취해야 할 일이라고 생각하는 것은 옳지 않다.

인권에 대하여

인권유린은 티베트가 안고 있는 주요 문제에서 파생된 문제다. 세계공동체가 티베트문제에 뛰어들지 않으면, 인권유린은 계속 이어질 것이다. 티베트인들은 짓밟히고 있고, 중국인들은 혼란스러워하고 있으며, 사람들의 분노는 커지고 있다. 중국 당국이 통일과 안정을 원하면서도 불안과 분열을 야기하는 방식으로 티베트문제를 다루고 있는 것은 비효과적이며 모순된 방법이다.

인생의 의미에 대하여

나는 달라이라마의 역할은 어떤 목적에 봉사하는 것이라고 알고 있다. 어떤 사람의 인생이 다른 사람에게 도움이 된다면, 그 사람의 인생의 목적은 달성된 것이다. 나는 무한히 큰 책임과 불가능한 과업을 떠맡고 있지만, 성실한 동기로 임하는 한은 이런 엄청난 곤경에서 벗어날 수 있다. 나는 비록 내 능력을 벗어나는 일이라고 해도 할 수 있는 일은 무엇이든지 한다. 나는 행정부 밖에 있는 것이 더 쓸모가 있는 사람이다. 행정부의 일은 나보다 젊고 잘 훈련받은 사람들이 맡고, 나는 인간의 가치를 향상하는 중요한 과제에 시간과 에너지를 집중해야 한다. 행정부와 경제 부문에서 일하는 사람들이 인간의 가치를 존중하지 않으면, 범죄와 부패와 같은 갖가지 문제들이 증가하게 마련이다. 공산주의가 인간의 가치를 향상하는 데 실패하면서 부정부패가 크게 늘어났다. 불교는 자기 수양에 큰 도움이 될 수 있고, 자기 수양은 부정부패를 줄이는 데 도움이 될 수 있다. 우리가 어느 정도 자유로운 상태에서 티베트로 돌아갈 수 있다면, 내가 가지고 있는 임시 직함을 모두 내놓고 남은 인생을 인간의 가치를 향상하고 여러 종교를 조화시키고 석가의 가르침을 전파하는 일에 집중할 것이다.

목표와 덧없음에 대하여

성실한 동기와 올바른 목표를 가지고 정치활동을 한다면, 정치적 지도자가 되는 것과 도덕적 지도자가 되는 것 사이에는 아무런 모순도 있을 수 없다. 여기서 올바른 목표란 자신의 명성이나 자신의 권력을 위해서가 아니라 다른 사람들의 이익을 위해서 일하는 것을 의미한다.

50년 뒤면 나 텐진 가초는 기억 속에서 사라질 것이다. 시간의 흐름을 막을 도리는 없다. 중국 당국과 티베트 사람들은 내가 계속 활동하기를 바라지만, 나는 이제 예순다섯이 넘었다. 10년 뒤면 일흔넷이 될 것이고, 이십 년 뒤면 여든넷이 될 것이다. 내가 활동할 수 있는 시간은 많지 않다. 의사들은 내가 백세 살까지 살 거라고 말한다. 나는 죽는 날까지 모든 사람들의 이익을 위해서, 고난의 시기에 티베트의 친구가 되었던 사람들과 친밀한 관계를 유지하고 싶다. 그들이 티베트를 도운 것은 돈 때문도 권력 때문도 아니다(그들은 우리의 친구가 되면서 중국과 접촉하기가 껄끄러워졌을 테니까). 그들은 인간적인 감정, 인간적인 관심사에서 우리를 도왔고, 나는 이 친구들을 매우 소중하게 여긴다. 다른 사람의 이익을 위해 살고자 하는 나에게 큰 영감을 불어넣은 짧은 기도문을 소개한다.

> 원하나니, 이제부터 영원토록 나를
> 보호받지 못하는 이들을 위해 보호자가 되고
> 길을 잃은 이들을 위해 길잡이가 되고
> 바다를 건너야 할 이들을 위해 배가 되고
> 강을 건너야 할 이들을 위해 다리가 되고
> 위험에 쫓기는 이들을 위해 안식처가 되고
> 빛이 없는 이들을 위해 등불이 되고
> 누울 곳이 없는 이들을 위해 담요 한 장이 되고
> 어려움 속에 있는 모든 이들을 위해 종이 되게 하소서.

왕가리 마타이
WANGARI MAATHAI

케냐

여성과 환경

"이 활동을 처음 시작할 때는 순수한 마음과 연민에서
우리나서 일을 해야 한다.…… 자신이 무엇을 해야 하는지
분명히 알고 있으면 용기가 샘솟고 두려움이 사라지고 물어볼 용기가 생긴다.
우리는 모르는 것이 너무 많다. 우리는 알아야 한다."

아프리카 전역에서는(세계 대부분의 지역에서 그렇듯이) 여성들이 무슨 작물을 심을지 결정하고, 밭을 갈고, 식량을 수확하는 주된 책임을 맡고 있다. 여성들은 환경파괴가 농업생산에 해를 끼친다는 것을 누구보다 먼저 깨닫는다. 우물이 마르면 새로운 우물을 찾을 것을 걱정하는 사람도, 또 멀리까지 걸어가서 물을 길어와야 하는 사람도 여성이다. 어머니인 여성들은 가족들이 먹을 음식이 오염물질이나 불순물로 더러워지는 것을 금세 알아챈다. 케냐의 환경주의자이자 여권운동가인 왕가리 마타이는 1977년 지구의 날에 '녹색지대 운동'을 시작했다. 이 운동은 농업에 종사하는 사람들(그 중 70퍼센트가 여성이다)에게 토양침식을 막고 그늘과 땔감, 목재의 원천이 되는 '녹색지대'를 만들 것을 권장하고 있다. 그녀는 벽촌의 여성들에게 씨앗을 나눠주고 씨앗이 자랄 수 있도록 장려정책을 폈다. 현재까지 이 운동을 통해 뿌리를 내린 나무는 1,500만 그루가 넘고, 그 소득은 8만 명의 케냐 사람들에게 돌아갔다. 이 운동은 30개 이상의 아프리카 국가들과 미국, 그리고 아이티로 확산되었다. 마타이는 기아를 예방한 공로로 아프리카상을 받고, 케냐 정부와 언론계로부터 모범시민으로 표창을 받았다. 몇 년 후 마타이는 나이로비 최대의 공원 중앙에 62층짜리 초고층빌딩(모이 대통령의 4층짜리 동상이 어우러진)을 짓자는 다니엘 아랍 모이 대통령의 제안을 비난했다. 공무원들은 그녀에게 비난행동을 자제할 것을 경고했다. 그녀가 대중운동을 전개하자 보안부대가 찾아와 활동을 중단하라고 협박했다. 그녀는 이를 거부했고, 그녀에 대한 협박은 계속되었다. 국회의원들은 그녀가 이끄는 조직을 '이혼자들의 무리'라고 부르면서 그녀를 비난했다. 정부가 발행하는 신문은 그녀의 과거를 캤고, 경찰은 아무런 권한도 없이 그녀를 구금하고 심문했다. 결국 모이 대통령은 빌딩 건설계획을 백지화했는데, 이는 마타이가 시작한 반대운동이 주된 원인이었다. 몇 년 뒤, 마타이

는 그 공원으로 돌아가 정치범을 위한 시위를 주도하다가 친정부 폭력배에게 폭행을 당하고 병원에 입원했다. 그 후 모이 대통령이 이끄는 여당 의원들은 마타이가 '여자답게' 행동하도록 성기를 훼손시키겠다고 위협했다. 하지만 왕가리 마타이는 어느 때보다 단호하게 행동했으며, 현재까지 환경보호와 여권, 그리고 민주개혁을 위한 활동을 계속하고 있다. 그녀가 첫 씨앗을 뿌린 정치참여와 자격 쟁취를 위한 조직은 수많은 강력한 지부로 자라나고 있다. 2004년에 마타이는 그 노력을 인정받아 노벨평화상을 받았다.

케냐의 녹색지대 운동은 1977년에 시작되었다. 당시 벽촌지역과 도심지역 출신의 여성들이 공개토론회에 참여하여 환경파괴와 자신들의 요구에 대해 이야기하고 있었다. 여성들에게는 땔감과 영양실조에 시달리는 아이들에게 먹일 음식이 필요했다. 그리고 농약과 제초제로 오염된 물 대신 깨끗한 물이 필요했다.

여성들은 숲 가까이 살았기 때문에 땔감을 마련하는 데 많은 시간을 들일 필요가 없었던 옛날 일을 이야기했다. 예전에는 건강을 유지할 수 있는 음식을 먹었지만, 이제는 식량 재배에 많은 힘을 들일 필요가 없어진 대신 그 식량으로는 건강을 유지할 수 없게 되었다고 말했다. 여성들은 가족들이 매우 허약해져서 병에도 잘 걸리고 볼품없이 말라가고 있는데, 이는 환경이 나빠졌기 때문이라고 생각하고 있었다.

비정부조직인 전국여성회의는 여성들에게 나무를 심도록 격려했다. 처음에는 여성들이 자신들은 나무를 심을 수 있는 지식도, 기술도, 자본도 없다고 생각했기 때문에 어려움이 많았다. 하지만 우리는 그런 것들이 없어도 나무를 심을 수 있다는 것을 보여줌으로써 나무심기 활동을 희망의 상징으로 만드는 데 성공했다. 여성들은 지극히 간단한 나무심기 활동을 통해 자신감을 얻었다. 그것은 그들이 할 수 있는 일이며 그 결과를 예상할 수 있는 일이었다. 그들은 스스로의 손으로 자신의 삶의 질을 개선할 수 있었다.

1,500만 그루의 나무를 심겠다는 우리의 말을 들은 종묘상은 절대로 그렇게 많은 나무를 심을 수 없을 거라는 생각에서 우리가 원하는 분량의 묘목을 구해주겠다고 말했다. 얼마 후, 그는 우리가 자신이 무상으로 제공할 수 있는 것보다 훨씬 많은 나무를 모으고 있다는 것을 알고 처음에 했던 제안을 철회했다. 하지만 우리에

게는 돈이 없었다. 우리는 직접 묘목을 기르기로 결심했다. 우리는 숲으로 가서 씨앗을 모아 왔고, 콩이나 옥수수 따위를 심는 것과 같은 방법으로 화분에 흙을 담고 씨앗을 묻은 다음 그 화분을 닭이나 염소가 접근할 수 없는 높은 곳에 두었다. 여성들은 자신의 필요에 맞는 '맞춤 기법'을 사용해서 삼림관리 기술을 터득했다. 성공적이었다. 언제가 우리는 이 여성들이 개발한 독창적인 기술들을 모두 기록할 예정이다. 한 가지 예를 들면, 바람에 씨앗을 날리는 나무 종류가 있다. 흙 속에 내려앉은 씨앗들은 비를 맞으면 싹을 내기 시작한다. 한 여성이 물동이만 달랑 들고 밭을 열심히 가꾸고 있었는데, 그 여성의 밭에서 자라는 것은 작물이 아니라 잡초였다. 그 여성은 잡초 속에는 묘목도 섞여 있다는 것을 알고 잡초 사이에 섞여 자라고 있는 묘목을 가려 뽑아 화분으로 옮겼다. 그날 저녁, 그 여성은 수백 개의 묘목을 가지고 집으로 돌아갔다. 이 여성이 개발한 이 방법은 아주 효과적이었다. 우리는 케냐에만 2,000만 그루 이상의 나무를 심었다. 다른 아프리카 국가의 식목 실적에 대한 자료는 구하지 못했다.

나무는 살아 있다. 우리는 나무에 대해 여러 가지 작용을 한다. 우리는 나무와 친하다. 나무는 식량과 땔감을 준다. 나무는 아주 쓸모 있는 물건이다. 나무를 심고 그것이 자라는 것을 보고 있으면 신기한 일이 일어난다. 그것을 소중히 여겨 보호하고 싶은 마음이 든다. 나는 사람들이 크게 달라져서 과거와는 다른 태도로 나무를 대하는 것을 보게 된다. 또 나무가 없다는 걸 전혀 알아채지 못하다가 마음의 눈을 뜨고 나서야 땅이 헐벗었다는 사실을 깨닫는 사람들이 많다. 그들은 비는 은혜가 될 수도 있고 저주가 될 수 있다는 점을 깨닫기 시작한다. 비가 오면 보호받지 못하는 토양은 비와 함께 쓸려 내려간다. 즉 우리의 식량을 키워야 하는 비옥한 토양이 유실되는 것이다. 사람들은 사람과 환경 사이의 직접적인 관계를 본다. 그 관계가 변화하는 것을 지켜보는 것은 근사한 일이다. 바로 그것이 운동을 유지하는 원동력이다.

우리는 약 20개의 나라에서 이 프로그램을 시행하고 있다. 주요 목표는 일반인들이 환경을 위한 활동을 하기 위해서 모일 수 있게 하는 것이다. 대개는 교육프로그램으로 이루어진다. 나무심기 활동 역시 사람들에게 자신감을 심어주고 자신의 손으로 자신의 운명을 개척한다는 생각을 심어주고 두려움을 없애주는 주민교육이다. 이런 교육을 통해 사람들은 자기 자신과 자신의 환경적인 권리를 위한 활동에 나설 수 있다. 우리는 이 전략을 자신이 어디로 가고 있는지 깨달을 수 있도록 돕는다는 의미에서 '버스 잘못 탄 것 깨우치기'라고 부른다. 사람들은 많은 문제를 안고 우리를 찾아온다. 식량은 없고, 식수는 더럽고, 사회기반시설은 파괴되어 가고, 가축에게 먹일 물도 없고, 아이들을 학교에 보내지 못하고 있다. 내가 약 100명의 사람들을 만나면서 기록했던 문제의 수는 최고 150개였다. 사람들은 우리가 자신들의 문제를 해결해줄 거라고 생각하고 있다. 하지만 나는 그 문제들을 적어둘 뿐 어떤 대책을 마련하고 있는 것은 아니다. 나는 사람들에게 안도감을 주기 위해서, 자신의 문제를 표현할 수 있는 공간을 제공하기 위해서 그 문제들을 적어둘 뿐이다.

문제점들을 죽 적어놓고 나면, 우리는 "이 문제들이 생긴 원인이 뭐라고 생각하세요?"라고 묻는다. 어떤 사람들은 주지사나 대통령이나 수상 등 정부와 집권세력을 비난한다. 사람들은 자기 자신이 그 문제의 원인일 수 있다는 생각은 하지 않는다. 그래서 우리는 버스라는 비유를 사용한다. 잘못 탄 버스를 계속 타고 가면, 엉뚱한 목적지에 가게 된다. 우리는 사람들에게 "어떻게 해서 버스를 잘못 탔지요? 버스정류장에서 왜 올바른 버스를 타지 않고 다른 버스를 탔나요?"라고 묻는다. 이것은 아주 흔한 경험이다. 사람들이 다른 버스를 타게 되는 가장 흔한 원인은 글을 모르기 때문이다. 겁을 먹고 서둘러도 버스를 잘못 탈 수 있다. 자신은 뭐든지 다 안다고 생각하고 오만하게 굴다가 실수로 버스를 잘못 탈 수도 있다. 정신을 바짝 차리지 않으면 집중할 수가 없다. 그 이유는 여러 가지다.

이런 연습을 하고 난 후, 우리는 사람들에게 자신들의 문제들을 바라보라고 한다. 우리는 왜 굶주리는가? 우리는 왜 경찰에게 시달리는가? 우리는 왜 만날 때마다 허가를 받아야 하는가? 이런 문제점을 바라보면 우리가 버스를 잘못 탔구나 하고 생각하게 된다. 우리는 너무나 오랫동안 잘못된 생각을 주입받아왔다. 그것은 지난 30년간의 케냐의 역사가 설명해준다.

냉전 시기 동안, 우리 정부는 아주 독재적이었다. 하나뿐인 방송국이 통제된 정보를 내보냈기 때문에 전 국민이 잘못된 정보를 주입받았다. 억압적인 정부정책 때문에 우리는 두려움에 사로잡혀 버스를 잘못 탄 것이다. 우리는 실수를 했다. 이 모든 문제를 만들어낸 것은 바로 우리 자신이었다. 우리는 환경을 보지 않고 나무를 심으려고 했고, 우리의 땅은 비에 씻겨 내려갔다. 비옥한 표토가 유실되었다. 우리는 이미 실수를 한 경험이 있다. 우리는 정부와는 아무런 관계가 없는 개인적인 잘못을 했을 수도 있다. 우리는 버스를 잘못 탔고, 여러 가지 나쁜 일들이 일어났다. 우리가 할 일은 버스에서 내려서 자신이 놓인 상황에서 가장 좋은 방법을 선택하는 것이다.

우리는 행동에 나서야 한다. 우리는 정보를 찾아야 한다. 우리는 질문하고 배워야 한다. 우리가 토론회에 온 것도 그 때문이다. 우리는 나무를 심고 싶고 자신감을 가지고 싶다. 우리에게는 읽고 싶은 글을 읽을 수 있는 권리가 있다. 우리는 허가를 받지 않고 만나고 싶다. 버스에서 내린다는 것은 자기 인생의 방향을 결정한다는 것을 의미한다.

자, 이제 나무를 심는 일을 시작하자. 가족들이 먹을 충분한 양의 식량을 생산하자. 우리 지역이 생물의 다양성을 상실하지 않도록, 다양한 고유작물을 키우는 식량안보 프로젝트를 시작하자. 우리가 사는 곳은 열대지역이기 때문에 나무가 빨리 자란다. 5년 안팎이면, 바나나와 같은 유실수를 얻을 수 있다. 마을로 돌아가

서 여기서 배운 것을 다른 사람들에게 가르치자. 다른 사람들이 버스에서 내릴 수 있도록 용기를 북돋아주자. 가까운 곳에 있는 공원과 숲, 녹지를 보호하기 위한 소모임을 조직하자. 환경보호는 말이 아니라 행동으로 하는 것이다.

숲 가까이에 사는 사람들은 숲이 파괴되고 있는 것을 가장 먼저 볼 것이고, 물 가까이에 사는 사람들은 물이 오염되는 것을 가장 먼저 알 것이다. 농사를 짓는 사람들은 흙이 노출되어 비에 쓸려가는 것을 알게 마련이다. 이 사람들이야말로 지역적인 차원에서, 전국적인 차원에서 이런 문제들에 관심을 가져야 할 사람들이다.

나는 녹색지대 운동을 통해 이런 과정을 지켜보았다. 자신의 농장에 나무를 심기 시작한 여성들은 이웃사람들에게 영향을 미친다. 이웃사람들도 서서히 동참한다. 전국적인 차원에서 우리는 국회와 대통령이 환경보호에 관심을 가지도록 만들 수 있었다. 이제 정부는 남아 있는 삼림을 파괴하지 말고, 녹지를 사유화하지 말고, 삼림을 훼손 또는 사유화하지 말자는 환경주의자들의 말에 반응을 보이고 있다. 이런 압력을 행사하고 있는 것은 일반 서민들이다. 우리가 처음에 시작한 것은 여성들에게 자신감을 심어주는 일이었다. 여성들의 적극적인 활동을 보고 남성들도 합세하게 되었다.

많은 남성들이 여성들처럼 묘목 키우기를 하는 것은 아니지만 나무심기에 참여하고 있다. 그들은 나무를 경제적인 투자로 본다. 그들은 30년 앞을 내다보고 거대한 나무를 팔게 될 날을 기대한다. 중요한 사실은 녹색지대 운동에 남성과 여성, 아이들이 참여하고 있다는 점이다. 여성들이 나무를 심는 동안 남성들이 나무를 베어대는 상황도 충분히 있을 수 있지 않은가. 모든 사람들이 힘을 합쳐 환경보호에 나서야 한다.

이 활동을 처음 시작할 때는 순수한 마음과 연민에서 우러나서 일을 해야 한다. 우

리들이 만든 인쇄물에는 이런 구절이 있다. "우리 조직의 주요 목표는 옳은 일을 할 수 있도록 사람들을 감화시켜 자신감을 심어주고, 의식을 고취시켜 환경보호를 위해 필요한 일을 하도록 하는 데 있다."

자신이 무엇을 해야 하는지 분명히 알고 있으면, 용기가 샘솟고 두려움이 사라지고 물어볼 용기가 생긴다. 우리는 모르는 것이 너무 많다. 우리는 알아야 한다. 자신이 해야 할 일을 분명히 알고 있으면 정신을 집중하는 데 도움이 된다. 자, 이제 우리는 버스에서 내려서 올바른 방향으로 움직여간다. 사람들은 우리가 열정과 확신, 그리고 끈기를 가지고 움직이는 모습을 지켜본다. 우리는 사람들의 주목을 받게 된다. 우리는 버스를 잘못 탄 사람들이나 그들을 태우고 가는 운전사에게 위협적으로 보일 수 있다. 우리는 운전사가 잘못된 방향으로 가고 있으니 따라가지 말라고 사람들에게 말한다. 지금 우리는 자유롭게 "나를 믿으세요. 당신들은 모두 잘못된 방향으로 가고 있습니다. 당신의 지도자도 마찬가지입니다"라고 말한다. 물론 그 지도자는 그런 말을 듣는 게 달갑지 않다. 그는 승객들이 자기 버스에서 내려야 한다는 우리의 말을 따르기를 원하지 않는다. 여기서 갈등이 발생한다. 지도자는 자기 승객에게 잘못된 생각을 주입하고, 자신의 계획과 자신의 목표와 자신의 본질을 왜곡하고 있다고 우리를 비난한다.

나와 모이 대통령 사이에서 바로 이런 일이 일어났다. 1989년, 모이 대통령은 나이로비에 마지막 남은 공원인 우후루 공원을 없애고 싶어했다. 그는 그곳에 아프리카에서 가장 높은 62층 빌딩을 지을 계획이었다. 그 초고층건물 옆에는 자신의 4층짜리 동상(4층에 가야 머리 부분을 만질 수 있는)을 세울 계획이었다. 나이로비 시내 전체가 재건축될 뻔했다.

그 빌딩은 너무나 위압적일 테고, 만일 공원 땅을 일부 남겨놓는다고 해도 감히 그곳에 다가갈 사람은 아무도 없었을 것이다. 이것은 완전히 잘못된 계획이었다. 경제적으로도 큰 문제였다. 그 빌딩을 짓기 위해서 돈을 빌리면 우리는 어마어마한 빚더미에 앉게 될 터였다. 그야말로 처치곤란한 애물단지였다. 하지만 대통령은 자기 개인의 명예를 드높이기 위해서 그 빌딩을 짓고 싶어했다.

우리는 그 공원은 사람들이 돈이 없어도 올 수 있는 이 도시 안에 있는 유일한 공원이라고 주장하면서 빌딩 건설 반대운동을 전개했다. 경찰들도 이 운동을 막을 수 없었다. 그곳은 노천 녹지였기 때문에 많은 사람들이 합세하여 의견을 모았다. 그 중에는 빌딩 건설에 투자를 하려고 했다가 그 안이 좋은 안이 아니라고 생각하게 된 사람들도 있었다.

우리는 공원에서 시위를 벌이다가 경찰에게 폭행당했다. 1989년 당시에는 두려움이 많았기 때문에 항의대열에는 소규모의 여성 그룹만 합세했다. 나는 그 문제를 법정으로 가져가서 이 공원은 국민들의 소유이므로 사적인 용도로 사용될 수 없다고 주장했다. 대통령은 공인수탁자일 뿐인데 위탁받은 물건을 마음대로 빼앗아 사유화하는 것은 범죄행위였다. 우리는 소송에서 졌다. 법원은 우리가 그 문제를 제기하고 공원에 대해 왈가왈부할 자격이 없다고 주장했다. 하지만 결국 우리는 소송에서 이겼다. 많은 사람들이 항의하자 돈을 제공하려던 사람들이 계획을 철회한 것이다. 국회의원들은 녹색지대 운동과 나에 대해 논의하느라 의정활동은 뒷전이었다. 그들은 녹색지대 운동은 위험한 조직이므로 금지되어야 한다고 주장했다. 그들은 우리의 명예를 깎아내리기 위해 여러 가지 비열한 행동을 일삼았으며, 우리를 '이혼한 여자들과 무책임한 여자들의 무리'라고 부르기도 했다.

나는 그들에게 내 의견을 밝혔다. "여러분이 녹색지대 운동을 하고 있는 여성들을 어떻게 생각해도 좋습니다. 하지만 우리가 지금 지적하는 것은 국립공원의 사유화 문제입니다. 우리는 대중의 권리와 국민의 권리를 위해서 싸우고 있습니다. 이것은 우리의 생존과 관련된 문제이니만큼 정확한 평가가 필요한 문제입니다." 언론은 신이 나서 나를 공격했고, 국회는 비열하고 더러운 방법으로 맹목적인 애국주의를 주창했다. 다행히도 내 피부는 코끼리 피부처럼 두터웠다. 그들의 조롱과 비난이 심해질수록 나는 튼튼해졌다. 나는 내가 옳고, 그들이 틀렸다는 것을 알고 있었다.

몇 년 뒤인 1992년, 나는 민주화운동을 하다 구속된 사람들의 어머니들과 함께 그 공원을 찾아갔다. 우리는 '자유의 모퉁이'라고 이름붙인 곳에서 나흘 동안 농성을 했다. 닷새째 되는 날 정부는 경찰력을 투입해서 심한 폭행을 가했다. 그때 그 어머니들의 힘은 영원히 잊혀지지 않을 것이다. 경찰에 의해 해산된 후 병원에 입원했기 때문에, 나는 당시의 상황을 파악하지 못했다. 많은 여성들이 자동차에 실려 출신지역으로 보내졌다. 다음날 그 여성들은 다시 나이로비로 돌아와 다른 사람들의 행방을 수소문했다. 그들은 입원해 있는 사람들에게 자신들이 기다리고 있다는 소식을 전했다. 그들은 올세인트 교회를 찾아갔고, 그곳의 성직자는 지하실에서 머물면서 다른 여성들을 기다릴 수 있게 해주었다. 그 성직자는 이틀 밤만 묵게 하면 될 거라고 생각했지만, 어머니들의 농성은 일 년 넘도록 지속되었다. 그들은 자식들의 석방을 요구하며 농성을 계속했고, 경찰은 농성을 해산하기 위해서 갖은 수를 썼다. 매수와 협박을 시도하기도 하고, 자식들에게 각자의 어머니를 찾아가 해산을 설득하라고 강요하기도 했다. 무장경찰들이 교회를 포위한 채 강제로 해산시키겠다고 협박한 것도 여러 차례였다. 다행히 그런 일은 일어나지 않았다. 경찰 중에는 기독교인이 있었고, 그들은 교회를 공격할 수는 없다고 생각하고 있었기 때문이다.

이렇게 해서 우리는 다시 승리를 거두었다. 젊은 남자들은 감옥에서 풀려나와 어머니들의 위대한 힘을 칭송했다. 참으로 놀라운 일이었다. 나는 여성들의 위력을 확인하고 크게 놀랐다. 아무리 혹독한 시기에도 억압적인 정부에 맞서서 다른 사람들의 권리를 보호하기 위해 일어서는 사람들이 있다는 것을 확인하는 계기였다. 민주주의운동은 다시 대통령을 밀어냈다. 대통령이 군부에 정권을 넘겨줄 거라는

소문이 떠돌기 시작했다. 우리는 대통령이 정권교체의 필요성을 느낀다면, 군부에 권력을 넘겨줄 것이 아니라 총선거를 실시해야 한다는 성명을 발표했다.

대통령은 우리의 요구를 수용하지 않고 폭력을 선동했다는 빌미로 우리를 체포했다. 나는 집으로 가서 문을 닫아걸었다. 나는 아무도 나를 끌어내지 못할 거라고 확신했다. 배만 고프지 않다면 한 달 동안 버틸 작정이었다. 무장경찰이 집을 포위하고 공포분위기를 조성했다. 나는 혼자였다. 3일 후 경찰은 내 집 창문을 부수고 나를 끌어내 감옥에 가뒀다. 우리가 강고한 독재정권에서 벗어나게 된 것은 1993년의 일이었다.

용기. 나는 용기는 두려움을 가지지 않는 것이라고 생각한다. 두려움이야말로 가장 큰 적이다. 결과를 생각하지 않아야 두려움을 극복할 수 있다. 내가 하고자 하는 일을 할 때, 나는 용기가 필요했다. 대통령이 이 땅에서 저지른 모든 범죄와 인권유린행위, 특히 환경권을 유린하고 여성들에게 폭력을 행사한 행위를 비난하는 편지를 쓸 때, 나는 용기가 필요했다.

나는 그들이 공격을 해오면 여성에 대한 폭력이라고 주장한다. 성기를 훼손하겠다는 협박은 여성에 대한 폭력이다. 그들이 공격을 해오면 나는 반격했다. 많은 사람들이 "그놈들이 당신을 죽일지도 모릅니다"고 말하면, 나는 "맞아요. 그럴 수 있어요. 하지만 그들이 어떤 짓을 할 수 있는가를 염두에 둔다면 우리는 꼼짝도 할 수 없습니다. 위험을 걱정하다 보면 머리가 텅 비어버리니까요"라고 대답했다. 사람들은 우리가 용감하다고 생각한다. 실제로 우리는 용감한 것인지도 모른다. 우리는 두려움을 의식하지 않는다. 놈들이 우리를 죽이거나 다리를 부러뜨릴지도 모른다는 두려움에 휩싸이면 우리는 꼼짝도 할 수 없다. 그것은 실제로 위험이 다가오는 것을 목격하고 느끼는 두려움과는 전혀 다른 것이다. 두려운 생각이 들 것 같으면 나는 내가 올바른 방향으로 가고 있다는 사실만을 생각한다.

오스카 아리아스 산체스
OSCAR ARIAS SÁNCHEZ

코스타리카

———

무장해제

전쟁이 중부아메리카 전역을 휩쓸었다. 산디니스타가 소련의 후원을 받아 니카라과를 통치하고 있고, 우익 군부정권이 엘살바도르와 과테말라에서 게릴라 반군과 싸우고 있었으며, 수백만 달러에 달하는 미국과 소련의 군사원조가 온두라스의 긴장을 고조시키고 있었다. 오스카 아리아스는 냉전의 강대국들에 맞서서 평화를 옹호하고 아리아스 평화계획을 주창하고 나섰다. 아리아스 평화계획은 이웃국가들에서의 전투를 중지시키고 코스타리카에 평화와 번영을 가져왔다. 1940년에 태어난 아리아스는 코스타리카 대학교에서 법학과 경제학을 공부하고 영국의 에섹스 대학교에서 박사학위를 받았다. 그는 1972년에 코스타리카의 경제정책기획장관으로 임명되었고, 1978년에 국회의원으로 당선되었으며, 1986년에는 대통령에 당선되었다. 대통령에 취임한 날 아리아스는 라틴아메리카 전역에 민주주의와 사회·경제적 자유를 위한 동맹을 결성할 것을 주장했다. 그는 1987년에 작성한 평화계획을 토대로 에스키플러스 제2협정을 제안했으며 8월 7일에는 중부아메리카 대통령들이 이 협정에 서명했다. 그는 이 지역의 갈등을 종식시킨 공로를 인정받아 노벨평화상을 수상했다. 그 후 아리아스는 중부아메리카의 평화정착과정에서 얻은 경험을 세계 전역의 갈등에 적용함으로써 인본주의적 발전과 민주주의, 비무장을 위한 세계적인 운동을 전개하고 있다.

30억 명의 인구가 비참한 궁핍 속에서 살고 있고, 충분히 예방할 수 있는 질병 때문에 날마다 4만 명의 어린이들이 죽어가고 있다. 이 세계는 우리에게 생과 사를 넘나드는 비참한 투쟁을 강요하고 있다. 인생을 어떻게 살 것인가, 어떤 사람이 될 것인가에 대해 결정을 내리는 것은 아주 중요한 의미를 가진다. 나는 누구나 삶의 편에 서야 한다고 믿는다. 인간의 안전을 지키기 위한 활동은 어렵고, 고된 시련에 직면하는 경우도 많다는 사실은 이런 실존적인 결정에 대해 아무런 영향도 미치지 않는다. 우리가 정의를 위해서 활동

하는 것은 큰 승리를 거두기 위한 것이 아니라 그 투쟁에 가담하는 것이 보람된 것이기 때문이다. 세계화는 야누스의 얼굴을 가지고 있다. 세계화는 최상의 교육을 받고 최상의 환경에서 태어난 사람에게는 엄청난 번영을 제공하지만, 전 세계의 가난한 사람들에게는 비참함과 절망을 제공할 뿐이다. 새로운 경제제도는 극소수의 사람들에게는 노동비용을 최소화하고 이윤을 최대화하는 수단이 되지만, 대부분의 사람들에게는 일자리를 불안하게 만들고 저임금 장시간 노동을 강요하는 직장으로 돌아가게 만드는 원인을 제공한다. 가장 취약하고 경제적으로 불안정한 사람들은 인간의 필요가 아니라 탐욕과 투기에 근거한 경제제도의 공격에 정면으로 노출되고 있다. 세계는 해마다 24조 달러의 재화와 용역을 소비하고 있지만, 하루에 1달러 미만의 소득을 가지고 생활하는 사람들이 13억에 이른다. 세계 3대 부유국은 48개 극빈국의 국내총생산을 합한 금액보다 많은 자산을 가지고 있다.

중요한 문제는 우리가 세계화가 지닌 윤리적인 도전에 휘말릴 것이냐 아니냐가 아니라 우리가 세계를 위해서 어떤 공헌을 할 것인가에 있다. 당신은 냉담한 태도로 불공평한 세계화 과정에 동참할 것인가? 아니면 인간다운 생존을 위해서 싸우는 사람들의 대열을 후원할 것인가? 이제 우리는 환경파괴와 궁핍, 질병과 영양실조, 지나친 소비와 군사력 증강 등의 병폐가 우리 모두에게 영향을 미치는 세계적인 문제라는 사실을 인정해야 한다.

군비지출은 과도한 소비의 문제가 아니다. 그것은 우리 문명의 우선순위가 크게 뒤바뀌어 있다는 것을 의미한다. 지금 우리의 논점은 그 막대한 돈이 인간의 발전을 위해 사용될 수 있다는 점과, 사람들을 죽이기 위해서 고안된 총기, 전투기 따위의 살인수단에 대해 엄청난 투자가 이루어지고 있다는 점에 있다. 무기 개발과 증강은 군대의 힘을 키우고, 민주화과정을 가로막으며, 경제적 진보를 파괴하고 인종 및 영토 갈등을 지속시키며, 기본적인 인권을 위태롭게 하는 상황을 만들어낸다. 뿐만 아니라 여성들과 어린이들은 수많은 무장충돌과 그로 인해 가중되는 궁핍의 시련 속에서 상상할 수 없을 만큼 큰 고통을 강요받고 있다.

냉전이 끝난 후, 많은 공업국가들이 방위예산을 삭감하고 있다. 이 국가들의 무기상들은 새로운 고객을 개발도상국에서 찾고 있고, 대부분의 충돌이 이런 개발도상국에서 일어나고 있다. 미국이 그 극단적인 예다. 현재 미국은 세계 무기판매고의 44퍼센트를 점유하고 있다. 과거 4년간의 미국 무기판매고의 85퍼센트는 개발도상국의 비민주적인 정부를 상대로 이루어진 것이다.

1997년 말 현재, 미국에서 제조된 무기는 총 42건의 인종 및 영토 분쟁 중 38건의 분쟁에서 사용되고 있다. 민주주의와 평등을 신조로 삼는 나라가 무기상들이 피가 묻은 돈을 거둬들이는 것을 허용하고, 이런 비도덕적인 거래를 후원하기 위해서 엄청난 양의 세금을 사용하는 비양심적인 일을 하고 있다. 1995년에 미국 정부가 무기판매상들에게 복지지출 명목으로 지급한 연방보조금은 76억 달러에 이른다.

전쟁과 전쟁 준비는 무기 제작과 폭력, 가난의 악순환을 강화하여 인류의 진보를 가로막는 장애물이다. 통제되지 않는 무기판매로 인한 악영향과 군사주의로 인해 인류가 치르는 비용을 이해하기 위해서는, 전쟁이 사악한 파괴행위일 뿐 아니라 인류에 대한 투자가 이루어질 기회를 차단하는 행위임을 인식해야 한다. 전쟁은 총보다는 음식을 원하는 어린이들에 대한 범죄이며, 수백만 달러의 전투기보다는 간단한 예방접종을 원하는 어머니들에 대한 범죄행위다. 1997년 현재 7,800억 달러에 이르는 군비지출은 시급하게 해결되어야 할 세계적인 문제들의 우선순위가 얼마나 심각하게 뒤집혀 있는지를 보여준다. 이 액수의 5퍼센트인 40억 달러를 앞으로 10년 동안 빈곤퇴치 프로그램으로 돌리면, 전 세계의 인구가 기본적인 사회적 서비스를 향유할 수 있다. 다시 10년 동안 같은 액수를 빈곤퇴치 프로그램에 사용한다면, 지구상의 모든 사람들이 최저생계비 이상의 소득을 올릴 수 있을 것이다.

군 장교들은 군비축소 주장을 될 수 있는 한 무시하려고 노력한다. 그들은 이런 주장을 '비실용적이고 이상주의적인' 사고라고 부른다. 그들은 군비축소가 법제화되는 것을 막기 위해서 은밀한 정치적 술수들을 사용하고, 무기생산과 판매를 합리화하기 위한 주장들을 늘어놓는다. 나는 무기판매를 통제하고 감시하기 위한 국제적인 노력이라고 할 수 있는 '국제무기전환행동규약'을 옹호하기 위한 활동을 계속하고 있다. 이 규약은 무기수출 결정은 최종 구매국이 지니고 있는 몇 가지 특징을 고려하여 이루어져야 한다고 주장한다. 무기수입국은 자유롭고 공평한 선거, 법률에 의한 통치, 군대 및 치안부대에 대한 국민의 통제 등의 관점에서 민주주의적

절차를 인정해야 한다. 그 정부는 국제적으로 규정된 인권을 크게 위반해서는 안된다. '국제무기전환행동규약'은 국제법을 위반하는 무장침공에 참여하는 국가에 대한 무기판매를 금지하고 있다.

많은 사람들이 이 규약이 비실용적이라고 말하는 이유는 그것이 이윤추구라는 자유시장 원리보다 인간의 생명을 우선시하고, 총과 전투기를 필요로 하는 독재자들이 아니라 학교와 의사를 간절히 요구하고 있는 가난한 이들의 입장을 대변하고 있기 때문이다. 냉소와 탐욕의 시대에 정당한 사상들은 모두 비실용적인 것으로 간주되게 마련이다. 인류가 평화롭게 살아갈 수 있다고 말하는 사람은 좌절하게 되고, 좀 더 인간적인 삶을 살 수 있다고 말하는 사람은 조롱당한다. 나는 '국제무기전환행동규약'과 수요공급의 자유시장 원리의 관계에 대해 자주 의문을 던진다. 한 나라의 지도자들이 무기를 원할 때, 절대로 무기를 넘겨줘서는 안 되는 사람들은 누구인가?

이에 대해서는 두 가지 반응이 나올 수 있다. 첫째, 무기제조업자들은 냉전이 끝난 후 선진공업국들의 수요 축소를 상쇄하기 위해서 개발도상국들에게 적극적으로 무기를 판매하고 있다. 나아가, 어떤 '국가'가 무기를 원하고 있다고 말할 때, 그 국가는 정확히 누구를 말하는가? 정부 지도자들에게 탱크와 미사일을 사도록 압력을 가하고 있는 것은 남편을 잃은 인도네시아의 여성들 혹은 이집트의 집 없는 고아들일까? 아니면 무기구입을 권력유지의 유일한 수단으로 여기는 독재자들인가? 세계의 가난한 사람들이 간절히 원하고 있는 것은 총과 장군이 아니라 학교와 의사다. 무기판매를 정당화하는 또 한 가지 주장은 어떤 나라가 무기를 원하는 나라에 무기를 팔지 않는다고 해도 누군가는 무기를 팔 것이라는 주장이다. 바로 이 점 때문에 모든 무기판매국들은 공통적으로 적용되는 행동규약에 동의할 필요가 있다. 우리는 이제 더 이상 장사는 장사일 뿐이라고 말하면서 무기거래로 인해 빚어지는 빈곤과 억압을 못 본 척해서는 안 된다. 노예제와 마약거래가 그랬듯이, 무기거래 역시 피로 얼룩진 돈을 거둬들이고 있다.

군비축소라는 목표는 달성할 수 있는 것으로 판명되었다. 파나마와 아이티에서 이루어진 진전은 우리에게 희망을 던져준다. 1989년 미국의 침공으로 파나마의 군사력은 와해되었다. 그 후 '아리아스 평화 및 인간 진보 재단'은 파나마 헌법상의 군

대폐지를 후원했다. 우리는 군대해산에 대한 파나마 국민들의 지지도를 측정하기 위해서 여론조사를 실시한 결과, 군대해산에 대한 지지가 상당히 높다는 것을 확인했다. 우리는 군비축소의 효과를 선전하는 대중교육 캠페인을 시작했다. 이런 노력과 수백만 명의 파나마 국민들의 결단 덕분에, 마침내 1994년 10월에 군대를 폐지하는 내용으로 파나마 헌법이 개정되었다.

아이티의 군대도 1994년 미국 주도의 개입 이후 큰 혼란을 겪고 있었다. 당시 나는 아리스티드 대통령에게 군대해산을 고려하라고 권했다. 얼마 후 많은 시민단체들이 군대해산을 촉구하는 회의를 열었다. 아리아스 재단은 파나마와 비슷한 여론조사를 실시했고, 군대해산에 대한 아이티 국민의 지지도 역시 파나마와 비슷했다. 1995년 4월, 아리스티드는 군대를 폐지하고 헌법을 개정하겠다는 공식적인 견해를 밝혔다. 1996년 2월 아이티 상원은 헌법을 고쳐서 군대를 폐지하겠다는 결단을 발표했다.

용기는 한 목소리에서 시작된다. '행동규약'을 지지하는 단체와 개인들을 보라. 물론 해야 할 일은 많다. 우리는 자신들의 주장을 널리 알리기 위해 조직화를 계속해야 한다. 정치지도자들은 군비축소가 실용적이고 바람직한 방법이라는 것을 확신해야 한다. 그렇지 않으면 사람들은 다음 선거에서 다른 사람을 뽑을 것이다. 확신은 말일 뿐이지만, 행동을 불러일으키는 힘을 가지고 있다. 나는 사람들을 민주화운동에 참여시키는 일, 정책을 입안하는 일, 외교를 하는 일이 어렵다는 것을 알고 있다. 하지만 무엇보다도 중요한 것은 의식의 변화가 사회변화를 일으키는 중요한 첫걸음, 행동이 자라나는 첫걸음임을 깨닫는 것이라고 생각한다.

용기는 어떤 상황에 놓이더라도 자신의 가치관과 원칙, 확신, 이상을 꺾지 않는 것을 의미한다. 자신의 원칙을 고수하려 하는 사람은 강력한 이익세력과 맞부딪치는 경우가 많다. 용기가 있다는 것은 두려움 없이 이런 세력에 맞선다는 것을 의미한다. 나는 코스타리카는 지금 경제강국이 아니지만 우리는 언젠가는 그렇게 될 것이라는 말과, 코스타리카는 지금 군사강국이 아니고, 앞으로도 그렇게 되길 바라지 않는다는 말을 자주 한다. 하지만 도덕적으로는 코스타리카는 이미 강국이다. 따라서 우리는 늘 용감하게 옳은 일을 해야 한다.

다이애너 오르티스
DIANNA ORTIZ

과테말라 / 미국

___

고문

"지금 이 순간에도 나는 구덩이에 버려진 채 썩어가는 시체의 냄새를
맡을 수 있다. 고문당하는 사람들의 찢어지는 비명소리를 들을 수 있다.
그 여자의 몸에서 뿜어나오던 피를 똑똑히 볼 수 있다."

다이애너 오르티스는 뉴멕시코 출신의 우르술라회 수녀로, *1980년대 초에 과테말라로 선교활동을 떠나 고원지대에 사는 마야족 아이들을 가르쳤다.* 여러 달 동안 협박에 시달리던 오르티스는 *1989년 11월에 무장한 남자들에게 납치되어 끔찍한 겁탈을 당했다.* 고문을 감독하던 한 남자는 미국인처럼 보였다. 미주인권위원회는 "오르티스 수녀는 감시와 협박을 당하던 중에 다시 납치와 고문을 당했다. 과테말라 정부 직원들은 이 범죄에 대해 책임이 있으며, 다이애너 오르티스의 '인간다운 대우, 인신의 자유, 공정한 재판, 사생활의 자유, 양심과 종교의 자유, 결사와 사법상의 보호를 받을 자유'를 짓밟았다"고 결론지었다. 오르티스는 탈출에 성공했지만 거기서 걸음을 멈추지 않았다. 그녀는 정의를 바로잡기 위해서 미국 정부에 자신을 고문한 자들의 신원에 대해 문의했다. 오르티스는 너무나 솔직하고 분명하게 자신이 겪은 고통을 표현했기 때문에 미국은 오랫동안 지속해온 과테말라에서의 비밀활동을 공개하지 않을 수 없었다. 그녀는 과테말라의 역사와 미국의 외교정책의 가장 어두운 순간에 빛을 들이댄 것이다.

나는 이 기억들을 모두 잊고 싶다. 나는 1987년 그 시절로 돌아가고 싶다. 그때 나는 과테말라의 서쪽 고원지대에서 토착민 아이들에게 스페인어와 모국어, 성경을 가르치면서, 아무런 걱정 없이 사람들을 신뢰하며 자신감과 모험심이 넘치는 생활을 하고 있었다. 1989년 2월, 방금 이야기했던 다이애너는 영원히 사라졌다. 내가 이 이야기를 하는 이유는 그것이 수만 명의 과테말라 사람들의 고통을 반영하는 것이기 때문이다. 당시 과테말라는 1960년에 시작되어 36년간 계속되어온 내전으로 갈가리 찢겨 있었다. 나와 같은 희생자들은 대부분 정부 보안대의 목표물로 지목된 민간인들이었다.

나는 수녀원 정원에서 책을 읽고 있었다. 끔찍한 죽음의 협박을 여러 차례 당한 후 나는 그곳에 머물면서 앞길에 대해 생각하고 있었다. 그때 뒤에서 굵은 남자 목소리가 들렸다. "안녕, 자기야." 그는 스페인어로 말했다. "함께 의논해야 할 것이 있어." 고개를 돌려보니, 전에 거리에서 나를 위협했던 남자가 총을 들고 서 있었다. 그는 다른 남자와 함께 나를 버스 안으로 밀어넣었다. 나는 곧 경찰차로 옮겨져서 눈이 가려진 채 어떤 건물 지하실로 끌려갔고, 어두운 독방에 갇혔다. 어디선가 고문당하는 남자와 여자의 비명소리가 들려왔다. 남자들이 돌아와 게릴라활동을 했다며 나를 심문하기 시작했다. 내가 대답을 할 때마다 그들은 담뱃불로 가슴과 등을 지져댔고, 나중에는 몇 번이고 되풀이하여 나를 윤간했다.

그 후 그들은 나를 다른 방으로 옮겼다. 나는 그곳에서 한 여자와 함께 갇혀 있었다. 우리는 서로 이름을 알려주고, 울면서 부둥켜안았다. 그 여자는 스페인어로 "다이애너, 그놈들은 당신을 망가뜨릴 거예요. 마음 굳게 먹으세요"라고 말했다. 남자들은 비디오카메라와 카메라를 들고 돌아왔다. 경찰이 내 손에 커다란 낫을 쥐어주었다. 나는 그 낫이 나를 괴롭히는 데 쓰일 거라고 생각했고, 그렇게 고문당하느니 차라리 죽는 게 낫겠다는 생각에 아무런 반항도 하지 않았다. 경찰은 내 손에 낫을 쥐게 하더니 내 손을 억지로 잡아끌어 함께 있던 여자를 수도 없이 찍어댔다. 피가 샘물처럼 솟구치면서 사방으로 뿜어져나갔고, 내 울부짖음은 그 여자의 울부짖음에 가려졌다.

그 경찰은 나에게 이제 자백할 준비가 되었느냐고 물었다. 거리에서 나를 위협했던 또 다른 남자는 내가 그 여자를 난도질하는 장면을 카메라로 찍어놓았다면서, 만일 협조하지 않으면 자신의 상관인 알레잔드로가 언론에 그 사진을 돌릴 거고 그러면 모든 사람들이 내가 저지른 범죄를 알게 될 거라고 말했다. 그때 나는 그들의 상관이라는 알레잔드로라는 사람의 이름을 처음 들었다. 얼마 후 나는 그를 직접 만났다.

나는 마당으로 끌려가서 다시 심문을 받았다. 경찰은 나를 보고 베로니카 오르티스 에르난데스라는 걸 시인하라고 말했다. 그 전에도 그는 머리가 긴 과테말라 원주민 여성의 사진을 보여주면서 "이게 너야. 너는 베로니카 오르티스 에르난데스야!"라고 말한 적이 있었다. 사진 속의 여자는 나와 닮은 데가 전혀 없었다. 그 경찰은 똑같은 주장을 되풀이하면서 사진 속에 보이는 남자의 이름이 뭐냐고 물었다.

그 경찰은 다시 한 번 나를 강간한 다음, 아이들과 남자들, 여자들의 시체로 가득 차 있는 구덩이 속에 나를 처박았다. 하나같이 피범벅이었는데, 머리가 잘려진 시체도 있었고, 아직 살아 있는 사람도 있는지 신음소리가 들려왔다. 누군가 흐느껴 우는 사람이 있었는데, 그게 나인지 다른 사람인지 알 수가 없었다. 구덩이에서는 시체 썩는 냄새가 진동했다. 쥐들이 시체들 위를 돌아다니다가 손목을 묶인 채 매달려 있는 내 몸 위로 뛰어올랐다. 정신을 잃었다가 깨어나 보니 구덩이 옆 땅바닥에 쓰러져 있었고, 내 몸 위에는 쥐들이 까맣게 앉아 있었다.

내가 겪었던 고통은 다른 사람들이 겪었던 경험에 비하면 아무것도 아니었다. 과테말라의 첫 민간인 대통령이 취임한 지 몇 년 후인 1989년에, 200여 명의 사람들이 납치되었다. 그들은 나와는 달리 "실종되었다". 내가 겪은 고통 중에 남다른 점이 있다면, 그것은 나는 죽지 않고 살아남았다는 점이다. 그것은 아마 내가 미국 시민이었고, 나의 실종이 보도되면서 의회 전화통에 불이 났기 때문이었을 것이다. 나는 미국 시민으로서 또 다른 혜택을 보았다. 그것은 그 후 비교적 안전한 조건에서 24시간 동안 내게 일어났던 일들을 자세히 폭로할 수 있었다는 점이다. 그 중 한 가지 사실은 나를 고문했던 자들을 감독했던 자가 미국인이었다는 것이었다.

나는 그 남자가 내 눈가리개를 벗겼던 때를 똑똑히 기억한다. 나는 그에게 "당신, 미국인 맞지요?"라고 물었다. 그는 미국식 억양이 강하게 느껴지는 서툰 스페인어로 "그건 뭐 하러 물어?" 하고 대꾸했다. 그 얼마 전에 남자들은 내 눈을 가리고 강간을 하려고 준비하는 동안 스페인어로 "이봐요, 알레잔드로! 이리 와서 좀 즐기라구!" 하고 외친 적이 있었다.

그때 한 남자가 완벽한 미국식 영어로 "이런, 제기랄!" 하고 외쳤다. 바로 내 옆에 있던 하얀 피부에 키가 큰 남자의 목소리였다. 욕을 하고 나자 그의 말투는 더듬거리는 스페인어로 바뀌었다. 그는 "멍청한 놈들! 이 여자는 미국인 수녀야!"라고 말했다. 그는 내 외모가 널리 알려져 있다는 말을 덧붙이고 나서 다른 남자들을 방에서 내보냈다. 그는 내가 옷을 입는 것을 거들어주고 나서 스페인어로 "갑시다!"라고 말하면서 건물 밖으로 나를 데리고 나왔다. 그는 몇 번이고 미안하다고 했다. 고문한 남자들이 실수를 한 것이었다. 주차장에 도착하자, 그는 나를 회색 지프에 태웠다. 그는 미국 대사관에서 일하는 친구에게 데려다줄 테니 그 사람의 도움을 받아서 이 나라를 떠나라고 말했다. 그곳까지 가는 동안 나는 영어로 그에게 말했고, 그는 내 말을 완벽하게 이해했다. 그는 자기는 과테말라 사람들을 걱정하고 있으며 그들을 공산주의에서 해방시키기 위해서 일하고 있다고 말했다. 알레잔드로는 나에게 고문을 했던 사람들이 나를 베로니카 오르티스 에르난데스로 착각한 거니 그들을 용서하라고, 그건 순전히 실수일 뿐이라고 말했다.

나는 어떻게 전혀 닮지 않은 여자를 나로 착각할 수 있냐고 물었다. 왜 내가 받은 협박편지의 수신인이 베로니카 오르티스 에르난데스가 아니고 다이애너 수녀였느냐고 물었다. 그는 대답을 얼버무리면서, 그 협박편지를 깊이 생각하지 않아서 이런 일이 생겼으니 내 탓이라는 식으로 말했다. 나는 그에게 비명을 지르던 사람들과 내 눈앞에서 고문당하던 사람들은 어떻게 되느냐고 물었다. 그는 남들 걱정은 하지 말고 이제껏 겪은 일을 모두 잊으라고 했다.

그는 내게 다짐을 받으려는 듯 영어로 내가 고문한 사람들을 '용서' 하지 않으면 그 대가를 치르게 될 거라고 말했다. "우리는 사진과 비디오테이프를 가지고 있어." 지프가 신호등 앞에서 멈춰섰다. 그곳은 교차로 인근이었고 정지 신호등이 켜져 있었다. 나는 그 틈을 타서 지프에서 뛰어내려 있는 힘껏 달렸다.

나는 그것으로 고문이 끝난 거라고 생각했다. 하지만 그것은 시작에 지나지 않았다. 고문을 당하고 있던 다른 사람들을 잊지 않았기 때문에, 고문했던 사람들을 용서하지 않고 과테말라 보안대에 대해 소송을 제기했기 때문에, 그들이 미국인의 감

독을 받고 있다는 사실을 밝혔기 때문에, 나는 대가를 치러야 했다. 과테말라 대통령은 납치사건은 일어난 적이 없다는 주장과 함께 납치는 비정부조직에 의해서 이루어지고 있으므로 인권유린이 아니라는 주장을 폈다. 내가 납치된 지 일주일째 되던 날, 아직 실제적인 조사가 이루어지기도 전에, 미국 대사는 내가 정치전략가로서 과테말라에 대한 미국의 군사원조를 차단하기 위해서 납치 자작극을 벌인 것이라고 주장했다.

두 달 후, 미국 의사가 담뱃불로 지진 상처가 내 등에 111개나 있다는 것을 확인한 뒤로 이야기가 달라지기 시작했다. 1990년 1월, 과테말라 국방부장관은 내가 동성애자로서 밀회사실을 감추기 위해서 납치 자작극을 벌인 것이라고 공표했다. 내무부장관 역시 이 말을 되풀이하면서 이 사실을 미국 대사관으로부터 처음 들었다고 말했다. 어느 국회 보좌관의 말에 따르면, 미국 대사관 정치담당보좌관인 루 안셀렘이 이 사실을 퍼뜨리고 다녔다고 했다.

바로 이 보좌관은 토마스 스트루크 대사 앞에서, 내 사건에 대해 걱정하는 남녀 신도들이 보낸 대표단에게 자신은 "과테말라에 와서 동성애나 하는 이 수녀한테 완전히 질렸다"고 말했다. 이야기는 이렇게 저렇게 변형되어갔다. 과테말라 언론에 따르면, 대사는 또 다른 각본을 들고 나섰다. 그는 과테말라 국방부장관에게 나는 납치된 적도 고문당한 적도 없으며 그저 "신경에 이상이 있을 뿐"이라고 말했다.

미국은 과테말라 게릴라의 소탕이라는 은밀한 외교정책 목표를 달성하기 위해서 과테말라 군대와 협조하고 있었다. 내 사건은 군대로서는 치명타였다. 나를 고문했던 자들의 상관이 미국인이라는 내 증언은 과테말라 외교정책의 목표를 민주주의와 안정, 인권 존중을 도모하는 것이라고 공언해온 미국 정부로서도 치명타였다. 대사는 내 사건이 "미국의 이익을 훼손시킬 수 있다"고 말했다. 대사는 나를 만나 증언을

들지 말기를 바란다며 국무부 직원에게 보낸 편지에서 "만일 국무부가 그 여자를 만나면…… 그 여자가 제공한 정보에 의거해서 움직이는 국무부를 보고 별의별 사람들과 단체들이 다 압력을 행사하려 들 것입니다.…… 나는 이 여자 하나 때문에 우리 모두가 만신창이가 될까봐 걱정입니다"라고 말했다.

미주기구는 4년에 걸친 조사를 마친 1997년, 내가 과테말라 정부 요원에 의해서 납치되어 고문을 당했고, 내 증언의 세부적인 내용들이 모두 믿을 수 있는 것이며, 과테말라 정부가 나의 명예와 명성에 대한 부당한 공격을 반복했다는 사실을 밝혀냈다.

과테말라 사법부는 그다지 도움이 되지 않았다. 나는 고문을 당하고 살아남은 사람들이 결코 하지 못했던 일, 즉 과테말라 정부에 불리한 증언을 하기 위해서 세 차례나 과테말라로 갔다. 미국인이라는 신분은 다시 한 번 내게 과테말라 사람들이라면 결코 누릴 수 없는 기회를 제공해주었다. 고문한 사람들을 기소한다는 것은 고문에서 살아남은 과테말라 사람에게는 죽음을 의미하는 것이었다. 나는 감금된 채 고문을 받았던 장소를 찾아냈고, 현장검증에도 참석했다.

미국으로 돌아오는 길에, 나는 여러 통의 협박전화와 발신인이 밝혀져 있지 않은 소포들을 받았다. 그 중 하나에는 과테말라 국기에 싸인 죽은 쥐가 놓여 있었다. 나는 과테말라 군대의 정보부 요원이나 미국의 정보국 요원이 이런 위협적인 행동을 지시했을 거라고 생각한다.

위협은 익명의 협박편지나 소포에 그치지 않고 법정으로까지 넘어왔다. 재판을 받는 동안 나는 죄인 취급을 당했다. 강간사건으로 소송을 제기한 여성이 무죄가 입증되기 전까지는 유죄로 추정되는 것과 마찬가지 논리였다. 검사들의 비난과 공격적인 심문을 당하면서 나는 치욕에 몸을 떨었다. 그 사건은 과테말라 사법제도 안

에서 시들어갔다. 용의자는 한 사람도 파악되지 않았다.

1996년, 나는 백악관 앞에서 내 사건에 관한 문서는 물론이고 1954년 이후 과테말라의 인권유린과 관련된 미국 정부의 문서 일체를 공개할 것을 요구하면서 5주간의 농성을 시작했다. 농성을 시작한 지 며칠 만에 나는 영부인 힐러리 클린턴 여사와 면담을 하게 되었다. 클린턴 여사는 내가 납치와 고문의 진상을 파헤쳐왔던 7년 동안 어떤 미국 정부의 직원들도 인정하지 않았던 사실을 시인했다. 그는 나를 고문했던 과테말라 남자들을 감독했던 미국인이 "과거나 현재의 미국 기관원"일 수 있다고 말했다.

국무부가 수천 건의 문서를 공개하는 것을 보고 나는 단식농성을 끝냈다. 하지만 그 문서들에는 과테말라 남자들을 감독하던 미국인에 대한 정보는 들어 있지 않았고, 나를 고문했던 과테말라 남자들의 신원도 들어 있지 않았다. 하지만 그 문서들에는 흥미로운 내용이 몇 가지 포함되어 있었다. 예를 들어, 내가 납치되던 당시에 여러 나라의 정부기관에 고용된 미국인들이 과테말라 보안대 내부에서 일을 하고 있었으며, 당시 미국 대사는 대사관이 암살단원들과 접촉했던 사실을 시인했다.

그 문서들을 통해서 나는 내가 고문을 당하던 당시 과테말라 국방부장관이 조지아의 군사학교에서 게릴라활동 진압전략을 공부했다는 사실도 확인했다. 강의교재 중에는 민간인("민주주의제도 내부에서 정치ㆍ사회ㆍ경제적 활동을 통해 불평을 야기할 수 있는 테러리스트들")에 대한 고문 및 처형을 옹호하고 있었다. 이 교재는 국내의 정보부대로 하여금 "이런 비폭력적인 공격의 실체에 대한 정보를 얻어낼" 것을 권장하고 있었다. 가난한 사람들을 도우려고 노력하고 있는 모든 민간인들을 잠재적인 위험인물로 간주하고 있었으니, 과테말라 군대가 나를 공격대상으로 삼았던 것도 이상한 일이 아니었다.

나는 납치자들에게서 달아난 후, 뉴멕시코로 돌아갔다. 충격이 너무 컸기 때문에 부모님조차 알아보지 못했다. 납치 전의 생활에 대해서는 기억나는 것이 거의 없었다. 내게 남은 단 한 가지 기억은 강간당한 여자, 다른 사람을 고문하고 살해하도록 강요받은 여자라는 사실뿐이었다. 나는 납치를 당했던 서른한 살 때 이전에 대해서 거의 기억하지 못한다. 대신 그때 받았던 고문은 잊지 못하고 기억하고 있다. 이상한 일이라고 생각하는 사람도 있겠지만, 지금 이 순간에도 나는 나를 고문하던 남자들의 존재를 느낄 수 있다. 그들의 냄새를 맡을 수 있고, 내 몸을 만지던 그들의 손길을 느낄 수 있고, 그 여자를 죽인 게 바로 나라고 속삭이던 그들의 목소리를 들을 수 있다. 나는 이 기억에서 벗어나고 싶다. 나는 나 자신과 과테말라 국민들의 자유를 원한다. 그 열쇠는 진실이다. 나는 알레잔드로가 누군지 알고 싶다. 그는 미 중앙정보국 요원이었는가? 미국 정부는 왜 그를 보호하고 있는가? 그곳에는 고문을 감독하던 또 다른 알레잔드로가 몇 명이나 있는가?

미국 정부의 조사를 통해서 정보를 얻으려던 노력은 실패로 돌아갔다. 사법부는 40시간 이상 나를 조사했다. 검사들은 거짓말을 하고 있다고 나를 비난했다. 그들은 내 친구와 가족들을 심문하면서 정부 공무원들이 잘못된 행동을 하고 있는 게 아니라 내가 범죄자라는 것, 내가 심문당하고 있는 사람이라는 걸 분명히 해두려고 했다. 조사 도중에 나는 비밀감옥에 다시 들어가서 공포에 떨면서 고문받던 상황을 재연했다. 증언을 거의 마치고 나서 생각해보니, 법무부의 조사에 응하지 말아야겠다는 생각이 들었다. 조사관들은 직업적인 수사전문가의 도움을 받아 그려진 그림을 가지고 있었다. 나는 알레잔드로를 포함해서 나를 고문했던 자들의 특징까지 자세히 말했다. 나는 조사관들에게 증언을 했고, 이제 답을 찾는 책임은 그들이 맡아야 했다. 법무부는 정보원과 방법을 보호하고 내 사생활의 비밀을 보호한다는 그럴듯한 명목으로 200페이지짜리 보고서를 만들었다.

그 보고서의 공개를 허가받으려면 나 자신의 사생활의 자유를 침해해야 했다. 나는 보고서를 공개하라고 조르면 법무부 조사관들이 내가 제공한 정보를 누설할 것 같아 숨겨두었던 비밀을 직접 밝혔다. 그것은 여러 번의 윤간으로 인하여 임신을 했다가 아기를 지웠다는 사실이었다. 나는 괴물로만 보이는 고문자들의 씨를 도저히 품고 있을 수 없어서 누군가의 도움을 받아 아기를 지웠다.

그런 결정을 내린 것이 자랑스러우냐고? 아니다. 하지만 다시 그런 상황이 되면, 나는 똑같은 결정을 내릴 것이다. 다른 방법이 없었다. 고문자들이 뿌린 씨를 내 몸 안에서 키워야 했다면 나는 자살하고 말았을 것이다. 1998년에 이 사실을 공개하고 난 뒤, 나는 정보의 자유에 관한 법령에 의거하여 법무부의 보고서를 공개하라고 요구했다. 내 요구는 거부되었다.

하지만 지금도 나는 그 비밀감옥에서 나와 함께 고통받고 또 죽어갔던 사람들을 잊을 수 없다. 진실을 찾으려다 보면 굴욕감에 부딪힐 수밖에 없지만, 나는 과테말라 국민들의 편에 설 것이다. 나는 진실과 정의 위에 미래를 세우고 싶다. 나를 고문했던 자들은 법정에 세워지지 않았다. 그들의 신원을 파악하고 그들을 체포하는 일은 영원히 이루어지지 않을지도 모른다. 하지만 나는 물러서지 않고 계속 전진할 것이다. 나에게는 과테말라 국민들과 전 세계 사람들에게 납득할 만한 설명을 할 의무가 있다. 나는 미국 시민들은 거의 모르고 있는 사실을 알고 있다. 나는 죄 없는 민간인으로 비난받고 심문받고 고문당하는 것, 정치권에 골칫거리로 등장할 수 있다는 이유만으로 사법부에 올린 나의 요구가 거부당하고 명예를 깎이는 게 어떤 건지 알고 있다. 나는 어둠 속에서 고문을 기다린다는 것이 어떤 것인지, 어둠 속에서 진실을 기다린다는 것이 어떤 것인지 안다. 나는 아직도 기다리고 있다.

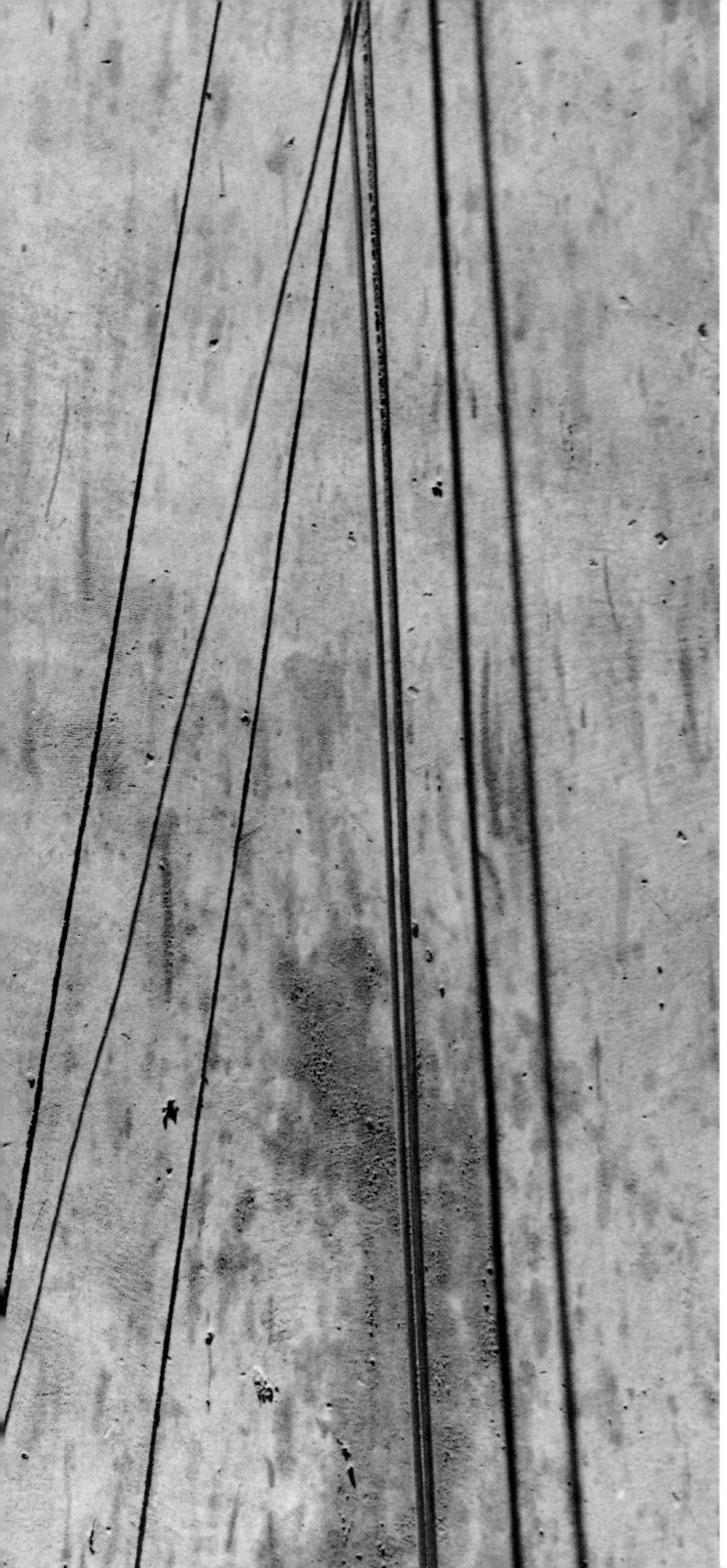

하페즈 알 사예드 세아다
HAFEZ AL SAYED SEADA

정치적인 권리

"정부는 인권유린 사실을 인정하기는커녕 우리 조직을 공격했다.
하지만 내가 쓴 글은 사실이다. 수백 명이 체포되었고,
수백 명이 경찰서에서 고문당했다."

이집트인권기구는 하페즈 알 사예드 세아다의 지도하에 1985년에 설립되었다. 이 기구는 세계인권선언 위반사항들을 조사하고 모니터하고 보고하고 있다. 세아다는 피해자들을 옹호하고 인권보호에 관한 대중적 지지와 이해를 이끌어내고, 국제적인 규제에 어긋나는 법률과 정부의 관행을 바꾸기 위해 활동하고 있다. 그는 고문, 여성 성기훼손, 감옥의 비인간적인 조건, 그리고 종교 박해를 비롯한 구체적인 위반사항들에 맞서서 수많은 활동을 조직해왔다. 이집트에서 적법절차는 비상명령과 군사법원, 국가안보법원에 의해 제한되고 있고, 사법부는 행정부에 예속되어 있으며, 보안대에 의한 고문이 일상적으로 자행되고, 수많은 소수 종교와 소수 인종들 사이에 깊은 분열과 의심이 가로놓여 있다. 소식통이 다양하긴 하지만 언론의 자체검열이 일상화되어 있고, 여당의 노선에 반대하는 것은 위험천만한 일이다. 성차별이 심각해서 가족법과 정당한 교육을 받을 권리에 있어서 여성들은 극심한 불이익을 당하고 있다. 세아다는 학생운동을 하던 젊은 시절에 체포되어 갖은 고문을 받고 창문에서 내던져지기도 했다. 그러나 그 경험은 시위를 하던 대학생을 인권보호를 위해 평생을 내던진 활동가로 바꾸어놓았다. 현재 이집트인권기구는 이집트에서 으뜸가는 인권단체다.

나는 대학에 다니던 1979년에 결사의 자유와 정치활동의 자유를 쟁취하기 위한 반정부시위에 참여했다가 처음으로 체포되었다. 나는 한 달 동안 매질과 전기고문을 비롯한 여러 가지 고문을 당했다. 그들은 계속해서 배후를 밝혀라, 어느 나라, 어느 지도자의 후원을 받느냐고 추궁했다. 그들은 창문으로 나를 내던졌고, 나는 병

원으로 옮겨져 수술을 받고 19일 동안 입원해 있었다. 그때 생긴 상처가 아직도 얼굴에 남아 있다. 그것으로 고문은 끝났지만, 그 후로도 4개월 동안을 감옥에 갇혀 지내야 했다.

그로부터 10년 후, 나는 인권변호사로 활동하기 시작했다. 나는 이집트인권기구에 참여해서 1990년부터 1993년까지 무급으로 활동하면서 이집트 전역의 인권유린 사건을 기록하고 조직의 설립을 도왔다. 나는 1997년에 사무총장으로 임명되었다. 1981년에 비상계엄법이 선포된 이후로 우리나라는 큰 시련을 겪고 있다. 비상계엄법은 국제적 협약에 따른 모든 헌법적 권리를 무효화하고, 독립적인 신문과 텔레비전방송을 금지하고 모든 신문을 국유화하는 등 언론을 통제하고 있다. 경찰과 보안대, 정보부대는 온갖 고문을 자행하면서 계엄법을 강요하고 있다. 우리가 활동할 수 있는 공간은 아주 협소했다. 우리는 부정부패에 대해서도, 민주정부로의 이양에 대해서도, 부정선거에 대해서도 입을 열 수 없다. 정부가 여당후보를 선택하는 지역은 물론이고, 야당후보를 선택하는 지역에서도 사정은 마찬가지다.

현재 감옥에는 2만 명이 구금되어 있다. 그들은 기소된 적도 없고 재판도 받은 적이 없는 사람들이다. 비상계엄법은 관계 당국에게 (내무부장관의 승인을 받아) 기소 및 재판 절차 없이 30일 동안 구금할 수 있는 권리를 부여하고 있다. 그런데 관계 당국은 구금된 사람들의 항소를 두 번 기각할 수 있는 권리를 가지고 있기 때문에, 실제로는 구금기간이 60일 이상으로 연장되는 경우가 많다. 법정기간이 완료되면, 구금된 사람들을 관계 당국이 원하는 기간만큼 구금할 수 있다는 내용의 장관 훈령이 내려온다. 이렇게 해서 구금은 무기한으로 연장된다.

재판이 열려도 민간인이 군사재판에 회부되는 경우가 많다. 100명이 넘는 알바니아인들이 관련된 최근의 소송에서는 4,000쪽의 문서가 준비되었지만, 변호사가 공판을 준비할 수 있는 시간은 단 일주일뿐이었다. 대부분의 소송은 결과가 뻔하다. 군사재판은 공정하고 적절한 재판에 대한 헌법상의 보장과 국제적인 보장을 이행하지 않고 있는데, 이는 사법권 독립의 원칙이 훼손되고 있음을 의미한다. 또 한 가지 커다란 갈등은 여성의 권리와 관련된 문제다. 현재 여성은 국회에서 2퍼센트 미만의 좌석을 차지하고 있는데, 그들은 모두 정부에 의해 임명된 여성들이다. 우리 조직은 유엔인권위원회의 후원 속에서 일하고 있지만 활동에 대한 대가를 톡톡히 치러야 한다는 것을 알고 있다. 나는 콥트교도 탄압에 관한 글을 썼다가 구속되었다. 정부는 인권유린 사실을 인정하기는커녕 우리 조직을 공격했다. 하지만 내가 쓴 글은 사실이다. 수백 명이 체포되었고, 수백 명이 경찰서에서 고문당했다. 우리가 이 보고서를 공개하자, 정부는 내가 영국을 위한 스파이 활동을 하고 있으며 그 보고서를 쓴 대가로 영국 대사관에서 돈을 받았다고 주장하며 나를 구속했다. 나는 아직 기소 중이며, 현재 500달러를 내고 보석을 받은 상태다.

나는 조사를 받을 때 인권기구의 모든 일을 관리하는 책임을 맡고 있느냐는 질문을 받았다. 내가 그렇다고 대답하자, 조사자들은 내 말을 믿지 않고 "아니지, 의장과 당신이 함께 책임을 맡고 있는 거잖소"라고 말했다. 나는 보고서를 출간한 것은 나 혼자서 결정한 것이라고 말했다. 나는 모든 책임을 감당해야 했다. 나는 인권을 옹호하기 위해서 그 보고서를 써서 출간하고 손수 모든 언론사에 보냈다. 만일 내가 책임자가 아니라고 말했다면 나는 석방되었을지도 모른다. 하지만 그것은 양심이 허락하지 않는 일이었다. 나는 책임을 감당하고 그 결과를 감수해야 한다고 생각했다.

그들은 내게, 앞으로 보고서를 더 쓰면 조사를 재개해서 기소하겠다고 경고했다. 하지만 정부의 잘못을 지적하는 것은 우리 인권운동가들이 해야 할 일이다. 우리가 하지 않으면 과연 누가 하겠는가? 이것은 우리의 권리고, 우리는 이 권리를 위해 싸워야 한다. 투쟁하는 사람들이 없으면 정부는 권리를 인정하지 않는다. 미국의 남북전쟁과 민주주의를 위해 유럽이 치러야 했던 전투들을 생각해보라. 우리도 권리를 쟁취하기 위해서 싸워야 한다. 민주주의를 쟁취하려면 희생이 필요하다. 지금까지 우리가 치른 희생은 충분치 않다. 우리가 그 희생을 제대로 치르지 않으면 언젠가는 이 부패한 정권을 마지못해 받아들여야 하는 날이 올 것이다. 지금 우리가 희생하지 않으면, 우리는 앞으로 아무 이유 없이, 기소도 이루어지지 않은 상태에서, 아무런 적법절차 없이 투옥되더라도 아무런 불평을 할 수 없고, 인권상황이 개선될 것을 기대할 수 없다. 정부는 유엔인권위원회의 결정을 존중하지 않고, 민주주의제도를 존중하지 않는다. 그들은 계속 정치적인 권력을 독점하기를 원할 뿐이다.

나는 두렵지 않다. 나는 미래와 내 아들을 생각한다. 나는 내 아들을 비롯한 모든 아이들을 위해서, 그리고 아이들의 미래를 위해서 이 어려움과 맞서고 있다. 우리가 지금 시작하지 않으면, 다음 세대는 우리의 실패를 물려받아 우리와 똑같은 생활을 해야 할 것이다.

아버지와 어머니는 늘 이렇게 말씀하셨다. "사실을 똑바로 보고 모든 것을 바로잡아야 한다." 아버지는 투옥 중인 나를 찾아와서 "궂으나좋으나 네 운명은 신의 손 안에 있다. 신은 네가 감옥에 머무를지 우리 곁으로 돌아올지 이미 계획을 세우셨다. 아무도 그것을 바꾸지 못해"라고 말씀하셨다. 아버지의 말씀은 나에게 잘못되었다고 생각하는 것에 맞설 수 있는 용기를 주었다.

나는 이집트가 좀 더 민주화되고 인권을 존중하게 되는 날이 올 거라고 생각한다. 하지만 그런 미래는 사람들이 권리를 요구하고 그것을 위해 싸울 때에만 이루어진다. 매스컴과 위성방송, 그리고 인터넷이 있으니, 집권자들도 더 이상은 사람들을 어둠 속에 가둬둘 수 없다. 스페인의 피노체트와 세르비아의 밀로세비치가 국제형사재판소에 기소되었으니, 다른 집권자들도 언젠가는 자신이 저지른 악행의 대가를 치르게 될 거라는 걸 깨달을 것이다. 모든 것은 변하게 마련이고, 나중에 후회해보았자 소용없는 일이다.

우리나라는 무한한 잠재력을 가지고 있다. 자원도 풍부하고 공업화를 위한 하부기반도 튼튼하며 많은 이집트인들이 해외에 나가 기술 분야에서 일하고 있다. 해외동포들은 이집트가 인권이 존중되고 부정부패가 허용되지 않는 곳이라는 판단이 들면, 이집트에 투자를 할 것이다. 투명성과 민주주의, 책임성과 관용이 보장되는 사회가 이루어지면, 우리나라는 모든 위협으로부터 보호받을 수 있다. 나는 우리의 미래를 확신한다. 나는 우리 앞에는 지금보다 훨씬 나은 미래가 기다리고 있다고 굳게 확신한다.

데스먼드 투투
DESMOND TUTU

남아프리카공화국

화해

"우리의 신은 '뭐, 할 수 없지' 라고 말하지 않는다. 신은 '일어나라!' 고 하면서
우리 몸에 묻은 흙을 털어주고, '다시 한 번 해봐!' 라고 말한다."

데스먼드 투투 대주교는 남아프리카공화국에서 인종차별제도의 독선과 폭력에 맞서 활동한 공로를 인정받아 1984년에 노벨평화상을 수상했다. 그는 1931년 클레르크스도르프에서 태어나 1954년에 사우스아프리카 대학교를 졸업하고 1960년에 사제 서품을 받았다. 그는 영국과 남아프리카공화국에서 공부하고 교사생활을 했으며, 1975년에 요하네스버그 성 메리 성당의 주임사제로 임명됨으로써 남아프리카공화국 최초의 흑인 주임사제라는 기록을 남겼다. 1978년에 그는 흑인으로서는 처음으로 남아프리카공화국 교회협의회의 사무총장이 되었다. 그는 인종차별제도의 폐단을 공개적으로 지적하면서 친구와 적, 언론과 정치가들의 비난을 샀다. 하지만 그는 강렬한 애국심과 박애정신을 통해서 자신의 이상과 신념을 지켰다. 1994년에 남아프리카공화국 최초로 인종차별이 없는 민주선거가 치러지면서, 80년간 지속되어온 소수 백인의 통치는 끝이 났다. 새로 구성된 의회는 인권유린의 진실을 파헤치기 위해 진실화해위원회를 구성하고 투투를 위원장으로 임명했다. 그는 말씀이 행동으로 구현되어야 한다는 믿음, 기도만으로는 선과 악의 싸움에서 승리할 수 없으며 행동으로 악에 맞서야 한다고 믿고 있다.

남아프리카공화국의 높은 실업률은 갖가지 범죄율을 높인다. 높은 범죄율은 외국 투자자들의 신경을 건드리기 때문에 실업률은 한층 높아진다. 경제에 대한 충분한 투자가 이루어지지 않으면, 주택과 교육, 의료의 부족 따위 인종차별제도의 잔혹한 유산들을 해결하는 경제적 파급효과를 기대하기 어렵다.

1994년 4월 이전에 한 여자와 한 남자가 판잣집에서 살았다면, 지금도 두 사람은 여전히 판잣집에서 살고 있다. 민주주의는 물질적인 생활에 변화를 가져오지 못한다고 생각하는 사람도 있을지 모르나, 그것은 피상적인 생각이다.

지금 우리나라에서는 여러 가지 변화가 일어나고 있다. 정부 정책 역시 제한된 자원에도 불구하고 근본적인 변화를 보이고 있다. 불안스러운 일이 빚어지는 경우도 있긴 하지만, 1994년의 기적은 계속 이어지고 있다. 6세 이하의 어린이와 임산부들에게 무료의료 혜택이 제공되고, 초등학교에 대한 무상급식과 무상교육이 이루어지고 있다. 무엇보다 중요한 변화는 자유다. 이것은 압제 속에서 살아보지 않고 늘 자유를 누려온 사람들은 결코 이해할 수 없는 것이다. 나는 자유롭다. 나는 오랫동안 짓밟혀왔던 존엄성을 되찾았다. 이제는 어깨를 쫙 펴고 자부심을 느끼며 걸을 수 있다. 우리에게는 존경하는 대통령, 전 세계 사람들이 칭찬하는 대통령이 있다. 이제 우리나라의 대표자들은 이제 국제사회의 비난을 피해 몰래 걸어다니지 않아도 된다. 우리나라는 국제적인 인정을 받고 있다. 물론, 이렇게 극심한 변화가 이루어진 것도 있지만 전혀 변하지 않은 것도 있다.

내가 1986년에 대주교가 되었을 때는 케이프타운의 성공회 주교청에서 사는 것이 문제가 되었다. 지금 우리는 백인들만 살던 마을에서 함께 어우러져 살고 있다. 하지만 어느 누구도 우쭐하는 생각 없이, 늘 그렇게 살아온 사람들처럼 살고 있다. 예전에는 흑인학교와 백인학교가 엄격하게 나뉘어 있었지만, 이제는 모든 학교들이 인종통합 학교가 되었다. 경제적인 능력에 따라 사립학교를 다니는 백인들도

있긴 하지만, 공립학교들은 모두 통합된 상태이며, 학생들의 인구구성비는 전체 인구구성비를 반영하고 있다.

나는 남아프리카공화국에 대한 유엔의 제재 조치를 옹호했기 때문에 대부분의 백인들에게 미움을 받았다. 백인들은 "제재 조치는 흑인들에게 고통을 줄 것이다"고 말하곤 했다. 남아프리카공화국의 경제적 번영의 주된 토대는 불법이주 노동자들을 이용한 저임금노동이었다. 흑인 노동자들은 1년이면 11개월 동안 남자기숙사에서 살았다. 나의 지지자들도 나에 대해 양면적인 태도를 보였다. "나는 투에 투를 더하기 전까지는 성공회 신도였다"는 낙서도 있었고, "신은 투투를 사랑하신다. 신들이 미친 게 틀림없다"는 우스운 낙서도 있었다. 눈빛으로 사람을 죽일 수 있다면, 벌써 나는 여러 번 죽었을 것이다. 요하네스버그에서 비행기를 타거나 케이프타운에서 기차를 탔을 때 내게 퍼부어지던 증오의 눈빛은 우유를 엉기게 할 수 있을 만큼 뜨거웠다.

나는 죽이겠다는 협박도 많이 받았다. 충분히 예상했던 일이었다. 투쟁을 하려고 결심한 사람은 공격목표가 될 가능성이 많다. 투쟁을 하다 보면 부상자가 생기게 마련이다. 물론 협박 따위를 받는 것은 좋은 일이 아니다. 하지만 그건 예사로운 일이다. 내 아이들이 협박을 당했을 때는 참으로 곤혹스럽고 언짢았다. 나를 협박하는 것은 아무렇지도 않다. 하지만 놈들은 양심이라고는 털끝만치도 없었다. 전화를 받은 것이 나도 아니고 아내도 아니고 아이라는 것을 알았을 텐데도, 놈들은 전화를 끊지 않았다. 그리고 아버지나 어머니 좀 바꿔달라는 말도 하지 않았다.

한번은 '백색부대'라는 이름으로 협박장이 왔다. 어느 날짜까지 이 나라를 떠나지 않으면 죽여버리겠다는 내용이었다. 우리의 신고를 받은 경찰은 우스갯소리랍시고 "대주교님, 우리를 도와주시는 셈치고 그날 침대에 누워계시는 게 어떨까요?"라고 말했다.

내가 가족 때문에 마음을 바꿔먹는 일이 일어난다면 우리 가족은 심한 죄책감을 느낄 것이다. 나는 아내에게 "당신은 내가 입 다물고 조용히 살기를 원하오?"라고 물은 적이 있다. "혼자 자유를 누리고 있다는 생각(신이 주신 소명을 배반하고 있다는 생각)에 괴로워하는 당신 모습을 지켜보느니, 로벤 섬(흑인 정치범들이 수감되어 있는 남아프리카의 섬)에서 당신과 함께 괴로움을 겪는 게 차라리 나아요." 아내의 대답을 듣고 나는 그 어느 때보다 마음이 든직했다. 다른 인생을 택했더라면 마음이 언짢았을 것이고, 내 인생은 바르지 못한 길로 접어들었을 것이다. 그렇게 살아야 할 이유는 없다. 나는 특별한 지위에 있지 않았더라도 투쟁에 뛰어들었을 것이다. 하지만 신은 예레미야처럼 내 목덜미를 움켜잡았다. "주님, 주님은 나를 속이셨습니다. 주님은 내가 예언자가 될 거라고 말씀하셨습니다. 하지만 주님은 나로 하여금 사랑하는 사람들에게 불운과 심판과 비평의 말을 하게 할 뿐입니다. 주님이 원하는 말씀을 하지 않으려고 애를 쓰다 보면, 그 말씀이 가슴에서 불처럼 타올라 가슴속에 담아둘 수가 없습니다." 하나님에게 이런 말을 했다니, 예레미야는 대단히 매력적인 인물이다.

지금도 우리는 이곳이 남아프리카공화국이라는 게 믿기지가 않는다. 이제는 거의 모든 것이 반대가 되었다. 사람들은 거리에서 나를 만나면 악수를 청하며 말을 걸어온다. 내가 암에 걸렸다는 사실이 알려지자, 전혀 생각지도 못했던 곳에서 엽서가 오기 시작했다. 한번은 한 백인 여성이 내 가방을 들어다주고 자기 가족이 앉았던 좌석을 내게 양보했다. 전혀 다른 나라에서 살고 있는 듯한 커다란 변화다.

우리나라가 선택할 수 있는 길은 아주 제한되어 있었다. 우리의 경우에는 승자와 패자가 확연히 구분되지 않기 때문에 뉘른베르크 재판과 같은 방식을 선택할 수 없었다. 일괄사면의 방식을 택해서 과거를 깨끗이 청산하고 새 출발을 할 수도 있었다. 하지만 우리는 어느 쪽도 택하지 않았다. 우리는 복수의 방법을 택하지 않고 개별적인 사면의 방법을 택했다. 사람들이 공개적인 자리에서 용서를 구하게 함으로써 자유를 주는 방식이었다. 관련자들과 전 세계의 사람들이 무슨 일이 있었는지 알 수 있게 하려는 목적이었다. 우리는 과도기란 과정이 아주 깨지기 쉬운 허약한 것이라는 사실을 알고 있었고, 안정을 원했다. 하지만 되도록 빨리 종결을 짓기 위해서는, 진실이라는 토대 위에서 안정이 이루어져야 했다.

과오를 범했던 사람들과 정면대결하는 것을 무서워해서는 안 된다. 용서는 자신의 몸을 내던져 사람들이 장화에 묻은 흙을 닦을 수 있는 깔개가 되는 것을 뜻하는 것이 아니다. 주님은 너그러운 분이셨지만, 무서운 행동을 일삼는 독선적인 사람들에게 용감히 맞섰고 그들을 '독사의 족속들'이라고 불렀다.

용서는 사물을 있는 그대로의 모습으로 보는 것이다. 용서는 무시무시한 일이 일어났다는 사실을 인정하는 것이다. 용서는 '과거는 잊어버려라'고 말하는 사람들이 하듯이 갈라진 틈을 종이로 덮는 것이 아니다. 과거는 잊혀질 수 없는 것이다. 과거는 늘 되돌아와서 우리를 괴롭히는 신기한 능력을 가지고 있다. 용서는 학대를 받은 사람들과 과오를 저지른 사람들이 어떤 일이 일어났다는 것을 인정하는 것이다. 거기에는 반드시 정면대결이 따라야 한다. 긁어부스럼을 만들지 말아야 한다고 생각하는 사람들이 있다. 하지만 우리는 누군가로 하여금 옳지 않은 일을 하고 있다는 것을 인정하게 만들어야 할 때가 있다. 과오를 저지른 사람이 '미안하다'고 말하면 부당한 대우를 받은 사람은 용서를 해야 할 의무가 있다. 용서는 새롭게 시작할 기회를 주는 것이다.

어떤 사람이 창문을 닫고 커튼까지 드리운 채 습기가 차서 눅눅한 방에 앉아 있다고 하자. 바깥에는 빛나는 태양이 있고 맑은 공기가 있다. 용서는 커튼을 걷고 창문을 열고 눅눅한 방 같은 누군가의 인생에 밝은 햇빛과 맑은 공기를 불어넣는 것이다. 용서는 이렇듯 새롭게 시작할 수 있는 기회를 주는 것이다. 우리 기독교인들은 늘 새로운 시작이 있음을 믿는 훌륭한 신앙을 가지고 있다. 우리의 신은 "뭐, 할 수 없지"라고 말하지 않는다. 신은 "일어나라!"고 하면서 우리 몸에 묻은 흙을 털어주고, "다시 한 번 해봐!"라고 말한다.

언젠가 나는 백인 엘리트층 사람들이 다니는 호화로운 '네덜란드 개혁교회'에서 설교를 했다. 나는 아마 그 교회에서 설교한 최초의 흑인이었을 것이다. 나는 진실화해위원회에서 규명해낸 일들을 이야기했다. 과거의 정부는 방어용 계획이 아닌 화학전쟁과 생물학전쟁 프로그램을 가지고 있었으며 흑인만을 공격하는 세균을 찾으려고 했고, 넬슨 만델라가 감옥에서 석방된 뒤 오래 살 수 없도록 그에게 독극물을 주입할 계획을 세웠다. 내가 이야기를 마치자, 그 교회의 목회자 한 사람이 설교단에 오르더니, 30년 동안 군목으로 활동해왔지만 그런 사실을 모르고 있었다며 자신을 용서해주기 바란다고 말했다. 나는 그를 포용했다. 우리는 옳지 못한 일을 해온 사람들에게 '미안하다'고 말할 기회를 준다. 우리는 대부분 용서를 할 마음가짐이 되어 있다.

하지만 그렇지 않은 사람들도 있다. 스티브 비코의 가족들이 그랬다. 이런 예를 보면, 우리가 하는 일이 결코 간단하지 않다는 것, 화해가 쉬운 일이 아니라는 것을 깨닫게 된다.

특별히 걱정스러운 것은 심한 고통을 겪은 사람들, 슬픔과 복수욕에 사로잡힌 사람들 가운데 용서할 마음의 준비를 마친 사람이 얼마나 되는가 하는 것이다. 군인들이 '아프리카민족회의'가 이끄는 시위대에 발포하여 20명이 죽고 많은 사람들이 부상을 입었다. 재판이 열리자 사랑하는 가족을 잃은 사람들과 부상을 입은 사람들이 몰려들었다. 장교 네 명이 법정에 섰다. 한 사람은 백인이었고 세 사람은 흑인이었다. 백인 장교가 "우리는 군인들에게 발포명령을 내렸습니다"라고 말했다. 법정에는 아슬아슬한 긴장감이 감돌았다. 그 장교는 청중을 향해 입을 열었다. "우리를 용서해주십시오. 나의 동료들이 사회로 돌아갈 수 있도록 받아들여주십시오." 방청객들은 귀청이 터질 듯한 박수갈채를 보냈다. 믿을 수 없는 순간이었다. 나는 "조용히 하십시오. 우리는 성스러운 일을 하고 있습니다"라고 말했다.

세날 사리한
SENAL SARIHAN

터키

———

정치적 권리

"수감자들에게서 고문당한 이야기를 듣는 것은 고통이었다.
도시에서 멀리 떨어진 감옥에서 돌아오는 길이면
나는 이제 다른 인생을 살러 가는구나 하는 생각이 들곤 했다.
수감자들이 당한 고통을 생각하면, 남편과 포옹하는 것도
아이들을 품에 안는 것도 부끄럽게 느껴졌다."

세날 사리한은 어머니, 변호사, 여권주의자, 아내, 극작가, 연출가, 교사, 노조운동가, 편집자, 지도자로서 평탄하지 않은 삶을 살고 있다. 그녀는 교원노조 문화부원으로 활동하면서 연극 대본을 쓰고 감독을 했다. 그녀는 1967년에 새로 설립된 터키 교사협의회의 집행위원이 되었고, 월간 소식지에 노조를 옹호하는 기사를 썼다. 이런 기사들 때문에 그녀는 1971년에 군부정권에 의해 투옥되어 22년의 징역형을 선고받았다. 그녀는 1974년에 새로 선출된 정부에 의해 석방된 후 법학을 공부하고, 1976년부터 지식인들과 노조운동가들, 인권운동가들을 변호하기 시작했다. 1986년에 그녀는 '반국가적인 견해를 옹호하는' 기사를 썼다는 이유로 다시 체포되어 35일간 구금되었다. 그녀는 1990년에 현대변호사협회를 설립하고 의장으로 활동하면서 법률개혁과 인권옹호를 주장하는 한편, 협회의 월간지 편집활동을 하면서 터키의 테러방지법과 표현의 자유 구속에 대한 강력한 비판을 시작했다. 사리한은 수감자들과 여성들, 아동들을 옹호하는 운동가로 널리 알려지면서 근본주의자들과 기득권 옹호세력의 살해 위협에 시달리고 있다. 하지만 끊임없이 이어지는 생명에 대한 위협 속에서도 그녀는 꿋꿋이 자신의 길을 걷고 있다. 그녀는 1996년에 여권 향상을 위한 여성단체들을 한데묶은 현대여성협의회를 설립하여 3만 5,000명의 여성들을 조직했는데, 이것은 터키 역사상 최대의 조직이다. 사리한은 소외된 이들의 훌륭한 대변자다.

나는 1970년대에 이스탄불의 빈민지역에서 교사생활을 시작했다. 콜레라가 발생하면서 많은 학생들이 죽었고, 그 즈음에 첫 번째 군사쿠데타가 일어났다. 군부정권은 많은 지식인들을 투옥하기 시작했다. 나는 감옥에서 고문을 당하고 있던 어떤 교수님을 도왔고, 석방된 뒤에도 교수님의 회복을 도왔다. 정부는 그 교수님이 어떤 조직과 연계되어 있다고 주장하면서 나를 체포했다. 나는 불법적인 조직과 아무런 관계가 없었지만, 40일 동안 억류된 채 고문을 당했다.

나는 아무것도 아는 것이 없었다. 그들은 내가 입을 열지 않는 거라고 생각하고 귀와 혀, 성기에 전기고문을 가했다. 나는 당시 아주 마른 몸매에다가 긴 머리에 가운데가르마를 하고 있었고 여드름이 있었다. 그들은 어떤 육군대령의 딸을 찾고 있었는데, 그 여자와 닮은 나를 그 여자로 착각해서 잡아다가 고문을 했던 것이다.

감옥에서 폭력과 고문이 성행한다는 이야기는 들었지만, 그렇게 극심하리라고는 생각하지 못했다. 그들은 나를 이스탄불에서 앙카라로 이송하면서도 우리 부모님에게 아무런 통지도 하지 않았다. 이스탄불에서는 내가 실종되었다느니, 살해되었다느니, 죽었다느니 하는 소문이 돌았다. 어느 날 이스탄불에서 앙카라로 갓 이송된 수감자 하나가 나를 보고는 깜짝 놀라면서, 모두 내가 죽은 줄 알고 있다고

말했다. 나는 석 달 동안 감쪽같이 증발했던 것이다. 이렇게 해서 내가 살아 있다는 사실이 가족에게 알려지게 되었다.

1971년 10월 3일, 나는 한 그룹의 지식인들과 함께 재판을 받았다. 만난 적도 없는 사람들이었지만, 검찰은 우리가 지하조직의 일부라고 주장했다. 우리는 우리에게 고문을 자행한 사람들을 기소하지 않는 데 항의하기 위해 묵비권을 행사했다. 판사는 그것이 '조직적인 결정'이며 우리가 서로 연계되어 있다는 증거라고 주장하면서, 나를 지도자로 지목해 22년 징역형을 선고했다. 하지만 나는 그 그룹과 아무런 관계도 없었다.

당시 나는 스물세 살이었고, 학생조직의 지도자로 활동한 경험이 있었다. 나는 사회학에 더 관심이 많았지만, 체포되기 직전에 법학대학원에 진학하려고 입학시험을 치렀다. 투옥된 후 나는 반드시 변호사가 되어야겠다고 마음먹었다. 나는 나와 같은 길을 겪지 않도록 다른 사람들의 권리를 대변하고 싶었다. 1974년에 새로운 정부가 사면법을 시행하면서 우리 그룹은 3년 만에 석방되었다. 우리는 과거의 정부에게 부당한 대우를 받았다는 점을 인정받아 예전 직장으로 복귀할 수 있었다.

나는 다시 교사생활을 시작했다. 아버지는 대단히 민주적인 분이셨지만, 혹독한 일을 겪으면서 나에게 지나치게 신경을 쓰기 시작했다. 나를 이해하고 나와 같은 생각을 가진 사람과 결혼해서 집에서 벗어나고 싶었다. 나는 감옥에서 알게 된 남자와 결혼했다. 그 역시 교사였고 학생조직의 지도자였다.

내가 감옥에 있는 동안 내가 가르치던 학생들은 내 상황을 알리기 위해서 수업거부에 돌입했다. 그들은 자진해서 위험을 감수하고 있었고 실제로 투옥될 수도 있었다. 대단히 고맙고 감동적인 일이었다. 나는 다시 교사로 일하면서 그들을 돕고 싶었다. 결혼 직후 나와 남편은 흑해 옆에 있는 작은 마을로 전근하라는 통지를 받았다. 하지만 그곳에 도착한 다음날, 남편은 다시 수백 마일 떨어진 도시로 떠나라는 전근통지를 받았다. 터키 전역에는 투옥 전력이 있는 사람들이 있는 곳을 알아내서 모략선동을 하는 국수주의자들이 많았다. 나한테도 죽이겠다는 협박장이 날아왔다. 우리는 교육에 관한 잡지를 내고 있었고, 나는 연극과 민속춤, 학부모와의 토론회 등의 활동을 계속하고 있었다. 우리는 교사, 학생, 학부모들과 좋은 관계를 유지하고 있었는데, 국수주의자들은 갖은 수를 써서 우리를 방해하려 들었다. 결국 나는 더 이상 그 활동을 계속할 수 없다고 판단하고, 남편에게 연락해

같은 도시에서 함께 살자고 말했다. 우리는 가까스로 방법을 찾아냈지만, 그들은 특별사면을 받았다는 이유로 나를 토카트라는 도시로 전근시켰다. 그곳에서는 경찰이 늘 쫓아다녀서 활동을 할 수가 없었기 때문에, 나는 앙카라로 가서 그들에 대한 소송을 제기해 승소했다. 그러는 사이에 법학대학원을 마친 나는 가까운 도시에서 수습으로 일하고 싶었다. 하지만 가는 곳마다 공산주의자라면서 받아주지 않았기 때문에, 남편과 함께 다시 앙카라로 돌아갔다. 그곳에서 교사생활을 하면서 앙카라의 법률사무소에 수습근무를 신청한 끝에 드디어 일자리를 찾았다. 당시는 표현의 자유에 관심이 있는 변호사가 드물던 시절이었다.

나와 함께 일하게 된 변호사는 지식인들과 서민들을 돕는 것으로 유명한 사람이었다. 그는 훌륭한 스승이자 영향력이 큰 사람이었다. 그곳에서 수습생활을 시작한 이듬해에, 다시 군부정권이 들어서면서 정치적인 소송이 갈수록 늘어갔다. 나는 변호사 자격으로 법정에 섰다. 나는 죄수들이 겪는 고통을 몸으로 느낄 수 있었고 그들의 마음을 읽을 수 있었다. 그들은 여전히 고문당하고 있었다. 어려운 일이었지만, 나는 고문자들에 대한 소송을 제기했다. 우리는 간신히 그들을 기소했다. 1980년의 일이었다. 이듬해, 다시 쿠데타가 일어났다. 정부는 노동단체와 교원노조를 폐쇄했다. 정치적인 사건을 맡는 변호사의 수는 크게 줄어들어, 앙카라에만 겨우 7, 8명에 불과했다. 터키는 여러 가지 문제를 안고 있었다. 감옥에서는 수천 명이 살해되고, 고문이 일상적으로 이루어졌다. 아무런 죄가 없는데도 2년 동안 갇혀 있다가 재판을 받는 사람도 있었다. 수감자들은 감옥에서 고된 노역을 해야 했고 가족 면회도 거의 할 수 없었다. 나는 이런 상황을 개선하기 위해서 교도소에 대한 소송을 제기했다.

솔직히 말해서 너무나 힘든 일이었다. 수감자들에게서 고문당한 이야기를 듣는 것은 고통이었다. 도시에서 멀리 떨어진 감옥에서 돌아오는 길이면 나는 이제 다른 인생을 살려 가는구나 하는 생각이 들곤 했다. 수감자들이 당한 고통을 생각하면, 남편과 포옹하는 것도 아이들을 품에 안는 것도 부끄럽게 느껴졌다. 나는 아이를 낳고 40일 만에 활동을 시작했다. 한 판사는 내가 아이를 돌봐야 한다는 것을 알고 재판시간을 자정으로 미뤄주기도 했다. 나는 정원에 핀 꽃을 보면 감옥에 있는 아이들에게 가져다주고 싶었다. 그 아이들이 자연을 접하며 살게 하고 싶었다. 틈틈이 이 아이들에 대한 글을 썼다. 나는 어머니들과 함께 인권단체를 만들기 위한 활동을 시작했다. 감옥에서는 많은 일들이 일어나고 있었고 그 중에는 우리가 도저히 손을 댈 수 없는 일도 많았지만, 우리는 늘 도움을 주려고 노력했다. 1990년에 우리는 1980년의 단체 폐쇄조치로 폐쇄되었던 현대변호사협회를 다시 설립했다.

나는 투쟁단체의 일원이 아니라 인권변호사로 알려져 있었고, 언론은 늘 나를 주시하고 있었다. 나는 투옥이나 보복을 두려워하지 않고, 지하조직의 지도자로서 변호사로서 많은 일을 했다. 위태로울 때도 많았지만, 나는 투쟁을 통해서 점점 강해졌다. 활동을 하다 보면 자신을 방어할 수 있는 능력이 생긴다. 1985년에 나는 둘째를 낳았고, 이듬해에 투옥되었다. 11년 전에 흑해 인근의 작은 마을에서 교육 잡지를 간행하면서 공산주의를 선전했다는 이유였다. 터키에서는 공소시효가 대개 5년이다. 하지만 내 경우에는 법적인 근거가 없었다. 나를 다시 투옥시키기 위해 그런 짓도 서슴지 않았던 것을 보면, 내 활동이 얼마나 정부의 신경을 건드렸는지 알 수 있다. 생후 10개월 된 아들에게 젖을 물리지 못하니 너무나 고통스러웠다. 누가 보더라도 불법적인 구속이었기 때문에, 많은 사람들이 나에게 지지를 보내왔고 나는 결국 35일 만에 석방되었다.

나의 투쟁은 다른 사람을 위한 것만이 아니라 나를 위한 것이기도 하다는 점을 분명히 밝히고 싶다. 최근에 우리 변호사협회에서 선거가 있었는데, 동료들은 너무 활동에 전념해서 아이들에게 충분한 관심을 보이지 않고 있다고 내게 주의를 주었다. 나는 그들에게 대답했다. "내 아들은 곧 너희 아들이야. 누구의 아이도 아플 수 있어. 나는 모든 아이들의 이익을 위해서 활동하고 있는 거야."

현대변호사협회의 활동은 매우 좋은 성과를 올렸다. 변호사들 사이의 유대도 돈독하고 회원 수도 크게 늘었다. 우리는 터키의 민주화를 위해 노력하는 조직들과 지식인 조직들을 법적인 측면에서 돕고 있다. 우리는 고문을 없애고 감옥의 상황을 개선하며 표현의 자유를 개선하는 데 일조를 했다. 하지만 1990년대에도 여전히 나쁜 일이 일어났다. 고문은 거의 사라졌지만, 사법제도 밖에서 살해되거나 실종되는 사람들이 많았다. 1991년에 또 다른 사면법이 시행되었다. 하지만 쿠르드 사태로 인해서 이중적인 기준이 적용되어 지식인들은 한 명도 석방되지 않았다. 테러를 가지고 테러와 싸우는 것을 허용하고 있는 테러금지법 때문이었다. 많은 쿠르드계 변호사들이 실종되었다. 나는 터키인이고 터키족의 혈통을 가지고 있다. 하지만 터키 사람들은 오랫동안 쿠르드 사람들과 형제자매처럼 어울려 살았다. 쿠르드 테러리스트 단체인 KPLA의 지도자 오잘란이 이란 등 다른 나라들의 지원을 받기 시작하면서 쿠르드 사태는 급격하게 악화되었다. 정부는 민간인이 살고 있는 남동부 지역에서 전개되는 테러리스트의 활동을 비난했다. 그후 쿠르드 사람들에 대한 인권유린이 숱하게 벌어졌고, 우리는 그에 맞서서 싸웠다. 한번은 쿠르드계 정당에서 회의가 진행되는 동안 누군가가 터키 국기를 내려둔 일이 있었는데, 정부는 거기 참석한 모든 의원들을 체포, 구금했다. 하지만 국기를 내린 사람은 단 한 사람이었고, 나머지는 아무런 관련이 없었다. 나는 그들이 터키에 반대하는 사람들이 아니라는 것을 알고 있었고, 그들을 돕는 것이 무섭지 않았다. 지금 그들은 모두 자유의 몸이다.

1993년에 어느 호텔에서 회의를 하던 35명의 지식인들이 근본주의자들의 총격을 받고 모두 사망했다. 나는 유족을 대변하고 나섰고, 그 때문에 죽이겠다는 위협을 여러 차례 들었다. 그 즈음에 세즈긴 탄리쿨루가 살고 있는 디야르바키르에서 세리프 아프츠하르라는 남자가 실종되었다. 그의 가족은 그를 데려간 사람을 찾아냈다. 다른 변호사들이 그 사건을 맡으려 하지 않자 그의 가족은 나를 찾아왔다. 나는 아주 어려운 조건에서 디야르바키르에 드나들었다. 머리에 총구가

겨누어진 채 다시 돌아오면 다리를 부러뜨리겠다고 협박당한 적도 있었다. 한번은 비밀경찰이 나를 체포할 계획을 세우고 있다는 것을 알게 되었다. 이튿날 나는 판사에게 가서 불평을 했다. 판사는 그런 협박을 할 수 있는 것은 민간 지하조직이나 근본주의자들일 거라고 말했다. 그가 그걸 어떻게 알았을까? 그가 할 수 있는 일은 아무것도 없었다.

용기는 삶의 방식 중 하나다. 활동과 투쟁을 통해서 사람은 행복을 느낀다. 우리는 삶을 뒤돌아보면서 '세계를 조금이나마 바꿔야 했는데……' 하고 생각한다. 인간은 겁이 많은 존재다. 겁을 먹는 것은 인간적인 감정이다. 하지만 우리는 겁을 먹은 채로는 살아갈 수 없다. 우리는 그것을 극복해야 한다. 우리에게 맞서는 사람들 역시 우리를 두려워하고 있다. 우리가 이 일을 하는 것은 용기가 있기 때문이 아니다. 우리는 용기에 대해 전혀 생각하지 않는다. 그저 그 일이 우리의 삶이 되었기 때문이다. 나도 가끔 겁이 날 때가 있다. 내 아이들을 생각할 때 그렇다. 하지만 그 아이들이 자랑스럽게 여길 수 있는 어머니가 있다면, 그것만으로도 충분하지 않은가? 나는 내 아이들이 나를 자랑스럽게 여길 수 있도록 끝까지 투쟁할 것이다.

반 존스
VAN JONES

미국

———

경찰 폭력

"그는 재갈이 물린 채 발로 채이고 짓밟히다가 최루액을 맞은 후에
독방에 갇혔다. 과테말라에서나 있을 법한 일이
15~20분 만에 일어난 것이다."

반 존스는 베이 지역 경찰감시단의 설립자이자 집행위원이다. 이 조직의 목적은 경찰의 직권남용을 막고 피해자들을 보호하는 데 있다. 경찰감시단은 대중교육과 공동체 조직화 등 다양한 활동을 하고 있다. 존스는 경찰의 희롱과 협박, 만행으로 고통받고 있는 사람들과 함께 일한다. 민간인 감시단을 설립하고 규제절차의 투명성과 해명의무를 요구해온 그의 노력은 큰 성과를 거두었다. 또한 용의자를 진압할 때 최루탄 사용을 금지시키려는 존스의 노력은 전국적인 화학무기 반대운동에 불을 붙였다. 경찰감시단 직통전화는 피해자의 불만사항을 기록하고, 피해자를 직권남용 사건에 익숙한 변호사들과 연결해준다. 경찰감시단은 피해자들과 변호사들의 법적인 절차 진행을 돕는 한편 지역사회의 지지를 조직하고 공무원들과 언론을 만나 피해자의 입장을 옹호한다. 존스의 노력은 우리에게 민주적인 미국법이 제공하는 인권보호제도 내에서도 가혹한 인권유린이 이루어지고 있다는 뼈아픈 교훈을 주고 있다.

엘라 베이커 인권센터는 미국 내의 인권유린 사례를 기록하고 폭로하는 조직으로 경찰감시단 활동을 주도하고 있다. 경찰감시단은 1995년에는 샌프란시스코 베이 지역에, 1998년에는 뉴욕 시에, 경찰의 직권남용을 고발할 수 있는 직통전화를 개통했다. 우리는 해당 경찰관과 관할구역, 그리고 해당 행동을 추적할 수 있는 컴퓨터 데이터베이스를 갖추고 있기 때문에 순식간에 해당 지역과 해당 경찰관을 알아낼 수 있다. 이 프로그램을 이용하면 쉽게 문제의 규모와 정도를 파악할 수 있다. 같은 경찰관에 대해서 "아무개 경관이 무슨 짓을 했어요!"라는 전화가 두 번, 네 번, 여섯 번 되풀이되면, 우리는 직권남용의 유형을 파악하고 대책을 찾아 나선다.

우리는 또한 직권남용 문제를 선전하는 대중교육 활동을 개척했다. 경찰의 직권남용 사실을 언론에 알리면, 언론은 우리를 인종간 불화를 일으키는 불평분자로

보이게끔 보도한다. 언론이 우리를 책임 있고 믿을 만한 사람들로 여기게 하려면 지능적으로 대응해야 했다.

경찰의 직권남용과 폭력으로 피해를 입은 사람들의 전화는 하루에 열 통씩 걸려 온다. "아무개 경관이 나에게 폭언을 했다"는 사소한 내용도 있지만, 어느 경관이 누군가를 부당하게 사살해버렸다는 심각한 내용도 있다. 우리는 이곳에서 오만가지 이야기를 듣는다. 통화가 30분에서 1시간까지 길어지기도 한다. 팔이 부러지거나 턱이 깨지거나 이가 부러진 채 집에 온 자식 이야기를 하는 사람도 있고, 영장도 없이 4, 5일 동안 구금된 자식 이야기를 하는 사람도 있다. 우리는 그들의 이야기를 컴퓨터에 기록한다. 우리는 몰아대는 법 없이 가만히 귀를 기울인다.

기록이 끝나면 권리와 구제방법을 일러준다. 어느 지역의 어느 경관에 대한 민원을 제기하고 싶으면, 어디로 전화를 하고 어떻게 서류를 작성하고 어떤 절차를 밟으라고 일러주고, 고소를 제기하거나 손해배상을 청구하고 싶다고 하면 그 절차를 꼼꼼히 알려준다.

경찰의 직권남용에 대한 증거가 있으면, 우리와 협조하고 있는 30여 명의 변호사들 중 한 사람에게 그 사건을 위임한다. 그 변호사들은 경찰감시단의 소개로 전화했다는 말을 들으면 대번에 해볼 만한 일이겠구나 생각할 정도로 우리의 사건 선별 능력을 신뢰한다.

우리는 1995년 1월에 시민의 권리를 위한 변호사위원회를 설립했다. 변호사들은 경찰문제만을 전담하는 사람들이 아닌데도 기꺼이 이 활동에 합세했다.

우리가 이 활동을 시작한 지 얼마 안 있어, 이 조직의 필요성을 부각시키는 사건이 발생했다. 아론 윌리엄스라는 흑인 남성이 경찰에 구금되었다가 사망했다. 우리의 활동분야와 밀접한 사건이었다. 유족과 경찰감시단 활동가들은 2년 동안 한 몸처럼 붙어다녔고, 8개월 동안 그 사건에 관련된 세 번의 독립 공판을 거쳤다. 처음 두 번은 졌지만, 1997년에 최종 승리를 거두었다. 나는 그때 그 경관의 표정을 영원히 잊지 못할 것이다. 이 사건은 아론만의 문제가 아니라 인간의 생명과 법치주의를 경시하는 경찰 당국의 태도를 뿌리뽑느냐 마느냐의 문제였다. 가까이 있던 수십 명의 목격자들이, 아론이 땅에 엎드린 채 뒤로 수갑이 채워져 있었는데 평상복을 입고 있던 경관 하나가 구둣발로 폭행했다고 증언했다.

아론은 얼굴에 최루액을 맞았다. 가스가 아니라 끈적한 용액으로 된 최루용액이 살갗에 닿으면 씻어내기 전까지 불에 덴 듯 화끈거린다. 경찰은 아론의 얼굴에 묻은 최루액을 씻어내지 않았다. 그는 재갈이 물린 채 발로 채이고 짓밟히다가 최루액을 맞은 후에 독방에 갇혔다. 과테말라에서나 있을 법한 일이 15~20분 만에 일어난 것이다.

이 불법적이고 비인간적인 행위는 하마터면 그대로 묻히고 말 뻔했다. 이 사건은 내 인생의 전환점이 되었다. 나는 그 경관이 어떤 사람인지, 그의 유족이 어떤 일을 겪게 될지 빤히 짐작할 수 있었다. 나는 절대로 물러나지 않겠다고 다짐했다. 이기든 지든, 유족 혼자서는 싸울 수 없는 일이었다. 나는 정의를 바로잡는 그날까지 내가 가진 모든 자원과 창의력, 형법과 공동체 조직화에 관한 지식을 총동원하기로 마음먹었다.

협박전화가 울려대기 시작했다. "누가 보호해줄 거라고 생각하나?" "너 같은 놈은 살아 있을 자격이 없어." "너 같은 놈은 이 도시에서 살 자격이 없어." 협박은 계속되었다.

직권남용 사건의 99퍼센트는 윌리엄스 사건처럼 긍정적인 성과를 거두지 못한다. 어떤 흑인 아버지가 아들에게 스포츠카를 사주었다. 열여섯 번째 생일을 맞은 아들은 새 스포츠카에 아버지를 태우고 집으로 돌아가는 길이었다. 스포츠카에 흑인 남자 둘이 타고 있는 것을 보고 차를 세운 경찰은, 그들에게 자동차 후드에 손을 올리게 한 뒤 소지품을 검사하고 차 안을 뒤졌다. 물리적인 폭행은 없었지만, 아들 앞에서 모욕을 당했다는 울분에서 벗어날 수 없었던 아버지는 심한 정서적 상처와 신경쇠약에 시달리다가 운영하고 있던 작은 가게마저 닫아버렸다.

이런 일이 일어나서는 안 된다. 이런 일은 우리 사회의 안전을 강화하고 경찰의 과중한 업무를 덜어주는 것이 아니라 오히려 경찰에 대한 적대감을 증폭시킬 뿐이다. 나는 흔히 일어나는 이런 일이 반드시 바로잡아야 하는 잘못된 일이라는 것을 강조하고 싶다.

카 사 와
KA HSAW WA

미얀마

다국적기업의 책임

"군대가 코앞으로 지나가기도 하기 때문에 매우 조심해야 한다.
나는 두 번이나 총에 맞았다."

카 사 와는 '지구의 권리(어스라이트 인터내셔널)'의 설립자다. 이 조직은 미국 기업에 대해 전례 없는 소송을 제기한 비정부조직이다. 이 소송은 미국에 본부를 두고 있는 유노칼 정유회사에 고용된 미얀마 정부의 요원들이 보안과 운송, 송유관 건설을 지원하기 위해서 토착민들에게 착취와 고문, 강간, 강제노동, 그리고 불법적인 살인을 자행하고 있는 사실을 고발하고 있다. 카 사 와는 군부정권에 의해 자행되는 인권유린의 만행에 대해 잘 알고 있다. 그는 여러 해에 걸쳐서 미얀마의 숲을 헤치고 수천 마일을 걸어다니며 인권유린의 목격자들과 피해자들의 증언을 기록했다. 그는 많은 사람들에게 인권위반 사례를 조사하고 기록하고 폭로하는 법을 가르치고 있다. 그는 1980년대에 학생 지도자로 랑군에서 민주주의 시위를 조직했다. 1962년 이후로 정권을 장악하고 있는 미얀마 군부정권(1988년에 국가법질서회복평의회SLORC로 개칭했다)은 그를 체포하여 고문했다. 평화시위대에 대한 경찰의 발포로 친구 한 명이 목숨을 잃었다. 카 사 와는 태국 국경을 넘어 망명한 뒤, 가족을 보호하기 위해서 '흰 코끼리'라는 뜻의 카 사 와로 이름을 바꾸었다. 그는 강간과 강제노동에 대해 꼼꼼히 기록한 체계적인 기록문서를 국제사면위원회와 인권감시단을 비롯한 여러 국제조직에 보냈다. 그는 『강도 학교』(1988)를 비롯해서 인권유린에 관한 여러 권의 책을 공동집필했다. 다음은 그가 쓴 글 중의 일부다. "30만 명이 넘는 남자들을 잡아라. 그 중 태반은 17세 이하에 교육받지 않은 남성이어야 한다. 그들을 총부리로 위협하여 이름을 올리게 하고 절대로 주지 않을 월급을 주겠다고 약속하라. 그들에게 총과 폭탄을 쥐어주라. 그들에게 총 쏘는 법, 야간에 포복으로 정글을 헤치고 나아가는 법, 매복하는 법을 훈련시켜라. 소수인종과 학생들, 여성들, 정부에 맞서는 자들을 비롯해서 수백만 명의 국민들이 모두 역적이라는 확신을 심어주라. 그들을 굶겨라. 우편물을 내주지 말고 편지도 보내지 못하게 하라. 가족들을 만나지 못하게 하라. 벌을 줄 때는 서로를 때리게 하고, 아파서 걷지 못

할 때는 버려두라. 날마다 욕을 퍼붓고 매질을 하라. 술과 마약은 충분히 주라. 자, 이제 드디어 미얀마 군부정권의 군대가 완성되었다." 엄청난 위험을 무릅쓴 카 사 와의 활동은 미얀마의 정글에서 지금도 계속되고 있다.

나는 11년 동안 이 활동을 계속해오고 있다. 나는 대부분의 시간을 현장방문과 정보수집, 진상조사, 활동가교육에 쓰고 있다. 우리의 활동은 미국 정유회사 유노칼의 송유관 지역에서 주로 이루어진다. 우리는 현재 이윤을 늘리기 위해서 인권유린을 자행하고 있는 유노칼에 대해 소송을 진행하고 있다.

우리는 미얀마 사람들을 찾아다니며 군부정권이 자행하고 있는 인권유린과 관련된 질문을 하고, 그들로부터 고문과 강제노동, 잡역 강요, 강간 그리고 불법적인 살해에 대한 이야기를 듣는다. 때로는 태국 국경 너머나 난민수용소에서 정보를 수집하기도 한다. 우리는 암호를 이용해서 우리를 지지하는 주민들과 접촉한다. 정글을 헤치고 다닐 때는 군대의 움직임을 추적하기 위해서 라디오와 위성위치정보 시스템을 이용한다. 정글 속으로 다니는 것은 매우 위험하다. 나는 검은 옷을 입고 배낭을 지고 다닌다. 우리는 한 번에 세 사람 이상이 함께 다니는 일이 없다. 군대가 코앞으로 지나가기도 하기 때문에 매우 조심해야 한다. 나는 두 번이나 총에 맞았다.

우리는 군대의 움직임에 따라 행동을 한다. 평상시에는 군대에게 발각되거나 마을 사람들을 위험에 빠뜨릴 수 있기 때문에 마을로 들어가지 않고, 대신 마을 사람들을 은밀히 정글로 나오게 한다. 주민들 사이에는 지역군대조직인 SLORC의 스파이가 있기 때문에 아주 신중해야 한다.

유노칼 송유관과 직접 관련된 인권유린 사례는 대단히 많다. 가장 흔한 것은 강제노동과 강제잡역이다. 강제잡역은 군인들이 주민들에게 아무런 보상 없이 무기와 보급품, 식량을 나르게 하는 것이다. 몰래 빠져나와서 우리에게 이런 사실을 전해주는 주민들도 있는데, 그러다 잡히면 SLORC 요원의 손에 고문이나 감금을 당하고 심지어는 살해당하기까지 한다. 최근에도 몇몇 주민과 함께 인권유린 상황에 관한 정보수집 활동을 하고 있던 친구 하나가 그들의 의심을 사서 살해당하고 말았다.

최근 4, 5년 동안, 나는 열다섯 명의 부녀자들이 송유관을 지키던 군인들에게 강간 당했다는 이야기를 들었다. 그 중 두 명의 피해자들이 소송에 참여하고 있다. 그 지역에는 사방팔방에 군인들이 우글거리는데, 피해자들은 마을길이나 농장을 지나가던 여성들이었다.

나는 인권유린에 대응하기 위해서 1988년 SLORC에 대항하여 민주주의를 선전하는 학생조직을 만들었다. 이 조직에 속한 학생들은 랑군 밖의 여러 도시에서 시위를 조직했으며, 항의운동은 미얀마 전역으로 확산되었다. 랑군에서 시위를 하는 도중에 친구 두 명이 총에 맞았는데, 한 친구는 내 옆에서 숨을 거뒀고 다른 한 친구는 입과 턱에 관통상을 입었다. 나는 그 친구를 병원으로 옮기고 피신하기 위해서 그곳을 떠났다.

나는 미얀마와 늙은 부모님 곁을 떠나고 싶지 않아서 랑군 외곽지역으로 거처를 옮겼고, 정글 속에서 지내면서 주민들의 비참한 생활을 목격했다. 주민들은 아침이면 괭이와 바구니를 들고 군대를 위한 강제노동에 나서야 했다. 어느 날 내가 살고 있는 집 주인이 말했다. "내일은 나도 다시 가서 개들을 위해 일을 해야 하네." "그게 무슨 말씀입니까?" "주민들은 군인들이 미워서 개라고 부른다네. 놈들을 위해서 일하다 보면 우리 일은 할 틈도 없다네. 그리고 한푼도 받지 못하지." 그 후 나는 어머니가 보낸 편지를 받았다. "얘야, 너무 위험하다. 기다리고 있으면 내가 너를 만나러 가마." 나는 그곳으로 찾아온 어머니와 작별인사를 나눴다.

나는 다른 학생 한 명, 주민 한 명과 함께 닷새 동안 정글 속을 걸어 카렌 지역으로 갔다. 마을이 가까워졌을 때, 나는 결코 잊지 못할 장면을 목격했다. 한 여성이 성기에 커다란 나뭇가지가 박힌 채 죽어 있었다. 마을에 가서 그 이야기를 했더니, 주민들은 군인들이 말라리아에 걸린 동료를 치료해야 한다고 그 간호사를 데려갔다고 말했다. 하지만 군인들은 그녀를 강간한 다음 살해했다.

나는 한동안 그곳에 머물렀다. 당시에는 주민들의 상황을 기록하는 활동을 하는 사람이 없었다. 나는 그 일을 하기로 결심하고 주민들과 이야기를 나누었다. 그때 나는 내 인생을 뒤바꿔놓은 경험을 했다. 한 어머니가, 군인들이 자기 아들에게 어머니와 성행위를 하라고 강요했고 그 뒤 아들은 자살하고 말았다고 말했다. 거의 넋이 나간 그 어머니를 보는 순간, 나는 이 사람들을 위해서 무엇이든 하지 않으면 안 되었다.

처음에 나에게는 연필도 종이도 없었다. 나는 카렌국민연합(KNU) 저항세력을 찾아갔다가 퇴짜를 맞았다. 그곳 사람들은 이런 일은 늘 일어나는 일이라서 아무도 신경쓰지 않으니 귀찮게 하지 말고 무기를 들고 군인들과 싸우라고 말했다. 나는 몇 번이고 그들을 찾아가서 녹음기와 종이, 펜을 주면 중요한 정보를 적어오겠다고 말했다. 그들은 쓸데없는 짓이라며 내 말을 무시했다.

하지만 나는 사람들의 증언을 꼭 기록하고 싶었다. 내가 할 수 있었던 일은 사람들에게서 되도록 많은 이야기를 끌어내는 것이었다. 나는 어렵게 도시로 나가 종이와 연필을 구해 사람들에게 정보를 적어 보냈다. 하지만 관심을 보이는 사람은 아무도 없었다. "지금 내가 뭘 하고 있는 거야?" 나는 이따금 회의를 느끼곤 했다.

마침내 1992년 초, 나는 케빈 헤프너라는 캐나다인을 만났고, 그와 함께 인권유린 사례들을 기록하기 시작했다. 내가 주민들의 증언을 영어로 옮기면, 그는 그것을 타이프로 쳤다. 우리는 그 기록을 관심을 보일 만한 사람들에게 보냈다. 케빈은 국제사면위원회 같은 인권단체에 그 정보를 보냈다. 태국으로 입국할 수 있는 서류가 없었기 때문에, 나는 태국에서 불법입국 혐의로 네댓 번 체포되어 일주일씩 구류를 살고 석방되곤 했다. 아주 어려운 시절이었다. 우리는 너무나 가난했다. 마침내 종이와 편지 우송에 필요한 돈을 제공해줄 프랑스 출신의 여성을 만났을 때, 나는 뭔가를 할 수 있는 형편이 되겠다 싶어 힘이 부쩍 솟았다.

나는 미얀마에서 학생봉기가 일어나기 직전에 체포되어 고문을 당했다. 친구 하나가 경찰관들의 자식들과 싸움을 벌인 후에 실종되어 나도 행방을 모르고 있었는데, 경찰은 그의 행방을 대라면서 나를 고문했다.

처음 받은 고문은 '오토바이 타기'라는 것이었다. 그들은 나에게 이상한 자세를 하고 부릉부릉 소리를 내게 했다. 내가 지쳐 쓰러지자, 그들은 겉은 거칠고 속은 금속으로 되어 있는 이상한 도구로 정강이를 때려댔다. 다음에는 '철로' 고문을 받았다. 나는 철로에 걸터앉은 듯한 자세로 정거장 이름을 대야 했다. 정거장 이름을 모르거나 잘못 발음하면 매질을 당했다. 그들은 매질을 잠시 멈추고는 같은 질문을 되풀이했다. 나는 말할 것이 아무것도 없었지만, 그들은 믿지 않았다. 나는 기절하기 직전에 다시 한 번 고문을 당했다. 방 한쪽에는 시멘트 바닥 위에 날카로운 돌멩이가 잔뜩 쌓여 있었다. 도로를 깔거나 건물을 지을 때 흔히 쓰이는 돌멩이였다.

그들은 나에게 실토를 하지 않으려면 돌멩이 위에서 몸을 굴리라고 했다. "나는 할 말이 없습니다." 그들은 내 등을 짓밟으며 다그쳤다. 내가 할 말이 없다는 말을 되풀이하자 얼굴을 가린 군인 두 명이 나를 붙들고는 주먹으로 때리고 발로 차댔다. 나는 피를 쏟으며 정신을 잃었다. 더 끔찍한 일을 겪는 사람도 많았다. 총을 맞아 죽은 친구가 한두 명이 아니었다.

예전에 함께 학교를 다니던 동료들 중에는 미국에서 박사학위를 받은 사람들이 많다. 그들이 공부를 마치고 손에 돈을 쥐고 돌아오는 것을 보면, "나는 지금 뭘 하고 있는 거지?" 하는 생각이 들곤 한다. 나에게는 아무것도 없다. 그렇다고 주민들의 고통을 덜어주는 일을 제대로 하고 있는 것 같지도 않다. 상황이 점점 악화되는 것을 보노라면 내 무능력이 안타깝다. 하지만 나는 멈출 수 없다. 내가 등을 돌려 가버리면, 아무도 이 문제를 들먹이지 않을 것이다.

1994년에 한 친구가 죽었을 때는 정말 포기하고 싶었다. 돈도 벌고, 나 자신을 위한 일을 하고 싶었다. "하지만 내가 등을 돌리면 누가 이 일을 하지?" 고통은 결코 끝나지 않을 것이다. 어려운 결정이었지만, 나는 사람들을 위한 이 활동을 포기하지 않기로 결심했다. 나는 보잘것없는 음식을 먹으며 정글 속에서 가난하게 살았다. 물이 없어서 생쌀을 씹어야 했을 때는 자살하고 싶은 마음이 들기도 했다. 군인들에게 노출될까 봐 요리도 할 수 없었다. 동료가 말라리아에 걸려도 약을 구할 수 없었다. 산간이라 아주 추웠지만 덮을 것이라곤 담요 한 장뿐이었다. 우기가 되면 형편은 더 나빠졌다. 사람들이 우리를 불쌍히 여겨 해먹 하나를 주었다. 거머리를 피하려고 해먹을 매달고 잠을 잤지만, 아침에 깨어 보면 나무에서 떨어진 거머리가 피를 빨고 있었다.

우리는 상황이 어렵다는 것을 알고 있었다. 하지만 사람들을 돕고 싶으면 희생을 감수해야 했다. 오랫동안 공을 들여도 이렇다 할 성과가 보이지 않아 기운이 빠진 적도 많았다. 한번은 우리가 고생해서 만든 문서가 쓰레기통에 버려진 것을 보았다. 그 사람들의 관심사가 우리 관심사와 다르다는 건 알고 있었지만, 가슴이 찢기는 것 같았다. 나는 마음을 비우고 그 상황을 인정해야 했다. 사람들이 겪는 고통을 기록하고 그 기록을 우편으로 보내는 것은 아주 어려운 일이다. 이 어려움을 견디며 활동하고 있는 우리의 소원은 오직 하나, 사람들이 사람답게 대우받는 날이 오는 것이다.

나는 용기란 것이 힘에서 오는 건지 고통에서 오는 건지 잘 모른다. 언젠가는 어떤 사람의 증언을 듣고 있는데, 갑자기 온몸이 떨리기 시작했다. 그때까지 들은 이야기 중에 가장 끔찍한 이야기였다. 어떤 활동가의 아내가 남편을 만나려고 하다가 체포되었다. 군인들은 남편이 나타나지 않자 아기를 죽여 불에 구운 다음, 아기엄마에게 강제로 먹였다. 나는 싸워야 한다. 내가 겪는 고통은 그들이 겪는 고통에 비하면 아무것도 아니다. 이 사람들은 백배천배 더 큰 고통을 겪고 있다.

후안 멘데스
JUAN MÉNDEZ

아르헨티나

인권과 화해

"많은 사람들이 20년 넘도록 실종된 친척들을 찾지 못하고 있는데,
죄 없는 사람들의 시신을 묻은 사람들이 대로를 활보하고 있는 것은
도덕적으로 옳은 일인가?"

후안 멘데스는 1970년대에 변호사로 활동하던 때부터 정치적인 사건의 변호를 맡으면서
인권운동을 도왔다. 그가 잔혹한 아르헨티나 보안대에 끌려갔을 때 가족들은 그의 행방을
알려달라고 요청했다. 보안대는 멘데스에게서 원하는 정보를 받아낼 수 있는 시간이 별로
없다는 것을 깨닫고 가혹한 고문을 했다. 국제사면위원회는 멘데스를 아르헨티나 최초의
양심수로 지정했고, 변호사와 외교관들은 정권에 압력을 넣었다. 결국 그는 1977년에 석방
되었다. 멘데스는 그 뒤 미국으로 망명하여 인권운동을 계속했다. 그가 개척한 인권옹호 방
법들은 오늘날 국제적인 인권활동의 토대가 되었다. 멘데스는 15년 동안 인권감시단 라틴
아메리카 지부장으로 활동했고, 그 후에는 인권감시단 법률고문으로 일했다. 최근에는 미
주인권연구소의 사무총장이 되었으며, 노트르담 대학교에서 인권프로그램을 운영하고 있
다. 그는 현재 미주기구 미주인권위원회의 차석 부의장이다.

전 세계적인 격동과 학생운동의 시대였던 1960년대 말에, 나는 아르헨티나의 대학
생이었다. 당시 아르헨티나에는 빈부갈등을 이용하는 군부정권이 집권하고 있었
다. 많은 사람들이 정치적인 활동에 뛰어들었다. 무기를 드는 사람도 있고 조직에
가입하는 사람도 있었다. 나처럼 법률 지식을 이용해서 정치범들을 변호하고 고문
및 인권유린 사건을 다루는 사람들도 있었다. 나는 이것을 내가 할 수 있는 투쟁이
라고 생각했다.

내가 처음 체포된 것은 1974년, 후안 페론 장군이 사망하기 직전의 일이었다. 나는
법학대학원 진학을 앞두고 교사생활을 하고 있었다. 경찰은 나를 2, 3일 만에 내보

냈지만, 그것은 내가 요주의인물이라는 뜻이었다. 나는 가족과 함께 아는 사람이
아무도 없는 부에노스아이레스로 이사했다. 나는 가난한 이웃마을에서 아이들을
가르치면서 서서히 법률과 관련된 활동과 정치활동을 재개하다가 1975년 8월에 다
시 체포되었다. 남편 후안 페론의 뒤를 이어 집권한 이사벨 페론이 수많은 정치적
인 학살을 자행하던 시절이었다.

전 국민이 공포에 떨고 있었다. 수많은 사람들이 정치적인 낙서를 했다는 이유로
체포되어 살해되거나 고문당했다. 미행당하거나 집이나 사무실에서 끌려가서 살
해당한 사람들도 많았다. 나처럼 투옥된 사람들도 많았는데, 모두 정당한 사유도
없는 행정조치에 의한 구금이었다.

1976년 3월, 우리나라 역사상 가장 억압적인 군사독재가 시작되었다. 수감 중이
었던 나는 곧 망명허가를 받게 될 참이었다. 하지만 정부는 아무런 사유 없이 나
를 1년 더 구금했다. 1976년 11월, 국제사면위원회가 아르헨티나에 와서 내 사건
을 검토했다. 정치범들을 변호했다는 사실 외에는 내게 불리한 증거는 아무것도
없었다. 나는 국제사면위원회가 아르헨티나에서 지정한 '사면되어야 할 양심수 제
1호'가 되었고, 3개월 뒤에 풀려났다. 당시 8,000명의 사람들이 행정조치에 의한
구금 상태에서 평균 4년을 지내야 했다는 점을 생각하면, 1년 반 만에 풀려난 것
은 큰 행운이었다.

아르헨티나의 정권은 인정사정이 없었다. 앞에 말한 8,000명은 모두 '결백한' 사
람들이었지만, 90퍼센트가 전기고문과 물고문, 폭행, 모의처형 등의 심한 고문을
당했다. 그들은 되도록 많은 정보를 받아내기 위해서 기계적으로, 또 일상적으로
가혹한 고문을 자행했다. 1976년 쿠데타가 일어난 후 상황은 더욱 악화되었다. 그
들은 마치 정치범들의 목숨을 살려두어야 한다는 걱정을 덜어버린 것처럼 날뛰었
다. 그 무렵에는 잡혀간 사람이 고문을 못 이겨 자백을 하기까지는 보통 사나흘이
걸렸다. 그들은 구금했던 사람을 곧 판사 앞에 세워야 했기 때문에, 심한 외상을 남
기지 않는 방법으로 신속하게 정보를 얻어내기 위해서 더욱 가혹한 고문방법을 사
용했다. 그들은 고문으로 사람을 죽음 직전까지 몰고 갔고, 그런데도 아무런 정보
를 얻어낼 수 없으면 아무데나 내팽개쳤다. 내 친구들 중에는 일주일 동안 고문을

받은 사람들이 많다. 나는 사흘 동안만 고문을 받았다. 가족들이 손을 써서 출정영장과 판사와의 면담을 따낸 덕분이었다. 그들은 나를 고문할 시간이 많지 않다는 것을 알고 이틀 동안 두 번이 아니라 다섯 번의 고문을 자행했다. 기간은 짧았지만 잔혹하기 짝이 없는 고문이었다.

나는 두 번째 체포된 후에는 11개월 동안 수감되었다가 국외추방명령을 받았다. 나는 아르헨티나에 있는 가족들과 내 집으로 돌아가지 못하고, 강제로 비행기에 태워져서 바로 망명길에 올랐다. 가족들이 나를 따라와서 미국에 정착한 뒤 나는 불법적인 방법을 써서라도 귀국을 할 것인지 결정해야 했다. 망명했던 동료들 중에는 은밀하게 아르헨티나로 돌아가는 사람이 많았다. 나는 그들의 행동에 감탄하기는 하면서도 그것은 자살행위나 다름없다고 생각했다. 그렇게 해서는 많은 활동을 할 수 없을 것 같았기 때문이다. 나는 망명생활을 계속하기로 결정하고, 비정부조직 및 지역단체와 손을 잡고 국외활동을 시작했다.

활동을 처음 시작할 때는 매우 위험한 상황이었다. 사람들은 흔히 다른 수많은 사람들이 위험에 처하더라도 자신은 그리 잘 알려져 있지 않으니까 위험하지 않을 거라고 생각한다. 용감해서 그런 게 아니라, 겉보기처럼 나쁜 일이 생기진 않을 거라고 방심하기 때문이다. 나는 망명을 해서 바깥에서 안을 들여다보고 나서야 아르헨티나가 얼마나 위험한 상황인지 깨달을 수 있었다. 어려운 상황 속에 있으면 책임감이 강해지게 마련이다. 잡혀간 친구의 어머니가 손을 좀 써보라고 애원하는 일도 생긴다. 그래서 누군가가 나를 필요로 하고 있다는 생각, 상황은 곧 좋아질 거라는 낙관적인 생각을 품고 어려움을 헤쳐간다. 하지만 안타깝게도 수많은 동료들이 품었던 낙관주의는 큰 착각이었다.

어느 정도 독립적인 신문사가 있는 경우에는 변호활동을 효과적으로 할 수 있다. 예를 들어, 우리는 법정에 나가고 싶은데 판사가 아무런 조치를 하지 않으면, 구속적부심청구서 사본을 신문사에 보내서 판사를 압박할 수 있다. 아침신문에 아무개에 대한 구속적부심청구서가 아무개 판사에게 제출되었다는 기사가 실리면, 판사는 그 주 안에 무슨 조치를 해야 한다. 만일 판사가 아무 조치를 하지 않으면 "판사는 아무 조치도 하지 않았다"는 기사를 낸다. 온갖 수단을 제대로 활용하지 않으면 활동은 실패로 돌아간다. 라틴아메리카 국가 중에는 법치주의가 헌법에 규정되어 있는데도 여전히 법치주의의 기본 전제가 충족되지 않는 경우가 많다. 아직은 민주적이라고 말하기 힘든 상황이다. 우리는 해야 할 일이 많다. 인권교육을 활발하게 실시하는 것, 독립적이고 공정하며 용감하고 전문적인 언론기관을 세우는 것, 인권운동가의 활동을 언론을 통해 부각시키는 것과 관련해서는 해야 할 일이 더욱 많다. 우리는 독재를 겪었던 과거로부터 쓰디쓴 교훈을 얻었다. 지금 당장 우리가 바라는 민주주의라는 건물을 세울 수는 없다고 해도, 우리가 지금 하는 활동은 적어도 법치주의의 파괴를 막는 울타리를 쌓는 일 정도는 될 것이다.

라틴아메리카에서는 면책이라는 말이 화해와 동일한 뜻으로 통용된다. 하지만 그것은 옳지 않다. 내게 몹쓸짓을 한 사람들에 대한 감정 때문에 이렇게 말하는 것은 아니다. 나는 그들의 신원을 밝혀내서 감옥에 보내야겠다는 생각은 전혀 하지 않는다. 하지만 피해를 겪은 공동체의 입장에서 보면, 화해는 반드시 이루어져야 한다는 것이 내 생각이다. 그것은 공공정책으로 해결할 수 있는 일이 아니다. 과연 어떻게 화해를 이룰 것인가? 화해가 이루어진 것처럼 가장하는 정부 주도의 사면으로는 불가능하다. 정부 주도의 사면으로는 고문자들과 살인자들이 풀려날 뿐이다. "평화와 정의는 같은 것이 아니다. 평화를 누리기 위해서는 정의를 포기해야 한다"

는 말이 있다. 나는 지금의 시에라리온과 1990년대 초의 엘살바도르 같은 곳에서는 총소리를 멎게 하는 일이 최우선순위라는 점을 부인하지 않는다. 하지만 그것은 현명한 정책이라는 수준을 넘어설 수 없다. 지난 일은 지난 일로 묻어두자는 말에 동의한다는 것은 살인자들과 고문자들에게 다시 제자리로 돌아가 그런 짓을 되풀이하라고 유인하는 것과 다름없다. 아니 그들은 예전보다 더 나쁜 짓을 할지도 모른다. 민주주의가 뿌리를 내린 지금도, 군부나 경찰은 아직 믿을 만한 조직이 아니다. 아무것도 책임질 필요가 없었던 그들은 정적을 고문하는 대신 일상적인 범죄 용의자들을 고문한다. 이게 무슨 민주주의인가? 피노체트의 구금과 관련하여 기쁜 일은 그것이 칠레에 민주주의의 문제를 제기했다는 점이다. 칠레에서는 이처럼 쿠데타의 위험이 없는 안전한 방법으로 민주주의의 문제가 제기되었다. 칠레와 아르헨티나, 그리고 그와 비슷한 경험을 겪은 나라의 국민들은 이런 화해는 공정한 것이냐고 솔직하게 묻고 있다. 많은 사람들이 20년 넘도록 실종된 친척들을 찾지 못하고 있는데, 죄 없는 사람들의 시신을 묻은 사람들이 대로를 활보하고 있는 것은 도덕적으로 옳은 일인가? 피해자들은 진실을 알 권리가 있다. 피해자들은 정부로 하여금 진실을 말하도록 요구할 권리가 있다. 심각한 인권유린이 있었다면, 정부는 책임자들을 기소하여 정의를 바로잡아야 할 의무가 있다.

훌륭한 지도자는 군대와 정부의 역할을 분명히 규정하고, 군대에 대해서는 숨기고 있는 정보를 발표할 것을, 정부에 대해서는 겉치레뿐인 사면법을 시행하지 말 것을 요구해야 한다. 훌륭한 지도자는 또한 국민들에게 새로운 민주정부가 최선을 다하고 있다는 확신을 가져야만 화해가 이루어질 수 있다고 말해야 한다. 정치적인 견해차이 때문에 싸움으로 치닫는 양쪽 편에 화해를 요청하고, 우리는 과거를 잊고 미래를 바라봐야 하는 같은 민족공동체의 일원이라고 말하는 것은 중요한 일이

다. 그렇지만 그것은 인권유린의 피해자들에게 자신을 고문한 자들이나 자식을 죽인 자들과 화해하라고 말하는 것과는 전혀 다른 이야기다. 고문자들과 살인자들이 아무것도 내놓지 않으면서 이야기를 꺼내는 것조차 싫어하고 정보가 공개되는 것을 꺼리는 경우에는 특히 그렇다. 그들은 자신들이 훈장을 받아야 한다고 주장한다. 지금 군대는 진실을 밝히거나 책임을 물으려는 시도들에 대해 입을 다문 채 과거의 잘못을 시인하지 않고 필사적으로 저항하고 있다. 그들이 잘 쓰는 말투로 말하자면, 화해는 불가능하다.

나는 오랫동안 아르헨티나의 최전선을 지켜보면서 인권운동에 몸담을 수 있었고 인권감시단에서 국제적인 관점에서 활동할 수 있었던 것을 영광으로 생각한다. 지금은 미주인권연구소와 노트르담 대학교에서 학자로서 활동하고 있으니, 이 또한 고마운 일이다.

나는 이 과정에서, 전체 인권운동에서 여러 종류의 조직이 각각 어떤 위치에서 어떤 목표를 추구하는지 깨닫게 되었다. 이 모든 조직들은 나름의 방식으로 성과를 올리고 있다. 국내의 인권조직들은 최전선에 있기 때문에 중요하다. 하지만 국내 조직들이 국제적인 조직, 더 나아가서는 정부간 통합조직(미주위원회, 미주재판소, 유럽인권재판소 등과 같은)과 연계되지 못하면, 국내의 상황을 변화시키는 능력도 제한될 수밖에 없다. 세계 각지에 활동가들을 교육하여 전문가로 양성하는 학문적인 조직들이 없다면, 인권운동은 효과적인 활동을 할 수 있도록 새로운 세대를 양육하면서 지속적으로 발전해나갈 수 없다. 지식은 힘이다. 그리고 지식은 전파되어야 한다. 우리는 가르쳐야 할 것도 많고 배워야 할 것도 많다.

하이메 프리에토 멘데스
JAIME PRIETO MENDEZ

콜롬비아

정치적 권리

"우리의 문을 두드리면서 대답을 기다리는 피해자들을 위해서
우리는 좌절과 무기력의 순간을 언제나
최소한의 여유공간을 찾을 수 있는 창조적인 능력으로 전환해야 한다.
그리고 팔을 뻗어 그 공간을 열어 보여야 한다."

하이메 프리에토 멘데스는 콜롬비아 인권운동의 주도적인 인물로, 1990년에서 1998년까지 정치범연대위원회의 사무총장으로 일했다. 그는 정치적인 신념 때문에 수감된 사람들을 대변하는 가장 유능한 옹호자였다. 지난 50년간 콜롬비아는 시민적 권리가 제한되고 수천 명이 적법절차가 거의 무시되는 군사재판을 거쳐 투옥되는 위태로운 상태였다. 정치범연대위원회는 수백 명의 정치범을 변호하고, 보안대가 저지른 임의적 구속과 고문, 실종 사건 등을 공격했으며, 구금자 석방활동을 펼쳤다. 위원회 임원들은 박해와 고문, 강제망명 조치에 시달려왔으며 살해당한 경우도 있다. 프리에토는 1976년, 이 위원회에 가담하기 전까지는 보고타 인근의 가난한 마을에서 교사로 일했다. 그는 가난과 권리에 대한 무지 때문에 사람들이 인권유린에 무방비로 노출되고 있다는 것을 깨닫고 인권교육프로그램을 시작했다. 그는 이 활동의 대가로 갖은 협박을 당한 끝에 수감되었다. 정치범연대위원회에 가담한 후로, 프리에토는 가난한 마을에 살면서 인권과 관련된 책을 쓰고 법적 제도를 이용한 인권보호 활동에 집중했다. 프리에토는 인권단체와 정부기관 사이의 대화 통로를 마련하는 일을 주도하면서, 정부의 관행을 국제법 수준으로 끌어올리기 위해 노력하고 있다. 프리에토는 최근에 위원회의 이사가 되었으며, 보고타의 대학에서 학생들을 가르치고 있다. 그는 콜롬비아 인권운동의 창시자로 국제적으로 알려져 있다.

나는 1970년대 초에 4년 동안 천주교 청년단체와 함께 동부 평원지역에 머물면서 활동했다. 우리는 농부들과 연대하여 경제침체를 극복하기 위한 농지확보 투쟁에 참여하고 노동자들의 노동조합 조직을 도왔다. 우리의 활동은 지극히 정당하고 평범한 것이었지만, 지역 당국은 우리를 공산주의자라고 비난했다. 우리는 노동자들에게 법으로 인정된 노동자의 권리를 가르쳤을 뿐인데, 그렇게 법적인 권리를 알리는 것이 비난의 대상이 되었던 것이다. 우리나라는 법률적으로 보면 민주주의국가였지만, 권리 행사의 관점에서 보면 민주주의국가가 아니었다. 4년의 활동 끝에 나는 천주교회가 극빈층에게 등을 돌렸다고 생각하게 되었다. 천주교는 내가 활동을 시작하게 만든 정신적 토대였지만, 나는 결국 천주교에서 멀어지게 되었다.

1976년. 경찰이 학생시위가 벌어지고 있는 보고타의 국립대학교 캠퍼스 안으로 진입했다. 그날 한 명의 학생이 살해되고 많은 학생들이 체포되었다. 나는 구금된 학생들을 구조하기 위한 연대활동에 뛰어들었다. 구금된 학생들이 풀려난 뒤, 정치범연대위원회가 나에게 함께 활동하자고 권유해왔다. 이렇게 해서 나는 인권운동에 몸담게 되었다.

처음에 위원회의 활동은 인권보호와 개선을 위한 전국적인 조직화에 집중되었다. 1980년대에 이르자 위원회 내부의 논의는 활동의 성과를 증진시키기 위해 국제법까지 포괄하게 되었다. 우리는 인권유린에 가장 심하게 노출된 공동체들이 현실과는 전혀 상이한 법률규정을 알고 권리를 보호하는 법을 터득하는 것이 중요하다고

생각했다. 우리는 불법구금된 사람들에 대한 구조활동을 폈다. 그들이 구금된 이유와 어떤 상황 속에 구금되어 있는지를 파악하고, 고문을 막고 법률적 구조를 받을 수 있도록 도왔다. 이런 활동은 내가 위원회에 참여할 때부터 시작되었고 오늘날까지 계속되고 있다. 1990년대 초에 콜롬비아에 정치적인 변화가 일어나자, 우리는 정부 당국자와 인권유린에 관한 대화의 창구를 열었다.

하지만 인권운동가들에 대한 탄압은 여전하다. 과연 이런 활동을 계속할 수 있는 정치적인 공간이 있는 건지 의문이 들기도 한다. 가까운 활동가들이 실종되거나 암살되었고, 국외로 피신해야 하는 경우도 있었다. 활동가들의 가족도 안전하기 어려웠다. 수많은 사람들이 암살되었지만, 그들은 사전에 어떠한 협박도 받은 적이 없었다. 나 역시 어떤 협박도 받은 적이 없다. 그렇다고 해서 위험하지 않다는 의미는 아니다. 하지만 몸으로 느끼는 위험이 그리 크지 않으면 마음이 해이해지게 마련이다.

내가 위원회의 사무총장에서 물러난 데는 여러 가지 이유가 있다. 나는 10년 넘도록 엄청나게 많은 역할을 감당했는데, 그것은 어찌 보면 다른 지도자들의 성장을 막는 것이기도 했다. 이제는 다른 측면에서 인권옹호 활동에 기여하고 싶다. 나는 지금 인권과 정치경제학, 그리고 국제인권법에 관한 강의를 하면서 회고록을 집필하고 있다. 그렇지만 나는 결코 인권옹호 활동을 그만둔 것이 아니라 구체적인 책임에서 벗어난 것뿐이다.

나는 모든 것을 바쳐서 인권운동의 대의를 위해 투쟁할 준비가 되어 있다. 하지만 무책임하게 위험 속에 목숨을 던지고 싶지는 않다. 활동을 계속할 수 있는 조건을 확보하기 위해서 위험의 수위를 가늠하고 언제 물러나야 할지를 판단하는 것은 중요한 의미를 지닌다. 나는 최전선에 잠복하고 있는 위험을 감수할 수 있다. 하지만 이제까지 나는 한 번도 그 위험의 수위를 조정해본 적이 없다. 지금 나는 나 자신과 가족들, 그리고 인권운동의 대의 자체를 감당할 수 있는 방법을 찾고 있다. 목숨을 바쳐야 할 상황이 있는 것은 사실이지만, 훌륭한 활동가라면 결코 몸을 숨기거나 조국을 떠나거나 활동수위를 낮춰서는 안 된다는 생각은 옳지 않다. 활동가는 살아서 활동할 때가 사망했을 때보다 훨씬 많은 성과를 올릴 수 있는 법이다.

인권운동과 아버지 혹은 남편으로서의 의무를 병행하다 보면, 일상생활이 크게 위태로워지거나 변형되기 쉽다. 국가에 의해 자행되는 심각한 인권유린을 상대하다 보면 일상적으로 경험하는 인권문제를 경시하기 쉽다. 국가는 국민의 권리를 존중해야 할 막대한 책임을 가지고 있지만, 국민들도 각자의 권리를 존중할 필요가 있다. 나는 이것을 내 아이들에게서 배웠다. 아이들은 나를 보고 집에서 권위주의적으로 행동하지 말라고 지적했다. "아버지는 인권운동가인데, 집에서는 너무 딱딱하게 행동하세요." 좋은 지적이다. 신뢰는 집에서 시작된다. 그렇지 않은가?

'최전선'에 선 인권운동가들의 활동이 지나치게 과대평가되는 경우도 있다. 우리의 활동은 중요하지만, 다른 사람들 역시 중요한 활동을 하고 있다. 죽음을 예방하고 고문을 막는 일에 크게 기여하는 사람들이 있는가 하면, 인권의식을 널리 퍼뜨리는 데 이바지하는 사람들도 있다. 가혹한 공격이 지속되는 어려운 상황에서 우리는 살아 있을 권리, 자유를 누릴 권리에 노력을 집중했다. 하지만 우리는 경제적·사회적·문화적·환경적 권리 혹은 여성과 어린이와 같은 인구의 특정한 구성부분의 권리를 총체적으로 아우르는 관점을 상실해서는 안 된다. 우리는 폭력에 희생당하는 사람들만이 아니라 가부장제 사회에서 차별받는 여성들, 그리고 어린이의 권리에 대한 인식조차 없는 사회에서 고통받는 어린들에게도 주목해야 한다. 이 점을 인식하지 못한다면, 우리의 인권의식은 협소한 것이다. 위원회의 활동가들은 아주 특별한 역할을 담당하고 있다. 그들의 역할은 필요한 것이기는 하지만, 아주 협소한 것이고 다소 과장되어 있다. 이제 우리는 다른 사람들의 활동을 칭찬할 필요가 있다.

우리는 시민사회에 대한 신뢰감을 가져야 하고, 최악의 상황에서도 승리할 수 있다는 믿음을 가져야 한다. 우리의 상황에 대한 국제사회의 관심이 높아지는 것을 확인하면 힘이 솟는다. 우리에게는 희망을 버릴 권리가 없다. 우리의 문을 두드리면서 대답을 기다리는 피해자들을 위해서 우리는 좌절과 무기력의 순간을 언제나 최소한의 여유공간을 찾을 수 있는 창조적인 능력으로 전환해야 한다. 그리고 팔을 뻗어 그 공간을 열어 보여야 한다.

우리는 당국자들이 귀를 열 때까지 피해자들의 목소리를 증폭시키고, 일단 그들이 귀를 열면 피해자들의 소망이 이루어질 수 있도록 하는 데에 집중해야 한다. 우리는 당국자들이 변화가 필요하다는 것을 인식할 수 있도록, 사회적 영향력을 키우고 여론에서 정당성을 확보할 수 있는 대화의 광장을 많이 만들어야 한다. 어려운 상황 속에서도 우리는 정치적인 공간을 확보하는 데서 성공을 거두어왔다. 지금도 우리는 당국자들로 하여금 인권유린의 관행을 막아야겠다는 인식의 변화를 불어넣을 수 있는 대화의 장을 마련해야 한다. 당국자들은 여전히 인권운동가들에게 많은 비난을 퍼붓고 있긴 하지만, 더 이상 우리의 존재를 고려하지 않을 수 없는 처지가 되었다. 지금 중요한 것은 우리가 당국자로부터 신용을 얻었는가, 우리가 가진 정보가 정확하고 정당한가, 그 정보를 절차에 따라 신중하게 수집했는가, 당국자에게 피해자의 청원사항을 제시할 수 있을 만큼 피해자와 친밀한 관계를 형성했는가 하는 것이다. 우리는 인권운동가라는 지위, 혹은 국가의 권리 침해로 고통받는 피해자라는 지위를 이용해서 우리의 정당성을 주장해서는 안 된다. 우리는 언제 어디서 어떤 인권문제와 부딪혀도 적합한 해결책을 제시할 수 있을 만큼 진지하고 엄격하며 창조적인 자세를 가져야 한다. 이것이야말로 우리가 극복해야 할 어려운 문제다.

베라 스트렘코프스카야
VERA STREMKOVSKAYA

벨로루시

———

법률과 민주개혁

"나는 공판 중에 나이도 많고 지병도 있다는 이유를 들어
어떤 피고에 대한 보석을 신청했다.
그랬더니 법정은 내 보석신청 때문에 피고가 흥분하는 바람에
건강이 악화되었다고 주장했다."

벨로루시는 1988년, 소련의 붕괴 후에 성립되었다. 벨로루시인권센터의 설립위원이자 전직 의장인 베라 스트렘코프스카야는 존경받는 법률가로, 정치적 명망이 높지 않은 고객들의 변호를 흔쾌히 맡는 것으로 유명하다. 그녀는 이 활동의 대가로 협박과 박해에 시달리고 명예훼손으로 고소되기도 했다. 1999년 3월에 친정부 성향의 변호사협의회는 활발한 인권변호를 이유로 그녀에게 중징계를 내렸고, 활동을 계속할 경우 변호사자격을 박탈하겠다고 위협했다. 소비에트 방식의 정권은 언론을 엄격하게 통제하고, 독립적인 신문의 발행을 제한하고, 모든 방송국을 통제하고 있다. 거리시위대는 임의적인 체포와 폭행, 장기투옥을 각오해야 한다. 사복을 입은 국가보안요원들은 거리에서 위협과 납치행위를 벌이고도 아무런 처벌을 받지 않는다. 경찰국가나 다름없는 벨로루시에서 불의에 맞서는 소수의 사람들에게 정의를 찾아주려고 노력하고 있는 베라 스트렘코프스카야의 용기는 모든 이의 모범이 되고 있다.

벨로루시 정부 당국이 나를 박해하기 시작했다. 내가 미국에서 벨로루시의 인권상황에 대한 연속강연을 마치고 귀국하자마자, 당국은 변호사자격을 박탈하려고 했다. 나는 벨로루시 대법원장과 법무부차관 앞에 출두하라는 요청을 받았다. 직업단체인 민스크 지역 변호사협의회에서도 출두요청이 왔다. 그들은 형사사건 변호와 인권운동은 별개의 것이니 둘 중의 하나를 선택하라고 말했다. 그들은 만날 때마다 미국에서 했던 강연내용과 인권운동을 들먹이며 변호사로서 부적절한 행동이니 변호사자격을 박탈하겠다고 협박했다. 미국 대사관과 독일 대사관 등에서 나를 옹호하고 나선 덕분에, 나는 변호사자격 박탈을 면하고 견책처분을 받는 데 그쳤다.

내가 또 한 번 견책처분을 받은 것은 공판전 구금의 관행을 바꾸라는 항고를 한 직후의 일이었다. 나는 공판 중에 나이도 많고 지병도 있다는 이유를 들어 어떤 피고에 대한 보석을 신청했다. 그랬더니 법정은 내 보석신청 때문에 피고가 흥분하는 바람에 건강이 악화되었다고 주장했다. 그것이 두 번째 견책의 사유였다. 이 사건의 피고는 스타로보이토프라는 남자였다. 그는 소비에트 방식의 집단농장을 노동자들에게 그 몫을 배당해주는 시장 지향의 새로운 회사로 바꾸었다. 루카센코 대통령은 이 조치를 비난했고 그의 활동을 방해하기 위해서 횡령 혐의로 그를 구속했다.

나는 변호사자격을 박탈하겠다는 협박을 받고 크게 당황했다. 변호사자격을 잃으면 생계를 유지할 방법이 없었다. 나는 변호사라는 직업이 좋았다. 그렇지만 인권옹호 활동을 그만두고 싶지도 않았다. 벨로루시의 법률에는 변호사는 직업적인 인권옹호자라는 내용이 암시되어 있다. 이 두 가지 역할이 전혀 다른 것이라고 생각하는 것은 벨로루시 당국뿐이었다.

내 고객은 대부분 정치적인 사건으로 기소된 양심수들이다. 그들은 늘 내게 정부의 협박과 탄압에 시달리게 만들어서 미안하다고 말한다. 공판이 끝난 직후 스타로보이토프 씨를 찾아갔을 때, 늙고 여윈 몸에 머리가 희끗한 그분은 내 어깨에 머리를 기대더니 눈물을 흘리면서 "나 때문에 갖은 고생을 다 하게 해서 정말로 미안합니다"라고 말했다. 내가 출두하는 회의에 따라와서 공무원들 앞에서 나를 옹호하는 사람들도 있다. 나를 계속 전진하게 만든 것은 나 자신의 도덕적 신념과 사람들의 지지였다. 만일 내가 의무를 저버린다면 벨로루시의 필수적인 개혁은 이루어질 수 없을 것이다. 변호사업은 내가 감당해야 할 십자가다.

나는 사회의 일원으로서 의무가 있다. 나는 성경말씀과 예수님을 믿으며, 예수님을 믿지 않는 사람들에게도 예수님이 인간을 위해서 왜 그런 일을 하셨겠느냐고 묻는다. 러시아의 시에는 이런 구절이 있다. "혼자 가서 군중의 억압과 무관심, 그리고 조롱에 시달리고 있는 눈먼 사람을 도우라." 이것은 모든 사람의 의무다. 이것은 내게, 삶의 의미다.

우리 부모님은 돌아가시고 나는 남편 없이 혼자서 아이를 키운다. 우리는 가족이다. 우리는 비슷하게 생각하고 느끼고 인생관도 비슷하다. 나는 친구가 많은데다 우리 집은 모임장소로 자주 쓰이기 때문에, 내 아들은 항상 창조적인 사람들을 만난다. 아이는 내가 무엇을 하는지 알고 있고, 직장에서 돌아오면 얼마나 피곤한지를 잘 안다. 아이가 내가 맡은 사건에 대해서 질문을 하는 일도 갈수록 많아진다.

나에게 인생은 하나의 과정이다. 나는 아이 앞에서 하는 행동과 직장에서 하는 행동이 다르지 않다. 두 세계는 중복된다. 나는 고객과 친구가 되는 경우가 많다. 그들은 우리 집을 찾아오고, 내 아들은 그들을 만나면서 그들의 사람됨을 본다. 아이는 이런 유형의 사람에게 호기심을 느낀다. 나는 사무실에 가만히 앉아 일하면서 남들 앞에서는 아주 중요한 일을 하는 척하는 사람들보다 훨씬 행복하다.

나는 용기는 어려운 상황을 무릅쓰고 어떤 일을 하는 데서 생긴다고 생각한다. 내가 어떤 일을 하는 것은 그것이 옳은 일이고 해야만 하는 일이라고 생각하기 때문이다. 자기 내부에 힘이 있다는 느낌은 마치 금속으로 된 심처럼 나를 진전할 수 있게 도와준다. 그것은 미래에 대한 전망, 신에 대한 믿음, 운명에 대한 의식, 역사에 대한 지식으로부터 나온다. 또한 그것은 친구들과 아들을 비롯한 내 주위의 사람들로부터 나온다. 미국을 비롯한 여러 나라 사람들이 나를 이해하고 지지해준다. 그것은 내게 큰 힘이 된다.

벨로루시 사람들은 더 이상 두려워하지 않는다. 그들은 한때 자신을 사로잡았던 두려움에서 벗어나서 적극적으로 항의활동에 나서고 있다. 작고 사소한 활동이긴 하지만, 그것은 분명히 저항의 표시다. 자기 방으로 드나드는 쥐들에 맞서는 투쟁을 조직한 수감자도 있다. 비록 감옥에 갇힌 몸이지만 자신의 존엄을 지키고 자신의 권리를 보호하려 했던 것이다. 그 사람은 또한 교도소의 위생을 개선하라는 압력을 행사하기 위해서, 바깥사람들이 볼 수 있도록 창문에 속옷과 더러운 옷을 걸어놓기도 했다.

이런 항의활동은 대단히 우스꽝스럽게 보인다. 푸시킨이라는 예술가는 대통령궁 앞에 똥을 한 무더기 쌓아놓고 그 속에 루카센코 대통령이 잘 쓰는 표어를 세워두었다. 그 표어 중에는 '당신의 임기 중에 나온 결과'라는 글이 있었다.

어느 에이즈 예방의 날에 있었던 일이다. 어떤 민주적인 청년운동단체가 친루카센코 청년조직 '벨로루시 애국청년동맹'의 활동가들에게 콘돔을 잔뜩 보냈다. 거기에는 '당신과 같은 경우가 다시는 없게 하기 위해서'라는 글이 적혀 있었다. 그 단체가 확대되는 것을 막겠다는 비유였다.

나는 벨로루시의 민주화운동이 곧 성과를 거두리라고 확신한다. 우리로서는 다른 선택의 길이 없다. 벨로루시는 유럽 한가운데에 있는 나라다. 다른 곳에서 일어난 변화는 벨로루시로도 퍼져나갈 것이다. 우리의 역사는 세계 전역에서 진행되고 있는 발전의 일부다. 세계의 역사는 인류가 커다란 하나의 공동체임을 입증하고 있다. 우리는 단합 속에서 민주주의와 정의, 그리고 좀 더 열린 사회를 향해 전진하고 있다. 벨로루시에는 민주주의를 위해서 헌신하는 똑똑하고 성실한 사람들이 많이 있으니, 틀림없이 민주적인 변화들이 생겨날 것이다. 국제사회는 특별히 선거와 관련하여 우리를 후원하고 있다. 미국은 선거에 관심을 기울이고 있고, 국제사면위원회는 양심수 구금에 대해 루카센코 정권을 비난하고 있다. 이러한 활동은 벨로루시가 국제사회의 일원으로 자리매김하는 데 큰 도움이 된다. 나는 미국변호사협회가 주최한 국제 인권변호사 선정 기념식에서 상을 받고 클린턴 대통령과 이야기를 나누기도 했다. 벨로루시 국민을 대표해서 미국 국민들에게 감사의 마음과 민주개혁에 대한 지속적인 희망을 전한다.

바비 멀러
BOBBY MULLER

미국

———

국제 지뢰금지

"상상할 수 있는 모든 문제를 해결하려고 하는 조직도 있다.
하지만 무엇보다 중요한 것은 정치적 지도력을 확보하고 있느냐
하는 것이다. 우리에게는 열정을 가진 유력한 상원의원이 있었다."

1969년 바비 멀러 대위는 베트남의 야산을 공격하다가 등에 총탄을 맞고 척수를 다쳤다. 그는 간신히 목숨을 건졌다. 하지만 미국에 돌아와 퇴역군인병원에 입원한 후 그는 부상보다 훨씬 더 큰 불행과 마주쳐야 했다. 첫 해에 그의 병동에서 여덟 사람이 자살을 했다. 그는 그런 경험을 겪으면서 퇴역군인의 권리를 주도적으로 옹호하는 활동가로 탈바꿈했다. 몇 년 후, 그는 미국 베트남참전군인재단 회장의 자격으로 캄보디아를 여행하면서 지뢰가 지역주민들에게 미치는 해악을 분명히 목격했다. 그는 적극적인 열정과 결단으로 지뢰금지 운동을 펼쳤으며, 운동을 함께 시작한 사람들과 함께 1997년에 노벨평화상을 받았다. 그는 땅속에 파묻혀 있는 지뢰를 제거하는 것이 어렵고도 시급한 일임을 지적하고 있다. 대인지뢰로 인한 사망자와 부상자는 매년 2만2,000명에 이르며, 전투가 끝나고 군인들이 철수한 뒤에도 이런 사고가 여러 해 동안 발생한다는 점에서 매우 심각한 문제다. 지금 멀러는 전쟁이 민간인에게 미치는 해악을 세계적으로 알리는 활동을 펼치고 있다.

사람들은 자신이 처한 현실을 부인하는 특별한 능력을 가지고 있다. 사람은 누구나 자신이 죽으리라는 것을 안다. 하지만 늘 당장 이런 일이 일어날 수도 있다고 생각하면서 살아야 한다면 아주 끔찍할 것이다. 그래서 사람들은 그 사실을 부인하며 살아간다. 스물세 살 때 총상을 입고 내 몸에 무슨 일이 일어났는지 깨닫는 순간, 나는 몸에서 기가 쑥 빠져나가는 것을 느꼈다. 나는 의식을 잃으면서 이렇게 중얼거렸다. "믿을 수 없어. 내가 죽는다니, 이 더러운 땅에서 내가 죽는다니." 의식을 되찾았을 때, 나는 병원선 집중치료실에 있었다. 죽지 않고 살아 있다는 게 믿기지 않을 정도로 엄청나게 많은 튜브들이 내 몸에 꽂혀 있었다. 내 의료기록에는 총탄이 양쪽 폐를 관통했기 때문에 1분만 늦게 도착했어도 때를 놓쳤을 것이라고 적혀 있었다. 다행히 나는 최북단까지 갔다가 남쪽에 있는 다낭으로 돌아오고 있던 병원선으로 곧바로 후송될 수 있었다. 나는 이렇게 여러 번 기적을 겪었다. 죽음과 마주치고 나면 사람이 변한다. 나는 의사에게서 "좋은 소식도 있고, 나쁜 소식도 있습니다. 당신은 생명에는 지장이 없지만, 마비가 될 것 같습니다"라는 말을 듣고 이렇게 말했다. "걱정 마세요. 괜찮습니다. 살아 있잖아요, 이렇게 살아 있잖아요!"

나는 해군 보병대의 장교였다. 나는 신이었다. 나는 어느 지점으로 누구를 보내라, 누구를 먼저 내보내라, 이래라, 저래라, 결정을 내렸다. 갑자기 신의 자격을 박탈

"

바비 멀러

당한다는 것은 너무나 끔찍한 일이었다. 퇴역군인병원에 도착하자마자 나는 난생 처음으로 울음을 터뜨렸다. 1800년대에 고아원으로 쓰이던 곳이라더니, 시설은 낡아빠진데다 고약한 냄새를 풍겼으며, 환자들은 넘쳐나고 직원은 부족했다.

이런 상황에 놓이게 되면, 누구나 위기에 부딪히게 된다. 말도 안 되는 일이라며 부인하거나, 기가 꺾이면서 좌절하게 된다. 위기를 다루는 방식은 사람마다 다르다. 부상당한 퇴역군인들 중에는 그 위기를 삶의 관점에서 보지 않고 실패의 관점에서 보는 사람들이 많았다. 내가 있던 병동에서 여덟 사람이 자살했다. 젊은 나이에 불구가 되어 몇 가지 제한된 단순노동만 하고 살 수밖에 없다면, 누구나 그런 미래를 부인하고 싶어한다. 포기를 하지 않는다면 화가 나서 싸움을 시작할 것이다. 하지만 그 선을 넘어서 활동가가 되면, 그 사람은 쉽게 겁을 먹지 않는다. 사람들에게 등을 밀리는 사람은 쉬지 않고 전진하면서 그 활동에 몰입되게 마련이다.

내가 어떻게 활동을 시작하게 되었는지 생각하면 지금도 놀라울 뿐이다. 나는 누군가가 베트남 참전군인들을 위한 일을 해주기를 기다렸지만, 아무도 움직이는 사람이 없었다. 1978년, 베트남에서 돌아온 지 9년 만에 나는 그 일을 내가 직접 하기로 마음먹었다. 나는 누군가가 나서서 부당함을 널리 알리면 정부는 어쩔 수 없이 일을 바로잡으리라고 믿었다. 누군가 그 이야기를 폭로하면 사회가 관심을 기울이고 배려해줄 것이라고 믿었다. 하지만 곧 나는 평등과 정의를 근거로 한 주장이 있다고 해서 만사가 해결되지는 않는다는 것, 좀 더 강력한 힘, 즉 정치적인 참여가 필요하다는 중요한 깨달음을 얻었다. 우리가 누리고 있는 민주주의제도 안

에는 기회가 있고 구조가 있다. 지뢰금지운동의 경우도 마찬가지다. 나는 지뢰가 희생자의 인생에 얼마나 가공할 만한 해악을 미치며 그 무기를 이용하는 나라를 얼마나 불안정하게 하는지 깨닫게 되었다. 나는 지뢰는 물론 독가스를 비롯해서 국제사회가 부인하는 여러 무기들을 국제적인 금지목록에 올리기 위한 활동에 뛰어들었다. 하지만 미국으로 하여금 지뢰를 금지해야 한다는 말을 끌어내기란 너무나 힘든 일이었다.

우리는 퇴역한 군대 지도자들과 접촉을 시작했고, 합동참모본부의 전직 의장인 슈와르츠코프와 존스 장군, 갤빈 장군이 서명한 대통령에게 보내는 공개서한을 『뉴욕 타임스』에 전면광고로 실었다. 나는 반드시 대중적인 운동이 있어야만 산을 옮길 수 있는 것은 아니라는 것을 일찌감치 터득하고 있었다. 1992년에 지뢰문제와 관련된 활동을 시작하면서, 우리는 친분이 있는 의원 중에서 가장 유력한 버몬트 주 상원의원 패트릭 리히를 찾아갔다. 당시 외교정책 예산위원회의 의장이었던 그는 혼자서 미국은 지뢰 거래를 금지해야 한다는 주장을 폈다. 그는 대통령에게 영향력을 행사했고, 그 결과 클린턴 대통령은 유엔총회에서 "우리는 이런 무기들을 금지시켜야 합니다"라는 발언을 하게 되었다.

이런 것을 보면, 정치적 지도력이 얼마나 중요한지 알 수 있다. 우리는 도덕적인 문제를 제기할 수 있다. 하지만 도덕적인 문제는 너무나 많고 불의도 너무나 많다. 상상할 수 있는 모든 문제를 해결하려고 하는 조직도 있다. 하지만 무엇보다 중요한 것은 정치적 지도력을 확보하고 있느냐 하는 것이다. 우리에게는 열정을 가진

유력한 상원의원이 있었다. 나는 여러 상원의원들에게서 "내가 그 법안에 서명한 것은 리히의 채근 때문입니다. 그 사람이 날 가만 놔두질 않았거든요"라는 말을 들었다. 대인지뢰에 대해 아무런 관심도 없었던 이 사람들이 리히의 끈질긴 독촉 때문에 그 법안에 서명을 한 것이다. 우리가 노벨평화상을 타게 되었을 때, 나는 언론이 사람들의 선의를 자극하기 위해서 이 문제를 낭만적으로 다루는 걸 보고 화가 치밀었다. 얼토당토않은 일이었다. 사람들은 다이애나 황태자비 때문에 국제적인 조약이 체결되고 노벨평화상이 주어졌으며, 그것으로 모두 해결이 되었다고 생각하게 되었다. 우리에게는 아직도 할 일이 남아 있다. 우리는 이 조약을 전 세계적으로 일반화시켜야 한다.

지뢰는 모든 사람들의 관심에서 완전히 멀어져버렸다. 우리는 미국이 이 조약에 서명하기를 기다려야 한다. 중국, 러시아, 인도, 파키스탄 등 조약에 반드시 참여해야 할 나라들이 많지만, 그들이 미국보다 먼저 참여하겠다고 나설 리가 없기 때문이다. 나는 용기란 밀물을 거슬러 헤엄치는 것과 비슷한 것이라고 생각한다. 나는 맞바람을 맞으면서 가야 한다. 실패와 조롱에 자신을 완전히 드러내야 한다. 자신이 위기에 처해 있고 무엇을 잃을 수 있는지 아는 상태에서 전진하는 것이 용기 있는 행동이다. 맹목적인 행동은 결코 용기가 아니다. 우리는 돈과 명예만이 아니라 안전과 목숨도 빼앗길 수 있다. 위험과 협박을 무릅쓰고 활동에 뛰어드는 것은 훌륭한 일이다. 우리가 이 일을 하는 이유는 칭찬이나 보상에 대한 기대감 때문이 아니라 옳은 일이라는 확신 때문이다.

내 꿈은 분쟁의 억제에 현실적인 기여를 하는 것이다. 나는 평화주의자가 아니다. 나는 사람들을 죽인 적이 있고, 앞으로도 필요하다면 다시 사람들을 죽일 것이다. 하지만 적군과 싸우는 것과 민간인을 죽이는 것은 전혀 다른 것이다. 분쟁의 양상은 크게 달라졌다. 군대가 아니라 약하고 무고한 사람들이 폭력의 목표가 되었다. 이것은 결코 용납할 수 없는 일이다. 무고한 사람들에 대한 살상에 분노하지 않는 사람들은 분쟁의 개념을 제대로 이해할 수 없다. 대부분의 사람들은 분쟁을 '라이언 일병 구하기' 식의 개념으로 이해하고 있다. 분쟁은 여전히 군대와 군대 사이의 일이다. 제2차 세계대전 직후에 체결된 제네바 협정이 50주년을 맞았다. 제네바 협정은 법이 아니라 제안사항에 불과하다. 법이라면 그것을 위반한 사람에 대한 처벌이 있어야 하고, 이행해야 할 의무가 있어야 한다. 대인지뢰 피해자의 80퍼센트가 무고한 사람들이라는 사실은 분쟁의 변화 양상을 보여주는 좋은 예다. 이제 분쟁은 군인과 민간인을 구별하지 않는 폭력이 되었다.

우리는 고통과 울분, 좌절과는 거의 동떨어진 생활을 하고 있다. 내가 법률을 제정하고 그것을 현실화할 필요성을 강하게 느끼는 것은 바로 그 때문이다. 우리는 사람들에게 캄보디아와 르완다에서와 같은 대량학살이 재연되는 것을 허용할 수 없다는 생각을 심어줘야 한다. 세계 전역에서 진행되고 있는 무고한 사람들에 대한 대규모 학살을 허용하는 것은 인간 행동의 근본 토대를 파괴하는 것이다. 국제사회는 그런 행동을 결코 용인해서는 안 된다. 그것을 허용한다는 것은 파멸의 씨앗을 키우는 온상을 제공하는 것이나 다름없다. 그러다가는 그런 광기가 한 동네에 사는 이웃에게로 향하는 꼴을 보게 될 날이 올지도 모른다.

라지 수라니
RAJI SOURANI

가자

———

인권과 자결권

"세계는 이곳에 평화가 진행되고 있다고 생각할지 모르지만,
이 땅의 현실은 전혀 그렇지 않다.
지금은 그 어느 때보다도 전체적인
인권상황이 심하게 악화되어 있다."

라지 수라니는 가자 최초의 인권변호사로, 팔레스타인 인권센터의 설립자 겸 의장이자 가자 인권법률센터의 의장으로 활동했다. 그는 1980년대에 이스라엘 군사법원에서 펼친 팔레스타인 사람들에 대한 훌륭한 변호활동으로 이름이 널리 알려졌다. 그는 변호활동과 관련해서 네 차례나 이스라엘 사람들에게 구금되어 폭행과 정신적·신체적 학대에 시달렸다. 수라니는 국외추방에 직면한 팔레스타인 사람들을 대변하면서 구금 상황과 교도소의 상태들을 엄격하게 감시하고 있다. 그는 이스라엘 인권조직들과 접촉하려고 시도하는 과정에서 팔레스타인 사람들로부터 의혹을 샀지만, 그것은 인권옹호를 위한 일이었던 것으로 입증되었다. 그는 1995년에 국가보안대의 설치를 비난하는 진술 때문에 팔레스타인 당국에 의해 구금되었다. 이스라엘 정부와 팔레스타인해방기구가 '원칙 선언'에 서명하고 제한적인 '팔레스타인 자치'가 실현된 뒤로, 수라니는 이스라엘 정부와 팔레스타인 당국에 대해 국제적 기준을 엄격하게 준수할 것을 요청하고 있다. 그는 반격을 당할 위험을 무릅쓰고 양쪽이 저지르는 인권유린을 거침없이 비판하고 있다. 그는 이런 대담하고 원칙적인 자세와 용감한 활동 때문에 많은 사람들에게 존경받고 있으며, 수많은 국제조직으로부터 그 공로를 인정받고 있다.

우리 팔레스타인 사람들은 현대 역사상 유례없이 복잡한 상황에서 살고 있다. 오슬로 협정이 체결된 지 6년이 지났지만, 우리는 점령당한 영토에서 평화라는 명분

뒤에서 이루어지는 사실상의 인종차별을 겪고 있다. 우리는 거의 잊혀진 2류의 존재가 되었다. 우리는 자결권과 독립의 권리를 전혀 행사하지 못하고 있다.

팔레스타인 영토가 50년 동안의 분쟁과 30년 동안의 점령을 겪고 난 후인 약 7년 전에, 이스라엘 정부와 팔레스타인해방기구 사이에 오슬로 협정이 체결되었다. 이 협정의 취지는 분쟁의 최종적인 해결책을 찾아가는 수단으로 5년간의 과도적인 잠정협정을 체결하는 데 있었다. 이 협정의 기본철학은 크게 두 가지였다. 하나는 양측 사이에 신뢰가 쌓일 수 있는 조건을 발전시켜나가는 것이고, 다른 하나는 5년 이내에 최종지위협상을 체결할 수 있는 구조를 발전시켜나가는 것이었다. 분명한 사실은 양측 사이의 신뢰는 아직 호전되지 않았고, 일부 지역의 경우에는 그 신뢰가 유례없이 낮다는 점이다. 뿐만 아니라 5년 이내에 최종지위협상은 시작조차 되지 않았고, 그 5년의 기간은 1999년 5월 4일로 종료되었다.

오슬로 협정이 체결된 후, 공격적인 정착촌 확장과 정착민의 통행로 건설을 통한 팔레스타인 영토의 분할, 군사시설 및 새로운 정착촌의 건설, 유례없는 수준의 토지몰수 등의 정책이 시행되었다. 또한 이스라엘의 전체 팔레스타인 영토에 대한 봉쇄정책은 이주의 자유를 제한하고 이산가족을 만들어내고 있다. 봉쇄정책은 팔레스타인 영토를 외부세계로부터, 그리고 점령지역 내부의 다른 지역들로부터 경제적으로, 사회적으로 고립시키고 있다. 이 때문에 팔레스타인의 경제상황은 더욱 악화되고 이스라엘에 대한 경제적 의존성이 심화되고 있다. 예루살렘 내에서 이스라엘 정부는 가옥파괴와 동예루살렘의 팔레스타인 거주민들에 대한 이스라엘 국내법의 적용, 거주허가의 철회, 그리고 정착활동 등을 통하여 팔레스타인 거주민들을 추방하고 있다.

가옥파괴는 팔레스타인 가족들이 이스라엘 점령 당국과 충돌할 때 겪게 되는 일들 중의 하나로, 범법 혐의자의 가족들을 집단적으로 처벌하는 불법적인 행위다. 필수적이지만 실제로는 결코 따낼 수 없는 건축허가를 받지 않고 지어졌다는 이유만으로 가옥파괴가 이루어지기도 한다. 하지만 그 실제적인 목적은 집단적인 처벌을 부과하고 팔레스타인 주민들을 '인종청소' 하려는 데 있다. 이스라엘 당국은 정착을 위해 어떤 지역을 철거할 때 팔레스타인인 가족들에게 24시간 만에 살림살이를 옮기라는 통지를 보낸다. 이들은 갑자기 거리로 내쫓긴 채 자신의 집이 철거되는 것을 지켜보아야 한다.

나는 고문에 대해서도 할 말이 많다. 국제법에 따르면, 고문은 불법이다. 우리는 인종이나 종교를 가리지 않고, 이스라엘 사람이냐 팔레스타인 사람이냐를 가리지 않고, 만인에 대해 동일한 기준을 적용해야 한다. 이스라엘 보안대는 오랜 세월 동안 팔레스타인 구금자들을 고문해왔다. 최근에 이스라엘 특별감사관이 발표한 보고서는 우리가 오래 전부터 국제사회에 주장해왔던 사실, 이스라엘 심문관들이 팔레스타인 구금자들에 대해 행하는 고문이 광범위하게, 체계적으로 이루어지고 있다는 사실을 확인해주었다.

20년 동안 고문철폐 투쟁을 계속해온 끝에, 팔레스타인과 이스라엘의 인권조직과 변호사들은 1999년 9월 이스라엘 고등법원으로부터 고문이 체계적으로 이루어져왔음을 인정하는 결정을 끌어냈다. 하지만 법원은 이스라엘에서 고문이 불법적인 이유는 그것을 정당화할 법이 없기 때문이라면서, 이스라엘 정부가 고문을 허용하고 싶다면 그런 취지의 법을 제정해야 한다는 주장을 폈다.

팔레스타인 사람들은 서안지구, 가자지구, 동예루살렘에 국가를 세우고 싶어한다. 이 지역들의 면적을 모두 합쳐도 역사 속에 기록된 팔레스타인 땅 면적의 18퍼센트에 미치지 못한다. 하지만 지금의 이스라엘 정부는 예전보다 극단적인 자세로 동예루살렘의 완전한 합병, 난민의 귀환권리 불인정, 그리고 이스라엘 정착촌의 유지 등의 의사를 밝히고 있다.

이것은 분명히 팔레스타인 사람들의 최소한도의 소원과 어긋나는 내용이다. 이제 상황은 막다른 곳에 이르렀다. 얼마 전, 이스라엘은 결혼이나 이혼이냐의 기로에서 선택을 했다. 이스라엘은 유대 민족의 특성을 보존하기 위해서 이혼, 즉 두 개의 국가 방식을 택했다. 하지만 두 개의 국가 방식의 가장 기본적인 전제는 팔레스타인 사람들이 국가를 가지는 것이다. 이 최소한의 전제는 아직 이루어지지 않고 있다. 이스라엘은 한 개의 국가 방식(인종 또는 종교와 무관하게 모든 주민들이 똑같은 권리를 가지는)을 거부했다. 우리 손에 있는 것이라곤 조각조각난 팔레스타인 자치구역뿐이고, 이스라엘 군대는 팔레스타인의 전 영토에 대한 점령을 계속하고 있다.

지난 6년 동안 이스라엘의 점령이 법적인 형태로, 또 물리적인 형태로, 우리의 일상생활에서 큰 부분을 차지하고 있다는 사실은 분명히 강조되어야 한다. 세계는 이곳에 평화가 진행되고 있다고 생각할지 모르지만, 이 땅의 현실은 전혀 그렇지 않다. 지금은 그 어느 때보다도 전체적인 인권상황이 심하게 악화되어 있다. 가자지구의 면적은 약 165제곱킬로미터인데, 그 중 약 42퍼센트의 지역에 20개의 이스라엘 정착촌이 세워져 5만 명의 정착민들이 살고 있다. 나머지 58퍼센트의 지역에서는 120만의 팔레스타인 사람들이 살고 있는데, 이는 세계에서 가장 높은 인구밀도다.

2000년, 베를린 장벽이 무너지고 남아프리카공화국에서 인종차별 정권이 종말을 고하는 것을 보면서 우리는 이런 상황을 가만 두고 볼 수가 없었다. 이런 상황이 계속된다면, 반드시 유혈과 폭력이 되풀이될 것이다. 양측이 신뢰를 쌓고 공정하고 지속성 있는 평화를 위한 최종적인 동의를 이루겠다는 오슬로 협정의 약속이 한 걸음도 진전을 보이지 못하고 있으니 대단히 실망스러운 일이다. 인권을 존중하지 않는다면, 참으로 공정하고 지속성 있는 평화를 이룰 가능성은 전혀 없다.

오슬로 협정은 팔레스타인 사람들의 합법적인 대표자인 팔레스타인해방기구와 이스라엘 정부 사이에서 체결되었다. 우리 팔레스타인 인권공동체는 애초부터, 국민으로서의 자존의식과 민주국가 건설이라는 목표를 달성하기 위해서는 오슬로 협정에 의해 관할권이 보장되는 제한된 지역 내에서 팔레스타인 당국이 행하는 여러 가지 행동에 대한 엄격한 감시가 이루어져야만 한다고 생각했다. 우리는 애초부터 법치주의와 민주주의 원칙, 그리고 인권이 존중되는 사회를 발전시키기 위해서 헌신해왔다.

우리 팔레스타인 사람들은 이제껏 겪어온 특별한 경험과 그것을 토대로 쌓아진 강력한 팔레스타인 시민사회를 바탕으로 이 지역에 특별한 국가, 참된 민주국가를 설립할 수 있을 것이다. 수많은 팔레스타인 사람들이 이 목표를 달성하기 위해서 흔들림 없이 노력하고 있다.

우리는 인권조직으로서, 민주사회의 발전과 팔레스타인 시민사회의 강화를 위한 투쟁이 이스라엘 점령에 대항하는 투쟁보다 훨씬 쉬울 것이라고 생각했다. 그것은 잘못된 생각이었다. 그것은 우리가 상상했던 것보다 훨씬 복잡하고 어려운 과정이었다. 표현의 자유와 집회의 자유를 제한하고 사법부의 독립성을 훼손하는 국가안보법원을 설치하는 등 인권을 유린하는 팔레스타인 당국의 행동은 우리에게 깊은 우려를 자아내고 있다.

이런 관행에 대한 핑계를 늘어놓을 생각은 없다. 하지만 우리는 팔레스타인 당국의 인권유린을 조장하는 데 일조해온 이스라엘과 미국 행정부에 대해 심각한 우려를 표현하지 않을 수 없다. 양측이 이미 현실적이고 지속성 있는 평화가 전략적인 이익이라고 공언했던 점에 비추어 볼 때, 이스라엘과 미국 행정부의 이런 태도는 도저히 이해하기 어렵다. 팔레스타인 영토 내에서의 참된 민주제도의 발전은 참된 평화를 위한 핵심 전제이며, 평화를 달성하는 데 필수적인 안정을 앞당기는 것이다. 50년 동안 이스라엘은 독재자와는 협상을 할 수 없다는 구실을 내세워왔는데, 그 주장은 팔레스타인 영토 내에서의 참된 민주사회의 발전을 저해해온 행동과는 완전히 어긋나는 것이다. 과연 그들의 참된 의도가 무엇인지 궁금하다.

평화, 공정한 평화를 가장 원하는 것은 바로 억압받고 있는 사람들이다. 팔레스타인 사람들이 한때 피해자였던 사람들의 손에 의해 피해자가 되고 있다는 사실을 보면, 이 점을 잊지 않는 것이 얼마나 중요한지 알 수 있다. 정치사와 인간사의 관점에서 보면, 모국에 살고 있다는 것 말고는 아무런 죄가 없는 사람들을 박해하고 있다는 사실은 매우 슬픈 일이다. 팔레스타인 사람들은 지난 100년 동안 고통을 겪었고, 지난 50년 동안 이스라엘이 자행하는 인권유린의 피해자였다. 우리는 시인과 사과가 없는 한 화해는 이루어질 수 없다는 역사의 교훈을 잊지 말아야 한다.

참된 평화는 지도자들 사이에서만이 아니라 사람들 사이에서도 이루어져야 한다.

이스라엘의 봉쇄정책은 이런 평화의 실현 가능성을 심각하게 훼손하고 있으며, 팔레스타인 사람들의 기본적인 인권을 짓밟고 팔레스타인과 이스라엘 간의 뜻있는 접촉을 방해함으로써 두 민족 사이에 분열을 조장하고 있다.

우리는 한때는 이스라엘의 인권단체 및 변호사들과 우호적인 관계를 유지했다. 그들이 우리를 찾아오기도 하고 우리가 그들을 찾아가기도 했다. 그들은 우리를 대중강연회에 초청하여 강연이나 연설을 해달라고 부탁하기도 했다. 우리는 특정한 사건이나 목적을 위해서 협동하기도 했다. 이런 활동을 통해 우리 사이에는 강력한 유대관계가 형성되었다. 하지만 5년 이상 봉쇄정책이 지속된 지금, 우리는 이스라엘의 우호적인 세력들과 완전히 단절되어 있다. 전화와 이메일, 팩스를 통한 협조는 여전히 이루어지고 있지만, 직접 만날 수는 없다. 우리가 마음대로 오고 가고 할 수 없는 처지기 때문이다.

나는 평화의 필요성을 굳게 확신한다. 나는 경험을 통해서 인권이 보장되지 않는 평화와 정의는 있을 수 없다는 것을 깨달았다. 늘 자행되는 대규모의 폭력적인 인권유린을 목격하면서 사는 젊은이들의 마음속에는 깊은 흔적이 남는다. 나는 젊었을 때 많은 사람들이 살해, 체포, 혹은 폭행을 당하는 모습을 직접 목격했다. 1968년에는 형도 체포되어 3년 동안 수감되어 있었다. 나는 학교에 다니면서 군대가 시위에 참여한 학생들을 폭행하는 모습을 목격했다. 하루하루의 생활이 마치 지옥 같았다. 우리 가족은 이 지역에서 오랫동안 살아왔다. 나는 가자의 수많은 난민들과 같은 처지는 아니다. 하지만 우리는 자신의 조국에서 이방인처럼 산다. 우리의 생활은 점령군에 의해서 완전히 통제되고 있다. 이런 상황은 어린 목격자에게 깊은 인상을 남긴다. "이게 뭐지? 왜 이런 일이 일어나는 걸까? 왜 이런 부당한 일이 일어나는 걸까? 왜 이웃의 집이 파괴된 거지? 왜 형은 감옥에 갇혔을까?" 이런 상황의 본질을 이해하기 시작한 사람은 누구나 더 좋은 미래, 더 좋은 생활을 원하고, 그것을 어떤 방식으로든 표현하고 싶어한다.

내 경우에는 내가 직접 체포, 수감되면서 다음 단계가 진행되었다. 나는 이 상황의 이면을 보게 되었다. 나는 변호사라서 지옥 같은 곳이긴 하지만 그나마 귀빈 대접을 받는 신분이었는데도, 이런 상황에 처하게 된 것이다. 체포되기 전까지 눈으로만 목격했던 것으로는 지옥에서 맞서 싸울 태세를 갖출 수 없었다. 고문을 당하는 사람은 하루에도 열 번씩 죽고 싶은 마음이 된다. 나는 고문이 얼마나 계획적으로 이루어지고 있는지 똑똑히 보았다. 열두 살 먹은 어린아이에게도 예외는 없었다.

나는 수감자들과 비참한 수감조건, 계획적인 고문과 학대, 그리고 이런 사실이 비밀에 부쳐지고 있다는 점을 생각했다. 가옥철거와 토지몰수, 일상적으로 자행되는 폭행에 대해 생각했다. "나는 변호사야. 이런 범죄에 대한 목격자가 될 사람이 없을까? 어떤 방법으로든 이런 고통을 최대한으로 줄일 수는 없을까?" 나는 지속적인 인권운동을 통해서 이스라엘 점령군의 행태를 세계에 알리고, 그럼으로써 피해자들을 도울 수 있겠다고 생각했다. 나는 결심을 굳혔고, 그 후 20년 동안 이 활동을 계속하고 있다. 나는 인권운동 때문에 구금되었다가 풀려난 직후에 겪은 일을 결코 잊지 못한다. 이스라엘 공무원이 말했다. "당신이 체포되는 건 이번이 마지막이오. 내 말을 잘 새겨들으시오." 협박이었다. 하지만 우리에게는 활동과 투쟁, 인권에 대한 신념이 있었다. 나는 인권운동을 하면서 겪는 고통에 대해 늘어놓는 것은 좋지 않다고 생각한다. 우리는 사람들에게 자신들을 옹호할 수 있을 만큼 믿음직하다는 느낌을 줄 수 있을 만큼, 현실 속의 피해자들을 도울 수 있을 만큼 강해야 한다.

인권과 민주주의, 법치주의는 사치품이 아니라 중요한 필수품이다. 우리는 날마다 자행되는 인권유린을 목격한다. 우리는 피해자들을 보고 그들을 알고, 그들과 함께 산다. 우리가 하는 사소한 일 하나하나는 상황을 크게 개선하지 못하더라도 악화되는 것을 막을 수는 있다.

우리는 피해자의 권리를 옹호하는 투쟁을 계속하면서 모든 종류의 인권유린에 반대해야 한다. 우리는 아주 작은 변화를 일으키는 것도 가치 있는 일이라는 믿음을 가져야 한다. 인권유린과 불의의 피해자들을 위해서 우리는 전문적으로 활동해야 한다. 우리는 단호하게 피의자를 변호해야 하며, 박해를 가하는 사람들에게 맞서는 일을 포기하지 않을 만큼 용감해야 한다.

나는 폭력의 힘을 믿지 않는다. 그것은 해결책이 될 수 없다고 생각한다. 또한 팔레스타인 민족의 혈통만이 신성하다고 생각하지도 않는다. 국적과 인종, 종교를 떠나서 모든 인간의 생명은 신성한 것이다. 우리는 이 상황을 받아들일 수 없다. 우리는 뭔가를 해야 한다.

나는 더 많은 고통을 보지 않기를 원한다. 우리가 지금 하는 일은 언젠가는 열매를 맺을 것이다. 마틴 루터 킹 목사가 그랬듯이, 우리에게는 꿈이 있다. 우리의 꿈이자 정당한 목표는 점령상태에서 벗어나서 자주적으로 운명을 결정할 수 있는, 그리고 민주주의와 인권, 법치주의가 존중되는 독립국가를 건설하는 것이다. 앞서 말했듯이 우리 앞에는 오슬로 협정 이전보다 훨씬 더 복잡한 장벽이 놓여 있다. 하지만 우리는 계속 투쟁할 것이다.

마틴 오브라이언
MARTIN O'BRIEN

북아일랜드

분쟁 중의 인권 문제

"가장 나쁜 것은 눈앞에서 불의가 자행되고 있는데도
태연하게 앉아서 아무런 대응도 하지 않는 무관심이다.
옳지 못한 일에는 저항해야 할 의무가 있다."

북아일랜드 최초의 인권조직 정의실행위원회(CAJ)의 사무총장 마틴 오브라이언은 수십 년 (수백 년이라고 하는 사람도 있다) 동안 북아일랜드를 분열시켜온 분쟁을 마감하는 데서 중요한 역할을 담당하고 있다. 북부의 시민권운동을 탄압했던 1960년대 말부터 최근까지 30년 사이에 3,000명 이상이 목숨을 잃었다. 분쟁의 핵심에는 사회 모든 부문에서 정의와 법치주의가 보장되지 않고 있다는 사실이 자리잡고 있다. 오랫동안 이어져온 종교적 박해와 인종차별, 전쟁으로 인한 경제파탄과 경제적 불평등, 그리고 시민권 행사를 금지하는 비상계엄은 폭력을 가속시켰다. 정의실행위원회는 비정부주의, 비종파주의, 비당파주의 조직으로서, 영국의 통치에 충성하는 보수주의자들과 아일랜드 남부와 긴밀한 연맹을 맺을 것을 주장하는 민족주의자/공화주의자 양측으로부터 신임을 받고 있는 몇 안 되는 단체 중의 하나다. 1981년에 설립된 위원회는 인권유린의 피해자들을 돕는 한편, 인권변호사들에게 법률적 지원을 제공하고 있다. 위원회의 사무총장인 오브라이언은 모든 정당이 참여한 가운데 1998년에 합의된 '성 금요일 평화협정'에 강력한 인권조항을 포함시키는 데 결정적인 역할을 했다. 성 금요일 평화협정은 종파주의를 마감하기 위한 일정과 구조를 제시하고 북부의 공동집권 정부를 성립시켰다. 위원회는 그 협정의 준수 여부를 적극적으로 감시하는 유일한 비정부조직이다. 오브라이언은 평화주의자다. 그는 평화를 위해 헌신하려면 행동강령과 모든 관점에 대한 깊이 있는 이해가 필요하다고 생각한다. 오브라이언과 그의 동료들이 지닌 낙관주의와 결단력은 폭력을 뛰어넘고 있다. 몇 년 후에는 분쟁을 해결하려는 이들의 의지가 절실히 요구되는 때가 올 것이다.

나는 1987년에 북아일랜드 정의실행위원회 활동을 시작했다. 이 위원회의 업무는 세 가지다. 첫째는 체포 당시의 경찰의 태도나 수감자 대우 따위의 시민적 권리에 대한 자료를 출간, 배포하는 것이다. 북아일랜드는 누구나 열여덟 살이 되기 전에 정치적인 입장이 다른 사람을 만난다고 말할 수 있을 만큼 분열이 심한 사회다. 수많은 그룹들이 신교와 구교를 화합시키기 위한 재정적 후원활동부터, 스포츠를 비롯해서 논쟁거리가 되지 않는 다양한 문제들에 대한 좌담회에 이르기까지 다양한 활동을 하고 있다. 시간이 흐름에 따라 이 그룹들의 내부에서는 점차 논쟁적인 문제들이 제기된다. 그룹 내부에 수감된 가족이 있는 사람이 있는 경우에는 긴장감이 형성될 수도 있다. 이럴 때 그룹의 지도자는 정의실행위원회를 초청하여 수감자의 권리나 인권 일반에 대한 토론—인권은 왜 중요한가? 인권에 대한 우리의 생각은 어디에서 비롯되는가?—을 이끌게 한다. 위원회는 인권유린에 관한 자료를 출간하고 언론에 정보를 제공한다. 위원회는 학생과 기자, 공동체 그룹, 교회 신도, 일반 국민, 정치가, 국제 대표단을 비롯한 여러 사람들이 정보를 얻을 수 있는 곳으로도 활용되고 있다.

둘째는 인권을 유린당한 사람들에게 법적인 조언과 도움을 제공하는 것이다. 위원회는 이들을 위한 변호활동(현재 유럽인권법정에 다섯 건이 제기된 상태다)을 담당하거나 피해자와 그 가족들이 법적 절차 이외의 방법으로 이 문제를 제기할 수 있도록 돕는다. 예를 들면 법정에서 제대로 도움을 받지 못한 사람들을 위해 호의적인 정치가를 찾는다거나 양측이 참가하는 회담에 참석하는 등의 방법을 활용하고, 국제사면위원회나 인권변호사위원회 소속 활동가들을 만나 지원을 요청한다.

셋째로는 인권을 유린하는 법률과 관행을 개정하는 활동에 참여하는 것이다. 그 예로는 국내의 인종차별 금지법률을 제정하기 위한 활동과 국내의 중국인과 인도인 등의 소수 그룹들을 보호하는 활동, 그리고 수감자에 대한 부당한 처우를 예방할 수 있는 안전장치를 마련하기 위한 활동을 들 수 있다. 정부가 국제 인권법을 준수하도록 만들기 위해서 결정적인 역할을 하는 것은 로비활동과 조직적인 홍보운동이다. 지난 몇 년 동안 우리는 성 금요일 협정에 강력한 인권보호 조항을 집어넣는 활동에 집중한 끝에 큰 성과를 거두었다. 지금은 이런 조항들이 실제로 실행에 옮겨지도록 만드는 것이 과제다.

나는 열두 살 때인 1976년에 이런 활동에 눈을 뜨게 되었다. 어떤 사람들이 우리 집 문을 두드리면서 "폭력반대 평화행진에 참여하지 않겠습니까?" 하고 말했다. 나는 형과 누나를 따라 나섰다. 우리는 주말마다 북아일랜드 각지를 행진하면서 다양한 사람들을 통합하는 작은 조직을 만들었다. 이 피스피플 공동체는 1976년에 노벨평화상을 받았다. 이 시위는 2, 3만 명을 끌어모아 대중적인 운동으로 발전했다. 출신지역과 배경이 다른 수많은 사람들이 신교도와 구교도들을 화합시키

기 위해서 노르웨이에서 열린 여름캠프에 참석했다. 캠프에서는 북아일랜드의 정치와 종교, 폭력, 생활에 대해 토론했다. 물론 비폭력에 대해서도 이야기했다. 캠프에서 만난 한 노르웨이 여성은 캠프가 끝난 뒤 벨파스트로 와서 활동했다. 우리는 어느 미국인의 도움을 받아서 평화청년단이라는 그룹을 만들었다.

약 20명의 평화청년단원들이 시청 계단에서 사흘 동안 단식농성을 하면서 세계의 기아문제를 홍보하고 평화를 호소했다. 그곳에서 멀지 않은 곳에서 폭탄이 터졌다. 그것은 아일랜드공화국군이 자동차에 설치해놓은 폭탄으로 밝혀졌다. 우리는 주변을 둘러보며 상황을 살폈다. 사망자는 없었지만, 건물 창문이 깨지는 바람에 많은 사람들이 부상을 입었다. 유리 판매상이 도착하고 생활은 다시 평온을 되찾았다. 비가 오고 있었기 때문에 보도 위에 흩뿌려진 피는 곧 씻겨나갔다. 끔찍한 일이 일어났지만, 시민들의 생활은 여느 때와 다를 게 없었다.

당시 나는 간디와 마틴 루터 킹의 말을 들으며 비폭력에 대해 배우고 있었다. 정치관이 다르다고 해서 다른 사람의 목숨을 위태롭게 하는 것은 옳지 못한 일이다. 그날 밤, 나는 폭력은 비인간적인 것이며 어느 누구에게도 폭력을 사용할 권리가 없다는 사실을 분명히 깨달았다. 나는 사람은 사람다운 대접을 받아야 하고 학대받아서는 안 되며, 목숨은 신성하고도 귀중한 것이라는 확고한 인식을 가지게 되었다.

어떤 경우에도 폭력이 미치는 영향은 끔찍하다. 북아일랜드에는 '무고한 피해자'와 '그 밖의' 피해자가 있다. 관련된 단체가 전혀 없는 사람은 '무고한' 피해자다. 하지만 아일랜드공화국군에 소속되어 활동하다가 총상을 입은 사람은 무고한 피해자가 아닌 것으로 분류된다. 이 경우에는 앞에서 말한 사람과 똑같은 고통을 겪는다고 해도, 그 사람은 물론 가족들까지도 동정의 대상이 되지 못한다. 희생에도 위계가 있다. 정치적인 문제에 관여하는 사람은 결코 무고한 사람으로 여겨지지 않는다. 북아일랜드에서 누군가가 살해당하면 언론은 그 사람의 친척을 만나 인터뷰를 한다. 첫 번째 질문은 이렇다. "당신 남편은 어딘가에 연관되어 있습니까? 누가 이런 일을 저질렀을까요?" 사람들은 바삐 대답한다. "그이는 아주 조용한 사람이었어요. 가족들밖에 몰랐어요. 그는 아무데도 연관되어 있지 않아요." 하지만 공적인 활동을 하는 사람이 폭력에 의해 죽음을 맞으면, "그럴 수도 있지 뭐"식의 대응이 나온다.

가장 나쁜 것은 눈앞에서 불의가 자행되고 있는데도 태연하게 앉아서 아무런 대응도 하지 않는 무관심이다. 옳지 못한 일에는 저항해야 할 의무가 있다. 나는 비폭력적인 방법이 옳을 뿐 아니라 효과적이라고 생각한다. 비폭력은 인권유린에 맞서는 그다지 독특한 방법은 아니지만, 도덕적으로도 옳고 실제적으로도 옳은 방법이다. 만일 이 세계 너머에 훨씬 큰 세계가 존재한다고 믿는 사람이라면, 효과적인 일 혹은 생존에 필요한 일을 하기보다는 좀 더 큰 관점에서 볼 때 옳은 일을

하는 것이 훨씬 중요하다. 이것이 기본 뼈대가 되어야 한다.

나는 두려움을 느낀 적이 서너 차례 있다. 어려서 평화행진을 나섰을 때, 많은 사람들이 벽돌과 병으로 공격당하거나 폭행당하는 것을 보고 무척 겁이 났다. 팻 피누케인이라는 인권변호사가 살해되었고, 경찰과 군대 내부의 음모가 있었음이 밝혀졌다. 나를 비롯해서 인권운동을 하는 모든 사람들이 두려움에 떨었다. 1999년 3월 15일, 정의실행위원회의 임원이며 내 친구였던 로즈메리 넬슨 변호사가 자동차 밑에 장치된 폭탄이 폭발하면서 사망했다. 참으로 끔찍한 일이었다. 하지만 우리는 두려움 속에서 살아갈 수도 없고, 우리에게 두려움을 심어주려는 사람들에게 힘을 줄 수도 없다. 중요한 것은 그 사람들이 다시는 그런 일을 할 수 없도록 하는 것이다. 결과가 두려워서 활동을 하지 못하느니 차라리 일찍 죽는 게 낫다.

나는 함께 일하는 활동가들의 안전이 늘 걱정이다. 사람은 자신이 어떤 상황에 처하게 될지 알고 있어야 한다. 만일 어떤 활동가가 누군가의 성질을 건드리면, 본인이 그 사실을 깨닫기도 전에 "네 목숨은 끝장이다", "네놈을 꼭 잡고 말겠다. 네놈 사무실 밖에서 기다리다가 집까지 따라가겠다"는 협박편지나 전화가 온다. 명심해라. 이것은 정상적인 상황이 아니다. 물론 집으로 그런 전화가 걸려온다면, 그것은 훨씬 위험한 상황이다.

도안 베트 호아트
DOAN VIET HOAT

베트남

정치적 권리와 수감

도안 베트 호아트는 지적인 업적과 민주화운동의 지도자로서 쌓은 업적 때문에 베트남의 사하로프로 알려져 있다. 1960년대에 학생이었던 호아트는 남베트남 정부의 불교탄압에 대한 항의운동을 벌이다가 국외추방을 당했다. 그는 추방기간 동안 미국에서 박사학위를 받았다. 북베트남이 남베트남을 합병한 뒤인 1976년, 호아트는 귀국했다. 그런데 새로운 정부가 지식인들을 체포하기 시작하면서 호아트 역시 체포되었다. 그는 12년 동안 좁은 감방에서 40명의 사람들과 함께 지내야 했다. 그는 석방되자마자 『자유광장』이라는 지하잡지를 출간했다. 그는 몇 달 만에 다시 체포되어 재판도 받지 못한 채 2년 동안 갇혀 있었고, 1993년 3월에는 '인민의 정부를 전복하려고 시도했다' 는 이유로 징역 20년형을 선고받았다. 그는 수감 중에도 계속해서 민주주의에 관한 성명을 발표하고 정권에 대한 비판의 글을 비밀리에 내보냈다. 정부는 이런 활동을 막기 위해서 그를 이곳저곳으로 이감시켰다. 하지만 호아트는 가는 곳마다 동료 수감자들과 교도관들을 감화시켰고, 이들은 호아트에게 조언을 구하는 한편 그의 편지를 빼내주었다. 정부는 결국 호아트를 가장 외떨어진 탄호아 지방의 탄캄 강제노동 수용소로 이감하고, 그의 방 옆방에는 수감자를 들이지 않았다. 그는 5년 반 동안 격리된 채 외로운 수감생활을 하다가, 1998년 9월에 국제여론의 압력 덕분에 풀려난 후 추방당해 지금은 미국에 살고 있다.

나는 베트남의 감옥에서 20년을 보냈고, 4년 동안은 완전히 격리되어 있었다. 펜과 종이, 책은 만져볼 수도 없었다. 나는 정신을 가다듬기 위해서 꾸준히 요가와 참선, 산책을 하고, 새벽 6시부터 오후 4시까지 이용할 수 있는 작은 마당에서 양배추를 길렀다. 나는 노래를 부르고 혼잣말을 했다. 내가 미친 줄 아는 교도관들에게, 나는 혼자서라도 말을 하지 않으면 미칠 것 같다고 대답했다. 나는 마음의 안정을 얻기 위해서 그 독방을 집이라고 생각했다. 우리 가족은 불교도였고, 친구들 중에는 승려가 된 사람이 많다. 나는 요가를 배웠고, 책을 구할 수 없을 때는 마음을 사용해야 했다. 참선이 도움이 되었다. 조용히 앉아 마음을 가다듬고 지금 나는 평범한 생활을 하고 있다고 생각한다. 첫 한두 해는 아주 견디기 어려웠지만, 차차 익숙해졌다. 시를 쓰기도 하고 외워두었던 수많은 시들을 암송하기도 했는데, 정신을 가다듬고 생각을 정리하는 데 도움이 되었다. 석방된 후 미국에 가서 제일 먼저 한 일은 감옥에서 암송했던 시를 글로 적는 것이었다. 이렇게 해서 쓴 내 시들은 두 권의 시집으로 묶여 출판되었다.

독방에 갇히게 되면 더 험악한 대우를 받을 수도 있다고 생각하며 위안을 삼았다. 나보다 훨씬 심한 대우를 극복한 사람들을 보면 쾌활한 태도 덕분에 그처럼 용감하게 지낼 수 있었던 것 같았다. 그들이 견딜 수 있었다면 나도 견딜 수 있을 터였

다. 기가 막히는 일도 있었다. 수감된 첫날, 교도관들이 내게 필요한 물건이 있으면 적으라면서 종이와 펜을 내주었다. 내가 적은 명단에는 부채도 들어 있었다. 내가 생각했던 것은 손으로 만든 작은 부채였다. 그런데 교도관들은 선풍기를 달라는 줄 알고 크게 화를 냈다. 처음에는 그들이 화를 내는 까닭을 알 수가 없었다. 교도소 상급자의 지시가 있었는지, 어떤 교도관이 내게 와서 "선풍기 말인데, 중국산이 좋소, 일본산이 좋소?" 하고 물었다. 나는 깜짝 놀랐지만, 한편으로는 그리 혹독한 대접을 받지는 않겠거니 짐작했다. 하지만 일주일쯤 지나자, 사정이 달라졌다. 아주 더운 날이라 선풍기 전원을 켰지만, 전혀 움직이질 않았다. 교도관은 에너지를 아끼기 위해 낮에는 전기를 공급하지 않는다고 했다. 하지만 내가 있는 곳만 빼고는 전기가 공급되고 있었다. 해마다 한두 번씩 교도관들은 나를 쌩쌩 돌아가는 선풍기 앞에 앉혀놓고 한 달 전에 나온 신문을 읽도록 연출한 장면을 비디오로 촬영해갔다.

일반 수감자들은 BBC나 RFI(Radio France International) 따위의 국외 라디오방송을 몰래 듣다가 내가 인권을 위해서 싸우는 사람이라는 이야기를 듣곤 했다. 교도소의 상황은 견딜 수 없을 정도로 끔찍했고, 수감자들은 거의 날마다 매질을 당했다. 수감자들에게서 도와달라는 부탁을 받은 나는 몰래 교도소의 실상에 대한

글을 썼다. 다른 수감자들이 그것을 몰래 빼내서 사이공에 있는 내 가족에게 보냈다. 내 친구가 돼지고기 속에 넣어 보낸 답장이 발각되면서 교도관들은 그 사실을 알아채고 재빨리 내무부장관에게 보고했다. 장관은 교도소에 감사관을 보냈고, 덕분에 교도소 생활이 훨씬 개선되었다. 수감자들에 대한 폭행이 사라지고, 폭행을 일삼던 교도관들이 사라졌으며, 식사가 개선되었다. 지금은 교도소 안에 합창단까지 있어서 날마다 노래를 부르면서 활기찬 분위기에서 생활한다고 한다. 국제사회가 우리의 목소리를 듣고 있다는 것을 생각하자 힘이 솟았다.

나는 정권을 비판하는 글을 썼고, 동료 수감자들이 그 글을 바깥으로 빼내주었다. 교도소 상황을 고발하는 편지 사건이 있은 후, 교도관들은 나를 격리시켰다. 그들은 내 방의 옆방에는 수감자를 들이지 않았다. 아무도 접촉하지 못하도록 창문을 틀어막는 바람에, 내 방은 견디기 어려울 만큼 더웠다. 내가 혈압이 올라가자, 그들은 새 문을 달아주었다. 하지만 밖을 내다볼 수는 없었다. 마지막 2년 동안의 수감생활은 아주 힘들었다.

나는 감옥에서 침묵을 지키면 독재자들이 이기는 것이라고 생각했다. 나는 자유를 위한 투쟁에 나서는 사람들에게, 아무리 우리를 잡아가둔다고 해도 독재자들

이 이길 수는 없다는 사실을, 아무리 무력을 쓴다고 해도 자신과 의견이 다른 사람의 입을 막을 수는 없다는 사실을 입증하고 싶었다. 정치범이나 일반 수감자나 모두들 내 글을 바깥으로 빼내기 위해 노력했다. 그들의 도움이 없었다면 나는 내 글을 담 밖으로 전할 수 없었을 것이다. 비록 교도소 담벼락 안에 갇힌 처지였지만, 우리는 힘을 모아 민주주의와 자유를 위한 투쟁을 계속했다.

나의 꿈은 베트남의 꿈이다. 베트남은 침략과 불의에 맞서서 싸워온 사람들이 이루어놓은 긴 역사를 가지고 있다. 과거에 수많은 애국자들이 보여주었던 바와 같이, 우리의 최고의 사명은 애국이다. 나를 움직여온 것은 애국심과 베트남과 세계의 미래에 대한 아름다운 꿈이다. 나는 베트남과 동남아시아 전체의 밝은 미래를 확신하고 있다. 우리나라와 우리 국민에게, 시간은 너무나 더디게 흘러가고 고통의 역사는 너무나 길다. 이런 생각을 하면 도저히 입을 다물고 있을 수가 없다. 내 지식과 꿈, 그리고 애국심이 내 입을 열게 만든다. 나는 독재자가 아무리 강하더라도, 상황이 아무리 어렵더라도, 언제나 진리와 정의와 자비가 승리할 것임을 확신한다.

나타사 칸디츠
NATASA KANDIC

세르비아

전시의 인권

"1991년에, 많은 친구들이 고국을 떠나기 시작했다.
 하지만 나는 남아서 전쟁 정책에 저항해야 한다고 생각했다."

1991년 슬로베니아의 휴전은 옛 유고슬라비아가 세르비아, 보스니아, 헤르체고비나, 몬테네그로, 마케도니아, 코소보 공화국으로 분할되는 계기가 되었다. 인종청소 정책을 내세운 크로아티아의 독재자 투즈만과 세르비아의 밀로세비치의 주도에 따라, 강제수용소와 강간 수용소, 그 밖의 여러 가지 인권유린 정책이 동원되었고, 인종 선에 따라 영토를 통합정리 하려는 노력이 체계화되고 강화되었다. 나토의 보스니아 폭격과 코소보 폭격으로 무장충돌은 중지되었다. 전장에서 용감한 사람을 만나기는 어렵다. 하지만 정의를 위해서 정부 혹은 가족과 친구, 동료를 비롯한 공동체에 맞서는 용감한 사람을 만나기란 더욱 어려운 일이다. 나타사 칸디츠는 세르비아계 소수파에 속하는 사람으로, 대담하게도 자신의 인종그룹은 물론 다른 인종그룹들이 자행한 부당한 행위를 조사했다. 그녀는 아무런 사심 없이 가열찬 투쟁을 벌이고 있지만, 세르비아계, 크로아티아계, 이슬람계, 코소보-알바니아계, 로마 가톨릭계 사람들은 그녀에게 반역자 딱지를 붙였다. 1946년에 태어난 그녀는 '노동조합 연합'의 주거 분야에서 첫 활동을 시작했고, 1992년에 유고슬라비아 최초의 인권조직인 '인도주의법률센터(HLC)'를 설립했다. 인도주의법률센터는 극도의 위험 속에서도 꼼꼼한 조사활동을 펴는 것으로 유명한데, '전범재판소'의 의뢰를 받아 전시의 인권유린 사건을 조사했다. 인도주의법률센터는 또한 재판 전의 피해자를 대변하고 있으며, 세르비아와 몬테네그로 정부에 맞서 소송을 제기하는 등 선구적인 활동을 펴고 있다. 인도주의법률센터는 토지청구, 시민권, 보상권, 연금지급, 사유재산권과 관련하여 어려움을 겪고 있는 난민들을 법률적인 면에서 돕고 있다. 칸디츠는 또한 뛰어난 조직능력을 기반으로 평화적인 대중운동을 이끌고 있다. 1991년에 그녀는 처음으로 '평화를 위한 촛불' 운동을 주도했다. 이 운동은 세르비아 대통령관저 밖에서 촛불을 밝힌 채 전쟁 중에 학살당한 사람들의 이름을 읽는 야간 촛불시위의 형태로 여섯 달 동안 이어졌다. 칸디츠는 또한 크로아티아 전쟁을 위한 세르비아인 강제징집에 항의하기 위해서 1,000명의 자원봉사자를 조직하여 7만8,000개의 서명을 모았다. 1992년 베오그라드에서는 15만 명이 모여 사라예보의 민간인들에 대한 인권유린에 항의하는 '검은 리본 행진'이 있었다. 같은 해에 칸디츠는 베오그라드 최초의 독립신문인 『보르바』에 평화를 촉구하는 주간 칼럼을 쓰기 시작했다. 나타사 칸디츠는 모든 형태의 억압과 편협에 대해 항의하고 있다. 옛 유고슬라비아에서 펼쳐진 평화와 관용을 위한 그녀의 활동은 그곳에서 총소리가 사라진 후에도 오래도록 사람들의 기억에 남아 있을 것이다.

전쟁 전 옛 유고슬라비아에서 정치활동을 할 때, 나는 국제적인 인권옹호 세력이 있다는 것을 미처 모르고 있었다. 1991년에 전쟁이 시작되자, 많은 친구들이 고국을 떠나기 시작했다. 그 길을 택하는 이유를 이해할 수는 있었지만, 나는 남아서 전쟁 정책에 저항해야 한다고 생각했다. 나는 크로아티아 지역부터 시작해서 유고슬라비아 전역을 돌아다니면서 인권유린 사례를 조사하고 지식인들과 활동가들을 보호하기 위한 활동을 벌였다. 보스니아 전쟁이 시작되자, 나는 세르비아 내에서의 소수 인종과 이슬람계의 지위로 활동의 초점을 옮겼다.

1992년에 나는 인도주의적 법률의 위반 사건에 관한 정보들을 수집하는 공식적인 조직을 만들었다. 이 조직의 목표는 수집한 증언들을 토대로 인권유린의 증거를 확보하여 사건을 조사하고, 인권유린 사건을 폭로하는 데에 있었다. 처음에는 방법론을 개발하고, 다음에는 데이터베이스를 구축했다. 우리는 모든 진술이 진실이라는 것을 확신하고 싶었다.

우리는 인권유린 사건을 기록으로 남기는 데는 성공했지만, 전쟁을 막고 평화를 뿌리내리는 데는 실패했다. 우리가 크로아티아계에 대한 인권유린 사례를 기록하자 정권은 나를 반역자라고 불렀다. 우리가 이슬람계에 대한 인권유린 사례를 기록했을 때도 정권은 나를 반역자라고 불렀다. 우리가 크로아티아 내의 세르비아계에 대한 인권유린 사례를 기록했을 때는 정권은 아무 말도 하지 않았다. 우리가 알바니아계에 대한 인권유린 사례를 기록하자 정권은 나를 반역자라고 불렀다. 우리가 세르비아계와 소수인종—코소보 전쟁 이후에는 대부분 로마가톨릭계였다—에 대한 인권유린 사례를 기록하자 정권은 나를 반역자라고 불렀다.

나는 인권문제는 정치문제가 아니라고 보는 견해에 동의할 수 없다. 인권문제는 중요한 정치문제이며, 그 사회의 장래를 좌우하는 중요한 문제다. 인권이 존중되고 인권기준이 실행에 옮겨지지 않는다면, 민주적인 변화는 결코 이루어질 수 없다. 인권은 가장 궁극적인 정치문제다.

지난 9년 동안의 일들을 모두 설명하려면 많은 시간이 걸릴 것이므로, 최근에 있었던 한두 가지 사례만을 이야기하려고 한다. 1999년에 파리의 국제회의에 참석했던 나는 나토가 공습을 개시하기 바로 직전에 베오그라드행 마지막 비행기를 탔다. 공습이 시작된 지 사흘째 되는 날, 나는 코소보로 가기로 결심했다. 전쟁 중이라서 버스가 없어서 택시를 탔다. 세르비아와 코소보 국경에서 약 100킬로미터 거리에 있는 마을에 도착해서, 운전사에게 조금 떨어진 프리스티나까지 갈 수 있느냐고 물었다. 세르비아계인 그는 코소보해방군 때문에 겁이 나는 모양이었다. 그곳에는 세르비아 경찰과 유고슬라비아 군대만 있다고 설명하자, 그는 내 부탁을 들어주었다.

프리스티나의 첫 인상은 무시무시했다. 거리에는 번쩍거리는 무기를 든 경찰과 군대만 있었고, 여자는 한 명도 보이지 않았다. 나는 사무실과 직원들을 찾아서 대책회의를 할 계획이었다. 하지만 너무나 위험한 상황이었기 때문에, 사람들을 모두 모아 마케도니아로 가기로 결정했다. 사람들은 내가 프리스티나에 와 있는데 곧 마케도니아로 갈 계획이라는 이야기를 듣고 크게 동요했다. 그 이야기는 빠르게 퍼져나가서 국경으로 향하는 우리 뒤에는 수천 대의 자동차가 이어졌다. 하지만 이미 국경은 봉쇄되어 있었다. 우리는 군인들에게 차에 탄 사람들은 세르비아계와 알바니아계라고 말했다. 한 젊은 군인이 "여기에는 아주 이상한 경찰들이 있습니다. 더 이상은 가지 마십시오!"라고 경고했다. 모든 사람들이 겁에 질렸고, 나는 당장 차를 프리스티나로 돌렸다.

우리는 차도 없고 민간인도 없는 텅 빈 도로를 지나갔다. 집도 밭도 마을도 모두 버려져 있었다. 나토가 경찰과 군대를 폭격목표로 삼고 있었기 때문에 경찰들도 숨어 있었다. 여행을 하기에는 너무 위험한 상황이었다. 하지만 반드시 빠져나가야 했다. 크로아티아와 보스니아에서 겪은 경험으로 볼 때, 어려운 시기에는 온갖 노력을 기울여야 희망을 찾을 수 있다. 경찰들은 우리를 보고 무척 놀라는 표정을 지었다. 우리를 태운 택시 운전사는 아주 똑똑했다. 경찰의 검문을 받는 동안 그는 경찰을 '형제님'이라고 부르면서 현재의 상황에 대해 이야기했다. 경찰은 아무런 의심도 하지 않았다. 그 운전사는 인권조직과는 아무런 관련도 없는 평범한 사람이었다. 하지만 그는 전쟁지역으로 우리를 태워오면서도 왜 가는지 물어보지 않았다. 그는 내가 세르비아계라는 것을 알고 있었고, 우리 일행이 알바니아 사람들의 집에서 알바니아계와 세르비아계 사람들과 함께 묵는 모습도 보았다. 그는 알바니아 사람들과 세르비아 사람들이 함께 있는 것은 괜찮다고 생각하면서도 혼란에 빠졌다. 그는 무슨 일인지 궁금해서 우리 일행에게 "무슨 일입니까? 저 여자분은 직업이 뭡니까? 왜 마케도니아에 가려고 합니까? 저 알바니아 사람들에게는 무슨 일이 있습니까?" 하고 물었다. 설명을 듣고 난 이 대담한 운전사는 말했다. "자신이 하고 있는 일에 대해 그토록 군은 확신을 가지고 있다니, 앞으로는 늘 당신을 따라다니겠습니다. 우리 앞에는 어떤 어려움도 없을 것 같습니다."

확신이 있는 것은 아니었다. 하지만 어쨌든 나는 코소보로 가서 그곳 사람들과 함께 있기라도 해야 했다. 나는 겁에 질린 그들의 모습을 똑똑히 보았다. 그들은 꼼짝도 하지 않고 집안에 앉아 있었다. 용기를 내서 먹을 것을 사러 밖으로 나가는 여성들은 간혹 있었지만, 남자들은 경찰이나 준군사조직과 부딪힐까 무서워서 집안에 틀어박힌 채 떨고 있었다.

그들이 두려움에 떨고 있었기에, 나는 두려움을 느끼고 있을 여유가 없었다. 그들은 나에게 계속해서 "언제 돌아가실 겁니까?"라고 물었다. 그들은 완전히 고립되어 있었고, 나는 외부세계와 연락이 닿는 유일한 사람이었다. 나는 책임을 맡고 있었기 때문에 두려운 감정을 털어놓을 수 없었다. 나는 그들과 여러 밤을 지새우며 상황이 어떤지, 무엇을 해야 하는지 이야기를 나누었다. 나는 그들에게 전쟁이 끝나면 집도 필요하고, 재산도 필요하고, 컴퓨터도 책도 필요할 테니까, 그곳에 남아 있으라고 설득했다. 그곳에 남기로 결정했던 프리스티나 사람들 중 대다수는 그들의 집에서 열흘 동안 머무르며 함께 얘기하고 설득한 사람들이었다. 자신들을 걱정해서 온갖 위험을 무릅쓰며 베오그라드에서 자신들을 찾아온 누군가가 있으니, 그들은 혼자가 아니라는 것을 깨달았다.

베오그라드로 돌아간 나는 코소보 사태에 대해 무관심한 사람들에게 큰 충격을 받았다. 모두들 CNN, BBC 방송을 통해 난민들의 상황을 보았을 텐데도, 그 상황을 현실로 여기지 않았다. 내게 코소보의 상황을 묻는 사람은 아무도 없었다. 철저한 현실부정이었다.

1999년 3월 26일, 경찰과 군대에 의해 페제에서 쫓겨난 알바니아 난민들이 몬테네그로로 몰려갔다. 나는 동료들과 함께 몬테네그로로 가서 임시사무실을 열었다. 나는 알고 지내던 몬테네그로의 알바니아계 변호사들에게, 우리 사무실에서 함께 일하면서 추방된 알바니아인들을 만나 추방을 비롯한 페제의 일들에 대해 조사해 달라고 부탁했다. 모두가 부탁을 들어주었다.

한 사람은 몬테네그로에서 인권유린 상황을 조사했고, 두 사람은 알바니아로 이동했다. 그들이 책도 음식도 없는 비참한 난민수용소 대신 우리 사무실에서 활동하는 모습을 보니 흐뭇했다. 나는 "경찰에 대해서는 생각하지 말자. 모든 것이 잘될 거야"라고 되뇌면서 프리스티나로 출발했다. 나는 늘 그 대담한 운전사와 함께 다녔다. 경찰이 차를 세울 때마다 그는 "우리는 어린 자식들을 태우러 코소보로 가는 길입니다. 그곳은 상황이 어떻습니까?"라고 말했다. 우리는 경찰이 우리를 자신들과 같은 세르비아인으로 여기도록 하려고 노력했다. 나는 쉬지 않고 움직였다. 코소보로, 몬테네그로로, 베오그라드로, 다시 코소보로, 늘 같은 경로였다.

우리는 밤이고 낮이고 쉬지 않고 사람들과 이야기를 나누었다. 코소보에서는 수천 명의 알바니아인들이 우리 사무실을 찾아왔다. 그들은 모두 '자유유럽'이라는 라디오방송국의 방송을 들으면서 우리 활동을 알게 된 사람들이었다. 자유유럽은 옛 유고슬라비아의 여러 사건들에 대해 객관적인 정보를 얻을 수 있기 때문에 알바니아인들에게 널리 알려져 있었다. 내가 베오그라드에 있을 때 자유유럽은 늘 내게 전화를 해서 코소보의 상황에 대해 물었다. 나를 빼고는 그곳의 상황에 대한 정보를 가지고 있는 사람이 없었다. 자유유럽은 처음 나를 인터뷰하던 날, 첫머리에 "이야기하는 게 겁이 나십니까?" 하고 물었다. 나는 말했다. "아니요, 겁나지 않습니다. 나는 투사입니다. 한 걸음 한 걸음이 중요하지요."

나토군이 마을에 도착하기 시작했을 때, 그곳 사람들은 방송에서 자주 들어서 내 목소리를 잘 알고 있었다. 덕분에 나는 끔찍한 상황에서 목숨을 구할 수 있었다. 내가 알바니아계 변호사와 함께 한 가문의 60명이 살해된 마을을 찾아갔을 때였다. 내가 세르비아말로 "안녕하세요!"라고 말하자, 사람들은 흠칫 놀라더니 이내 화를 내기 시작했다. 대단히 험악한 분위기였다. 그때 한 사람이 말했다. "잠깐만요. 나는 당신 목소리를 알아요. 라디오방송에 나왔던 사람이지요?" 그 후 사람들은 나를 찾아와 자신들이 보고 겪은 것을 털어놓기 시작했다.

파우지야 카신자
FAUZIYA KASSINDJA

토고 / 미국

여성 성기훼손과 이민자 학대

"사람들은 목요일에 나를 결혼시키고 금요일에 할례를 한다고 말했다.
한밤중에 나는 달아났다."

파우지야 카신자는 여성 성기훼손(여성할례) 의식을 피해 토고의 외떨어진 고향 마을을 빠져나와 미국에 도착했다. 그녀는 1994년 12월에 정치적 망명을 요청했다. 그러나 이 열일곱 어린 소녀를 맞은 것은 이해와 자비가 아니라, 그녀를 벌거벗겨 쇠사슬로 묶고 감옥에 가둔 다음 악몽과도 같은 이민시스템을 거쳐가게 하는 미국이었다. 아메리카 대학교의 어느 법학도의 변호를 받고 『뉴욕 타임스』 1면에 기사가 실린 뒤에야, 카신자는 정치적 망명을 인정받았다. 성기훼손의 위협으로 인한 최초의 정치적 망명이었다. 대부분 아프리카 26개국에 집중되어 있는 1억3,000만 여성들이 성기훼손의 위협에 노출되어 있고, 해마다 200만 명이 이런 상황에 직면하고 있다. 성기훼손 의식은 음핵 절제를 포함하며, 마취제도 쓰지 않는다. 외음순의 일부를 도려내거나 질의 입구를 완전히 봉합하는 경우도 많다. 세균감염과 흉터, 불임, 성교시의 통증, 출산의 어려움, 그리고 참을 수 없는 고통 등의 부작용이 흔히 발생한다. 성기훼손 과정에는 면도칼, 날카로운 돌멩이, 칼, 외과용 메스 등이 사용되는데, 이 수술을 받은 후 사망하는 여성들도 많다. 카신자는 심한 정신적 고통에 시달리면서도 여성 성기훼손의 관행과 미국 이민시스템에서 견뎌야 했던 학대를 적극적으로 고발하고 있다.

내게는 언니 네 명, 오빠 두 명, 남동생 한 명이 있다. 나는 장난꾸러기였고, 아버지와 특히 친했다. 아버지는 언니들에게 원하는 인생을 살라고 격려했다. 부모님은 우리 일에 간섭하지 않았다. 두 분은 늘 "그건 네가 결정할 일이야. 네가 좋은 결정을 내린다면 도와줄 것이고, 나쁜 결정을 내린다면 우리는 그러지 말라고 충고할 거야. 하지만 그게 네가 원하는 거라고 생각하면 밀고 나가라. 그 결과에 대해서는 네가 책임져야 해. 부모가 강요했다고는 말하지 마라"고 말했다. 아버지는 우리 자매들을 모두 학교에 보내주었고, 덕분에 우리는 영어를 배우고 아버지 사업도 도울 수 있었다. 토고에서 여자아이들을 이렇게 키우는 경우는 아주 드물었다.

열여섯 살 때 아버지가 돌아가시자 모든 것이 달라졌다. 고모와 삼촌은 같은 부족이 아니라며 베냉 출신인 어머니를 처음부터 미워했다. 그들은 이혼을 강요했지만, 아버지는 말을 듣지 않았다. 그들은 여자아이들을 모두 학교에 보낸 것은 어머니가 아버지에게 나쁜 물을 들였기 때문이라고 생각했다.

아버지가 돌아가시자 고모가 우리 집에 와서 살았다. 고모와 삼촌은 어머니를 강제로 쫓아냈고, 고모는 내 보호자가 되었다. 내가 열일곱 살이 되자, 고모는 돈과 시간을 낭비할 필요가 없다면서 나를 학교에 보내지 않았다. 언니들은 모두 학교를 다니다가 결혼을 한 상태였다. 나는 아버지도 잃고, 어머니도 잃고, 학교까지 잃었다. 나는 "세상에, 다음에는 무슨 일이 벌어질까?" 하고 생각했다.

파우지야 카신자
____

어떤 남자가 우리 집에 드나들길래, 나는 고모가 결혼하려나 보다 생각했다. 그래서 그 남자가 집을 떠나고 나면 나는 "참 좋은 분이네요"라고 말했다. 고모는 그 남자가 돈도 많고 유명하고 좋은 사람이라면서 칭찬을 늘어놓았다. 나는 고모가 그 남자를 좋아하는 거라고만 생각했지, 내 관심을 끌기 위해서 그런 말을 한 줄은 꿈에도 몰랐다. 고모는 나를 그 남자와 결혼시키려 한다는 말은 입밖에도 내지 않았다. 그러던 어느 날, 고모는 "그 사람한테 네가 학교로 돌아가지 않을 거라고 했다"고 말했다. 나는 깜짝 놀라서 "왜 그 사람한테 그런 말을 했어요?"라고 물었다. 고모는 대답했다. "너는 늘 그 사람이 좋은 사람이라고 말했잖아. 그 사람이 너와 결혼하고 싶대."

나는 고모가 농담하는 거라고 생각했다. 고모는 그 남자가 마흔다섯 살이라고 했다. 경악하는 나를 보면서 고모는 말을 이었다. "걱정하지 마라. 그 남자한테는 부인이 셋이나 있으니, 너를 잘 돌봐줄 거야." 나는 "싫어요!"라고 대답했다. 그 뒤로 집안에서는 늘 심한 말다툼이 벌어졌다. 어느 날 고모는 "네가 그 사람 좋아하지 않는 거 안다. 하지만 일단 카키야(여성 성기훼손 의식)를 받으면 그 사람이 좋아질 거야"라고 말했다.

어느 날 아침, 일어나자마자 고모가 자기 방으로 나를 불렀다. 침대 위에는 아름다운 옷과 보석, 신발이 놓여 있었다. "네 남편이 보낸 거다. 오늘 너를 데려가겠대. 그러니까 내일은 카키야를 받게 될 거야." 나는 "뭐라고요? 오늘 결혼을 하게 된다구요?"라고 물었다. 어떻게 해야 할지 알 수가 없었다. 결혼식이 끝난 뒤, 사람들은 혼인신고서에 서명하라고 시켰지만 나는 싫다고 버텼다. 언니와 오빠들이 와서 이런 일을 미리 막아주지 못해서 미안하다고 말했다. 언니는 무척 당황스러워했다. 언니는 모든 일이 잘 될 테니 울지 말라고, 카키야를 받는 일은 절대로 없을 거라고 말했다. 하지만 나는 언니가 아무 일도 할 수 없다는 것을 알고 있었다. 나는 이미 남의 아내가 된 처지였다. 언니는 "걱정하지 마라. 아마레이와 내가 너를 변장시켜 줄게"라고 말했다. 우리는 어머니를 아마레이라고 부른다.

나는 한밤중에 집으로 돌아온 언니와 함께 집을 떠나 가나 국경을 넘었다. 가장 빨리 탈 수 있는 비행기는 독일행이었다. 언니는 가진 돈을 모두 털어 나에게 3,000달러를 주었다. 독일에서 미국행 비행기를 탔다. 뉴욕 공항의 이민국 직원이 돈이 있냐고 묻길래 나는 남은 돈을 보여주면서 피난처가 필요하다고 말했다. 그 여자는 잠깐 기다리라더니, 얼마 후 돌아와서 "좋아, 이제 네가 미국에서 뭘 원하는지 말해봐"라고 말했다. 피난처를 원한다고 했다. 그 여자는 무슨 문제인지 말해야 한다고 했다. 나는 모든 이야기를 털어놓았다. 아니, 너무 당황해서 모두 털어놓을 수는 없었다. 그 여자를 어떻게 이해시킬 수 있을까? 그 일을 영어로 뭐라고 말해야 하는지도 알 수 없었다. 나는 아버지는 죽고 어머니는 쫓겨났으며, 학교로 돌아가고 싶은데 고모가 나를 원하지 않는 사람과 결혼시키려고 한다고 말했다. 하지만 카키야 이야기는 꺼내지 않았다. 말해봐야 이해하지도 못하고 내가 미쳤다고 생각할 것 같았다. 그 여자는 피난처로 갈 수 있는지 아닌지는 판사가 결정할 일이라면서, 감옥에 갔다가 우리나라 영사관 직원을 만나고 나면 가족이 있는 집으로 돌아갈 수 있을 거라고 말했다.

나는 울부짖으면서, 나는 열일곱 살이고 나쁜 짓도 하지 않았으며 감옥에 가고 싶지 않다고 말했다. 그때 경찰이 나타났다. 이민국 책임자가 감옥에 가고 싶지 않으면 토고나 독일로 돌아가라고 말했다. 독일은 아는 사람이 한 명도 없는 곳이었고, 토고는 절대로 가고 싶지 않은 곳이었다. 그들은 내게 지문을 찍게 하고 소지품을 죄다 빼앗아갔다. 제복을 입은 어떤 여자가 나를 방으로 부르더니 옷을 벗으라고 하기에, "지금 생리 중인데, 속옷은 입고 있어도 되지요?"라고 물었다. 그 여자는 속옷도 벗으라고 했다. 태어나서 처음 겪는 모욕적인 순간이었다. 속옷을 벗었다. 벽 속으로라도 들어가고 싶은 심정이었다. 여자는 옷을 돌려주더니 내게 수갑을 채웠다. 영화에서 보았던 범죄자가 된 기분이었다. 나는 울음을 터뜨리면서 "제발, 감옥에 보내지 마세요!"라고 말했다. 그 여자는 내 말을 무시하고 내 허리에 쇠사슬을 둘렀다. 쇠사슬이 너무 조여서 걷기도 힘들었다. 그 여자는 "가자, 어

서 가자"면서 등을 밀어댔다. 나는 뉴저지 주 엘리자베스에 있는 유치장으로 보내졌다.

그곳에서 악몽이 시작되었다. 다시 알몸수색을 받은 다음 크고 추운 방에 혼자 남겨졌는데, 한 남자가 들어오더니 벌거벗은 채 서 있는 나를 샅샅이 살펴보았다. 나는 후에 헤캔색 교도소로 이감되었고, 그곳에서 마약중독자인 듯한 여성 수감자에게 성추행을 당했다. 나는 엄중경비구역으로 보내졌고, 무슨 죄를 지었는지 모르지만 줄담배를 피우는 사람과 방을 함께 썼다. 나는 심한 천식을 앓게 되었고, 의사에게 그 방에서는 도저히 못 견디겠다고 했지만 의사는 "안됐지만, 어쩔 수 없다"고 대답할 뿐이었다. 기침이 시작되면 피를 토하기도 했다. 하지만 나 같은 이민자 신분으로는 아무런 약도 받을 수 없었다.

다음에는 펜실베이니아의 르하이 카운티 교도소로 이감되었다. 이감될 때마다 범죄자처럼 쇠사슬로 동여매어졌다. 처음으로 신체검사를 받았고, 결핵이 있다는 것이 밝혀지면서 독방에 수용되었다. 독방에 있는 18일 동안에 몸무게가 10킬로그램이나 줄었다. 사람들과 이야기할 때는 미리 마스크를 써야 했고, 필요한 것이 있으면 방 모퉁이에서 벽을 향해 선 채 교도관을 불러야 했다. 문에는 음식을 주고받는 작은 창문이 달려 있는데, 문 가까이는 갈 수 없도록 되어 있었다. 나는 짐승

취급을 받았다. 비누도 필요하고, 칫솔도 필요했다. 나는 여러 차례 교도관을 불렀지만, 대부분 아무런 응답이 없었다.

나는 뉴저지의 수용소에서 세실리아 제프리라는 수감자를 만났다. 그분은 나를 딸처럼 보살펴주었다. 그분은 내가 잠자리에 들면 다가와서 이불깃을 여며주었다. 처음 만난 날부터 늘 그렇게 보살펴주었다. 나는 다시 아프기 시작했다. 가슴도 아프고, 위장도 아팠다. 교도관들은 나를 거들떠보지도 않았고 약 한 알 주지 않았다. '이러다 죽느니, 차라리 고국으로 돌아가는 게 낫겠다'는 생각에 나는 이민귀화국(INS)에 귀국신청서를 썼다. 그리고 세실리아에게 이제까지 돌봐주셔서 고맙고, 그 은혜는 영원히 잊지 못할 거라는 편지를 썼다.

세실리아는 내가 집에 돌아가면 어떤 일을 당할지 빤하다며 불같이 화를 냈다. 그분은 나를 설득하기 위해서 교도관에게 내가 자기 딸이니 최소경비구역으로 옮겨달라고 요청했다. 최소경비구역에는 수감자가 너무 많아서 우리 몇 사람은 엄중경비구역에 수용된 상태였다. 교도관은 내게 "세실리아가 네 엄마냐?"고 물었다. 내가 그렇다고 대답하자 교도관은 나를 세실리아가 있는 최소경비구역으로 옮겨주었다. 그분은 나를 보자 울먹이며 말했다. "너 미쳤니? 돌아가면 어떻게 될지 몰라?" "하지만 더 이상 버틸 수가 없어요." 다음날, 샤워를 하던 세실리아가 나를

불렀다. "애야, 이리 좀 와보렴." 욕실로 들어가자, 벌거벗은 세실리아가 다리를 벌렸다. "이것 봐라. 돌아가서 이런 꼴을 당하고 싶은 게냐?"

너무나 끔찍했다. 욕실에서 뛰쳐나왔다. 세실리아가 소리를 질렀다. "이리 돌아와! 왜 바보짓을 하는 거니? 이리 돌아와! 와서 똑똑히 보라구!" 내가 돌아가자 세실리아가 물었다. "이게 뭔지 아니?" 그런 모습은 한 번도 본 적이 없었다. 도저히 여성의 성기라고 할 수 없는 모습이었다. 아무것도 없었다. 그냥 손바닥처럼 밋밋했다. 눈에 뜨이는 것은 바늘로 꿰맨 것 같은 커다란 흉터와 작은 구멍뿐이었다. 음순도 없고, 아무것도 없었다. 나는 "이런 모습으로 죽 살아온 거예요?"라고 물었다. 세실리아가 말했다. "난 평생 이러고 살았어. 이 꼴을 볼 때마다 울음이 터져나와. 가슴속으로 피눈물을 흘리는 거야. 나는 늘 힘없이 짓밟히며 살아왔어!"

나는 그분이 세상에서 가장 강한 여성이라고 생각한다. 겉으로 보기에는 그런 고통을 지니고 있는 사람 같지 않다. 행복하게 사는 사람은 아닌 줄 알고 있었지만, 외모나 다른 사람들을 대하는 방식을 보아서는 그런 사실을 짐작할 수 없었다. 그분은 내가 만난 사람 중에 가장 자애로운 사람이다. 그분은 이렇게 말했다. "그래도 네 나라로 돌아가겠다면, 신청서 쓰는 걸 도와주마. 그래도 그런 어리석은 짓을 하겠다면 말이야." 나는 그분을 내 변호사 카렌에게 소개했고, 두 사람은 귀국을 만류했다.

첫 재판 때, 판사는 라일리와 나에게 아주 무례하고 비열하게 행동했다. 라일리 밀러 바시르는 아메리카 대학교 법률상담센터 출신의 법학도로, 내 사건을 맡고 있었다. 라일리가 나에게 질문을 하자, 판사는 "그건 불필요한 질문입니다. 법정은 그것을 알고 싶지 않습니다"라고 말했다. 판사는 나에게 질문을 던지고는 내가 대답을 하기 전에 나 대신 대답했다. 나는 법정에서 단 한 마디도 발언할 수 없었다. 판사는 어머니가 나에 대한 성기훼손 의식을 막을 수 없었다는 것을 믿지 않았으며, 아버지가 언니 넷은 보호하고 나만 보호하지 않았다는 사실을 믿지 않았다. 아주 끔찍한 순간이었다. 그는 계속 소리를 질러댔고, 내 이름과 우리나라 이름을 잘못 발음했다. 내가 그 점을 지적하자, 그는 매우 당황했다. 또 그가 무슨 말을 하기에, 나는 "아닙니다. 제가 말씀드린 건 그게 아니에요"라고 말했다. 판사가 버럭 소리를 질렀다. "다시는 재판을 방해하는 일이 없도록 하시오!" 재판이 진행되는 꼴을 보니, 피난처를 제공받을 수 없겠다는 생각이 들었다. 판사는 법정에 들어오기 전부터 피난처를 제공하지 않기로 작정하고 있었던 것 같다. 라일리는 내게 걱정하지 말라고, 무슨 일이 있더라도 일을 바로잡을 테니 절대로 토고로 돌아가지 말라고 간곡히 설득했다.

감옥으로 『뉴욕 타임스』 기자가 찾아왔지만, 처음에는 취재에 응하고 싶은 생각이 들지 않았다. 벌써 여러 차례 기자들을 만났지만, 감옥에서 나가는 데는 아무 도움도 되지 않았던 게 아닌가. "무슨 소용이 있나요? 우리 가족만 웃음거리로 만드는 거죠. 우리나라로 송환되면 이 일 때문에 끔찍한 대가를 치르게 될 거예요." 나는 나를 석방해줄 것을 요청하는 탄원서에 서명한 하원의원들의 명단을 본 적이 있었다. 하지만 지방검사는 그 탄원을 받아들이지 않았다. 스물다섯 명의 하원의원들도 나를 꺼내주지 못하는데, 인터뷰 한 번으로 무슨 도움이 되겠는가.

하지만 결국 나는 『뉴욕 타임스』 기자의 인터뷰 요청을 받아들였다. 놀랍게도 내 기사가 1면에 실렸다. 11일에 기사가 났고, 24일에 나는 석방되었다. 사람들은 미국은 언론의 힘이 센 나라라고들 했다. 언론이 국회의원보다 더 힘이 세다니? 나로서는 도저히 이해할 수 없는 일이었다.

모든 일이 일어나는 데는 어떤 목적이 있다. 내가 석방된 것은 하늘의 뜻이었다. 하지만 고통 속에서 신음하던 그 순간에는 그것을 몰랐다. '왜 하필 나지? 왜 다른 누구도 아닌 내가 이런 일을 겪어야 하는 거야?' 이제 와서 생각해보면, 내가 그런 고통을 겪지 않았더라면 이 일은 지금처럼 많은 사람들에게 알려지지 않았을 것이다. 참으로 믿을 수 없는 일이지만, 이것은 분명 하늘의 뜻이다.

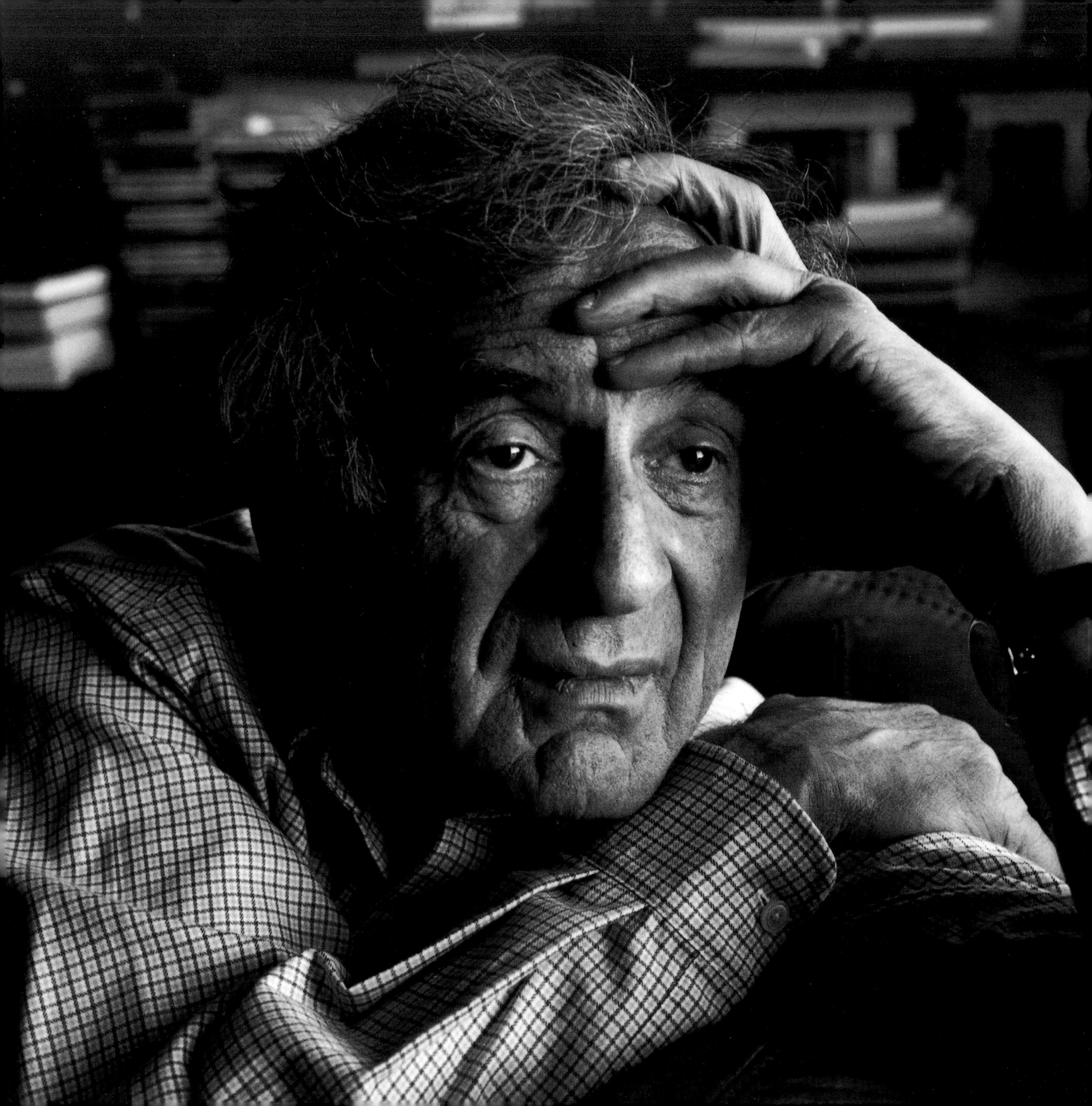

엘리 비젤
ELIE WIESEL

루마니아 / 미국

사회적 약자들

엘리 비젤은 트란실바니아(루마니아)에서도 주민들의 유대가 돈독한 시게트 유대인공동체에서 자랐다. 그는 열여섯이 되던 해에 가족들과 함께 아우슈비츠 수용소로 끌려갔다. 어머니와 여동생은 아우슈비츠에서 죽었고, 두 누나는 목숨을 건졌다. 비젤은 아버지와 함께 부헨발트로 보내졌고, 그곳에서 아버지가 사망했다. 비젤의 회고록에는 이런 대목이 있다. "나는 수용소에서 보낸 그 첫날밤을 결코 잊을 수 없다. 그 밤은 내 인생을 일곱 번 저주받고 일곱 번 봉인된 길고 긴 밤으로 이끌었다. 나는 조용하고 푸른 하늘 저편, 동그란 연기가 되어 사라져간 아이들의 작은 얼굴을 결코 잊을 수 없다. 나는 내 믿음을 영원히 불태워버린 그 불꽃을 결코 잊을 수 없다. 나는 내게서 삶의 의지를 영원히 빼앗아가버린 그 밤의 침묵을 결코 잊을 수 없다. 하나님만큼 오래오래 살아야 하는 운명이 되더라도, 나는 결코 이 모든 것들을 잊을 수 없다." 비젤은 세계가 나치의 잔학한 행위를 잊지 않도록, 그리고 그런 행위가 반복되지 않도록 하기 위해서 자신의 모든 것을 바쳤다. 전쟁이 끝난 뒤, 비젤은 파리에서 기자로 일했으며, 1958년 『밤』을 출간하면서 유대인 대학살 기간 동안 겪었던 일들을 털어놓았다. 25개 언어로 번역되고 세계적으로 수백만 부가 인쇄된 『밤』은 나치 죽음의 수용소를 자세히 그리고 있다. 비젤은 40권이 넘는 책을 썼고, 그의 저작과 인권옹호 활동으로 수많은 상을 받았다. 그는 유대인대학살에 관한 대통령자문위원회 위원장과 미국 유대인대학살 추념 평의회의 초대 의장으로 활동했다. 1986년에 그는 노벨평화상을 받았고, 지금은 보스턴 대학교에서 학생들을 가르치는 한편 전 세계를 돌며 인권옹호 활동을 벌이고 윤리적인 문제들에 대한 토론을 이끌고 있다.

케리 케네디 당신은 왜, 한 개인의 힘만 갖고는 세계의 온갖 불행에 맞설 수 없다고 생각하지 않는 것인가? 당신을 지탱하는 것은 무엇인가?

비젤 박사　　사람들은 누구나, 다른 사람을 생각하면 뭔가 해야 한다고 생각하게 된다. 나는 우리의 목소리와 우리의 존재, 우리의 도움, 그리고 우리의 마음이 필요한 아이들을 생각한다. 나는 소수자들을 생각한다. 사회의 소수자, 인종의 소수자, 종교의 소수자, 건강의 소수자, 그리고 에이즈 환자와 알츠하이머 환자들을 생각한다. 우리에게는 "내가 할 수 있는 일은 아무것도 없으므로, 아무 일도 해서는 안 된다"고 말할 권리가 없다. 지금 불행한 사람이 있다면, 나는 그 사람의 불행을 덜어주지 않을 권리가 없다.

케리 케네디　아버지가 돌아가신 뒤로, 당신은 어떻게 살아남았는가?

비젤 박사　　아버지가 돌아가시고 몇 달 후, 나는 석방되었다. 그 동안에는 언제 죽어도 이상할 게 없었다. 살고 싶은 마음 같은 건 전혀 없었다. 당시에 겪었던 일을 증언하기 위해서라도 꼭 살아남고 싶었다고 말한다면, 그것은 사실이 아니다.

케리 케네디　하나님이 당신에게 그 만행을 증언할 수 있는 특별한 기회를 준 거라고 생각하는가? 아니면 우연히 목숨을 건진 거라고 생각하는가?

비젤 박사　　우연이었다. 그걸 기적이라고 말하고 싶지 않다. 만일 그게 기적이라면, 하나님은 나만을 위해서 기적을 행하신 것이 된다. 만일 그렇다면, 하나님은 설사 나보다 나쁜 사람들은 제외하더라도 나보다 훌륭한 다른 사람들을 위해서 더 많은 기적을 행하셨어야 한다. 나는 그렇게 생각하지 않는다. 운이 좋았을 뿐이다. 나는 우연히 그곳에 있었고, 내 앞에는 많은 사람들이 서 있었다. 내 앞에 선 사람들이 모두 떠나자마자, 문이 닫혔다. 나는 날마다 그곳에 있었고, 마지막 순간에 인원이 다 찼다. 만약 내가 다섯 줄만 앞에 섰다면, 나는 지금 여기에 없을 것이다.

케리 케네디　하나님의 계획이 있다고 생각하는가?

비젤 박사　　그렇게 생각하지 않는다. 설사 있다 해도 나는 하나님의 계획에 어떻게 대응해야 하는지 알지 못한다. 나는 그것을 인정할 수 없다. 나는 평생토록 하나님에 대해 의문을 품어왔다.

케리 케네디　경험을 통해 용기와 사랑의 관계에 대해 깨달은 것이 있다면 말해달라. 당신은 어디서 희망을 찾는가?

비젤 박사　　간단하다. 내게 희망을 줄 수 있는 것도, 내게서 희망을 빼앗아갈 수 있는 것도 사람이다. 하나님이 아니라, 인간이다. 다른 사람들과 맺은 관계는 우리 운명에 영향을 미친다. 도덕적 태도와 운명은 서로 연관되어 있다. 다른 사람과 맺은 관계는 하나님과 맺은 관계가 아니다. 모든 법과 도덕은 인간들이 맺은 관계와 관련된 것이다. 가족과 함께 있을 때는 증오도 없고, 분노도 없고, 두려움도 없었다. 아버지, 어머니와 함께 있으면 힘과 신념이 솟아올랐다. 부모님과 헤어졌을 때, 나는 너무 어렸던 것 같다.

케리 케네디　열다섯 살 때인가?

비젤 박사　　그렇다. 부모님이 오래도록 내 곁에 계셨다면, 아마 요즘 아이들과 부모 사이에서 일어나는 것과 똑같은 문제에 부딪히게 되었을 것이다.

케리 케네디　당신의 아들은 어떤가?

비젤 박사　　그 아이는 내 생활의 중심이고, 내 관심의 중심이다. 그 아이는 스물 여섯 살이고, 나는 꽤 좋은 아버지다. 하지만 아들은 내가 자기 이야기를 하는 걸 좋아하지 않는다.

케리 케네디　당신은 불행과 절대적인 무력감에도 불구하고 신념을 지켰던 유대인들의 용기와 결단에서 큰 자극을 받았다는 글을 썼다. 당신이 약자에 대해서 어떻게 느끼는지 말해달라.

비젤 박사　　나는 나약하고 작은 사람들, 사회적 약자들을 가장 중요하게 여긴다. 그래서 내가 쓴 모든 책에는 늘 어린아이와 노인과 미친 사람들이 등장한다. 정부와 사회는 그들을 너무나 무시하고 있다. 그래서 나는 그들에게 안식처를 준다. 나는 어렸을 때 사회적 약자인 유대인들을 좋아했고, 지금도 그렇다. 오래 전 일이지만, 사회적인 약자기 때문에 아무도 읽지 않는 글을 쓰는 유대인 작가들을 만나 오후 내내 이야기를 나눈 적이 있다. 나는 그들이 자신들의 글을 읽는 사람이 있다는 것을 깨닫게 하고 싶었다.

케리 케네디　사회적인 약자들에게 손을 내미는 것이 중요하다는 말인가?

비젤 박사　　그렇다. 자신의 글이 아무런 가치도 없다고 생각하는 사람들, 자신이 잊혀진 존재라고 생각하는 사람들에게 손을 내미는 것이 중요하다. 사실 인권을 유린당하는 사람들, 수감자들에게는 자신이 잊혀진 존재라고 느끼는 것이 가장 좋지 않다. 박해자들은 수감자들의 용기를 꺾기 위해서 아무도 그 사람에게 관심을 기울이지 않는다고 주장한다. 어느 누구도 그들에게 관심을 기울이지 않는다.

우리가 잊어버리고 있는 중요한 것은 그런 피해를 당한 사람들 대부분이 가난하다는 사실이다. 적이 우리의 가난을 조장했다. 하지만 아무도 그것을 말하지 않는다. 내가 이야기를 하면 사람들은 귀를 기울여주기는 하지만, 아무도 내 말을 알아듣지 않는다. 나는 뒤처진 사람들에 대해 책임을 느낀다. 우리는 지나치게 생명지향적이다. 우리는 강하고 젊은 것을 찬미한다. 텔레비전 광고에 예쁜 여자들, 건강한 젊은 남자들만 나오는 것만 봐도, 젊지 않은 사람들, 건강하지 않은 사람들, 부유하지 않은 사람들이 얼마나 무시당하고 있는지 알 수 있다. 그래서 나는 그런 사람들에게 책임을 느낀다. 그래서 그들에 관해 글을 쓴다. 나는 나눔이 중요하다고 생각한다. 나는 내가 알고 있는 것을 나누어줘야 한다. 나는 배우고 가르치는 것에 대해 대단한 열정을 가지고 있다. 그것이 내가 배움에 관한 책을 많이 쓰는 이유다.

케리 케네디 사람들은 어째서 잔인해지는가? 증오에 대해서 이야기해달라.

비젤 박사 우리는 결론을 빤히 알고 있는 상황 속에서 살아간다. 증오를 품은 사람은 어느 한 그룹을 미워하는 것은 모든 그룹을 미워하는 것이라는 사실을 이해하지 못한다. 증오는 암과 마찬가지로 전염성이 강하다. 증오는 어느 한 세포에서 다른 세포로, 어느 한 뿌리에서 다른 뿌리로, 어느 한 사람에게서 다른 사람에게로, 어느 한 그룹에서 다른 그룹에게로 퍼져나간다. 증오를 막으려는 노력이 없으면, 증오는 나라 전체, 세계 전체로 퍼져나간다. 증오를 품은 사람은 다른 사람을 파괴하는 것은 곧 자신을 파괴하는 것이라는 사실을 이해하지 못한다. 우리는 증오의 결과를, 증오의 추악한 모습을 보여줘야 한다. 사람들을 죽이고 인간의 존엄성을 갉아먹는 데서는 기쁨이 있을 수 없다. 사람들을 박해하는 데서는 기쁨이 있을 수 없다. 이것은 아주 중요한 교훈이다.

케리 케네디 우리는 그런 가르침을 여러 차례 듣고 배웠다. 그 가르침을 되풀이하는 것이 과연 쓸모가 있을까?

비젤 박사 물론이다. 나는 사람들을 설득해서 변하게 만드는 일이 쉽지 않다는 것을 알면서도 사람들을 설득한다. 이야기를 하나 하겠다. 의로운 남자 하나가 인류를 구해야겠다고 마음먹었다. 그는 죄악에 가장 깊이 물든 도시 하나를 골랐다. 그 도시를 소돔이라고 하자. 남자는 갖은 궁리를 해서 사람들의 마음을 움직일 수 있는 기술을 터득했다. 남자는 한 남자와 여자가 있는 곳으로 와서 "잊지 마라, 살인은 나쁜 것이다!"고 말했다. 처음에는 그 남자 주위로 사람들이 모여들었다. 사람들은 귀를 기울였다. 남자는 이야기를 계속했다. 하루 이틀이 지나고 한 주 두 주

가 지났다. 사람들은 더 이상 귀를 기울이지 않았다. 여러 해가 흐른 뒤, 한 아이가 그 남자를 만류하면서 "도대체 뭐하시는 거예요? 아무도 듣는 사람이 없잖아요. 왜 계속 외치고 있는 거지요?"라고 말했다. 남자는 대답했다. "왜 그런지 알려주지. 나는 사람들이 쉽게 바뀌지 않을 거라는 걸 알아. 그런데도 점점 큰 소리로 외치는 건 사람들이 나를 바꾸어놓는 걸 바라지 않기 때문이야."

케리 케네디 당신이 그렇게 외친 덕분에 변화가 생겼다고 생각하는가?

비젤 박사 여기저기서 변화가 생긴 것 같다. 내 책을 읽은 아이들이 한 달이면 100통 이상 편지를 보내온다. 나는 모든 아이들에게 답장을 한다. 내 첫 책은 40년 전에 출간되었다. 변화하는 사람들이 조금이나마 있는 것 같다.

케리 케네디 스스로 고통을 겪지 않고도 다른 사람들의 생활을 변화시킬 수 있는가?

비젤 박사 물론이다. 다른 이들의 고통을 살피고 연구하는 방법이 있다. 우리는 이렇듯 고상하고 추상적인 방법으로 사람들의 고통을 연구할 수는 있지만, 그런 연구가 고통을 실제로 덜어줄 수는 없다. 하지만 우리가 연구를 통해 깨닫게 되는 것은 고통 때문에 인간의 본성이 변화하도록 방치해서는 안 된다는 사실이다.

케리 케네디 용기가 무엇이라고 생각하는가?

비젤 박사 용기는 정의하기 나름이다. 내 마음은 바뀌지 않는다. 나는 마음속으로는 여전히 망명자다. 나는 경찰을 무서워한다. 우연히 경찰을 보게 되면, 나는 걸음을 멈추고 달아난다. 나는 제복 입은 사람들이 무섭다. 장군들을 봐도 겁이 난다. 내가 로널드 레이건이 비트부르크에 가서는 안 된다고 했던 것은 용기 때문이 아니었다. 그것은 자연스러운 일이었다. 지지자도 보호해주는 사람도 한 명 없었던 예언자들은 정말 용감한 사람들이다.

케리 케네디 그들을 지켜보는 아주 강한 이가 한 분 있지 않았던가?

비젤 박사 증명을 해보라. '우주를 만든 신인 내가 너를 지명했다'는 신원증명서가 있었는가? 예언자는 "하나님이 나를 보내셨다"고만 말했다. 하지만 예언자는 하나님을 통해서 말을 했다. 용기는 진실을 말하는 것이다. 권력은 대통령의 권력일 수도 왕의 권력일 수도 있다. 권력은 개인을 파괴할 수 있다. 권력은 용기 있는 사람만이 도전할 수 있는 것이다. 문제는 어떻게 용기를 찾느냐다. 내 평생의 바람은 나의 과거가 아이들의 미래가 되지 않아야 한다는 것이다.

새뮤얼 코피 우즈
SAMUEL KOFI WOODS

정치적 권리

"나는 신념의 본질에 대한 확신을 가지고 싶어하는 우리 사회의
열망을 읽고 있었고, 우리 사회에 공백이 있다는 것을 알고 있었다.
나는 우리 사회가 더 많은 희생과 나의 신념에 대한
이해를 필요로 한다는 것을 알고 있었다."

리베리아 최초의 인권조직 천주교정의평화위원회의 초대 위원장 새뮤얼 우즈는 끔찍한 내전이 진행되는 동안 국제사회에 인권유린 보고서를 써보냈다. 그의 활동 덕분에 몬로비아 중앙교도소에서 50명 이상의 수감자가 석방되었다. 대부분 아무런 근거 없이 체포당한 뒤에 재판도 없이 구금된 사람들이었다. 그는 인권문제를 다루는 라디오 프로그램을 만들어 사법부의 판단을 거치지 않은 체포와 처형에 대해 문제를 제기함으로써 수만 명의 라이베리아 사람들에게 인권의식을 깨우쳐주었다. 우즈와 그의 가족, 그리고 위원회 소속 직원들은 정부 당국의 협박 속에서 지내야 했고, 그는 몇 차례에 걸쳐 은신과 망명 생활을 해야 했다. 많은 동료들이 살해되었지만, 우즈는 정의와 평화를 위한 활동을 계속했다. 인권보호를 위한 우즈의 평생에 걸친 헌신은 학생운동과 함께 시작되었다. 그는 1981년에 처음으로 체포되었고, 1986년에는 국제학생연맹의 일원으로서 취직도, 여행도 하지 못한 채 은신생활을 해야 했다. 후일 그는 시민조직인 기독교청년회(YMCA)의 의장이 되었다. 1989년에 내전이 시작되자, 그는 가나로 탈출했다가 돌아와서 천주교회와 함께 활동했고, 용감한 마이클 프랜시스 대주교의 도움으로 정의평화위원회를 설립했다. 1996년 내전이 절정에 이르렀을 때 미국 대사관이 그를 피신시켰지만, 그는 몇 달 만에 다시 라이베리아로 돌아왔다. 1998년에 그는 반정부인사로 지목되었고 아동의 강제노동을 폭로하면서 협박에 시달렸다. 지금 그는 테러의 위협에도 불구하고 정의를 지키기 위한 활동을 계속하고 있다.

나는 몬로비아 변두리의 작은 오두막에서 태어났다. 그곳은 부시로드 섬이라고 불리는 곳인데, 농촌에서 직업을 찾아 이주해온 사람들이 많이 살고 있다. 나에게는 스무 명이 넘는 형제가 있었는데, 편안하게 잠잘 곳도 없었고 학교에 갈 수도 없었다. 이런 열악한 조건에서 자라면서, 나는 세계는 정치·경제·사회제도를 관통하는 선과 악의 끊임없는 투쟁의 장이라는 인식을 갖게 되었다.

라이베리아는 '자유(리버티)'에서 온 말이다. 수도 몬로비아는 미국 대통령 제임스 먼로의 이름을 땄다. 초대 대통령은 조셉 젠킨스 로버츠였는데, 버지니아에 그를 기리는 기념물이 있다고 한다. 미국과 우리나라는 긴밀한 유대관계를 가지고 있다. 우리는 늘 미국의 보호를 받았다. 1821년에 자유를 얻은 한 무리의 노예들이 라이베리아 해안으로 들어와 프라비던스 섬에 정착했다. 그들은 대부분 주인과 노예 사이에서 태어난 흑백 혼혈인이었다. 이들은 노예제 폐지를 옹호하던 '미국식민협회'라는 박애주의조직의 도움으로 이곳에 도착한 것이었다. 우리는 미국 사회를 모델로 삼아 헌법과 법률, 일상생활 등 모든 것을 세웠다. 자유를 얻은 노예들은 아프리카에 자유와 자립을 추구하는 모든 이들을 위한 천국을 건설하려고 했다. 이렇게 해서 라이베리아에는 이질적인 사람들이 정착하게 되었는데, 이것이 분쟁의 씨앗이 되었다. 북미에서 온 사람들 중에는 재주 많은 정치가들이 많았

다. 이들은 노예소유주들과 혈연관계가 있어서 노예소유주의 가족과 가깝게 지낼 기회가 많았던 사람들이었다. 이에 반해 남미에서 온 사람들은 아무런 기술도 없는 플랜테이션 노동자들이었다. 그 밖에도 서인도제도에서 온 사람들, 콩고에서 온 사람들과 노예제 폐지운동이 강력해졌을 때 영국과 미국의 전함에 포로가 되었던 사람들도 있었다. 이들 사이에서 권력다툼이 시작되었고, 대다수 토착민을 소외시키는 정치·사회제도가 만들어졌다. 여기에 인종문제까지 더해졌다. 피부색이 밝은 사람은 피부색이 검은 사람보다 우월하다고 여겨졌으며, 이것은 그대로 사회관계와 정치관계에 반영되었다.

라이베리아에서는 1870년대가 되어서야 피부색이 검은 에드윈 제임스 로이에가 대통령에 취임했다. 하지만 그는 몇 년 만에 대통령 자리에서 쫓겨났고, 암살된 것으로 추정된다. 라이베리아 위기는 국민들의 정체성문제에서 비롯된 것이다. 이 나라 국민들은 이 나라로 이주해온 사람들, 그들이 이 나라에 와서 만난 사람들, 그리고 법적·정치적·사회적 과정에서 소외감을 느낀 사람들까지 각양각색이다. 정통성이 문제가 되자, 정부는 무력을 통해 권위를 부각시키려 했다. 그 과정에서 많은 인권유린이 빚어졌다. 여러 번의 대격전 속에서 토착민들이 살해되었다. 이런 분열은 100년 세월을 거치면서 점점 확대되었다.

쿠데타가 일어났을 때, 나는 변화를 갈망하는 고등학생이었다. 우리는 반드시 변화가 오리라고 믿었다. 쿠데타가 있고 1년 만에 학생들은 정부에 민주선거를 실시할 일정을 제시하라고 요구했고, 정부는 우리를 적으로 취급했다. 학생 지도자들이 체포되었고, 전면적인 협박과 고문, 체포가 뒤를 이었다. 우리는 학문의 자유와 사회정의를 위한 활동을 시작했다. 나는 1981년부터 시위에 여러 번 참여했고 학생회장으로 당선되어 활동하다가 1986년에는 전국학생조직의 대표가 되었다. 학생들이 국가적인 문제를 제기할 때마다 정부는 내가 있는 곳을 캐고 다녔다. 나는 여러 번 몸을 숨겨야 했다. 1985년 11월, 라이베리아는 최초의 군사적 침략을 당했고, 그것은 새뮤얼 도우에 의해 저지되었다. 새뮤얼 도우는 이 기회를 틈타 자신의 정적들을 괴롭혔다. 살해와 실종이 끊이지 않았다. 어느 날 무장한 남자들이 우리 집에 들이닥쳤다. 나는 가까스로 달아났다. 경제학과 경영학을 공부한 대학의 졸업식 이틀 뒤에, 나는 체포되었다. 정부는 비공식적으로 내 취직과 여행을 막았다. 나는 직장을 찾지 못했고, 여행할 권리도 없었다. 나는 사실상 국민이 아니었다. 공포를 무릅쓰고 내게 일자리를 줄 수 있는 기업은 없었다. 내 대학 시절의 모든 기록은 철저히 검열당했다. 주위에서는 여러 번 망명을 권했지만, 나는 결코 라이베리아를 떠날 수 없었다.

나는 정부를 상대로 소송을 제기하기로 마음먹었다. 법정에서 내 처지를 밝혀야 한다고 생각했다. 여러 법률회사를 찾아 상담을 했지만 나를 변호한다는 것은 겁나는 일이었고, 그러니 아무도 나서지 않았다. 나는 하는 수 없이 법학대학원에 진학했다. 미래에 나와 같은 어려움을 겪게 될 사람들을 변호하고 싶었다. 1986년 3월에 체포되어 수감되면서, 나는 가혹한 교도소 상황에 눈을 뜨게 되었다. 그곳에는 적법한 절차와 변호사의 도움을 받을 권리는커녕 기소도 되지 않은 상태에서 불법구금된 사람들이 많았다. 그들을 변호해주는 이가 아무도 없다는 데에 큰 충격을 받았다. 감옥에서 나오자마자 법학대학원에 진학했다. 1989년에 내전이 발생했다. 학생운동을 하고 있었던 나에게 합류하라고 채근하는 당파도 있었지만,

나는 폭력은 해결책이 아니라고 믿었다.

1991년 11월, 나는 인권변호사위원회의 마이크 포스너를 만났다. 그는 마이클 프랜시스 대주교와 인권옹호 단체를 설립하는 문제에 대해 논의한 바가 있다며 내게 대주교 관구에 정의평화위원회 사무소를 만들어달라고 부탁했다. 나는 그때 아무런 계획도 없었고, 어떤 훈련도 받지 않은 상태였다. 가진 거라고는 책상 하나와 타자기 한 대뿐이었다. 아주 어려운 상황이었다. 라이베리아는 전쟁 중이었고, 일반 국민에게 인권은 생소한 개념이었다.

그로부터 7년이 지난 지금, 나는 우리 위원회가 아프리카는 물론 세계에서 가장 강력한 천주교정의평화위원회라는 사실을 자랑스럽게 말할 수 있다. 우리는 가난한 사람들에게 무료로 법률적 지원을 제공하고, 언론인들과 정치범들과 불법적으로 구금된 활동가들을 변호하고, 살해되거나 실종된 사람들을 위해 활동하고, 인권과 화해에 관한 라디오 프로그램을 운영했다. 우리는 지금 언론인과 청년조직과 여성조직, 경찰, 법 집행기구를 대상으로 갈등 해결과 인권, 그리고 평화정착에 관한 언론인훈련 프로그램을 진행하고 있다. 가장 중요한 사실은 우리가 시민사회의 핵심적인 연결고리의 역할을 맡고 있다는 점이다. 이것이 바로 내가 평생 동안 여러 가지 고통스러운 일들을 계속해온 이유다.

1996년 4월, 당파 간의 거리전투가 벌어지고 있을 때 한 당파가 나를 미행했다. 어느 날 밤, 내 은신처는 두 번이나 습격을 받았지만, 하나님의 도움으로 나는 그곳에 없었다. 그 일이 있은 뒤 나는 미국 해군의 도움을 받아 라이베리아에서 탈출했다. 한 달 뒤 전투가 진정되었을 때, 내가 귀국하자 사람들은 경악했다. 친구들과 친척들이 몇 번이고 귀국하지 말라고 경고했던 터였다. 지난 10년 동안 나는 보안 때문에 날마다 다른 곳에서 잠을 잤다. 나는 이곳저곳을 옮겨다녔고, 두 시간밖에 못 잘 때가 많았다.

평범한 생활을 할 수 없다는 것은 기분 좋은 일이 아니다. 하지만 훌륭한 일을 하는 사람은 내적인 동기를 가지고 있다. 그런 사람들은 다른 사람이 살아남아 삶의 희망과 의미를 찾을 수 있도록 하기 위해서 자신을 희생한다. 1998년 6월, 라이베리아 정보국은 나를 반정부인사라고 낙인찍었다. 당시 나는 유럽을 방문하고 있었고, 그곳 친구들은 귀국을 만류했다. 하지만 나는 귀국했다. 공항에는 많은 시민들이 몰려나와 있었다. 그들은 자신들의 사건을 해결해주기를 바라는 마음에서 내가 체포되는 것을 막으려는 사람들이었다. 정부는 라이베리아 동남부에서 벌어지는 강제적인 아동노동을 비난했던 성명을 빌미로 나를 선동죄로 기소하려 했지만, 그들의 노림은 성공하지 못했다.

9월, 정부군은 전직 장군을 체포하려고 시도하면서 여러 사람을 살해했다. 나는 1998년 10월 9일에 그것을 비난하고 진상조사를 요구하는 성명을 발표했다. 내가 브뤼셀에서 열리는 사흘간의 회의에 참석하기 위해서 출국한 사이에, 경찰이 내 업무용 자동차를 압수하고 운전사를 폭행했다. 내가 귀국하는 즉시 체포될 것이라는 이야기가 무성했다. 어머니는 내게 절대로 돌아오지 말고 자신이 죽더라도 장례식에도 오지 말라는 편지를 보내왔고, 함께 활동하던 동료들 역시 귀국을 만류하는 편지를 보내왔다. 하지만 나는 귀국해서 필요하다면 직접 내 사건을 변호하겠다고 말했다. 한 달 뒤, 집으로 들어선 나를 어머니(아버지는 몇 년 전에 돌아가셨다)는 믿을 수 없다는 표정으로 맞았다.

나는 신념의 본질에 대한 확신을 가지고 싶어하는 우리 사회의 열망을 읽고 있었고, 우리 사회에 공백이 있다는 것을 알고 있었다. 나는 우리 사회가 더 많은 희생과 나의 신념에 대한 이해를 필요로 한다는 것을 알고 있었다. 진리를 추구하는 인생이 아니라면 그 인생은 무의미하다는 믿음이 있었기에, 나는 두렵지 않았다. 우리는 영웅이 되는 것도, 바보가 되는 것도 원하지 않는다. 우리는 평범한 사람이 되고 싶다. 그리고 평범한 사람이 된다는 것은 아무리 어려워도 진리를 추구한다는 것을 뜻한다. 선과 악의 대결은 언제 어디에나 있다. 끝내는 선이 악을 이긴다, 나는 그렇게 확신한다. 그러나 악과 대결하지 않고 물러선다면, 선은 결코 악을 이길 수 없다.

인생의 어느 지점에선가, 당신은 죽음의 공포와 마주해야 한다. 죽음으로 이어지는 복도를 걸어들어가며, 당신은 이제 마지막이라고 생각한다. 그리고 생명과 관련된 모든 것이 당신의 몸을 떠난다. 그러나 당신은 살아남았다. 하지만 목숨이 당신에게 돌아오는 데는 시간이 걸리고, 당신은 인간으로서 자신이 얼마나 무의미한 존재인지, 다른 사람을 위해 자신을 희생함으로써 얼마나 많은 것을 얻을 수 있는지를 깨닫게 된다. 나는 그 과정을 겪었다.

나는 감옥에 갔을 때 어떤 교도관에게 협박을 당했다. 그는 권총을 뽑아 내 입에 쑤셔넣고는 "넌 네가 누구라고 생각해?"라고 물었다. 늦은 밤이었고, 그는 술에 취

해 있었다. 나는 옷 한 조각 걸치지 않은 무력한 존재였다. 입안에는 총이 찔러져 있었다. 나는 거의 죽은 것이나 다름없었다. 나는 그때 일을 생각할 때마다 진짜로 죽었던 것처럼 느낀다. 한 순간, 한 순간, 내가 살아 있다는 것이 나 자신도 놀라웠다. 내가 가는 곳마다 사람들은 내 손을 잡으면서 아직 살아 있다는 걸 믿을 수 없다는 표정을 지었다. 곧 내가 살해당할 것이라는 소문이 파다했기 때문이었다. 사회는 희생과 신념으로 자신을 도울 사람들을 필요로 한다. 우리가 악과 맞서는 것은 곧 사회에 대해 도덕적인 대안을 제공하는 것이다. 나라가 악에 깊이 빠져 있을 때, 신념을 가진 사람들이 일어서지 않으면 다른 대안을 찾기 어렵다. 때때로 우리는 투쟁에 참가하도록 사람들을 설득하기도 하고, 사악한 마음을 가진 사람들을 착한 사람들로 바꿔놓기도 한다. 나는 그런 일을 여러 번 보았다.

1997년 7월, 찰스 테일러가 대통령에 당선되었다. 11월에 그를 배반했던 사람이 (아내와 사촌, 경호원과 함께) 고속도로에서 살해되었다. 모두가 두려움에 떨었다. 이 남자는 정의평화위원회와 나, 그리고 대주교를 가장 심하게 비판하던 사람이었다. 하지만 그의 가족들이 찾아갈 사람은 나밖에 없었다. 그의 자녀들은 두려움에 떨면서 그가 정부 요원들에게 체포되어 살해당했다고 말했다. 그들은 대변인이 필요했다. 나는 그들의 대변인이 되었다. 우리는 시신을 인도받기 위해서 정부를 상대로 소송을 제기했다. 우리는 그를 체포한 것이 보안대라는 증거를 확보하고 국제적인 활동을 개시하는 한편, 진상조사를 요구했다. 마침내 테일러 대통령은 보안대의 살해 사실을 시인했다. 그 남자는 죽은 뒤에야 진리를 보았다. 그는 무덤에 누운 뒤에야 우리가 어느 누구에게도 악의를 품고 있지 않다는 사실을 깨달았을 것이다.

나는 1992년에 천주교신자가 되었지만, 착실한 신자는 아니었다. 나는 종교를 내가 신과 내 동료들과 맺고 있는 관계라고 보았다. 내가 여러 번 위험에서 목숨을 건질 수 있었던 것은 신의 섭리였다는 생각이 든다. 어느 날 밤, 나는 어느 숙소에서 묵으면서 한밤중까지 잠을 이루지 못하다가 갑자기 마음을 바꾸어 숙소를 옮겼다. 그날 밤 그곳은 기습을 당했지만, 아무런 피해도 없었다. 아무런 특별한 능력이 없는 내가 무기도, 폭력도, 경호도 없이 이런 공격을 견디고 살아남을 수 있었던 것은 신의 섭리라고밖에 할 수 없다. 내게는 하나님에 대한 변함없는 확신이 있었다.

내 활동은 가족들을 계속 옮겨다니게 만들었다. 나는 가끔 자신의 확신을 위해 가족들을 희생시키고 있다고 생각하곤 한다. 자기 나름의 신념을 가질 수 있을 만큼 성숙하지 않은 어린 자식들을 생각하면, 내가 너무 이기적이라는 생각이 들기도 한다. 우리 가족은 늘 불안하게 살았고, 이 나라 저 나라로 옮겨다녀야 했다. 우리 가족은 가나에 갔다가 라이베리아로 돌아갔다가, 지금은 헤이그에 있다. 라이베리아를 떠날 때도 남의 여권을 가지고 떠나야 했다. 열한 살 먹은 내 딸은 내 사진을 보고 "나는 그 사람 몰라요"라고 말했다. 아들에게 전화를 하면, 아이는 "집에 오지 마세요! 경찰이 아빠 뒤를 쫓고 있어요!"라고 말한다. 아이들에게 이런 일들이 얼마나 고통스럽겠는가! 오랫동안 내 곁을 지켜준 약혼녀 역시 똑같은 일을 겪어야 했다. 그녀는 내가 할 일을 할 수 있도록 용기를 북돋아준 원동력이다. 그녀는 내가 하는 일이 옳은 일이라는 확신을 가지고 있고, 그 방향으로 움직이도록 나를 격려한다. 그녀는 내가 아이들의 관심사를 이해할 수 있도록 도와준다. 우리 가족은 나를 점점 더 잘 이해하고 있으며 내게 도움을 주고 있다. 우리 가족은 이런 일을 여러 번 겪으면서 확고한 신념을 지니게 되었다. 나는 늘 바쁘고 아이들과 떨어져 있기 때문에 가깝게 지낼 수 없을 때가 많았다. 하지만 우리는 점점 친해졌고, 지금은 더욱 친하다. 친구들과 동료들, 친척들, 그리고 라이베리아 국민들과 국제사회 역시 큰 힘이 된다.

점잖은 사람들은 좀처럼 어떤 행동에 나서지 않는다는 생각은 옳지 않다. 어떤 경우에는 하나님의 부름이 그를 일으켜세우기도 한다. 하나님의 부름을 받았을 때, 무엇이 우리 마음을 움직였는지를 설명한다는 것은 불가능하다. 우리가 왜 어떤 행동을 하는지, 무엇이 우리에게 힘을 주는지 설명한다는 것은 불가능하다. 그것은 사명의식이다. 우리는 누구나 사명을 하나씩 지니고 이 땅에 태어났다. 우리는 그 사명을 이루어야 한다. 내가 좋아하든 싫어하든, 하나님은 나를 이런 방식으로 쓰고 싶어한다. 나는 어느 누구에게도 악의를 품지 않는다. 나는 증오가 인간의 감수성을 오염시키고 활기를 빼앗는다고 생각한다. 나를 미워하고 비판하고 헐뜯는 사람들을 보면, 나는 신념이 확고해지고 용기가 샘솟는다.

우리 모두는 다른 사회에서 살아간다. 우리 모두는 다른 상황에서 다른 도전에 맞서게 마련이다. 하지만 우리는 공통의 문제를 찾아내고 협력해야 한다. 나는 우리가 이 세상을 더 좋은 곳으로 만들 수 있을 거라고 생각한다. 나는 장례식에 참석해서 추도의 말을 해야 할 때면 에티엔 드 그렐레의 말을 자주 인용한다. "나는 이 길을 한 번만 지나가야 한다는 걸 알고 있다. 친절을 베푸는 일이든 착한 일을 하는 일이든, 내가 할 수 있는 일이 있다면, 당장 그 일을 할 수 있게 하라. 나는 두 번 다시 이 길을 지나갈 수 없으니."

발타사르 가르손
BALTASAR GARZÓN

스페인

———

국제법

"세계적인 문제는 텔레비전으로만 지켜보면 되는 문제라고 생각하면서,
 아무렇지도 않게 저녁을 먹고 잠자리에 든다.……
 '나는 국내문제만 생각한다. 국내에서 일어나지 않은 일,
 국경 너머에서 벌어지는 일은 나와는 아무런
 관계도 없다'고 말해서는 안 된다."

발타사르 가르손 판사는 정부의 부패와 조직범죄, 테러리스트, 테러진압부대, 그리고 마약왕 등에 대한 소송을 전문으로 다루면서 화려한 경력을 쌓았다. 1973년에 칠레에서는 아우구스토 피노체트가 민주적으로 당선된 좌파 대통령 살바도르 아옌데를 몰아내는 유혈 군사쿠데타를 주도했다. 17년 동안 계속된 피노체트의 테러정치는 수많은 실종자와 사법절차를 거치지 않은 학살 등 대규모의 인권유린을 낳았다. 1998년 10월, 가르손은 피노체트의 런던 방문을 틈타 유럽에서 그를 기소했다. 가르손은 국내외의 격렬한 반대를 무릅쓰고 피노체트에 대한 기소를 신중하고도 대담하게 진행했다. 피노체트는 건강상의 이유로 그를 석방한다는 영국의 내무부장관 잭 스트로의 결정에 따라 칠레로 돌아갔다. 하지만 정의를 되찾기 위한 가르손의 활동은 국가의 수장도 고문과 대량학살 등의 범죄로 기소될 수 있으며, 어느 누구도 법 위에 군림할 수 없고, 인본주의에 반하는 범죄에 대해서는 면책특권이 적용되지 않는다는 판례를 남겼다. 많은 나라들이 발빠르게 가르손의 전례를 따르기 시작했다. 현재는 여러 나라들 사이에 피노체트에 대한 범죄인인도협정이 체결된 상태(벨기에, 프랑스, 스위스 역시 범죄인 인도요청을 제기했다)이며, 세네갈에서는 차드에서 독재를 자행했던 인물에 대한 재판이 진행되고 있다. 전 세계의 독재자들은 정의의 손길이 닿는 것이 두려워 외국여행을 취소하고 있다. 가르손의 활동은 수천 명에 달하는 피노체트 정권과 아르헨티나 군사정권(1976~1983)의 희생자들, 그리고 독재자들에게 고통을 당하고 있는 세계 전역의 모든 이들에게 희망을 던져주고 있다. 그가 거둔 가장 중요한 성과는 어느 정부가 국민을 탄압할 경우, 그 배반행위는 전 세계의 관심거리가 된다는 사실이다. 가

르손 판사는 현재 피노체트 재판을 진행하는 한편 아르헨티나의 군 장교들에 대한 조사를 진행하고 있다. 또한 많은 판사들이 그의 전례를 따라 과테말라의 리오스 몬트 장군을 기소한 상태다. 세계는 이제 두 번 다시 독재자들의 안전한 피난처가 되지 않을 것이다.

나는 신학교에서는 훈련을 통해 책임감을 배웠고, 집에서는 자유를 통해 책임감을 배웠다. 천주교신도였던 우리 가족은 내가 성직자가 될 만한 인물이 아니라고 생각했지만, 나는 고집을 꺾지 않고 신학교에 진학해서 열한 살 때부터 열일곱 살 때까지 신학교를 다녔다. 나는 선교사가 되어 사회정의와 다른 사람의 복지를 위해 일하고 싶었다. 하지만 나는 얼마 지나지 않아 성직자로서 감당해야 할 모든 제한을 감당할 수 없으리라는 것을 깨달았다. 결국 나는 신학 대신 법학을 선택했다. 우리 집은 유복한 중산층 가정이라서, 굳이 일을 해서 학비를 벌 필요는 없었다. 하지만 나는 다른 형제들도 공부를 할 수 있게 하려면 일을 해야 한다고 생각했다. 그래서 나는 건축노동자, 식당 종업원, 그리고 주유소 종업원으로 일했다. 당뇨환자였던 아버지 역시 늘 주유소에서 일했다. 나는 오전에 학교에 다녀와서 오후에 잠깐 눈을 붙였다가, 야간에는 당뇨로 인한 심장발작을 일으킨 적이 있는 아버지 대신 주유소에서 일하면서 틈틈이 여자친구를 만났다. (그 여자친구는 지금 내 아내가 되어 있다.) 지금도 나는 잠을 많이 자는 편이 아니고(하루에 세 시간), 덕분에 더 많은 일을 할 수 있는 시간적 여유가 있다.

발타사르 가르손

스페인에서 판사가 되려면 5년 동안 법학을 공부한 뒤에 438개의 주제에 관한 시험을 치르고, 판사연수원에 다녀야 한다. 나는 스물네 살 때인 1980년 12월 1일에 판사가 되었고, 12년째 대법원에서 일하고 있다. 나는 조직범죄와 테러리즘, 마약거래, 범죄인 인도, 위조, 부정부패, 스페인 밖에서 일어난 범죄들을 다룬다. 스페인의 판사들은 아르헨티나와 칠레의 경우와 같은 대량학살 및 고문 등의 범죄, 그리고 국제기구와 왕과 정부 같은 국가기관에 대한 범죄를 심리하는 데 유능하다. 나는 1993년에는 1년 동안 정치를 했고, 스페인의 '불법마약거래 퇴치프로그램' 책임자로 일하기도 했다.

내가 하는 일은 대부분 테러리즘, 그리고 조직적 테러리즘에 대한 보복테러리즘(국가테러리즘) 또는 암살단 문제와 관련되어 있기 때문에, 매우 위험하다. 나는 보복테러를 저지른 경찰서장과 내무부차관을 구금하도록 명령하기도 했고, 마약단속 담당 경찰 간부들과 민간경비대 간부들을 뇌물수수 혐의로 기소하기도 했다. 스페인 국내문제로는 대개 테러리즘, 정치적 테러리즘, 독립 요구 테러활동, 이슬람 테러리즘 관련 사건들을 심리하는데, 주요한 직무는 스페인 북부의 바스크 분리주의 조직 에테아(ETA, '바스크의 조국과 자유')의 테러리즘과 관련된 사건들이다.

나는 여러 차례 살해협박을 받았지만, 이제는 익숙해졌다. 협박을 당한다고 해서 마음을 바꾼 적은 없다. 대개 콜롬비아나 터키에서 들어오는 마약거래 사건을 조사할 때 협박을 받는다. 나는 보복테러집단인 암살단 사건을 조사하기 시작했을 때, 심한 심리적 압박을 받은 적이 있다. 누군가 우리 집에 침입해서 침대 머리에 바나나껍질을 놔두었던 것이다. 그 즈음 나는 정부의 공금을 유용한 혐의로 고소된 상태였는데, 그들이 내놓은 영수증들은 일부는 진짜였고 일부는 위조된 것이었

다. 다행히 나는 고소가 부당하다는 것을 입증할 수 있었다. (그 후 나는 물건 하나를 사더라도 꼼꼼히 영수증을 챙긴다.) 하지만 고소가 취하되지 않아서 나는 법무부장관을 만나 조사를 요청하여 문제를 말끔히 해결했다. 바나나껍질 사건이 벌어진 것은 바로 그 즈음이었다. 그 바나나껍질은 그들이, 우리 집이든 침실이든, 원하는 곳에 마음대로 드나들 수 있고 우리 가족에게 무슨 짓이든 할 수 있다는 마피아식 경고였다. 그날은 토요일이라 가족들이 마침 집을 비웠지만, 우리 집은 감시카메라와 경찰이 24시간 내내 지키고 있는 상태였다. 일주일 뒤, 어떤 기자가 전화를 걸어왔다. 그 기자는 "일주일 전에 침대 위에 바나나껍질이 놓여 있는 걸 보셨습니까?" 하고 물었다. 나는 "그런 일 없는데요. 무슨 말씀입니까? 나는 아무것도 보지 못했는데요"라고 대답했다. 아무것도 몰랐던 나로서야 뭐라고 할 수도 없고 부인할 것도 없었는데, 그 기자 말로는, 어떤 사람이 전화를 걸어와서는 누군가 일주일 전에 우리 집에 침입해 침대 머리맡에 바나나껍질을 두었다고 하더라는 것이었다. 그날 저녁식사를 하면서, 나는 아내에게 "이상한 일이야. 어떤 기자가 일주일 전에 우리 침대에 바나나껍질이 있었다고 하잖아"라고 말했다. 아내의 얼굴이 창백해졌다. "여보, 무슨 일이야? 당신 괜찮아?" 하고 묻자, 아내는 그날 여동생과 함께 쇼핑 갔다 돌아와서 침대 위에 놓인 바나나껍질을 보았다는 게 아닌가. 하지만 아이들이 그랬나 보다 하며 대수롭지 않게 여기고 쓰레기통에 던져버렸다는 이야기였다. 그제서야 우리는 놈들이 잠긴 문을 부수고 침입해서 감시카메라를 망가뜨렸다는 사실을 깨달았다.

갖은 압력을 받고 있지만, 중요한 것은 내게는 할 일이 있다는 사실이다. 하찮은 일 때문에 내 태도를 바꿀 수는 없다. 나는 내가 원하는 일을 하고 있다. 나는 늘 조심한다. 나는 위험이 있다는 것을 늘 잊지 않는다. 될 수 있으면 집을 떠나지 않으려

고 노력하고, 사람들이 많은 곳에는 자주 가지 않는다. 아이들과 영화관에 갈 때는 같은 길을 두 번 이용하지 않는다. 나에게는 12년 동안 갈고 닦은 요령이 있고, 이런 일에 시달리지 않기 위해서 최선을 다한다. 아내는 다행스럽게도 늘 내 편을 들어준다. 내가 나 자신에게 회의를 느낄 때도 아내는 나를 북돋아준다. "흔들리지 말아요. 약한 마음을 먹어서는 안 돼요. 계속 밀고 나가요." 우리는 아이들에게 이런 생각과 우리의 인생관, 그리고 위험이 있지만 그것을 극복해야 한다는 이야기를 자주 한다. 내가 무소속 의원직을 내놓고 판사직에 복귀했을 때, 큰딸은 나를 껴안으며 "아빠, 나는 아빠 편이에요. 그리고 아빠가 판사로 일할 때가 더 좋아요"라고 말해주었다. 우리는 아이들에게, 이것은 직업이다, 누군가는 이런 일을 해야 한다, 그리고 나는 완전한 자유의지로, 확실한 책임감에서 이 직업을 선택했다는 것을 분명히 알려준다. 다른 일을 하면 더 많은 돈을 벌 수도 있지만, 돈이 가장 중요한 기준이 될 수는 없다고 설명한다. 이 직업은 사회가 필요로 하는 일이고, 나는 그것을 해야 한다. 나에게는 사회적 헌신이 가장 중요한 것이다.

나는 상황이 좋을 때나 나쁠 때나 문제에 정면으로 맞부딪쳐야지 달아나서는 안 된다고 배웠다. 누구나 잘못을 저지르기도 하고, 실수하기도 한다. 하지만 나는 내 행동에 책임을 진다. 내가 어떤 일을 하지 못한다고 해도 그 일을 할 수 있는 사람은 많으니까 자신에게는 아무런 책임이 없다고 생각해서는 안 된다. 나는 판사는 사회에서 살아야 하고, 사회의 여러 가지 문제들과 직접 맞붙어야 한다고 생각한다. 우리에게는 훌륭하고도 강력한 국제법과 국내법이 있다. 하지만 그것을 제대로 활용하는 사람은 아무도 없는 것 같다. 사람들은 "이 일은 내가 익숙하게 처리해온 것과는 전혀 다른 것이다"고 말한다. 세계적인 문제는 텔레비전으로만 지켜보면 되는 문제라고 생각하면서, 아무렇지도 않게 저녁을 먹고 잠자리에 든다. 그렇다고

내가 테레사 수녀처럼 훌륭한 사람이라는 이야기는 아니다(그러면 얼마나 좋을까!). 다만 나는, 어떤 사건을 맡았을 때 그 사건에 도움이 될 수 있는 방향으로 모든 법을 적용하고 그 법의 적용을 확장한다. 우리는 "나는 국내문제만을 고려한다. 국내에서 일어나지 않은 일, 국경 너머에서 벌어지는 일은 나와는 아무런 관계도 없다"고 말해서는 안 된다. 그것은 19세기에나 써먹을 수 있었던 태도다. 핵심은 반인도적 범죄로 학살당한 피해자들은 보호가 필요하다는 것이다.

아르헨티나와 칠레는 스페인에 의해서 확증된 국제법이 적용될 수 있는 상황이다. 이곳에서 벌어진 사건들은 과테말라와 르완다, 유고슬라비아에서 벌어진 사건과 똑같다. 각 국가 내부에서 발생한 범죄라고 해서 그 나라에서만 심판될 수 있는 것은 아니다. 반인도적 범죄들은 '보편적 관할권'(universal jurisdiction: 반인도적 범죄에 대해서는 국적과 시효에 관계없이 처벌해야 한다는 원리로, '보편적 사법권'이라고도 함—옮긴이)에 따라 국제적으로 심판받아 마땅하다. 문제는 우리가 국제법을 적용하기를 원하는가 아닌가다. 우리는 국제법을 적용할 수도 있고, 거기서 뒷걸음질칠 수도 있다.

정치인들은 국제협약을 만드는 일을 도맡고 있지만, 막상 비준된 법률 중 하나를 적용해야 할 때가 되면 "문제는 이 법률을 적용하면 경제적 안정이나 정치적 안정을 해칠 수 있다는 사실입니다"라고 말한다. 말이 되는가? 국제법을 비준한 것은 그 법률을 적용하기 위해서가 아니었던가? 놀라운 것은, 이들은 인권유린에 대해 이야기할 때는 아무런 불편도 느끼지 않다가, 인권유린을 자행한 사람들을 법정에 세울 때는 무척이나 불편해한다는 점이다. 우리는 법률을 존중하는 한편, 사법처리가 한 나라의 안정을 위협할 거라고 불평하면서 법치주의를 존중하지 않는 판사

들과 정치인들의 의견까지 존중해야 한다. 정치권력을 장악한 사람들이 투명해지면, 민주적인 정치제도와 경제가 더욱 튼튼해질 것이다. 하지만 그들은 법정에 소환되는 것을 두려워하고, 그래서 국제재판소가 실질적인 권력을 지니는 것을 원하지 않는다. 미국이 국제형사재판소(ICC)를 반대하고 국제형사재판소 설립을 위한 로마 규약을 비준하지 않으려는 것은 바로 이 때문이다. 세계 지도자들은 반인도적 범죄를 비롯한 국제적인 범죄를 전담하는 국제형사재판소의 사법권을 인정하는 것을 두려워하지 말아야 한다. 그들은 경제의 세계화나 유럽국가들 사이의 사람들의 자유이동을 받아들이는 데는 아무런 거리낌이 없다. 유럽은 또 공통의 이민제한법을 인정하는 데는 아무런 거리낌이 없다. 그들은 국경을 초월한 범죄들이 있고, 그런 범죄들이 인류 전체에 영향을 미친다는 것을 알고 있다. 그런데 이런 범죄들을 심판하자는 것이 왜 문제가 되는가? 우리는 기준을 세우고 틀을 갖춘 것을 자화자찬해놓고서는, 우리에게는 이런 법률들이 적용되지 않아야 한다고 주장한다. 뉘른베르크의 독일 전범재판 이후로 우리는 우리가 정한 길에서 벗어나 국제범죄재판을 적용하지 않으려고 해왔다. 캄보디아에서는 중국 때문에 적용되지 않았고, 남미에서는 미국 때문에 적용되지 않았으며, 남아프리카공화국에서는 영국 때문에 적용되지 않았다. 마침내 보스니아와 르완다의 끔찍한 만행이 일어나고 나서야 새로운 의식이 싹트고 있다. 국제사면위원회와 인권감시단 같은 비정부조직의 고발과 탄핵이 이런 의식의 형성에 크게 기여하고 있다. 우리에게는 이런 소송을 다룰 수 있는 수단이 있다. 그런데 그 수단을 사용하지 못할 이유가 없지 않은가? 독립적인 재판소는 법적인 수단을 이용하고, 발전시키고, 그럼으로써 사회에 도움을 줄 수 있다.

국제적인 원칙은 반드시 적용되어야 한다. 우리는 대규모 인권유린을 자행한 자들에게 책임을 물을 수 있다. 차드의 전직 대통령은 고문을 자행했다는 이유로 세네갈에 억류되어 있다. 이탈리아는 로마에서 벌어진 칠레의 전직 부통령 베르나르도 레이톤 살해 시도와 관련된 범죄들을 조사하기 시작했다. 피노체트에게는 면책특권이 없다는 영국 상원의 결정 같은 커다란 진전도 있었다. 영국의 이 결정 덕분에 국제사회는 보편적 관할권의 원리가 유효하다는 사실을 인정하고 있다. 4년 전에 내가 이 소송을 시작했을 때 사법관할권은 커다란 장애물이었다. 우리는 새로운 길을 개척한 것이나 다름없다. 이제는 대학이나 국제학술회의에서, 이미 제정되었지만 한 번도 사용된 적이 없는 이 법률들을 사용할 수 있다는 점을 인정하고 있다. 이제 우리는 이 법률들을 사용할 수 있다는 것을 안다. 판사는 법률을 해석하면서 그 법률을 더욱 발전시킬 수도 있고 보수적인 태도를 보일 수도 있다. 우리에게는 법률을 진보적으로 해석할 수 있는 능력이 있다. 이런 문제에 부딪히게 될 때 우리가 할 일은 먼저 근시안적인 태도를 버리는 것이다. 우리는 피해자가 누군지를 확인하고, 범죄자에게 책임을 묻고 피해자들을 효과적으로 보호하기 위해서 국제법이 어떻게 사용될 수 있는지를 확인해야 한다.

이 소송사건들이 진행되는 방식은 얼마 지나지 않아 보편적인 정의의 원칙을 적용하여 대량학살, 테러리즘, 고문, 강제실종 따위의 범죄를 기소하는 데 표준적인 방식이 될 것이다. 지금은 그런 범죄를 정치적이고 경제적인 문제이며 한 나라와 다른 나라 사이의 관계를 손상시킬 수 있는 문제라고 말하는 사람들이 있다. 하지만 몇 년만 지나면 누구나 그것은 명백히 법률적용의 문제에 불과하다고 말하게 될 것이다.

정치지도자들은 이 법률을 지지한다고 하면서도, 인권 이야기가 나오면 타협을 해야 한다고 주장한다. 그래서 인권을 향상시키는 책임은 언제나 아르헨티나 '5월 광장'의 성난 어머니들이나 중국 텐안먼 광장의 피끓는 젊은이들, 남성과 동등한 권리를 요구하는 모로코와 요르단 여성들, 차도르로 얼굴을 가리길 원하지 않는 이란 여성들의 몫인 것처럼 보인다. 지도자들은 자신이 감당해야 할 책임, 그리고 피해자들을 너무나 쉽게 잊어버린다.

판사는 하늘의 부름을 받은 사람이 아니다. 그것은 훨씬 단순한 무엇이다. 그저 맡겨진 일을 제대로 하면 그만이다. 어떤 사건을 맡게 되면 간단한 몇 가지 질문을 던지고 법률을 적용하면 된다. 그러면 판사가 해야 할 일을 정당하게 하는 셈이다. 더 많은 질문을 하기 시작하면 사건이 복잡해진다. 그렇게 되면 일찍 퇴근할 수 없고 밤늦도록 일을 해야 한다. 하지만 그것은 중요한 일이다. 우리는 그 사건의 최소한의 법률적 논점을 찾아내는 데 그치지 않고 모든 논점을 찾아낼 때까지 더 많은 질문을 던져야 한다. 이것이 판사가 취할 수 있는 또 하나의 활동방식이다.

용기는 스스로에게 솔직할 수 있고, 자신이 느끼는 두려움을 극복할 수 있는 힘을 의미한다. 이런 일을 하다 보면 옆에서 보기에는 그렇게 허약한 구조를 가지고 어떻게 감당하는지 이해하기 어려울 만큼 많은 책임을 지게 된다. 너무나 할 일이 많아서 용기에 대해서는 생각할 시간도 없을 지경이다. 가장 큰 두려움은 실수를 할지도 모른다는 두려움, 사람들에게 해를 입힐지도 모른다는 두려움이다. 하지만 그것은 판사 직업의 일부분이고, 우리는 결정을 내려야 한다. 결정이 한없이 어려운 상황도 있다. 누군가를 감옥에 보내야 할 때면 무척이나 괴롭다. 늘 내가 잘못할 수도 있다는 것을 알고 있기 때문이다.

나를 아주 강한 사람이라고 생각하는 이들이 있지만, 나는 결코 강하지 않다. 어떤 사람이 유죄라는 확신은 있지만 법체계로는 유죄를 증명할 수 없기 때문에 무죄판결을 내려야 할 때는 상당히 견디기가 힘들다. 가장 어려운 점은 동료가 살해된 경우에도 이런 태도를 유지해야 한다는 것이다. 다음날 우리는 사무실에 나가서 일을 계속해야 한다. 그리고 나서 그 살인자를 직접 대면해야 한다. 유죄를 입증할 만한 법률적 증거가 충분하지 않으면 그 사실을 인정하고 그를 석방해야 하고, 법률적 증거가 있을 때는 앞서와 똑같이 엄정한 태도로 형을 내려야 한다.

지오바니 팔콘이라는 시실리 출신의 판사가 있었다. 이 사람은 이탈리아 정부가 마피아와의 전쟁을 선포했던 시기에 사법권 독립을 온몸으로 구현하다가 1992년에 암살당했다. 이처럼 용기 있는 사람들을 만나면, 우리는 법치주의가 얼마나 중요한지를 깨닫게 된다. 우리는 사회로부터 혜택을 받았으니 그 대가로 사회에 뭔가를 내주어야 한다. 이것은 사고방식이자 인생철학이다. 이것은 또한 아주 힘들고 벅찬 일이다.

임종을 맞은 아버지는 이런 말씀을 남기셨다. "애야, 너는 어깨가 넓어야 해." 우리 가족은 모두 어깨가 넓다. 우리에게는 늘 짐을 조금 더 지고 갈 수 있는 공간이 있다. 하지만 다른 사람들이 이것을 눈치채지 못하도록 해야 한다. 우리는 늘 넥타이를 단정히 매고 다녀야 한다. 우리는 사무실에 드나들 때마다 미소를 지어야 하고, 울고 싶을 때는 집에 갈 때까지 참아야 한다. 이것은 견디기 어려운 일이지만, 반드시 우리가 해야 할 일이다.

바츨라프 하벨
VACLAV HAVEL

체코공화국

표현의 자유

"사람들은 자기 주위에 있는 불결한 것과 관련을 맺고 싶어하지 않는다.
 하지만 사람들은 어느 날 아침 갑자기 자신이 반체제인사라는 사실,
 자신이 인권운동가라는 사실을 깨닫는다."

바츨라프 하벨은 원칙에 입각해서 민주주의를 주장하고 실천하는 것으로 손꼽히는 사람이다. 대통령에 당선되어 프라하의 대통령궁에서 생활하게 된 뒤에도, 그는 흔들림없는 도덕적 잣대와 누구도 넘볼 수 없는 정치력으로 무장하고, 반체제인사다운 정직한 태도로 발언하고 있다. 체코슬로바키아의 대표적인 극작가이자 공산주의체제의 국가적 억압의 희생자인 그는 『뜰의 축제』, 『집중하기가 점점 어려워진다』, 『회고록』, 『라르고 데솔라토』, 『유혹』을 비롯한 여러 편의 부조리 희곡을 집필한 것으로 유명하다. 1936년에 태어난 하벨은 소비에트 지배에 도전하는 인권 및 민주주의 조직인 '인권헌장 77'을 설립했다. 그는 억압과 항의에 관한 흥미로운 글을 썼는데, 1978년에 쓴 『힘없는 자들의 힘』은 뛰어난 정치적 저술이다. 1979년에 하벨은 인권운동 때문에 4년6개월의 강제노동형을 선고받았으며, 이 기간 동안 『올가에게 보내는 편지』를 썼다. 그는 1989년에 공동설립한 '시민포럼'의 수석대변인으로 활동했으며, 능숙한 지도력과 정치력, 그리고 도덕적 설득력을 발휘함으로써 공산주의에서 민주주의로의 평화적 이행에 크게 기여했다. 소비에트 통치의 잔재에서 벗어난 표현의 자유와 정치활동의 자유, 시민사회, 법치주의에 근거한 새로운 국가가 탄생한 1989년에 하벨은 대통령으로 취임했다.

지도력과 용기에 대하여

권위의 위기는 세계 곳곳에서 자행되고 있는 온갖 잔학행위의 원인 중 하나다. 공산주의가 무너진 후의 세계는 새로운 도덕적 지도자들이 탄생할 수 있는 기회를 제공했다. 공산주의가 무너진 나라들이 과도기를 거치는 동안에는, 전문적인 정치가나 직업적인 정치가가 존재하지 않았다. 지식인들은 정치에 입문해서 정치 분야에 새로운 정신을 불어넣을 수 있는 기회를 만나게 되었다. 하지만 사람들은 서서히 짓눌려갔고, 그런 기회들은 대부분 사라져버렸다. 누구나 존경할 만한 지도자들이 있기는 하다. 나는 달라이라마 같은 지도자들을 진심으로 존경한다. 전혀 희망을 가질 수 없는 상황에서도 기꺼이 자신의 목숨과 자유를 희생하려고 한다

는 사실이 나는 너무나 고맙다. 그들은 세계에 대한, 혹은 자신이 살고 있는 세계의 일부에 대한 책임을 기꺼이 감당하려고 한다. 나는 이런 사람들을 늘 존경하고 그들의 활동에 감사한다. 공적인 분야에서의 용기란 진리를 지키기 위해서 자신의 지위를 잃는 위험을 무릅쓰고라도 다수 의견에 맞서는 용기다. 나는 늘 이런 용기를 발휘할 수 있는 위대한 인물들에게 크나큰 존경심을 느끼고 있다.

반체제인사가 되는 것, 하나님이 되는 것

반체제인사가 되어야겠다고 결심한다고 해서 하루아침에 반체제인사가 될 수는 없다. 여러 단계와 행동들이 오랫동안 맞물려야만 반체제인사가 될 수 있다. 사람들은 대부분 그 이전까지는 무슨 일이 진행되고 있는지 전혀 깨닫지 못한다. 사람들은 인생에 오점이 될지도 모르는 일을 하고 싶어하지 않으며, 자기 주위에 있는 불결한 것과 관련을 맺고 싶어하지 않는다. 하지만 사람들은 어느 날 아침 갑자기 자신이 반체제인사라는 사실, 자신이 인권운동가라는 사실을 깨닫는다. 나도 마찬가지였다. 나는 수감생활을 하면서부터 지난 활동을 돌이켜보고 내가 왜 그런 일을 해온 건지 생각하기 시작했다. 우리 내면에는 무언가가 있는 것이 틀림없다.

모든 희생을 견딜 수 있게 해주는 '초월적인' 힘의 원천이 있는 것이 틀림없다. 초월적인 힘의 원천이라는 말에 동의하지 않는 사람도 있을 것이다. 하지만 나는 그것을 느낀다. 나는 수감 중에 사람은 왜 자신 외에는 아무도 자신의 행동과 생각을 알지 못하는 상황에서도 인간으로서의 존엄성을 지키려고 하는 걸까 자문하곤 했다. 그런 상황에서도 사람은 상심하고, 죄책감을 느끼고, 양심의 가책을 느낄 수 있다. 왜 그럴까? 나는 사람이 양심의 가책을 느끼는 것은 주위의 눈 때문이 아니라, 자기 내부에 자신을 바라보는 또 하나의 눈이 있기 때문이라고 생각한다. 그런 눈이 존재한다는 걸 입증할 증거는 없다. 하지만 그것이 존재한다는 확신은 내 마음의 원형으로부터 비롯하는 것이다.

두려움에 대하여

나는 갖가지 두려움을 경험했고, 지금도 경험하고 있다. 그 중에는 다른 사람들이 느끼는 두려움보다 훨씬 강도가 높은 것이 있다. 하지만 그것을 극복하려는 노력 역시 다른 사람들의 노력보다 훨씬 강도가 높을 것이다. 내가 가장 두려움을 느낄 때는 내가 사람들의 기대를 저버리고 그것 때문에 죄책감을 느끼는 모습을 상상할 때다. 예를 들어, 남미의 어느 나라에 갔는데, 의회에서 연설을 해달라는 부탁을 받았다고 하자. 나는 연설을 한다. 감동적이고 훌륭한 연설을 하려고 노력한다. 훌륭하게 연설을 마친다. 하지만 나는 이런 연설이 끝나면 늘 누군가에게 달려가서 "어땠어요? 좋았나요? 잘 한 건가요?"라고 묻는다. 나는 늘 이런 불안감을 느낀다. 나는 늘 무대공포증 때문에 고생한다. 내 안에는 두려움이 있다. 하지만 두려움이 있어도, 나는 행동한다.

유머에 대하여

사람은 중요한 문제를 위해서 모든 것을 희생할 준비를 갖추다 보면, 마지막 순간에 가서 지나치게 심각한 태도를 취하게 된다. 즉 얼굴이 굳어져 사람 같지 않고, 동상 같아 보인다. 알다시피 동상은 돌이나 석회로 만들어져 있고, 동상을 움직이게 하는 것은 대단히 어렵다. 동상의 움직임은 굼뜨고 어색하다. 동상이 되지 않고 인간이 되고 싶다면, 어느 정도 거리를 유지해야 하고, 거리를 유지하기 위해서는 모든 사람의 행동에는 어느 정도 불합리한 요소가 있다는 것을 인정해야 한다.

희망에 대하여

사람들은 희망과 예지를 혼동하는 경우가 있다. 예지학은 주위에서 일어나는 모든 일을 연구하는 학문이다. 예지학을 통해서 우리는 긍정적인 예지(낙천주의자인 경우)를 하거나 부정적인 예지(이러면 주위 사람들에게 비관적인 영향을 준다)를 할 것이다. 하지만 중요한 것은 희망과 예지를 구분하는 것이다. 희망은 마음의 상태다. 인생의 의미를 알지 못하는 사람은 아무런 희망도 가질 수 없을 것이다. 인생의 의미란 희망과 밀접한 관계에 있기 때문이다.

자유와 책임에 대하여

책임이 따르지 않는 자유는 거의 모든 사람이 꿈꾸는 것으로, 하고 싶은 일을 하면서도 자신이 했던 일에 대해서는 전혀 책임을 지지 않는 것이다. 하지만 그것은 비현실적인 인생이다. 책임이 따르지 않는 인생 역시 아무런 의미가 없다. 나는 자유의 참뜻은 책임과 관련이 있다고 생각한다. 책임이 따르지 않는 자유는 알맹이도 없고, 의미도 없고, 가치도 없다.

호세 살라케트
JOSÉ ZALAQUETT

칠레

—

정치적 권리, 진실, 그리고 화해

"조금 지나자, 외과의사가 피를 보는 일에 익숙해지는 것처럼
 나도 두려움을 느끼지 않게 되었다."

호세 살라케트는 현대에 들어 세계 인권운동을 개척한 사람이다. 그는 법학도였을 때 살바도르 아옌데를 위한 선거유세에 참여했다. 1970년에 아옌데가 대통령으로 당선되었을 때, 살라케트는 2년 동안 장관으로 활동하다가 대학으로 자리를 옮겼다. 1973년에 아우구스토 피노체트 장군이 유혈 쿠데타를 일으켜 민선 정부를 내쫓았다. 수천 명이 체포, 투옥, 고문, 혹은 살해를 당했고, 그보다 훨씬 많은 사람들이 망명길에 올랐다. 어느 정도 정치적인 공간이 남아 있던 유일한 조직체인 천주교회가 살라케트에게 쿠데타의 희생자들을 돕기 위한 평화위원회를 구성할 것을 제안했다. 후일 '연대를 위한 사제단'으로 불리게 되는 이 위원회는 칠레 최초의 인권조직으로, 1973년부터 1990년에 이르는 독재정권 시기 내내 살라케트의 지도하에서 활동했다. 연대를 위한 사제단은 수백 명의 구금자들을 변호하고 실종자들의 가족들을 도와 실종자의 행방을 찾아줄 것을 요구하는 인신보호영장을 청구하도록 했다. 살라케트는 1975년과 1976년에 수감생활을 하고, 1976년에 추방당했다. 그는 망명 중에도 국제사면위원회 집행위원장을 맡아 인권운동을 계속했다. 10년 만에 칠레로 돌아간 그는 1990년에 '전국 진실과 화해 위원회'의 위원으로 임명되었으며, 아홉 명의 동료 위원들과 함께 피노체트 정권의 피해자들의 운명에 관한 보고서를 집필했다. 그는 진실과 화해와 관련하여 국제적으로 존경받는 권위자가 되었고, 세계 각지의 유사한 위원회에 조언을 해주고 있다.

나는 1970년대에 아옌데 정부에서 장관을 하다가 2년 만에 정계를 떠났다. 나는 대학으로 돌아갔고, 학술단체의 부의장으로 활동했다. 그러다가 쿠데타가 일어났다. 자유의 상징이었던 정부청사가 폭파되었다. 쿠데타는 권력을 빼앗고 반대세력을 마비시키는 매우 강력한 타격이자 전략적인 행동이었다.

군대는 당장 사람들을 체포하기 시작했다. 그들은 감옥에 수천 명을 수용할 수 없게 되자 축구경기장에 사람들을 감금했다. 의회는 해산되었고, 군대는 선거인명부를 불태우고 정당과 노조 활동을 금지했으며 통행금지령을 내렸다. 1973년 당시의 칠레는 정부와 교회를 빼면 조직체가 전무한 불모지였다. 몇몇 사람들이 나를 찾아와 수감되거나 실종된 친척들을 찾는 걸 도와달라고 부탁했다. 나는 종교계에서 지원활동을 조직하고 있다는 소식을 듣고 거기에 합세했다. 내가 종교계라고 하는 것은 칠레에 있는 천주교회(모든 라틴 국가들에서 가장 신도가 많은 종교), 개신교 5개파, 그리고 유대교회를 이른다.

이때 조직된 평화위원회는 후일 '연대를 위한 사제단'으로 전환되었고, 국제적으로 널리 알려지게 되었다. 내가 맡은 첫 번째 임무는 전국 각지를 다니면서 상황을 조사하고 수감자를 면회하고 위원회 지부를 설립하는 것이었다.

칠레는 천주교국가기 때문에, 당시의 군대는 천주교회를 존중하지 않을 수 없었다. 나는 실바 추기경이 서명한 신임장을 지니고 있었던 덕분에 많은 곳을 드나들 수 있었다. 또 어느 지역을 방문했을 때는 지역의 주교를 통해 지역의 군 지휘관을 소개받고 여러 교도소와 수용소를 찾아갈 수 있었다.

나는 산티아고로 돌아온 뒤 수감자들을 변호할 법률 담당 부서를 만들라는 요청을 받았다. 우리는 70명이 넘는 사람들을 모아 인신보호영장을 중심으로 한 법률적 활

동 전략을 짰다. 우리는 거의 모든 소송에서 패소했지만, 그렇다고 가만히 있을 수는 없는 일이었다. 그렇게 활동한다는 것 자체가 중요한 일이었다.

정상적인 상황에서는, 법률이 자기편이고 변호사가 유능하면 소송에서 이길 수 있다. 그러나 칠레에서는 그렇지 않았다. 대법원은 처음부터 군사정권을 두려워하고 추종했다. 하지만 군사정권은 사법권의 독립을 존중하고 있다고 주장했다. 그러나 누가 보아도 법적인 절차는 겉치레 장식에 불과했다. 법원은 언제나 정부에 유리한 판결을 내렸다.

그렇지만 법적인 절차는 사람들을 돕고 불의를 고발하는 데는 도움이 될 수 있었고, 피해자 가족들이 자기편을 들어주는 변호사를 만날 수 있는 기회를 제공했다. 법적인 절차는 또한 비밀경찰의 의도를 미리 꿰뚫어볼 수 있는 좋은 수단이었다. 그들이 법정에서 특정 인물을 체포한 적이 없다고 말하면, 우리는 곧 그 사람을 실종시키려는 의도라는 것을 알아채고 국내적·국제적인 압력수단을 총동원하여 그들의 의도를 막기 위한 활동을 펼쳐야 했다. 법적인 절차는 또한 역사적인 기록을 남긴다는 성과가 있었다. 우리는 모든 문서의 사본을 보관해두었기 때문에, 수천 건의 공문서를 유엔이나 미주기구 또는 국제사면위원회에 보내거나『뉴욕 타임스』나『워싱턴 포스트』, 『르 몽드』 특파원들에게 공개할 수 있었다. 우리가 기록한 목격자 진술을 비롯한 수많은 기록정보들은 17년 후 진실위원회 활동의 기초가 되면서 엄청난 가치를 발휘했다.

하지만 우리의 활동은 군사정권의 눈을 피해갈 수 없었다. 군사정권 17년 동안, 50명 이상의 활동가들이 수감되고, 위원회 활동가 중 한 사람이 살해되었으며, 수많은 사람들이 망명을 했다.

하지만 다른 사람들이 겪어야 했던 고통에 비하면, 우리는 덜 위험한 편이었다. 비밀경찰은 특정한 원칙을 따르고 있었다. 정권은 잘 훈련되고 양심적인 좌파 활동가들을 가장 큰 위협이 되는 사람들로 꼽았다. 그들은 살해 또는 고문의 표적이 되었고, 그들의 변호사들은 투옥되거나 망명해야 하는 경우가 많았다. 나도 더 위험한 처지에 있었다면 활동을 계속할 수 있었을지 자신할 수 없다. 나는 정의를 위해 헌신하고 있었지만, 천성적으로 용감하다고는 할 수 없는 사람이다. 도리어, 나는 될 수 있으면 위험을 피해가려고 하는 평범한 사람이다. 내가 보여줬던 용기는 두려움 속에서 사는 법을 터득해가는 연습과정이었다. 조금 지나자, 외과의사가 피를 보는 일에 익숙해지는 것처럼 나도 두려움을 느끼지 않게 되었다. 중요한 것은 머리는 차갑게 하되 가슴이 차가워지도록 놔둬서는 안 된다는 점이다. 머리가 가슴처럼 뜨거워진 사람은 불필요한 위험에 뛰어드는데, 그것은 사람들에게 도움이 되지 않는다. 이런 균형점을 찾기까지는 많은 시간이 걸린다.

군사정권은 1975년에 우리 활동가들을 여럿 체포했지만, 우리는 동요하지 않았다. 군사정권은 실바 추기경에게 평화위원회를 해산할 것을 요구했다. 추기경이 이에 동의하자 체포되었던 사람들이 석방되었다. 실바 추기경은 우리 조직을 '연대를 위한 사제단 산하로 재편했다. 나는 새로운 사무실에서 활동하다가 다시 체포되었다. 나는 감옥에서 곧장 공항으로 끌려갔고, 호송병은 손수 내 비행기 좌석벨트까지 매어주고는 나를 고국에서 내쫓았다.

내가 이렇게 활동할 수 있었던 원동력은 무얼까? 나는 우리 가족과 마찬가지로 권력의 남용을 두고 보지 못하는 성격이었다. 부모님은 자상하고 정의로운 사람이었지만, 그분들이 살던 시대는 직접 정치적인 위기와 맞붙어 싸워야만 하는 상황은 아니었다. 하지만 누이들은 그렇지 않았다. 네 누이 중 하나는 레바논에서 종군 간호사로 일하고 있었고, 둘은 니카라과 사람들과 결혼하여 소모사에 맞서 싸웠으며, 막내누이는 피노체트에 대항하는 지하활동조직에 소속되어 있었다. 막내누이는 남편이 살해되고 난 후 1년 동안 수감생활을 했다. 나는 독재권력에 순응하지 않으며 늘 인자하고 잔인하지 않은 사람들을 가장 존경했다. 사악한 사람들은 권력 앞에서는 비굴하고 온순한 사람들 앞에서는 거칠게 행동했다.

나는 군부통치 17년 중에서 10년을 망명지에서 보내다가 1986년에 입국금지령이 해제되고서야 귀국할 수 있었다. 그때까지 내 여권에는, 입국을 시도하다가 발각되면 체포되어 왔던 곳으로 되돌려보낸다는 표시로 'L' 자가 새겨져 있었다.

나는 칠레로 돌아온 뒤, 정치적인 과도기와 과거의 인권유린문제들과 관련된 활동을 계속했다. 내가 이 문제에 처음 발을 내딛게 된 것은 국제사면위원회를 대표하여 아르헨티나를 방문했던 1984년의 일이었다. 나는 알폰신 대통령과 대담하고, 실종자 가족들과 알폰신 대통령이 실종자들의 행방을 밝히기 위해서 설립한 진실위원회와 만났다. 이듬해에는 우루과이에서 상귀네티 대통령과 변호사들, 판사들, 그리고 희생자 가족들을 만났다. 1987년에는 우간다, 1988년에는 필리핀을 방문했다. 1990년에는 새로 취임한 아일윈 대통령의 자문요청을 받아들여 그가 설립한 진실위원회에 참여했다. 1991년에 진실위원회는 3,000명에 이르는 사망자, 실종자와 관련된 방대한 보고서를 발간했다. 나는 이 분야의 활동을 계속하면서 정치적인 과도기와 인권문제와 관련된 저술과 강의, 자문 활동을 하고 있다. 우리는 특정한 나라가 전쟁범죄와 인권유린, 그리고 사회의 심각한 분열을 초래한 내전이나 독재를 종식시킨 뒤 공정한 정치제도를 세우기 위해 노력하는 과정을 민주주의의 과도기라고 부른다. 이 과도기의 각 단계는 상징적인 가치를 지닐 뿐 아니라 지속적인 영향을 미친다. 진실은 중요하다. 정의는 중요하다. 용서 역시 중요하다. 하지만 포괄적인 면책이 이루어져서는 안 된다.

나는 용서에는 두 가지 차원이 있다고 생각한다. 개인적인 차원에서, 개인은 자신을 짓밟은 사람을 용서할 수도 있다. 이것은 정부 정책이 개입할 여지가 없는 사사로운 과정이다. 개인적인 화해나 용서는 마음과 마음이 만나는 문제다. 하지만 사면특사법과 관련된 공동체의 관용은 전혀 다른 것이다. 공동체의 관용은 무너지거나 짓밟힌 공동체의 법률과 가치를 재확인하는 데 기여할 때 정당성을 가진다. 이것이 바로 기독교, 유대교, 이슬람교 등의 주요 종교의 근본원리인 용서의 교리다.

주요 종교는 처벌보다는 용서에 더 높은 가치를 둔다. 하지만 공동체의 사면에는 몇 가지 단계가 필요하다. 기독교적 전통에서는, 악행의 자백이 이루어지지 않으면 면죄가 인정되지 않는다. 개인은 자신이 범한 죄를 속죄하고 배상해야 한다. 죄인은 도덕이라는 건물에서 빼내간 벽돌을 되돌려놓아야 한다. 이 방식은 공동체의 가치와 도덕 재건과정을 재확인하는 과정이며, 이것이 전제될 때만 범죄자에 대한 용서가 이루어질 수 있다. 하지만 개인이 자신의 죄를 인정하지 않을 경우에는 그 개인의 완고함을 꺾기 위한 처벌이 필수적이다. 개인이 죄를 인정하지 않는 상황에서 이루어지는 포괄적인 사면은 인권유린의 정당성을 인정하는 결과를 낳을 뿐이다. 이런 사면방식에는 진실도 회개도 없고, 냉소주의만 있을 뿐이다.

남아프리카공화국의 사례는 이 점을 분명히 보여준다. 수십 년간 지속된 인종차별 정책의 결과, 정치인들과 판사들, 그리고 경찰관들을 비롯해서 기소될 가능성이 있는 사람들은 수만 명에 이른다. 이렇게 대규모적인 기소를 진행한다는 것은 불가능하기도 하지만, 사회의 통합과 화해라는 민주주의 과도기의 목표를 위협할 수 있었다. 반면에 이 과도기에 아무런 조치도 취하지 않는다면, 오랫동안 고통을 겪어온 모든 사람들의 기억을 모욕할 수 있었다. 결국 남아프리카공화국은 범죄와 자신의 개입 정도를 자백한 사람들에 대해 사면을 인정하는 방식을 택했다.

자신의 잘못을 인정할 때, 사람들의 그 회개가 진정한 것인지 계산된 것인지, 그들의 속마음을 꿰뚫어보는 것은 불가능한 일이다. 하지만 그것은 중요하지 않다. 인정은 한 개인의 주관적인 문제가 아니라 공적으로 치러지는 의식이다. 중요한 것은, 외부적으로, 엄숙하게 자신의 잘못을 천명하는 인정의 절차다. 그 기록은 후대를 밝힐 국가의 기록으로 남겨져야 한다. 개인과 개인의 차원에서라면 지극히 사적으로 처리할 문제겠지만, 사회적 차원에서 용서가 이루어지려면 그것은 필수다. 나는 진실위원회의 일원으로서 세계 전역을 다니며 수천 명을 만났다. 절대적인 보복을 주장하는 사람은 거의 없었지만, 범죄를 저지른 사람들이 법률에 정해진 대로 처벌을 받아야 한다고 주장하는 사람들은 많았다. 이것은 정당한 요구였다. 위원회는 칠레에서 반인도적 인권유린이 다시 벌어지도록 해서는 안 된다는 이야기를 줄곧 들었다. 많은 이들이 자신은 보복을, 더 많은 아이들이 부모를 잃게 되는 상황을 원치 않는다고 말했다. 사람들이 알고 싶어한 것은 용서해야 할 대상이 누구인지, 누구를 용서해야 하는지였다. 알다시피 대상이 특정되지 않은 용서는 인간적인 것이 아니다. 희생자들이 평온하게 용서하고 살 수 있으려면, 그런 범죄를 저지른 사람이 누군지 알아야 한다.

나에게 있어서 용기는 자신의 가치관에 따라 행동하는 결단력을 의미한다. 우리는 타고난 공포심에 맞서야 하며, 두려움과 함께 사는 법을 배워야 한다. 용기란 타고난 공포심을 대하는 일상적인 연습과정이다. 평화위원회의 사람들은 협동하고 서로를 돕고 격려했다. 영웅이란 말은 전혀 다른 것이다. 나는 남의 도움을 받지 않고도 자신의 이상을 위해 온갖 위험을 무릅쓰는 사람들을 영웅이라고 부른다.

감옥에 있을 때가 특별히 고통스러웠다고는 생각하지 않는다. 오히려 망명생활이 훨씬 고통스러웠다. 망명 중에는 두 딸을 1년에 두 번밖에 볼 수 없었기 때문이다. 내 딸들은 내가 어떤 상황에 있든 내가 자신들을 내 삶에서 가장 중요한 사람들로 여긴다는 것을 알고 있었다. 나는 아이들에게서 한두 차례 내가 자랑스럽다는 말을 들었다. 이 말은 내게 큰 힘이 된다. 하지만 망명생활의 현실과 결과를 미리 알았더라면, 그래서 지금과는 다른 일을 했더라면 좋았을 것 같다는 생각을 가끔 하곤 했다. 아이들이 어렸을 때 더 많은 시간을 함께하지 못했다는 생각을 하면 지금도 마음이 아프다. '위험에 뛰어들지 말고 아이들을 위해 시간을 아꼈다면 좋았을 걸. 하지만 시간을 되돌릴 수 있다고 해도 나는 전혀 다른 생활을 할 수는 없을 거야.' 나는 지금 이 순간까지도 이런 가슴아픈 질문을 되풀이하고 있다.

민주주의를 되찾고 나서, 칠레는 도덕성 회복이라는 과제를 짊어져야 했다. 우리는 어려움에 가득찬 이행기를 겪기는 했지만, 과거에 세워진 정의와 법치주의의 전통이 있었기에 완전히 백지상태에서 민주주의를 건설할 필요는 없었다.

진실위원회는 많은 것을 달성할 수 있었다. 3,000명에 이르는 실종자와 사망자의 진실을 밝혀냄으로써 칠레 체제의 인권유린을 폭로하고 온 세계의 진실을 바로세웠다. 이제는 더 이상 무고한 사람들이 부당하게 살해되었다는 것을 부인할 수 없다. 바로 이것이 중요한 교훈이다. 핵심인물들이 포함된 수많은 소송에서 정의가 실현되고 있다. 희생자들은 보상받았고, 사회는 진실을 인정했다.

하지만 아직도 끝나지 않은 일들이 있다. 이 문제들은 정부가 후원하고 18명의 사람들이 참여하는 여러 차례의 원탁토론회에서 다루어지고 있다. 여기에는 군 고위장교들, 인권변호사들, 종교지도자들, 그리고 사회 지도층 인사들이 포함되어 있다. 토론은 언론에 완전히 공개되고, 시민사회 전체가 곧바로 그 토론을 이어가고 있다. 이런 독창적인 방식이 채택될 수 있게 된 것은 런던에서 피노체트가 체포된 후였다. 현재 논의되고 있는 주된 문제는 다음 두 가지다. 어떻게 1,000명에 이르는 실종된 수감자들의 행방과 유해를 찾을 것인가? 이런 범죄행위의 재발을 예방하기 위해서 어떻게 군대로 하여금 군사정권의 범죄행위를 공개적으로 시인하게 만들 것인가?

칠레는 지금의 과도기를 민주주의로 완성시켜야 한다. 그렇지만 우리나라는 그 과정에서 모든 사람에게는 온갖 차이를 넘어서는 기본적인 인권이 있다는 중요한 교훈을 얻었다. 정치권은 여전히 논쟁을 벌이고 있다. 하지만 옛 체제의 특징이었던 극단적인 양극화는 없어졌다. 원대한 목표 또는 이상을 달성하기 위해서라면 파괴분자라는 혐의를 받던 사람이든 부르주아라는 혐의를 샀던 사람이든 모두 제거할 수 있다는 생각은 사라졌다. 칠레가 이런 합의에 도달하기까지는 많은 세월이 필요했다. 인권유린의 기억은 아직도 생생하다. 해묵은 증오심이 다시 타오를 수 있다는 생각이 들 때도 있긴 하지만, 적어도 기본적인 수준의 정치적·사회적 관용은 이미 널리 확산되기 시작했다.

즈비그니에프 부야크
ZBIGNIEW BUJAK

폴란드

———

정치참여와 지하활동

"우리의 슬로건은 '잡히지 말자!' 였다."

폴란드의 현직 장관인 즈비그니에프 부야크는 1954년생으로, 1981년 계엄 치하의 바르샤바 지역에서 지하조직 '자유노조연대' 를 이끌다가 1986년에 체포되었다. 전기기술병 훈련을 받았던 부야크는 우르수스 트랙터 공장에서 일하다가 1978년에 야당활동을 시작했다. 그는 1980년에 파업을 조직하고 1981년에 자유노조연대의 바르샤바(마조프세) 지부장이 되었다. 계엄령이 선포된 날 밤 그단스크에서 체포를 모면한 부야크는 몰래 바르샤바로 돌아가 노련하고 효과적인 지하활동을 시작했다. 일반사면으로 감옥에서 석방된 뒤 그는 1989년까지 마조프세 지역에서 자유노조연대를 이끌었다. 그는 '원탁회의' 에서 연대 측의 주도적인 협상자 중 하나였으며, 동료들과 함께 공산당 측과 평화적인 협상을 벌이면서 폴란드 민주통치의 기원을 열었다. 폴란드에서 시작된 민주주의 물결은 헝가리, 동독, 체코슬로바키아에 변화의 바람을 불어넣었으며, 마침내 세계 전역으로 퍼져나갔다. 부야크는 노동조합운동에 몰두하기 위해서 레흐 바웬사와는 달리 공직선거에 출마하지 않겠다는 결심을 밝혔다. 그는 또한 정치 분야에서 활동하면서 '시민운동–민주적 대안' ('민주적 사회운동' 의 전신), '노동연맹' 등의 설립을 도왔다. 1991년 의원으로 당선되어 1997년까지 활동했다. 의회에서 그는 여성의 권리를 옹호하고 반유대주의를 비판하는 연설을 하여 한때 열성적 지지자였던 수많은 사람들의 분노를 샀다. 그는 현재 폴란드 정부의 요직에 해당하는 세관부장관으로 활동하고 있다.

연대운동을 하는 동안, 우리는 군대가 그런 식으로 활용되리라고는 미처 예상하지 못했지만, 계엄과 비슷한 상황이 오리라는 것은 알고 있었다. 우리는 돈과 기계류, 서류를 숨기면서 준비를 했다. 1981년 12월 12일, 연대노조가 그단스크 조선소에서 총회를 개최하던 바로 그날, '조모'(시가전에 사용되는 특수헌병부대)가 소집되었다는 소식이 왔다. 우리는 '이제 시작이다. 아주 작은 일이라도 지금 할 수 있는 일이 있다면, 우리는 계속 전진해야 한다. 우리는 전국위원회 회의를 끝내야 한다'고 생각했다.

이 회의는 첩보부에 의해서 낱낱이 도청되고 있었다. 하지만 그단스크 조선소로 밀고 들어와 체포작전을 펼치는 것은 대단히 위험한 일이었다. 많은 사람들이 있는 대규모 공장이기 때문에 자칫하면 직접적인 대결로 번질 우려가 있었기 때문이다. 야루젤스키 장군이 조선소 진입작전을 쓰지 않으리라는 것은 불을 보듯 빤했다. 그는 우리에게 겁을 주기 위해서 엄청난 수의 경찰과 군부대를 동원했다. 그는 엄청난 무력으로 우리를 마비시키려고 했다. 전략적으로 볼 때, 그의 판단은 옳았다. 그들은 우리가 호텔에 투숙했을 때 체포할 계획을 짰다. 우리는 그들이 모노폴 호텔을 포위하고 사람들을 내보내고 있는 것을 알아차렸다. 우리가 도착하자 호텔 종업원은 연대노조 대변인이 체포되었다고 말했다. 올 것이 왔구나! 나는 다른 활동가 한 명과 함께 그단스크에 있는 친구들을 찾아갔고, 수도원에서 하룻밤을 지냈다. 이튿날 나는 민간인 아파트로 옮겼다. 창문에서 내다보니 탱크들이 줄줄이 조선소로 들어가고 있었다. 우리가 합세를 해야 하는지 알기 위해서 조선소 내에 있던 파업위원회 사람들과 어렵게 연락을 취했다. 그들은 그럴 것이 아니라 지도부 전원이 다른 은신처로 흩어져야 한다고 주장했다. 나는 기술자 복장으로 갈아입고 열차편으로 바르샤바로 돌아갔다.

바르샤바에 도착했을 때 가장 시급하고 중요한 문제는 누가 은신 중이고, 그들에게 어떻게 연락을 취해야 하는지를 알아내는 것이었다. 나는 명쾌한 전략을 짰다. 나는 친구 집으로 찾아가서 가족들에게 이웃사람을 노바크 신부에게 보내 은신 중인 사람들과 연락할 수 있도록 도움을 청해달라고 부탁했다. 노바크 신부는 내 보좌역인 빅토르 쿨레르스키가 어느 민가에 숨어 있는지 알고 있었다. 바로 그날 빅토르를 만났다. 우리는 이웃교구의 또 다른 신부의 도움을 받아 그곳에서 빠져나왔다. 빅토르는 에바 쿨리크, 헬레나 루치보에게 연락했다. 이렇게 해서 문제는 해결되고, 우리는 완전한 지하연락망을 만들 수 있게 되었다.

우리는 세 개의 독립조직을 만들었다. 편집위원회는 지하신문과 유인물을 인쇄하고 배포하는 가장 중요한 기능을 담당했다. 풀라르스키와 야누스, 즈비그니에프 토마셰프스키, 그리고 내 활동을 도와주는 사람들로 이루어진 독립조직도 있었다. 우리들 각자는 안전하게 살고, 일하고, 회의를 할 수 있는 안전가옥을 제공하는 별도의 대원을 확보하고 있었다. 나머지 사람들은 우리가 어디에 사는지, 우리의 안전을 위해서 활동하는 사람들이 누구인지 알지 못했다. 어느 한 사람이 첩보부에 잡히더라도 그 사람이 아는 범위를 최소화하여 피해가 하나의 단위로 그치게 하기 위한 방법이었다. 달마다 우리는 거처를 옮기고 용모를 바꾸었다. 비밀경찰들은 우리가 착용하고 있는 것으로 기록된 모자와 코트, 가방의 종류에만 집착하고 있었기 때문에, 그런 비품들을 바꾸면 쉽게 경찰을 따돌릴 수 있었다. 나는 한쪽은 밝은 색깔, 뒤집으면 어두운 색깔이 되는 재킷을 가지고 있었다.

우리가 한 달 동안 머물렀던 어느 지역에는 언제라도 옮겨다닐 수 있는 아파트가 열여섯 채나 있었는데, 집주인들은 모두 전혀 모르는 사람들이었다. 우리는 자신의 친척이나 다른 활동가의 친척, 그리고 친구들과 마주치지 않으려고 노력했다. 다시 말하면 우리는 완전히 낯선 사람들에게 고스란히 몸을 맡겨야 했다. 처음에는 이 사람들이 밀고하지나 않을까 불안했다. 우리를 밀고하는 사람에게는 현금 2만 달러와 출국허가증이라는 엄청난 보상이 기다리고 있었다. 하지만 우리를 배신했던 사람은 단 한 명뿐이었다. 우리의 슬로건은 '잡히지 말자!' 였다. 폴란드 사람들은 비밀경찰은 못하는 것이 없다고 생각하고 있었다. 전체 사회는 비밀경찰의 '무시무시한 효율성'의 신화를 토대로 굴러가고 있었다. 하지만 사람들이 1년이 지나도록 활동가들이 잡히지 않고 지하에서 왕성하게 활동하고 있는 것을 알게 되면서 효율성의 신화에는 금이 가기 시작했다. 우리에게는 편안하게 살아가는 것은 곧 체제와의 타협이라는 확신이 있었고, 그 확신은 옳았다. 요즘도 전직 비밀경찰들에게서 "이 망할 놈아, 그때 우리가 네놈을 잡았더라면 말이야……" 하는 전화가 걸려오는 걸 보면, 그들은 아직도 분이 풀리지 않은 것 같다.

용기에는 두 종류가 있다. 나는 군대의 전투에는 그다지 많은 용기가 필요하지 않다고 확신하고 있다. 나도 군복무를 했던 사람으로서, 그냥 겨냥하고 쏘고 달리는 것이 훨씬 쉬운 일이라는 걸 알고 있다. 러시아의 반체제인사들에 대한 글을 읽으면서 나는 '민간인의 용기'가 훨씬 더 어려운 것이라는 걸 깨달았다. 뭐라고 증명할 도리는 없지만, 나는 러시아인들이 했던 것처럼, 투옥이나 처형, 시베리아 수용소 수감의 위험을 무릅쓰고 서명을 하거나 시위에 참여하는 것, 이것이 참된 용기라고 생각한다. 남아프리카공화국의 만델라에 관한 글을 읽으면, 이런 활동을

하기 위해서는 전혀 다른 용기가 필요하다는 것을 알게 된다.

정계에서는 자신의 본심을 표현하는 것을 용기라고 부른다. 하지만 그렇게 하면 친구를 잃게 되거나 가족 중 누군가가 등을 돌릴지도 모른다. 나는 그런 경험을 했다. 내 본심을 공개적으로 밝히는 순간, 나는 모든 폴란드 사람들의 영웅이라는 자리를 잃고 말았다. 많은 사람들이 "당신은 우리를 실망시키고 배신했어. 우리는 당신을 우리 민족주의자들의 편이고, 우리를 이끌어줄 거라고 생각했는데 말이야" 라고 말했다. 많은 반유대주의자들이 "우리는 당신이 진정한 폴란드인이라고 생각했어. 그리고 함께 유대인들과 공산주의자들에게 본때를 보여줄 거라고 생각했지"라고 말했다. 내가 여성에게는 낙태 여부를 선택할 결정권이 있다고 하자, 낙태반대운동에 참여했던 사람들은 나를 최대의 적으로 삼았다.

나는 나의 이 모든 꿈이 이루어질 거라고 믿는다. 아내와 나는 아이가 없어서 한동안 섭섭했다. 그러다가 아들이 태어나서 지금은 너무나 행복하다. 아들이 태어나지 않았다면 추상적인 일에 인생을 허비했구나 싶어 냉소적이고 우울한 사람이 되었을 것이다. 내가 아들을 위해 남겨줄 것은 가장 좋은 폴란드뿐이라고 생각한다. 우리가 우리 부모님들의 인생에 대해 그렇게 이야기하는 것처럼, 우리가 지금 하는 일은 전설 속의 이야기가 될 것이다. 나는 거대한 승리의 물결에 동참하고 있음을 느낀다. 처음에는 계엄철폐, 다음에는 원탁회의, 다음에는 타데우시 마조비에츠키의 성공. 거대한 정치적 이상의 실현을 도왔다는 점에서 우리의 이상은 실현되었다. 그리고 나는 그 속에 있었다.

세즈긴 탄리쿨루
SEZGIN TANRIKULU

터키

———

쿠르드족과 자결권

"나는 법정에서 고문 혐의로 고소당한 사람들과 눈길이 마주치면
절대로 먼저 눈을 깜박이거나 눈길을 돌리지 않는다.
그때 나는 그들보다 용감하다는 생각이 든다.
그들의 눈에는 나를 죽이고 싶다는 증오심이 들어 있다."

세즈긴 탄리쿨루는 터키 쿠르디스탄 지역의 지도적인 인권변호사로, 법률 개혁과 시민사회 강화를 강력하게 주창하고 있다. 그는 디야르바키르 인권협회의 공동설립자, 디야르바키르 변호사협회 간사, 인권재단 터키지부장 등의 활동을 통해 도전하는 사람들이 거의 없었던 영역으로 들어갔다. 쿠르드 지역은 10년이 넘도록 식량공급 봉쇄와 통행금지 같은 포위상태에 있고, 민간인들은 터키군과 쿠르디스탄 노동당 사이의 전투로 곤경에 빠져 있다. 터키군은 민간인을 사격하고, 마을을 파괴하고, 비전투원을 강제로 추방하는 등 조직적인 쿠르드족 말살정책을 펴고 있다. 1992년 이후로 2만6,000명이 살해되고 200만 명이 추방되었다. 사법절차를 무시한 살인, 실종, 경찰의 임의적인 구금과 고문이 일상적으로 자행되고 있다. 표현의 자유는 극심하게 억압받고 있다. 최근까지 터키 법은 쿠르드어와 쿠르드 춤, 쿠르드 노래, 그리고 쿠르드 이름의 사용까지 금지했다. 터키 전역, 특히 동남부지역의 변호사들은 정치적으로 불리한 사람들을 변호하는 것을 꺼린다. 이런 분위기 속에서 변호사들은 박해의 대상이 되고 있으며, 검찰과 경찰, 보안요원들은 변호사들을 일상적으로 '테러리스트 변호사'라고 부르고 있다. 디야르바키르에서만 30명이 넘는 변호사들이 법정에서 고객을 변호했다는 이유만으로 형사소추를 당하고 있다. 유럽 인권법정에 청원서를 제출하거나 국제인권단체에 정보를 제공하는 것조차 테러리스트를 지원하는 증거로 간주되어 기소와 투옥의 대상이 된다. 탄리쿨루는 변호사활동 때문에 여러 차례 기소를 당했으며, 1994년에는 다른 법원이 고문에 의한 진술이라는 이유로 인정하지 않은 진술을 토대로 내려진 유죄결정에 항고했다는 이유로 '법정모독죄'로 기소되었다. 국가의 탄압에 맞선 탄리쿨루의 인권옹호 활동은 법치주의에 대한 끈기와 열정을 반영하고 있다.

나는 1984년에 이스탄불에 있는 법학대학원을 졸업하고 고향인 디야르바키르로 돌아가서 변호사 연수를 시작했다. 정부가 발동한 긴급법령으로 3,000명 이상의 정치범이 투옥되어, 도시에는 무거운 긴장이 흐르고 있었다. 이런 상황에 무관심하기는 어려웠다. 시장인 메그디 자나 박사는 쿠르드의 유명한 정치범 라일라 자나의 남편으로, 분리주의자로 기소된 상태였다. 나는 젊은 변호사의 열정적인 도움을 원하고 있는 그를 변호하기로 결심하면서부터 인권 전문 변호사가 되었다.

그 지역의 테러의 규모는 점점 확대되고, 전쟁은 점점 살벌해졌다. 나는 인권유린과 관련된 소송 말고 다른 소송을 할 겨를이 없었다.

메그디 자나는 정당에 소속되지 않은 무소속 시장으로 쿠르드족의 대의를 위해서 활동하고 있었다. 1980년에 군부가 집권하면서 그는 테러리스트 조직원이라는 혐의를 받고 1980년부터 1991년까지 수감생활을 해야 했다. 1980년대에 터키 정부는 쿠르드어의 사용을 금지했지만, 그는 법정에서 자신을 변호할 때마다 판사들에게 쿠르드어로 말했다. 터키 정부는 쿠르드어를 인정할 수밖에 없었고, 1991년 그 법은 폐지되었다.

나는 1990년에서 1995년 사이의 악몽기에 터키 태생의 변호사 친구 여섯 명을 잃었다. 그들이 살해된 것은 인권을 옹호하는 용기 때문이었다. 정부는 인권을 위해 활동하는 우리 같은 사람들에게 경고를 하고 싶었던 것이다. 그들은 정국의 희생양이었다. 우리는 그것이 군 첩보기관이 관련된 계획적인 정치적 암살이라고 추측했다. 어떤 정보장교가 한 변호사의 죽음이 군과 관련된 기관에 의한 암살이라고 주장하면서 우리의 추측은 사실로 확인되었다. 후에 이 정보장교 역시 암살되었다.

1992년에서 1995년 사이에 디야르바키르의 상황은 더욱 심각해졌다. 디야르바키르에서는 날마다 두세 명 이상의 사람들이 정치적인 암살을 당했다. 아주 긴박한 상황이었다. 나는 아침마다 집을 나서는 순간부터 미행을 당했다. 농담이라도 하지 않고는 버틸 수 없는 상황이었다. 대부분의 사람들이 등 뒤에서 날아온 총탄에 암살되었다. 우리 사이에서는 어깨에 거울을 달고 다니면서 누가 뒤쫓고 있는지 살펴야 한다는 농담이 오고갔다. 1988년에 나는 다섯 명의 동료들과 함께 디야르바키르 인권협회를 세웠다. 1997년에 인권협회는 600명의 회원을 확보했다. 그해 5월 22일, 정부는 협회의 서류함에서 금지된 출판물을 발견했다는 구실을 붙여 인권협회를 폐쇄했다. 하지만 그렇게 당한 것은 우리만이 아니었다. 터키 동남부의 마르딘과 우르파의 인권협회들도 똑같은 이유로 폐쇄되었다.

나는 짧은 기간 동안 구금되었다. 유럽에서 디야르바키르로 돌아오는 길이었는데, 공항에서 정부 요원이 용의자명단에 내가 올라 있다고 말했다. 나는 경찰서로 끌려가면 나쁜 일을 당할 거라는 생각이 들었다. 하지만 디야르바키르에는 정직한 판사들과 검사들이 몇 명 있었고, 내 이야기를 들은 한 검사가 당장 전화를 걸어와서 법정에서 나를 심문하겠다고 주장했다. 나는 그 사람 덕분에 목숨을 건졌다.

또 한번은 한때 나를 신용했던 어떤 검사가, 분리주의자이자 테러리스트 조직원이라는 혐의로 기소된 내가 결백하다는 이야기를 듣고 내게 이렇게 말했다. "항변하는 글을 당신이 직접 쓰는 게 어때요. 그리고 내가 쓴 것처럼 서명하면 되잖아요." 너무나 놀라운 일이었다. 하지만 가끔 그런 일이 일어난다. 그러니 아무리 상황이 암울해도 희망은 있다고 말하지 않을 수 없다.

나는 어떤 불법적인 일도 한 적이 없다. 그래서 내 양심은 깨끗하다. 나는 테러리스트 조직과 아무런 관련이 없다. 나는 모든 활동을 기록으로 남긴다. 나는 보안대나 정부 당국을 두려워할 이유가 없다. 만일 법정에 선다고 해도 나는 아무런 어려움 없이 자신을 변호할 수 있을 것 같다. 내가 두려워하는 것은 국가 내부에 국가의 통제를 넘어서는 세력이 있다는 사실이다. 이들은 참으로 위험한 존재들이다. 우리 활동이 위험한 것도 그 때문이다.

나는 가족 걱정을 많이 했다. 아내는 자기도 늘 두렵다고 말한다. 내가 특히 두려워하는 것은 자동차 폭발이다. 시동을 켜는 순간 끝장이기 때문이다. 내 친구의 차도 이렇게 폭파된 적이 있다.

인권을 위한 투쟁의 역사는 인간의 역사만큼 길다. 우리가 불의에 맞서서 싸우지 않으면, 우리를 도와줄 사람은 아무도 없다. 상황을 바꿀 수 있는 것은 우리 자신뿐이다. 불의가 판치는 상황에서 사는 것은 죽음보다 무서운 것이다. 내가 이런 활동을 하는 것은 더 나은 미래를 확보하기 위해서다. 또 하나, 우리 지역은 너무 낙후되었다. 문맹률은 매우 높고, 전쟁이 벌어지고 있다. 우리는 인권을 짓밟히고 있는 무지한 사람들 눈에 구원자로 보일 것이다. 그들은 우리 변호사들을 신이나 다름없는 존재로 여긴다. 그렇기 때문에 우리에게는 많은 도덕적 의무가 따른다. 디야르바키르에는 변호사가 많지 않기 때문에, 사람들의 신뢰를 저버리지 않기 위해서 우리는 정말로 열심히 일해야 한다. 특히 우리 지역 같은 곳에 사는 우리에

게는 특별한 과제가 있다. 사람들을 위해서 활동하다 보면, 사람들이 새벽 2시에 전화를 걸어온다. 사람들이 고통스러운 얼굴로 사무실을 찾아오면, 우리는 소송을 대변하는 것이 아니라 사람들을 대변하고 있다고 생각한다. 우리의 직업은 참으로 인간적인 것이다.

용기. 나는 용기에 대해 매우 개인적인, 소박한 정의를 내린다. 고문을 당한 어떤 사람을 대변할 수 있는 것, 이 사람을 고문했던 경찰과 체제에 맞설 수 있는 것, 바로 그것이 용기다. 나는 이런 식으로 투쟁한다. 다른 방법으로도 똑같은 목적에 도달할 수 있다. 하지만 내 방식은 고통을 겪는 사람들을 대변하는 것이다. 나는 법정에서 고문 혐의로 고소당한 사람들과 눈길이 마주치면 절대로 먼저 눈을 깜박이거나 눈길을 돌리지 않는다. 그때 나는 그들보다 용감하다는 생각이 든다. 그들의 눈에는 나를 죽이고 싶다는 증오심이 들어 있다. 정의를 위해서 싸우는 사람은 자신의 활동에 대해 부끄러워해서는 안 된다. 나만 보면 이런 말을 하는 친구들이 있다. "대체 너는 왜 체제에 맞서고 있냐? 왜 그런 위험을 무릅쓰는 거야?" 하지만 나는 해야 할 일을 하고 있다고 생각한다. 내가 하는 일은 누군가가 해야 하는 일이다. 나는 내 활동의 정당성에 대해 아무런 의혹도 없다. 모든 사람이 자신이 하는 일에 책임을 진다면, 이 세상은 아무런 문제도 없는 곳이 될 것이다.

마리아 테레사 툴라
MARIA TERESA TULA

엘살바도르

실종자

"우리는 기자회견을 열어 우리의 활동내용과 연락방법을 공개적으로 알렸다.
그 응답으로, 신문에는 만일 순순히 말을 듣지 않을 경우
코-마드레스 회원들이 하나씩 사라지거나 목이 잘릴 거라는
암살단 지도자의 협박이 실렸다."

마리아 테레사 툴라는 엘살바도르 코-마드레스(*Co-Madres*, '실종자의 어머니들')를 이끄는 지도자다. 이 단체는 피비린내나는 엘살바도르 내전 기간 동안 암살단과 보안대에게 남편이나 자식들이 살해되거나 납치된 여성들의 모임으로, 회원들은 가난하고 대개는 문맹이었다. 1980년대에 좌파 조직들과 농촌에 기반을 둔 농업노동자 게릴라 세력은 각기 다른 냉전 배후세력의 지원을 받으며 지주와 군부세력의 강력한 동맹에 맞서 싸웠다. 1992년 정부와 '파라분도 마르티 해방전선' 사이에 평화협정이 조인됨으로써 10년 가까이 엘살바도르를 뒤덮었던 테러는 마침내 종지부를 찍었다. 툴라는 협박과 납치, 고문에 시달렸지만, 굴하지 않고 코-마드레스로 돌아가 정의와 여성의 권리 향상을 위해 싸웠다. 여성해방론자라고 자처하는 툴라는 다시 투옥되었고, 이제는 국경을 넘어 불법입국자 신분으로 미국으로 탈출할 수밖에 없었다. 그녀는 이후에도 여러 해 동안 워싱턴에서 코-마드레스 사무실을 운영하며 자신을 비롯한 엘살바도르인들에 대한 국외추방 조치에 맞서 싸웠다. 그녀는 현재 미국에서 살면서, 늘 꿈꾸어왔던 안전한 환경과 좋은 교육을 자신의 아이들에게 제공하고 있다.

나는 1951년 4월 23일 엘살바도르 손소나테 주의 이살코라는 마을에서 태어났다. 아버지는 버스 배차원이었고, 어머니는 근처 산타아나에 있는 공장에서 일했다. 우리는 모두 여덟 남매였다. 대부분의 마을 사람들처럼 우리 집 역시 가난했다. 간신히 초등학교를 마친 나는 결혼할 때까지 집에서 어머니 일을 도왔다. 남편 호세 라파엘 카날레스 게바라는 1980년 6월 엘살바도르군에게 죽임을 당했다. 당시 나는 다섯 아이를 기르고 있었다. 나는 아무런 혐의도 없이 감옥에 구금되어 있던 1986년 7월 5일에 여섯째아이 오스카르 펠리시아노 툴라를 낳았다.

마리아 테레사 툴라

1978년 이전까지 나는 정치와는 아무런 상관도 없이 살았다. 남편은 엘살바도르에서 가장 부유한 가문이 소유하고 있던 이살코 설탕회사에서 일했으며, 나는 아이들을 돌보며 세탁일과 다림질로 돈벌이를 했다. 남편이 다니던 회사의 노동조건은 매우 열악했다. 안정적인 고용도 보장받지 못했고, 임금도 낮았으며, 의료보장 혜택도 없었다. 마침내 1,700명의 노동자들은 파업을 결정하고 농장을 지켰다. 일부는 가공공장에 머물렀고, 다른 이들은 트럭이 들어오지 못하도록 농장 입구를 지켰다.

남편은 매우 적극적으로 파업에 참가했다. 파업 둘째 날 오전 10시, 나는 남편에게 음식과 약을 갖다주러 갔다. 그때 마침 보안대가 도착해서 파업 참가자 전원을 체포했다. 많은 사람들이 사탕수수농장 쪽으로 달아났다. 경찰은 체포한 사람들을 구타하고 손을 등 뒤로 묶은 다음 고개를 숙이도록 했다. 가족들은 그 자리를 떠나지 않은 채 그들이 남편들과 자식들에게 하는 짓을 지켜보았다. 그들은 22명을 따로 격리시키고 다른 사람들은 풀어주었다. 남편은 경찰로 넘겨졌다. 그는 산살바도르에 있는 국군본부로 끌려가 사흘 동안 외부와 연락이 끊긴 채 감금되어 있었다. 나흘째 되는 날 군사법원은 그에게 6개월의 징역형을 선고했다. 법정에는 군인들만 입회했다. 그들은 내게 남편의 소재를 알려주려 하지 않았지만, 나는 끝내 그의 소재를 찾아내어 산타테클라 감옥으로 찾아갔다. 남편은 자신이 어떤 고문을 당했는지 말해주었다. 그들은 남편의 고환을 구타하고, 천장에 매단 채로 온몸에 매질을 하는 '비행기 고문'을 했다.

그때부터 나는 코-마드레스 활동을 시작했다. 1977년에 설립된 이 여성단체는 투옥, 실종, 암살된 남편들과 가족들을 구하기 위해 노력하고, 정부에 인권을 존중하도록 요구했다. 1978년 6월 남편이 감옥에서 풀려난 뒤, 우리는 산타아나로 이사했다. 투옥경력이 있는 사람들은 언제 보안대나 암살단의 손에 살해되거나 실종될지 모르는 위험한 상황이었기 때문에, 그대로 이살코에 남아 있을 수는 없었다.

산타아나로 이사온 뒤, 남편은 벽돌공으로 일했고 정치적인 활동은 전혀 하지 않았다. 그는 일터에서 돌아오면 집에서 아이들과 함께 시간을 보냈다. 나는 예전처럼 세탁일과 다림질로 돈벌이를 하는 한편 코-마드레스 활동을 계속했다. 암살과 실종은

여전히 계속되고 있었다. 어떤 날은 산타아나에서 산살바도르에 이르는 고속도로 이곳저곳에서 학생과 노동자, 농민, 노인, 여성들의 시체 15구가 발견되기도 했다.

코-마드레스는 실종자가 생길 때마다 기자회견을 열고, 신문에 누가 구속되고 재판을 받는다는 광고를 실었다. 나는 대개 정부기구와 국제적인 활동가들, 국제기구, 교회 등과 함께 활동했다. 나는 또한 사무실을 찾아온 사람들에게 음식을 대접하고, 감옥에 갇힌 정치범들을 찾아가 갖가지 물품을 건네주고, 국내 및 국제기구에 음식을 비롯한 기부를 요청하는 일을 했다.

우리 조직은 우익세력으로부터 공격을 받았다. 1979년 10월, 나는 산살바도르에 가서 어떤 모임에 참석하고 있었다. 참석자 가운데 한 여성의 아들이 실종 상태에 있었는데, 그의 시체가 거리에서 발견되었다는 소식이 전해졌다. 오후 7시쯤, 미니버스에 그의 시체를 싣고 돌아오는데, 경찰이 버스를 세웠다. 그들은 우리 일행 열 명에게 무기를 운반하고 있다는 혐의를 씌우고는, 엎드려서 손을 머리 위로 뻗으라고 명령했다. 여섯 명의 경찰들이 일렬로 걸어오더니 총 개머리판을 휘두르며 우리를 때리고 구둣발로 짓밟았다. 그렇게 세 시간쯤 엎드려 있으니, 지휘관까지 포함해서 더 많은 경찰이 도착했다. 어느새 12시 통행금지 시간이 다가오고 있었다. 경찰은 통행금지 시간 이후에 거리에 남아 있는 사람은 무조건 총살할 수 있는 권한을 가지고 있었고, 그렇게 해서 죽은 사람들이 숱하게 많았다.

경찰은 11시 40분이 되어서야 우리를 풀어주기 시작했다. 여섯 명의 여자들이 풀려났고, 나를 포함한 네 명은 여전히 억류되어 있었다. 그들은 우리에게 출생지와 이름, 부모의 이름, 직업 등을 묻고는, 우리가 무기를 운반하고 있는 게 틀림없다고 우겨댔다. 그러더니 우리 차에 실려 있던 소년의 시체를 보고는 모기에 물려 죽은 것이라고 농담을 해댔다. 11시 50분이 되자 그들은 우리에게 손을 머리 위로 올리고 걸어가라고 했다. 그들은 우리에게 "멈춰!", "눈 감고 돌아서!", "걸어!", "멈춰!"를 반복했다. 그러더니 갑자기 우리 배에 총을 들이대면서 죽고 싶으냐고 물었다. 우리는 아무 말도 할 수 없었다. 나는 이 사람들이 정말로 우리를 죽이려고 하는구나 싶어서 새파랗게 질렸다. 마침내 그들은 우리에게 가도 좋다고 말했

다. 시간은 12시 2분 전. 우리는 2분 안에 거리에서 벗어나야 했다. 그들은 심하게 구타당하고 조금 떨어진 곳에 쓰러져 있던 운전사를 데려왔다. 우리는 시체가 실려 있는 버스에 올라탔다. 다행히 가까운 곳에 장례식장이 있어서 우리는 통행금지 시간이 되기 전에 그곳에 도착할 수 있었다. 나는 이 일로 보안대의 술책과 고문이 어떤 것인지를 직접 경험하게 되었다. 말로만 들어왔던 만행을 두 눈으로 똑똑히 목격한 것이다.

1980년 나는 가족과 함께 손소나테로 이사했다. 남편이 예전부터 큰 건물을 짓는 일을 하고 있는 곳이었다. 하지만 남편은 이사한 지 한 달도 되지 않아 살해되었다. 6월 19일, 민간인 복장에 중무장을 한 남자 네 명이 우리 집에 들이닥쳤다. 그들은 남편을 찾더니 강도사건의 목격자 신분으로 데려간다며 경찰서로 끌고 가버렸다. 기다려도 남편이 돌아오지 않아서 경찰서에 문의했지만, 남편은 그곳에 없었다. 다음날 신문에는 남편 사진이 실렸고, 무기가 가득한 비밀 무기창고에서 무장세력과 대치하다가 죽은 게릴라라는 설명이 붙어 있었다. 새빨간 거짓말이었다. 그는 파업사건 이후 어떠한 일에도 낀 적이 없었다. 남편의 시체를 찾으러 갔을 때, 남편의 시체를 확인해준 감식원은 남편을 죽인 것은 무장세력이며 남편의 시체는 손과 발이 묶여 있고 머리에 관통상이 있다고 말했다. 손소나테 공동묘지에서, 나는 손과 발이 묶인 채 머리에 총알구멍이 나 있는 남편의 모습을 똑똑히 보았다.

이웃사람들이 내게 군인들이 우리 집을 둘러싸고 집안을 뒤지고 있다고 귀띔해주었다. 놈들은 가족 중 한 사람을 죽이고 나면 다른 가족까지 죽이는 일이 많았다. 나는 집으로 돌아가지 않고 산살바도르로 향했다. 나는 다섯째아이를 임신한 상태였다.

나는 계속해서 코-마드레스 활동에 적극적으로 참여했다. 우익 암살단과 보안대는 우리 조직을 계속 압박해왔다. 1980년 코-마드레스 사무실에서 두 차례의 폭발사고가 일어났다. 당시 우리는 비정부조직인 인권위원회(CDH)와 사무실을 함께 쓰고 있었다. 1980년 3월 13일에 첫 번째 폭발사고가 터지자 군인들이 조사한답시고

찾아와서는 아무것도 하지 않고 돌아갔다. 9월에는 두 번째 폭발사고가 일어났고, 사무실 앞에는 신원을 알 수 없는 목 잘린 시체 몇 구가 놓여 있었다. 우리에게 보내는 경고였다. 그 사이에 몇 명의 인권위원회 활동가들이 암살당하기도 했다.

1982년 초, 대주교 리베라 이 다마스는 코-마드레스의 활동을 인정하고 우리에게 대교구 산하의 인권 및 법률 담당 부서 소코로 후리디코(Socorro Juridico), 투텔라 레갈(Tutela Legal)과 사무실을 함께 사용할 수 있도록 해주었다. 우리는 기자회견을 열어 우리의 활동내용과 연락방법을 공개적으로 알렸다. 그러자 그 응답으로, 신문에는 만일 순순히 말을 듣지 않을 경우 코-마드레스 회원들이 하나씩 사라지거나 목이 잘릴 거라는 암살단 지도자 막시밀리아노 에르만데스의 협박이 실렸다.

그로부터 15일 후, 코-마드레스 회원 오펠리아가 민간인 복장을 한 보안대원들에게 체포되어 경찰청으로 끌려갔다. 우리는 그녀의 석방을 촉구하고 법원에 그녀가 체포된 이유를 조사할 것을 요구하는 유료광고를 실었다. 경찰에서는 그녀를 '조사' 중이라고 했다. 그녀는 끌려간 지 18일 만인 어느 날 새벽, 고문과 강간으로 만신창이가 된 채로 산살바도르에서 약 50킬로미터 떨어진 고속도로 근처에서 발견되었다. 노동자들이 우리에게 전화를 걸어 알려주었다. 그녀는 등 뒤로 손이 묶이고 입에는 재갈이 물려 있었고, 얼굴은 알아보기 힘들 만큼 벌겋게 부어 있었다. 이가 부러져 말조차 하지 못했고, 팔뚝을 비롯해서 온몸에 담뱃불로 지진 상처가 나 있었다. 이름을 묻자 그녀는 간신히 "오펠리아!"라고 대답했는데, 처음에 우리는 그 말을 좀처럼 믿을 수가 없었다. 그녀는 얼마간 회복이 되자 자신이 어떤 일을 겪었는지 털어놓았다. 그녀는 경찰청에 우리 회원들 모두의 사진이 보관되어 있었고, 자신은 몇몇 회원들에 대해 집중적으로 심문받았다고 말했다. 그 중에는 나도 들어 있었다.

이 일이 있은 직후 민간인 복장을 한 몇 명의 남자들이 우리 집을 찾아와 이것저것 물어보기 시작했다. 집 밖에서 지키고 있다가 내가 집을 비우면 아이들에게 말을 거는 사람들도 있었다. 아이들은 내게 무슨 일이 벌어질까봐 불안해했다. 이 무렵 군인들과 보안대원들이 검문을 시작했다. 그들은 사람들을 버스에서 내리게 하고 신분증을 확인했으며, 생리대까지 포함해 모든 소지품을 샅샅이 검사했다.

코-마드레스에 대한 테러가 계속되었다. 1982년 엘레나 곤살레스가 쿠스카탄신고에 있는 자기 집에서 암살단의 총에 맞아 죽었다. 하이데 모란, 블랑카 알바라도, 카르멘 소르토 루아노와 열아홉 살 먹은 그녀의 딸이 차례로 중앙경찰에 의해 그 악명높은 '악마의 문(Puerta del Diablo)'으로 끌려갔다. 그들은 그곳에서 돌 위에 머리를 처박힌 채 코-마드레스에 대해 말하지 않으면 머리를 베어버리겠다는 협박을 당했다. 하이데와 블랑카는 풀려났지만, 카르멘 모녀는 1983년까지 수감되어 있었다.

나는 목숨이 위태롭다는 것을 느끼고 엘살바도르를 벗어나 멕시코로 가기로 했다. 1982년 8월 4일, 첫째아이는 산살바도르에 있는 어머니에게 맡기고 네 아이와 함께 멕시코로 갔다. 나는 1984년까지 멕시코에 머무르면서 코-마드레스 활동을 계속했다. 비자기간이 만료되어 추방당할 위기에 놓였을 때, 나는 유엔난민위원회에서 난민으로 인정받고 멕시코의 정치적 난민 수용소에 입소할 수 있는 서류를 받았다. 나는 여러 차례 면접을 받았지만, 아무런 답변도 들을 수 없었다. 다른 엘살바도르인들의 입소신청이 허용된 것을 알고 나서는, 내가 블랙리스트에 올라 있을지도 모른다는 생각에 더욱 초조해졌다.

1984년에 코-마드레스가 로버트 케네디 인권상을 받게 되면서 나는 엘살바도르로 돌아갔다. 우리 활동이 국제적인 주목과 인정을 받게 되었으니 이제는 안심해도 되겠다 싶어서였다. 신임 대통령으로 당선된 나폴레옹 두아르테는 인권존중과 실종자 및 사망자에 대한 조사를 공약을 내걸기도 했다. 나를 포함한 네 명의 회원들은 인권상 시상식에 참석하기 위해 미국 비자를 신청했는데, 비자는 거부되었다. 미 국무성의 발표를 인용한 『라 프렌사 그라피카』의 기사에 따르면, 우리가 공산주의자들과 관련되어 있기 때문에 비자가 거부되었다는 것이다. 신문지상에 공산주의자와 관련이 있다고·이름이 실렸으니, 대단히 위태로운 상황이었다. 그것은 암살단에게 우리를 죽여도 좋다는 허가장을 내준 것이나 다름없었다.

며칠 뒤, 미 대사관은 기자들과 케네디 인권재단 그리고 인권대표단 앞에서 비자가 거부된 이유는 우리가 위험한 테러리스트들이며 게릴라들과 직접적인 관계를 맺고 있기 때문이라고 밝혔다. 우리는 미 대사에게 증거제시를 요구하며 면담을 요청했지만, 그는 우리의 요청을 묵살했다. 방문 중인 미국대표단 역시 증거를 요구했지만, 아무런 응답이 없었다. 그 후 우리에 대한 감시가 강화된 것을 몸으로 느낄 수 있었다. 그러나 다행스럽게도, 그 즈음 우리 넷 중 세 사람이 유럽 순회방문 초청장을 받았다. 우리는 1985년 1월 20일에 출발해 석 달 동안 스페인, 네덜란드, 스위스, 영국, 그리스, 서독, 프랑스, 이탈리아, 노르웨이를 방문했다. 우리는 프랑스의 미테랑 대통령 부인과 그리스의 파판드레우 대통령 부인을 비롯한 여성 명사들을 만났고, 서독에서는 빌리 브란트를, 제네바에서는 유엔 대표를 만났다. 우리는 이렇게 국제적으로 부각되면 우리의 신변도 더 안전해지리라고 기대했다. 그리고 1985년 4월 20일 유럽의회 의원들과 함께 귀국길에 올랐다.

그 사이 11개월 전에 실종되었던 코-마드레스 회원 이사벨이 자신의 집에서 시체로 발견되었다. 몇 달 후에는 마리아 에스테르 그란데의 아들이 어머니의 소재를 비롯한 정보를 실토하라는 협박 속에서 15일 동안 고문을 당하다가 결국 실토를 하고 말았다. (당시 코-마드레스의 활동가들은 암살단과 보안대의 감시를 피해 늘 거주지를 옮겨다녔다.) 결국 마리아 에스테르 그란데는 경찰에 잡혀가 협박을 당했다. 그 후에도 그들은 마리아의 집을 네 차례나 찾아가 아이들에게 무기가 있는 곳을 말하지 않으면 어머니와 형제들을 죽이겠다고 협박했다. 그들은 어떤 무기도 찾아내지 못했다. 그러자 그들은 마리아에게 아들이 묶인 채 구타당하는 모습을 보여주면서 아들을 살리고 싶으면 코-마드레스에 가서 회원들의 이름과 주소를 알아오라고 협박한 뒤, 그녀를 우리 사무실 앞에 버렸다. 마리아는 그들에게 협력하지 않고 우리에게 모든 사실을 말해주었다. 우리는 당장 적십자사로 갔고, 결국 그녀의 아들은 1987년까지 마리오나 감옥에 갇혀 있었다.

얼마 후 그들은 코-마드레스 사무실에 침입해 서류, 증언, 녹음테이프, 사진과 돈 등 모든 것을 가져갔고, 코-마드레스와 관련된 모든 사람들의 명단을 확보했다. 감시와 협박은 계속되었다. 1985년 11월, 우리와 긴밀한 관계 속에서 활동해왔던 인권위원회 소속 호아킨 안토니오 카세레스가 체포되어 45일간 구금되었다가 게릴라라는 죄목으로 구속, 수감되었다. 이즈음 코-마드레스는 브루노 크리스키 인권상을 수상하게 되었고, 나는 수상식이 열리는 오스트리아를 비롯한 여러 유럽 국가들을 방문했다. 3월에 귀국한 뒤로 경찰은 내 일거수일투족을 감시했고, 나는 늘 두려움에 떨어야 했다.

1986년 5월 6일, 나는 버스정류장에 서 있다가 한 남자에게 끌려갔다. 그는 내 옆구리에 총을 들이댄 채 아무 소리도 내지 말고 조용히 걸어가라고 윽박지르더니, 흰색 차 속으로 나를 밀어넣었다. 그들은 내가 바깥을 볼 수 없도록 머리를 숙이게 했다. 차가 이리저리 방향을 틀었기 때문에 어디로 끌려가는지 알 수가 없었다. 마침내 나는 동행한 세 남자와 함께 어떤 집으로 들어갔다. 그들은 눈을 가리고 두 손을 등 뒤로 묶은 채 나를 의자에 앉혀놓고 코-마드레스 사람들에 대해 심문하기 시작했다. 나는 사흘 동안 두 눈이 가려진 채 세 남자에게 강간과 구타를 당했다. 당시 나는 임신 7개월째였다. 밤인지 낮인지도 알 수 없었다. 그들은 먹을 것도 주지 않았고, 물도 조금밖에 주지 않았다. 첫날 그들은 내 배를 칼로 그어댔다. 깊은 상처는 내지 않고 피가 흐를 정도로만 베었다. 내가 계속해서 아무것도 모른다고 버티자, 그들은 나를 죽이겠다고 협박했다. 밤이 되자, 그들은 눈을 가리고 두 팔을 의자에 묶은 채로 나를 내버려두었다.

다음날 그들은 같은 질문을 던지면서 날카로운 물건으로 내 몸을 베었다. 그날 베인 상처는 첫날 베인 상처보다 훨씬 깊어서, 지금도 흉터가 남아 있다. 이윽고 그들은 눈을 가린 채로 나를 차에 태웠다. 그들은 어디로 가는지 절대로 밖을 보지 말라며, 안 그러면 머리에 총을 쏘겠다고 위협했다. 그러고는 나를 쿠카틀란 공원에 떨어뜨려 놓고 가버렸다. 그때가 아침 9시였다. 몸에서는 피가 흐르고 있었고, 나는 어디로 가야 할지 방향을 잡을 수 없었다. 뾰족하고 날카로운 물건으로 온몸을 난자당한 탓에, 옷도 갈기갈기 찢겨 있었다. 나는 피를 멎게 하려고 상처 부위를 꾹 눌렀다. 소지품을 모두 빼앗겨서 한푼도 가진 것이 없었다. 나는 버스정류장에서 만난 한 여자에게 강도를 당했으니 도와달라고 해서, 약간의 돈을 받았다. 처음에는 병원부터 가야 할지 집이나 사무실로 가야 할지 갈피를 잡을 수 없었지만, 나는 이내 사무실로 향했다. 그리고 사무실 사람들에게 그 동안의 일들을 알렸다. 며칠 후 우리는 규탄성명을 발표했다.

보안대원들은 더욱 강도를 높여가며 인권단체 관련자들을 체포하기 시작했다. 5월 26일 금요일, 나는 다시 체포되었다. 그들은 민간인 차림에 무장을 하고 있었다. 나중에 알았지만, 그들은 경찰이었다. 나는 나흘 동안 고문을 당했고, 머리며 등이며 온몸을 구타낭했다. 내 머리에 수건을 덮어놓고는 한 사람이 머리와 목 위에 걸터앉기도 했다. 체포된 지 열흘 만에 국제적십자사와 인권위원회에서 나를 찾아와서는 내가 테러리스트로 구속된 상태라는 것을 알려주었다. 나는 재판도 판결도 없이 일로팡고 여자교도소에 갇혔다. 아이들 가운데 넷은 다른 가정에서 지냈지만, 여섯 살짜리 딸과 갓난아기는 나와 함께 교도소에서 지내야 했다.

9월 22일, 두아르테 대통령이 공식행사 석상에서 나를 석방하라고 지시했다. 그 행사에는 나를 고문했던 사람 가운데 한 명이 참석해 있었다. 나는 석방된 뒤에도 코-마드레스 사무실에 가기가 무서웠다. 버스정류장에만 서 있어도 무서웠고, 옆에 자동차가 멈추기라도 하면 누군가 뛰어내려 잡아갈 것만 같아 겁이 났으며, 길거리에서 총에 맞아 죽을지도 모른다는 생각에 깜짝깜짝 놀라기도 했다. 우리 집은 늘 감시받고 있었고, 인권위원회에 대한 공격도 계속되었다. 더 이상 엘살바도르에 머무를 수 없었다. 나는 망명을 계획했다.

나는 미국 의회를 비롯한 다른 모임에서 강연을 요청받아 1월에 미국에 갈 예정이었다. 신변의 안전을 확보할 수 있는 좋은 기회였다. 엘살바도르에는 목숨을 지킬 수 있는 곳이 없었고, 멕시코는 더 이상 엘살바도르인에게 피난처를 제공하지 않았다. 멕시코의 어느 가정에 맡길 수밖에 없었던 세 아이를 남겨두고, 나는 어린 두 아이와 함께 미국으로 떠나왔다.

1980년대에 내가 미국에서 안식처를 찾기 위해 얼마나 고생을 했는지에 대해서도 할 말이 많다. 당시 미국 정부에는 엘살바도르 집권세력을 지지하는 사람들이 많았다. 그러나 그 이야기는 다음 기회로 미루겠다. 나는 우리나라에 마침내 평화가 찾아오고, 기나긴 어둠의 세월에 우리가 그토록 얻고자 했던 인권이 이제 먼 꿈이 아니라 눈앞의 현실로 다가온 것이 너무나 기쁘다.

리고베르타 멘추 툼
RIGOBERTA MENCHÚ TUM

과테말라

원주민 인권

"나는 정의를 위해 싸우는 전투적인 여성이었다.
12년 동안, 나는 집도 가족도 없었다."

리고베르타 멘추 툼은 과테말라의 마야 인디언과 전 세계 원주민의 영웅이다. 그녀는 1959년에 가난한 '캄페시노(농업노동자) 위원회(CUC)' 활동가의 딸로 태어났다. 가족들 중 여럿이 조합 일로 박해를 받은 적이 있었는데도, 그녀는 1979년에 이 조합에 가입했다. 1980년대 초반 과테말라군은 일명 '초토화 작전'을 개시했다. 400개의 마야 부락을 완전히 불태웠고, 수백 명의 어린이와 여성, 노약자를 학살했으며, 억압정책에 조금이라도 불만을 드러낸 혐의가 있는 사람은 무조건 잡아다 잔혹한 고문 끝에 살해했다. 군대는 20만 명의 사람을 죽였으며 100만 명을 강제추방했는데, 그 대부분이 마야 인디언이었다. 군인들은 멘추의 어머니와 남자 형제를 납치, 살해했고, 아버지는 산 채로 불태워 죽였다. 그 참상이 벌어지는 동안, 세계는 침묵했다. 1983년 멘추는 과테말라의 투쟁기록이 담긴 회고록을 출간했는데, 이 책은 12개 언어로 번역되어 과테말라 군부에 대한 국제여론을 바꾸는 데 결정적인 영향을 미쳤다. 몇 가지 세부적인 사항에서 사실과 다른 내용이 발견되기는 했지만, 그 책이 갖고 있는 본질적인 진실성은 논쟁의 여지가 없으며, 북반구의 가장 잔인한 군사정권하에서 과테말라 원주민이 겪어야 했던 커다란 고통 역시 모두 진실이다. 멘추는 1992년 노벨평화상을 받았고, 그녀는 과테말라에서 자신의 주장을 펴다가 세 번이나 추방을 당했지만, 갖은 협박에도 굴하지 않고 인권과 원주민의 권익, 여성의 권리, 사회발전을 위해 활발하게 활동하고 있다.

인간적인 삶과 존엄성, 빈민의 권리를 위한 투쟁은 어두운 터널과 같다. 그러나 우리는 험한 투쟁 속에서도 늘 빛과 희망을 찾으려고 노력해야 한다. 무엇보다 중요한 것은 긍정적인 마음과 생각을 갖는 일이다. 절망에 빠지기 쉬운 상황에서도, 나는 늘 인간이 가질 수 있는 최고의 가치들을 찾으려고 노력한다. 우리는 언제나 희망을 만들어내야 한다. 언젠가 나는 굳은 확신을 가지고 나 자신에게 이렇게 말한 적이 있다. "슬프지만, 부모님의 죽음을 되돌릴 수는 없다. 부모님은 다시 살아날 수 없다. 그리고 짓밟혀버린 부모님의 존엄성 역시 결코, 결코 되돌릴 수 없다. 그 무엇으로도 그 빚을 갚을 수는 없다."

지금은, 나는 이러한 깨달음은 개인의 문제가 아니라고 생각한다. 그것은 사회적인 문제고, 한 사회가, 역사가, 모든 기억이 지니고 있는 문제다. 어떤 조건에서, 어떻게 용서할 것인지는 바로 우리, 희생자들이 결정해야 한다. 마지막 선고를 내리는 것은 범죄를 지켜보았던 사람들이 아니라 그 범죄를 겪고 살아남은 우리의 몫이다. 나는 어떤 법령, 어떤 협정, 또는 어떤 종교와 철학에 의거해 그들을 용서해야 한다고 말하는 이들의 의견을 존중한다. 하지만 내가 그 무엇보다 간절히 듣고 싶은 것은 희생자들의 목소리다. 그런데 지금 이 순간 희생자들의 말에 귀를 기울이는 사람은 아무도 없다.

사면은 전쟁을 벌이고 있는 양쪽 세력들이 고안해낸 것이다. 이는 희생자들의 생각이 아니며 그 사회의 생각도 아니다. 전투를 벌여온 양쪽 무장세력들은 서로를 용서하는 것이 최선이라고 주장한다. 지금 이 순간 인권투쟁이 헤쳐나가야 할 천박한 현실은 바로 이것이다.

빠른 시간 내에 전쟁을 종식시키기 위해서는 진정한 대화를 전제로 한 합의가 이루어져야만 한다. 나는 무시무시한 잔학행위를 저지른 두 세력이 간단하게 서로를 용서할 수 있다는 사실을 결코 인정할 수 없다. 사면이란 단 한 번의 서명으로 지금까지 벌어졌던 온갖 인권유린 행위를 간단히 지워버리고 잊는 것이다. 수많은 인권유린 행위가 분쟁의 피해자들과 고아들의 삶 속에서 여전히 계속되고 있다. 아르헨티나와 칠레, 엘살바도르, 과테말라의 경우처럼, 사면이 이루어지더라도 사람들은 자신이 겪은 인권유린을 잊지 못하고 그 기억을 간직한 채 살아갈 것이다. 이것은 결코 잊혀질 수 없는 일들이다.

진정한 화해는 진실의 규명을 바탕으로 해서 이루어져야 한다. 인권유린의 희생자인 우리들은 진실을 밝힐 권리를 갖고 있다. 진실을 밝히는 것만으로는 충분하지 않다. 우리는 또한 정의를 세워야 한다. 정의는 법을 통해서, 법정에서, 그리고 합법적 절차에 따름으로써 실현된다. 이것이 바로 내가 지금 과테말라 군부에 맞서 법적 소송을 진행하고 있는 이유다. 나는 많은 판사들이 부정부패에 물들어 있으며 뇌물과 협박이 횡행한다는 것을 알고 있다. 군부는 진정한 정의의 선례를 남기길 원하지 않기 때문에 사법제도 전체를 매수하고 있다. 언젠가는 사법제도가 좀더 공정해질 날이 올 것이다. 하지만 우리는 사법제도가 조금씩 개선될 수 있는 기회를 주어야 한다.

이토록 폭력이 난무하고 피로 얼룩진 역사를 가진 나라에서 살아가노라면 어느 누구도 이 세상에 아이를 낳고 싶은 마음이 들지 않을 것이다. 나는 정의를 위해 싸우는 전투적인 여성이었다. 그리고 12년 동안 나는 집 한 채 없이, 가족 한 명 없이 살았다. 나는 형편에 따라 난민수용소에서도 살았고, 멕시코에서는 수녀원에서도 살았다. 내 짐들은 여러 나라와 여러 건물에 흩어져 있다. 이러한 상황에서 내가 어떻게 아이를 가질 수 있었겠는가? 나는 갖가지 위험에 노출되어 있었고, 머릿속에는 사람들을 위해 내 삶을 희생해야 한다는 생각이 가득 차 있었다. 누군가 이런 말을 하면, 부디 그것이 단순한 구호가 아니라 실제 삶의 경험이라고 생각하기 바란다. 나는 최악의 상황에 내 몸을 던졌다.

나는 1992년에 지금의 남편을 만났다. 그를 처음 만났을 때 나는 우리의 관계가 오래 지속될 것이라고 생각하지 않았다. 항상 이곳에서 저곳으로, 방랑자처럼 떠돌아다녀야 하는 상황에서 어떻게 그런 일이 가능할 수 있겠는가? 내 남편의 가족들은 내 삶을 안정시키는 데 많은 도움을 주었다. 그들이 쉬지 않고 결혼을 권했기 때문에, 우리는 비록 민법상의 결혼일 뿐이었지만 결혼을 하게 되었다. 그들은 우리가 결혼하지 않을 경우 가족이나 사회, 공동체 그리고 그 밖의 모든 사람들이 어떻게 생각할지 염려했다. 나는 그런 문제에는 전혀 개의치 않았다.

삶이 안정되어 가면서 또 다른 소망이 생기기 시작했다. 그것은 내 막내 여동생 안나와 함께 지내기 위해서는 아주 중요한 일이었다. 그 애는 나와 함께 살겠다고 했지만, 내게는 그 애와 함께 살 수 있는 집이 없었다. 내가 집을 갖고 싶다는 마음이 들기 시작할 즈음에 나는 노벨평화상을 받게 되었다. 내게 여러 가지 충고를 해주던 많은 친구들 역시 내게 집을 마련하는 게 좋겠다고 말했다. 이렇게 해서 사람들의 눈을 피해가며 세상을 떠돌아다니는 노벨상 수상자는 사라지게 되었다.

멕시코와 멕시코 국민들, 당시 멕시코시티의 당국자들, 공무원들에게 감사한다. 그들은 매우 짧은 기간 동안이나마 내게 안정감을 안겨주었다. 당시 멕시코시티 시장은 우리에게 집을 제공해주었고, 우리는 그 집에서 다시 정상적인 삶을 살 수 있었다. 우리는 다시 한 가족을 이루었다. 나는 1981년에 과테말라를 떠났고, 1988년에 귀국했지만 감금당했다가 다시 과테말라를 떠나야 했다. 그 후에도 과테말라를 드나들기는 했지만 오래 머물 수는 없었다. 그러다 1994년에 우리는 공식적으로 귀국했다.

가정은 또 다른 이유에서 내게 중요한 의미를 지닌다. 나는 아이 둘을 낳았다. 하지만 한 아이는 잃고 말았다. 아이가 생기면 삶이 완전히 바뀌지 않는가? 마음 내키는 대로 세상을 돌아다닐 수 없고, 자신이 처한 환경에 맞추어 살아야 한다. 과거에 내가 살았던 인생은 내가 원했던 것이라고는 할 수 없다. 나는 이미 벌어진 상황 속에 갑자기 던져졌고, 그 상황을 딛고 일어나려고 했다. 좋은 의도에서 비롯된 것이기는 했지만, 그것은 깊이 생각해서 한 일은 아니었다. 현재 내 아들은 나와 남편, 이모, 그리고 사촌들과 함께 살고 있다. 우리 집에는 7명의 아이들이 있다. 시누이의 두 살배기 쌍둥이 딸과 아버지가 없는 네 아이들이 있다. 우리는 대가족을 이루고 있으며, 내 아들은 대단히 만족하고 있다. 날마다 공동체 속에서 살고 있으니까.

벌새라는 뜻을 가진 막내아들 춘눈을 가졌을 때는 너무나 힘들었다. 임신 초기부터 매우 위험했다. 아무리 힘들어도 꼭 낳겠다는 열망이 없었다면, 나는 아이를 포기하고 말았을 것이다. 나는 아이를 낳기로 마음먹고 모든 활동을 그만두었다. 하지만 아이는 겨우 사흘밖에 살지 못했다. 그러나 그 애가 죽었을 때 나는 그 아이는 나와 오랫동안 함께 살았던 아이라는 생각이 들었다. 나는 그 애한테 말을 했고 그 애의 생각을 이해했다. 우리는 그 애 역시 주위의 것들을 알아보았을 것이라고 생각했다.

그러는 사이에도 나는 항상 세상일에 대해 생각하고 뉴스를 들어가며 상황을 파악하려고 노력했다. 사람이 진심으로 관심을 기울이면 그 일은 그 사람에게 큰 영향을 미치게 마련이다. 회의와 연설에 참석하느라 분주하고 사람들에게 갈채를 받는 사람은 여성들과 아이들이 얼마나 끔찍한 상황에 처해 있는지 충분히 깨닫지 못한다. 그러나 세상 돌아가는 일을 훤히 알면서도 사방이 벽으로 둘러싸인 집에 앉아 있으면, 자신이 하고 있는 일, 자신이 할 수 있는 일이 너무나 제한되어 있다는 느낌을 받게 된다. 나는 아이를 키우는 동안 뒤로 물러나 앉아 여성들과 아동들의 조건, 그리고 부모가 없거나 부모에게 학대받는 아동들에 대해 생각할 여유를 가질 수 있었다. 아이를 키우는 어머니가 된다는 것은 엄청난 특권이다. 그것은 법률도, 훈령도, 열망도 아니지만, 내 삶을 근본적으로 변화시켜 놓은 것이었다.

내 삶에는 많은 성공이 있었다. 누구나 성공을 하게 되면 투쟁을 계속하고 싶은 마음이 든다. 오로지 고통만이 사람들이 신념을 현실화시키기 위한 투쟁을 계속할 수 있는 동기를 부여한다는 것은 옳지 않은 말이다. 오히려 투쟁의 원동력은 대부분 다른 사람들에 대한 사랑, 다른 사람들로부터 받은 지지, 그리고 무엇보다도 다른 사람들에 대한 이해에서 온다. 세상에는 자기와 같은 생각을 하고 있는 사람들이 많다는 것을 깨달을 때 우리는 원대한 과업에 참여하고 있다는 느낌을 받는다. 나는 매일 밤 잠자리에 들 때면 좀 더 많은 사람들과 협력자들이 투쟁을 지지하게 되기를 기원한다. 가장 중요한 것은 바로 이것이다.

호세 라모스 오르타
JOSÉ RAMOS-HORTA

동티모르

민족의 독립

"무기를 드는 것보다는 용서하는 데 더 많은 용기가 필요하다."

호세 라모스 오르타는 1975년 인도네시아의 무력침공을 당한 동티모르 국민을 위해 지칠 줄 모르는 비타협적 활동을 벌인 업적으로 1996년에 노벨평화상을 받았다. 이슬람국가인 서티모르는 1946년 인도네시아에 합병되었고, 동티모르는 1520년부터 언어와 종교, 관습이 다른 포르투갈인의 지배를 받기 시작해서 1975년에 포르투갈군이 철수할 때까지 그들의 식민지로 남아 있었다. 호세 라모스 오르타는 1975년 11월, 스물다섯 살의 나이에 새 정부의 외무장관에 임명되었다. 하지만 불과 한 달 뒤에 인도네시아군이 수도 딜리를 침공했다. 라모스 오르타는 포르투갈에 착륙하는 비행기 안에서 조국이 인도네시아에 병합되었다는 소식을 들었다. 인도네시아의 무력침공 이후 여러 해 동안 국민의 3분의 1이 학살과 기아, 전염병과 테러로 목숨을 잃었다. 라모스 오르타는 20년 동안 전 세계를 돌아다니면서 인도네시아의 비인도적 행위를 비난하는 연설을 했다. 1992년에 그는 인도네시아군의 단계적 철수와 마지막 단계에서의 국민투표를 포함하는 평화안을 제시했다. 그가 제안한 국민투표안은 동티모르 국민들이 독립, 인도네시아와의 합병, 그리고 포르투갈과의 자유연합 중 한 가지를 선택하도록 하자는 것이었다. 1999년에 실시된 국민투표에서 동티모르인들의 80퍼센트가 독립을 지지하자, 인도네시아군과 군사적 동맹세력들은 폭력적인 파괴활동을 저지르기 시작했다. 그들은 수백 명을 학살하고 구조물의 70퍼센트를 완전히 불태웠으며, 농작물을 불태우고 가축을 몰살했다. 그들은 주요 하수도시설과 전기시설을 파괴하고 수십만 명의 국민들을 총부리로 위협해 나라 밖으로 몰아냈다. 라모스 오르타는 학살에 반대하는 국제적인 항의활동을 조직했고, 이에 호응하여 유엔은 평화유지군을 파견했다. 1999년 12월, 호세 라모스 오르타는 24년간의 망명생활을 마치고 자유독립국 동티모르로 돌아갔다.

나는 혼혈 가정에서 태어났다. 아버지는 살라자르 파시스트 체제에 반대하다가 30대에 동티모르로 망명한 포르투갈인이고, 어머니는 동티모르 출신이었다. 내가 자란 곳은 전기도 들어오지 않고 수도, 도로, 차도 없는 시골 촌동네였다. 집에서는 토착어인 테툼어를 사용했다. 나는 천주교 선교학교에서 어렵게 포르투갈어를 배웠다. 집이 어찌나 가난했는지 나는 10대가 되어서야 처음으로 구두를 선물받았다. 나는 그 구두를 아끼려고 크리스마스 때까지 고이 간직해두었다. 하지만 막상 크리스마스가 되었을 때는 발이 커버린 탓에 구두를 신을 수 없어서 무척이나 속상했다.

천주교 선교회 역시 매우 가난했다. 거의 10년 동안 우리는 끼니마다 옥수수를 먹었다. 선교회 사람들은 큰 통에 넣어 끓인 옥수수를 접시에 담아 주었는데, 너무

오래 된 옥수수는 무척이나 단단해서 옥수수를 먹다가 이가 하나 부러진 적도 있었다. 고기는 아마 한 달에 한 번쯤 먹었을 것이다. 천주교 학교는 매우 보수적이었다. 하루에 50번씩 기도를 드려야 했으며, 항상 신부님께 고해를 드렸다. 신부님은 어린아이도 언제 죽을지 모르는데 참회하지 못하고 죽으면 지옥으로 가게 된다고 늘 말씀하셨다. 당시 나는 남들이 한 번 참회할 때 두 번 참회하면 남들보다 두 배로 보호받으리라고 여겼다. 나는 아이였을 때 이미 근거지를 보호하는 법을 터득하고 있었다.

나는 언론인이 되고 싶었다. 10대 후반에 나는 수도 딜리에서 『티모르의 소리』라는 지역신문의 기자로 일을 시작했으며, 뉴스를 제공하는 라디오방송국과 포르투갈 텔레비전방송국에서 임시직 일자리도 얻었다. 처음에는 뉴스 화면을 촬영하는 일부터 시작했지만, 나중에는 직접 뉴스 기사를 작성하기도 했다. 그러는 사이에 나는 독립찬성론자가 되었으며 포르투갈의 식민지배에 비판적인 태도를 가지게 되었다. (동티모르를 위해 좋은 일을 해준 지금의 포르투갈인들에게는 아무런 유감이 없다. 하지만 1975년 이전 식민지시대의 포르투갈인들은 무능하고 게을렀으며, 동티모르의 발전에 아무런 도움도 되지 않았다.)

관광안내 일을 하던 스무 살 때, 나는 두 남자와 함께 술을 마시다가 입밖에 내서는 안 되는 말을 해버린 적이 있었다. 두 남자 중 한 사람은 미국인이었다. 다음날 나는 포르투갈 정치보안대에 소환되었다. 포르투갈 정치보안대는 민간인에 대한 고문으로 포르투갈과 아프리카에서 악명이 높은 존재였다. 그들은 내가 자신들에 대해 말했던 내용을 그대로 되풀이했고, 나는 큰 충격을 받았다. 이틀 후 나는 다시 소환되어 오랫동안 심문을 받았고, 일자리를 잃었다. 나는 모잠비크로 가서 2년 동안 지냈다. 나는 고문을 당하지 않았다. 그저 심문만 받았을 뿐이다. 그때 내가 영웅적인 행동을 했던 것처럼 꾸미고 싶지는 않다. 술에 취하지 않았다면 나는

결코 그런 말을 하지 않았을 것이다. 내가 그렇게 변명하자, 그들은 이렇게 말했다. "그건 중요치 않아. 넌 그렇게 생각했고, 또 실제로 그렇게 믿고 있어."

1974년, 나는 동티모르 최초의 사회민주주의정당을 설립했다. 이 정당은 몇 주일 만에 엄청난 지지를 끌어모았으며, 실질적으로 동티모르의 독립을 위한 혁명적 전위대의 역할을 담당했다. 지도부에 포르투갈에서 돌아온 마르크스주의자 학생들이 몇 명 있었기 때문에 마르크스주의 공산당 조직이라는 평판을 얻기도 했다. 그러나 우리는 결코 마르크스주의 정당이 아니었다. 우리는 말을 주고받을 때 겉치레가 많았다. 서로를 '동지'라고 부르고, 인사를 할 때는 주먹을 불끈 쥐고 흔드는 우스꽝스러운 행동을 많이 했다. (왜 그냥 손을 흔들면서 인사하지 않았을까?)

1975년에 내전이 일어났다. 포르투갈인들은 떠났고, 도시는 유령의 도시가 되었다. '독립 동티모르 혁명전선(FRETILIN)'에서 도시를 접수했다. 파손된 집도 없고, 부서진 물건 하나 없었다. 포르투갈 은행도 아무런 피해를 입지 않았고, 포르투갈 정부의 관용차는 물론 주지사들이 타고 다니던 벤츠도 말짱한 모습으로 남아 있었다. 상대방을 존중하는 태도가 곳곳에 뚜렷이 드러나 있는데도, 사람들은 도시를 버리고 떠났다. 수천 명의 사람들이 빠져나갔고, 전쟁은 막을 내렸다. 약 두 주일의 짧은 내전기간에 나는 호주에 가 있었기 때문에 전쟁의 진행과정을 목격하지 못했고, 귀국한 뒤에야 전쟁의 결과를 볼 수 있었다. 어리석고 덧없는 전쟁이었다.

1975년 12월 7일에 인도네시아의 무력침공이 시작되었다. 11월에 외무장관에 임명된 나는 12월 4일부터 외국순방 길에 나서 있었다. 그 순간에 나는 호주와 유럽, 미국 순방에 사용할 경비행기에 올라 아시아와 유럽 사이의 창공을 날고 있었다. 이틀 뒤, 나는 유엔에서 동티모르 사건을 탄원하기 위해 뉴욕에 도착했다.

뉴욕은 한겨울이었다. 그런 대도시를 보는 것도, 눈을 보는 것도 난생 처음이었다. 동티모르의 신임 외무장관인 내 임무는 본국의 상황을 유엔에 알리는 것이었다. 나는 신생 독립국가인 모잠비크의 도움을 많이 받았다. 모잠비크 사람들이 나를 대신해서 약속을 잡아주기도 하고 나를 안전보장이사회 회원국에 소개하기도 했다. 당시 내 나이가 스물다섯 살이었으니, 사상 최연소 외무장관에, 안전보장이사회에서 연설한 사람들 중 최연소자였을 것이다. 게다가 나는 너무도 미숙하고 순진했다. 그러니, 최연소자였다는 말은 자랑이라기보다 변명에 가깝다. 인도네시아는 베트남전 이후의 반공주의적인 냉전체제에서 동남아 지역의 강력한 주도국으로 자처하며 미국의 환심을 사고 있었다. 하지만 우리 동티모르는 안전보장이사회에서 인도네시아의 무력침공을 비난하고 철군을 요구하는 만장일치의 결정을 얻어냈다. 그런데 그 결정에 동의했던 나라들 중에는 인도네시아에 무기를 팔고, 인도네시아가 장차 23년 동안 동티모르에서 전쟁을 계속하도록 부추긴 나라들이 있었다. 이것이 내가 국제사회의 위선을 깨닫게 된 첫 번째 계기였다.

당시 우리를 경제적으로 도와준 나라는 모잠비크뿐이었다. 1981년에 모잠비크가 빈털터리가 된 후에는 전쟁 중이라 형편이 좋지 않았던 앙골라가 나에게 달마다 500~1,000달러씩 돈을 주었다. 그것으로 나는 간신히 살아갔다. 대개는 아는 사람이나 친구들이 세들어 사는 허름한 집에서 살았다. 이따금씩 교회에서 일하는 친구의 부탁을 받고, 포르투갈어와 프랑스어, 스페인어로 된 기부금 요청서를 한 페이지에 10달러씩 받고 번역해주곤 했는데, 그 친구는 내가 행간을 두 배로 늘려 잡아도 아무 말도 하지 않았다. 얼마 후 나는 워싱턴에서 모잠비크 정부를 위해 미국 정치와 언론매체, 의회 관계에 대해 자문 역할을 하는 일을 맡게 되었다. 1988년에는 옥스퍼드 대학의 객원연구원으로 갔다가, 나중에는 호주로 옮겼다.

1970년대 후반은 동티모르 역사상 가장 암울한 시기였다. 미국산 무기 때문에 20

만 명이 목숨을 잃었다. 내 여동생 마리아는 카터 행정부가 인도네시아에 넘겨준 지 채 이틀이 되지 않은 전투기에 목숨을 빼앗겼다. 미국산 전투기들은 동티모르에 엄청난 재앙을 쏟아부었다. 그때 내 형제 둘을 포함해서 수천 명이 살해되었다. 1976년에서 1977년 말 사이에, 인도네시아군은 활동을 멈추었다. 인도네시아군은 전문적으로 훈련된 군대가 아니었고, 그토록 큰 저항이 있으리라고는 전혀 예측하지 못했던 것이다. 인도네시아군 사상자는 수천 명에 달했다. 미국이 개입하지 않았다면, 인도네시아군은 티모르 저항세력에게 패배하고 말았을 것이다. 그러나 카터 행정부는 인도네시아에 대량의 무기를 투입했고, 그 결과 형세가 역전되면서 전쟁은 20년 동안 계속되었다.

내가 그 암울했던 수십 년 세월을 어떻게 버텼는지 모르겠다. 세계혁명에 대한 확신에서 투쟁하는 사람들도 있지만, 나는 어떤 주의를 신봉하는 사람도 아니고 마르크스주의자도 아니며 신앙의 승리를 신봉하는 종교적 근본주의자도 아니다. 다만 나는 동티모르인들의 정신에 대해 생각했고, 그들은 나에게 계속 투쟁하라고 말해주었다. 미국에 있는 동안 나는 완전히 고립되어 있었다. 나는 일반적인 망명자들처럼 직업을 가질 수도 있고, 마음을 바꿔 새로운 삶을 살 수도 있었다. 그러나 나는 그런 삶을 사는 대신 하루 스물네 시간을 바쳐 동티모르를 위해 일했다. 돈은 없었지만, 연설을 하러 갈 때는 버스를 타고 어디든지 찾아갔다. 나는 밀워키에도 초청을 받아 연설을 하러 갔고, 버밍햄까지 버스를 타고 가서 열두 명의 에리트레아인 앞에서 연설한 적도 있다. 한번은 온종일 버스를 타고 시카고로 가서 화려한 호텔에서 열리는 회의에 참석해 연설을 한 적이 있었다. 나는 청중들이 모두 나이가 지긋한 여성들인데 대부분 졸고 있다는 것을 눈치채고 일부러 나지막한 소리로 연설을 했다. 나 다음으로 마이크를 잡은 사람은 럿거스 대학의 로저 클라크 교수였는데, 쩌렁쩌렁 울리는 목소리로 연설을 했다. 여성들이 심장발작을 일으키지나 않을까 걱정될 정도였다.

1991년 11월 12일, 5,000명의 젊은이들이 어느 교회에 모여서 두 주일 전 그 교회 안에서 인도네시아군에게 사살된 동티모르 청년을 추모하고, 공원묘지까지 행진을 했다. 아주 평화로운 행진이었다. 그런데 인도네시아 특수부대원들이 나타나더니 느닷없이 기관총을 난사하기 시작했다. 현장에서 500명이 넘는 사람들이 숨졌다. 부상을 입고 병원으로 옮겨졌다가 군부에 협력하는 인도네시아 의사들의 손에 목숨을 잃은 사람들도 많았다. 그들은 부상자들에게 독약을 투약하기도 하고 돌로 머리를 쳐서 죽이기도 했다. 그 일을 목격한 증인도 있다. 부상자 중 간신히 병원에서 빠져나온 사람이 둘 있었는데, 그 중 한 사람이 환자들에게 지급되던 알약 샘플을 가지고 나왔다. 런던의 과학수사 전문가의 분석 결과, 그것은 화장실을 청소할 때 물에 희석해서 쓰는 맹독성 물질로 밝혀졌다. 얼마 후, 대대적인 학살이 자행되었다. 특기할 만한 점은 이번에는 한 용감한 영국 카메라맨이 학살현장에 있었다는 사실이다. 그는 인도네시아군이 총격을 가하는 장면을 빠짐없이 촬영했다. 군인들이 총격을 멈추자 그는 녹화테이프를 가지고 나와 묘지에 파묻었다. 인도네시아군이 그가 남겨둔 사진들을 가져갔지만, 그날 밤 그 카메라맨은 다시 묘지로 돌아와 테이프를 찾아 비밀리에 국외로 내보냈다. 그는 다행히 외국인이었기 때문에 인도네시아군에게 해코지를 당하지 않은 것이다. 이후 상황은 크게 달라지기 시작했다.

1996년 12월, 나와 벨로 주교는 노벨평화상을 수상했다. 덕분에 나는 국제언론과 세계 각국의 정부 지도자들을 쉽게 만날 수 있었다. 당연히 인도네시아 당국은 심기가 편치 않았다. 나는 그들의 악랄한 조롱과 끔찍한 협박에 시달려야 했다.

내가 노벨평화상을 수상한 것은 20년 이상 계속해온 활동과 단계적 평화협상안 때문이었다. 내가 제안한 평화안은 후일 탄생한 이스라엘과 팔레스타인의 오슬로 평화협정과 매우 유사했다. 인도네시아가 이 평화안을 수용했다면, 더 이상의 파괴와 학살 없이 전쟁이 끝나고, 인도네시아는 떳떳하게 이곳에 남고 동티모르는 인도네시아 내부에서 일정 기간 자치를 누렸을 것이다. 평화안에 서명한 날로부터 12년 후에는 국민투표가 실시되었을 것이다. 그러나 상대는 대화나 타협, 융통성이 자신도 살리고 상대도 살릴 수 있는 길이라는 것을 전혀 이해하지 못하는 군부독재 권력이었다. 그들이 아는 것은 오로지 '우리가 이겨야 한다' 는 개념뿐이었다.

몇 달 동안 금품수수와 협박 공세가 이루어졌음에도 불구하고, 동티모르 국민의 90퍼센트 이상이 독립에 찬성했다. 유엔 내부자료에 따르면 부정개표로 도난당한 찬성표가 6퍼센트나 되었다. 그 후 벌어진 폭력사태는 수개월에 걸쳐 세부사항까지 치밀하게 계획된 것이었다. 동티모르의 거의 모든 마을과 가옥이 파괴되었다. 부잣집이나 허름한 집이나, 풀과 짚으로 지어진 오두막집까지 모두 불태워졌다. 국민의 3분의 1 이상이 총부리의 위협 속에서 배를 타고 타국으로 떠나야 하는, 현대사에서 유례를 찾아볼 수 없는 일이 벌어졌다. (거의 30년 동안 한 번도 만나지 못했던) 큰누나는 아이들과 함께 군함에 태워져 인도네시아로 끌려갔다. 서티모르의 수용소에는 아직도 10만 명이 넘는 시민들이 수용되어 있다. 학살작전은 돈과 권력, 그리고 하부조직을 갖춘 군대에 의해 조직적으로 이루어졌다. 시민군의 3분의 2는 (동티모르 출신이 아니라) 인도네시아 출신이었다. 이런 폭력을 저지른 것은 이 사회와 아무 관련이 없는 사람들이었다. 시민군에 끼어 있다 투항한 티모르인들은 시민군에게 술이 배급되어 완전히 취한 상태였다고 토로했다. 학살현장에는 시민군 복장으로 위장한 수백 명의 인도네시아 경찰들이 끼어 있었는데, 얼마 후에는 모두들 위장했던 옷들을 벗어던지고 군복 차림으로 작전을 수행했다. 남부 해안에 살고 있었던 조카들의 말에 따르면, 그곳에 시민군은 한 명도 없었고 방화를 일삼는 군대 병력만 있었다고 한다. 기자들도 없는데 뭐 때문에 귀찮게 변장 따위를 했겠는가?

학살이 자행되는 동안, 나는 너무나 슬프고 너무나 외로웠다. 나는 날마다 수백 통의 전화통화를 해야 했다. 나는 워싱턴으로 가서 패트릭 리하이 상원의원과 톰 하킨 상원의원, 그리고 토마스 피커링을 비롯한 국무부 사람들을 만났다. 나는 내셔널 프레스클럽에서 연설을 하고 NBC, ABC, Night Line, CNN의 프로그램에 잇달아 출연했다.

수십만 명의 사람들이 전화나 인터넷으로 메시지를 보내왔다. 대세가 바뀌기 시작했다. 어느 순간, 동티모르에 평화유지군이 파견되도록 하지 못하면 내 인생은 끝장이라는 생각이 들었다. 그렇게 되면 남은 인생 동안 무엇을 하면서 살 수 있을지, 아무 생각도 나지 않았다. 나를 믿고 모든 위험을 감수하는 사람들을 배반하고 있는 셈이라는 생각이 들었다. 나는 늘 지하활동을 하고 있는 사람들과 전화로 연락을 취했다. 최악의 시기에도 전화선은 열려 있었다. 나는 어느 신부와 통화를 했다. 무차별 총격이 벌어지는 동안, 그는 집안 방공호에 숨어 있었다. 전화선 너머로 자동차소리와 총소리, 사람들의 비명소리가 들렸다. 그는 "30분 후에도 내 목숨이 붙어 있을지 모르겠다"고 말했다. 나는 유엔 관계자들에게 그를 구조해달라고 했지만 그들은 자신들도 안전하지 않은 상태라고 말했다. 갑자기 여동생과도 연락이 끊어졌다. 다행히 유엔 공관 옆에 살고 있던 여동생의 가족들은 유엔 공관의 담을 넘어들어가 안전한 상태라는 게 확인되었다. 내가 뉴질랜드에서 열리는 아시아태평양경제협력체(APEC) 정상회담에 참가하고 있을 때, 워싱턴의 클린턴 대통령이 "인도네시아는 국제사회의 중재를 요청해야 한다"고 말했다. 이틀 뒤, 인도네시아는 실제로 국제사회의 중재를 요청했다. 그로부터 이틀 뒤에 나는 클린턴 대통령을 만났다. 내가 세계에서 가장 강력한 사람을 만나는 것을 보고 모든 티모르인들은 안심했다. 미국 대통령이 어떤 결정을 내리면 반드시 이루어지게 마련이니까. 클린턴 대통령은 풍채도 좋고 매력적이고 사람을 편안하게 하는 사람이었다. 그는 사실에 입각한 예리한 질문을 던졌는데, 대부분의 기자들이 묻는 것보다 훨씬 지적인 내용이었다. 그날 저녁 나는 자카르타의 자택에 연금되어 있는 저항세력의 지도자 사나나에게 전화를 걸어, 내가 미국 대통령을 만났으니 곧 평화유지군이 도착할 거라고 말했다. 내 말은 맞아떨어졌다.

이런 상황의 변화는 인도네시아로서는 상상하지도 못한 것이었다. 인도네시아는 이제까지 반대파와 평화시위대, 반체제인사들을 진압하는 데 익숙해 있었고, 자국의 군대는 무적의 군대라고 생각하는 데 익숙해 있었다. 그들은 역사상 처음으로 패배했다. 학자들은 인도네시아가 민간인을 상대로 전투를 벌였다는 사실은 밝히지 않고 인도네시아는 단 한 번의 전투에서도 패배한 적이 없다고만 주장했다. 평화를 가져온 것은 여론의 힘이었다. 평화를 가져온 것은 전화와 인터넷, 팩스를 이용해서 클린턴의 집무실과 미국 국무부, 그리고 런던의 토니 블레어와 로빈 쿡의 집무실, 그리고 프랑스에 연달아 메시지를 띄운 사람들이었다. 호주에서는 수만 명의 사람들이, 포르투갈에서는 100만 명 이상의 사람들이 시위에 참가했다. 우리는 클린턴 대통령이 동티모르 국민들을 구하라는 명령을 내리게 만든 것은 바로 이런 여론의 힘이었으며, 미국이 권력을 좋은 일에 효율적으로 쓰겠다고 마음만 먹으면 엄청난 영향력을 발휘할 수 있는 나라라는 사실을 확인하게 되었다. 나는 클린턴 대통령의 용감한 지도력을 목격한 뒤로 미국이 과거에 저질렀던 온갖 죄악을 용서할 수 있게 되었다.

우리는 이기고 보니 용기가 난다는 말들을 한다. 하지만 나는 겸손하게 자신의 잘못과 죄를 인정하고 솔직해지는 데는 더 많은 용기가 필요하다고 생각한다. 무기를 드는 것보다는 용서하는 데 더 많은 용기가 필요하다. 말해놓고 보니, 나는 결코 이 세상에서 가장 용감한 사람 축에 들지 못한다는 것을 인정한 꼴이다. 용기는, 실행에 옮기는 것보다 말로 하는 것이 훨씬 더 쉬우니까 말이다.

코이기 와 왐웨레
KOIGI WA WAMWERE

케냐

___

정치적 권리

"나는 경찰서 지하독방에 감금되었는데,
정신을 잃었다 깨어 보니 방안에 물이 가득 차 있었다.
나는 발가벗은 채 물 속에 앉아서 지냈다.
거의 한 달 동안 그렇게 지냈다."

코이기 왐웨레는 케냐의 유명한 정치범이자 몇 권의 책과 희곡, 시를 쓴 작가다. 삼림지역의 어느 가난한 집에서 태어난 그는 코넬 대학의 장학생으로 입학해 1973년에 대학을 졸업했다. 그는 케냐로 돌아온 뒤 민주적 개혁을 위해 활동했으며, 1974년에는 국회의원에 출마했다. 그는 1975년에 케냐 대통령과 정부에 대한 비판활동이 빌미가 되어 체포되었다. 그는 정당한 재판절차도 거치지 못한 채 3년 동안 감금되어 있다가 1978년에 풀려났고, 1979년에 국회의원에 당선된 뒤 3년 동안 가난한 농촌지역을 위해 활동했다. 그는 1982년 8월부터 1984년 12월까지 다시 불법구금되었다. 그는 1986년 6월에 노르웨이로 망명했지만, 1990년에 우간다를 방문했다가 국경을 넘어온 케냐 보안대에 체포되어 1993년까지 갇혀 있었다. 다시 망명했다 돌아온 그는 이번에는 사형죄에 해당하는 날조된 사유로 다시 체포되었다. 그는 심장병 치료를 허용하라는 국내외의 탄원 덕분에 1996년 12월 13일 석방되었다. 왐웨레는 공개재판을 받았고, 1995년에 4년의 징역형과 6번의 태형을 선고받았다. 민주주의와 비폭력을 위한 불굴의 투쟁으로 인해서 그는 대부분의 인생을 감금과 고문, 그리고 투옥에 시달려왔지만, 이러한 경험 속에서도 상상할 수 없을 만큼 평온한 마음과 지혜로운 태도를 보이고 있다.

나는 오랫동안 삶을 지키기 위한 인권운동에 종사해왔다. 나는 인권을 민주적 자유의 주춧돌이라고 보았으며, 인권투쟁을 민주적 권리를 위한 투쟁이라고 보았다. 나는 코넬 대학에 다니던 1971년에 왜 케냐에서는 민주적 기본권이 인정되지 않는지 의문을 품기 시작했다. 미국인들은 대통령을 공개적으로 비판하기도 하고 자유롭게 시위를 벌이기도 하면서 훨씬 자유로운 생활을 누리고 있었다. 나는 마틴 루터 킹과 로버트 케네디, 그리고 존 에프 케네디, 말콤 엑스의 글과 연설을 접하면서 투쟁의욕이 솟구쳤다. 그들은 내 삶을 완전히 뒤바꾸어 놓았다. 나는 애초에는 호텔경영학을 공부할 계획이었지만, 방향을 바꾸어 인권투쟁에 대해 공부했다. 꿈이 바뀌게 된 이상 그곳에서 할 일이 없었기 때문에, 나는 조국으로 돌아와 기나긴 투쟁의 첫발을 내딛게 되었다.

1973년 2월, 내가 나이로비에 도착했을 때 조모 케냐타는 여전히 대통령직에 있었다. 그의 축출을 주장하는 것은 자살행위나 마찬가지였다. 나는 공공연하게 조국이 잘못된 방향으로 가고 있다고 말하기 시작했다. 사람들은 내가 공개적으로 비판하는 것을 보고 충격을 받았다. 다행히 동생도 나와 한뜻이 되었다. 얼마 지나지 않아 다섯 명의 젊은이들이 인권존중과 평등, 부패척결을 위해 뭉치게 되었다. 처음에는 어디서 어떻게 투쟁을 시작해야 할지 알 수가 없었다. 나는 가장 확실하게 문제를 폭로하는 수단은 언론이라고 생각하고 자유기고가로 활동하기 시작했다. 나는 매주 특집기사를 썼고, 기사를 쓸 때마다 경찰에 끌려가 심문을 당했다. 사람들은 나를 보고 완전히 미친 사람이라고 생각했다. 경찰은 수시로 나를 감금하고 심문하고 기소하고 재판에 회부했다. 하지만 대부분의 사건이 기각되어 나는 집으로 돌아갈 수 있었다. 지금 생각하면 그렇게 버틸 수 있는 힘이 어디서 나왔는지 모르겠다. 아마 꿈이 너무나 간절했기 때문에 그런 힘이 솟아났던 것 아닐까 싶다.

한번은 임업노동자들의 근로조건을 다룬 기사를 써서 많은 주목을 받았다. 나는 삼림지대에서 나고 자란데다 부모님 역시 임업노동자였기 때문에, 그 분야에 대해서는 훤했다. 나는 케냐 임업노동자들과 탄자니아 노동자들의 노동조건을 비교했다. 영국의 식민통치 시절에는 탄자니아와 케냐의 행정체계가 동일했기 때문에 양국의 노동자들은 거의 똑같은 대우를 받았다. 독립 이후 탄자니아 노동자들의 대우는 향상되었지만, 케냐 노동자들의 대우는 예전 그대로였다. 나는 글만 쓴 게 아니라 주거 상황을 사진으로 찍기도 했다. 노동조건에 대한 폭로활동은 정부의 분노를 샀다. 어떤 공무원(바로 샤말라 장관이다)은 나에게 탄자니아로 가라고 말했다.

많은 주목을 끌었던 또 하나의 기사는 착취 이데올로기의 하나인 부족중심주의를 파헤친 것이었다. 이 글은 다시 사람들의 분노를 샀다. 정부가 어떤 부족은 차별하면서 어떤 부족에게는 자신들만의 정부인 것처럼 느끼게 만드는 것은 잘못이었다. 어떤 부족들의 입장에서 보면 나는 반역자였다. 나는 정부 산하기업들의 부정부패를 주요한 문제로 고발했다. 또한 농민들을 상대로 돈을 모금하여 큰 농장을 구입했다가 나중에는 농민들을 저버리고 자신들 소유로 만들어버린 사람들도 고발했다.

기사를 쓰면서 목숨의 위협을 느낄 때도 있었지만, 나는 그것을 위험이라고 생각하지 않았다. 얼마 후 상황이 악화되면서 협박이 심해져서 나는 망명을 해야 했다. 망명 중(당시에는 노르웨이에 있었다)에도 나는 암살위협에 시달려야 했다.

처음에 나를 암살하려고 시도했던 사람은 두 명이었는데, 한 사람은 이탈리아인이고 다른 한 사람은 나이로비 주재 말리 외교관의 아들이었다. 이탈리아인은 기차가 스웨덴 국경을 넘을 때 검문과정에서 총이 발각되는 바람에 체포되었다. 다른 한 사람은 가까스로 오슬로 기차역에 도착했다. 그는 케냐와 연결된 소말리아의 연락망을 만나기로 되어 있었는데, 그 사람 눈에는 소말리아인들이 모두 똑같아 보였다. 그는 처음으로 만난 소말리아 사람에게 "물건을 가지고 왔다"면서 짐을 건네주었다. 각성제로 쓰이는 잎이 든 짐을 기다리고 있던 그 소말리아 사람은 짐 속에서 400발의 탄약이 장착된 G-3 라이플총을 발견했다. 그는 기겁을 하고 경찰에 전화했고, 총을 건넨 사람은 체포되었다. 그 남자는 나를 죽이기 위해 파견된 사람이라고 털어놓았다.

얼마 후에는 내가 런던에서 탄자니아까지 타고 갈 비행기를 납치하려는 계획이 세워지기도 했다. 납치를 청부받은 사람은 자신의 안전과 사후처리 문제를 보장해달라고 요구했지만, 아무런 응답이 없자 내게 와서 그 이야기를 털어놓았다. 나는 처음에는 그의 말을 허튼소리로 여겼다가 곧 그의 말이 사실임을 깨닫고 노르웨이 경찰에 도움을 요청했다. 거실에 비밀 녹화장비를 설치한 다음, 그 사람을 불러 그 일에 대해 이야기하는 장면을 녹화했다. 내가 "당신이 하는 말은 모두 거짓말 같다"고 말하자, 그는 "어떻게 증명하면 되겠는가?" 하고 물었다. 내가 경찰서로 가자고 하자, 그는 가서 경찰청장을 만나겠다고 대답했다. 그는 경찰청장에게

"내 말을 믿지 못하겠다면 케냐 대통령집무실에 전화를 걸어 보이겠다"고 하고는 전화를 걸었다. 그랬더니 대통령집무실 교환원은 그가 누구인지를 알아듣고 곧바로 전화를 연결해주었다. 교환원들이 그를 잘 알지 못했다면 그렇게 행동했을 리가 없다. 이 일은 커다란 외교문제가 되었다.

또 한번은 주교로 위장한 남자가 나를 찾아왔다. 그는 망명 중인 전국기독교협회 전임 의장이라고 자신을 소개했는데, 차림새도 그럴 듯했다. 나는 감쪽같이 속아 넘어갔다. 집에서 식사를 할 때는 그 남자가 식전기도를 하기도 했기 때문에, 그가 가짜라는 것을 알게 되었을 때는 기가 막혔다. 그는 발각되기 전에 내가 BBC 방송에 출연해서 케냐와의 관계에 대해 이야기해달라고 부탁하자, 선선히 인터뷰에 응했다. 그런데 인터뷰가 방송된 뒤 BBC 방송에서 전화가 걸려왔다. "이 사람은 그 주교가 아니랍니다. 진짜 주교한테서 항의전화가 걸려왔습니다." 그는 자신은 대통령집무실에서 보낸 사람이라고 털어놓으며 연락 전화번호를 건넸는데, 그것은 대통령의 직통 전화번호였다. 그는 나를 납치하거나 암살하면 300만 실링을 받기로 되어 있었다고 밝혔다.

나는 우간다를 방문하는 길에 케냐 사람들과 연락을 시도했다. 어느 날 낮에 나는 우간다와 케냐 양쪽에 걸쳐 있는 마을의 어느 호텔에서 걸어 나왔다. 보안대원들이 왔다갔다하고 있었지만, 나는 전혀 눈치채지 못했다. 이제와 생각해보면, 나는 그때 나를 팔아넘긴 사람과 동행하고 있었던 것 같다.

나는 지금도 체포되던 날의 일을 뚜렷이 기억하고 있다. 1990년 7월이었다. 테이블에 몇 사람이 앉아 있었는데, 케냐 사람처럼 생긴 여자 하나가 나를 바라보고 있었다. (동부 케냐 사람과 동부 우간다 사람은 얼굴색에서 조금 차이가 난다. 우간다 사람들이 더 검은 편이다.) 어쨌든 그들은 그 지방 사람들이 아니었다. 호텔 지배인에게 케냐 사람들이 그곳에 있느냐고 묻자, 그는 그렇다고 대답했다. 그 말을 듣고 나는 방으로 돌아갔다. 그날 밤 나는 복면을 한 다섯 명의 사람들에게 끌려갔다. 나는 그들이 누군지 전혀 알 수 없었다. 나는 우간다에서 케냐로 끌려갔다.

그들은 나를 감옥에 넣은 다음 내 친구들을 체포하기 위해 돌아다녔다. 내 형제들이 체포되었고, 우리는 모두 반란죄로 구속되었다. 그들이 나를 죽이지 않는 이유가 뭔지 이해할 수가 없었다. 나는 경찰서 지하독방에 감금되었는데, 정신을 잃었다 깨어 보니 방안에 물이 가득 차 있었다. 나는 발가벗은 채 물 속에 앉아서 지냈다. 거의 한 달 동안 그렇게 지냈다. 물의 깊이는 30센티미터쯤 되었는데, 그들은 물의 온도를 조절해가며 나에게 고통을 주었다. 수온이 낮아지면 온몸이 부들부들 떨리면서 얼어붙는 것 같았고, 수온을 높이면 질식할 것만 같았다. 그들은 심문할 때 주는 물 말고는 음식물을 전혀 주지 않았다. 나는 그곳에 한 달 동안 격리된 채 날마다 심문을 당했다. 지붕에서 떨어뜨리겠다는 협박을 받은 적도 있었다.

어느 날 한 남자가 나를 부르더니 이렇게 물었다. "당신이 우리 손아귀 안에 있다는 걸 인정하는가?" "인정한다." "우리가 당신보다 강하다는 것도 인정하는가?" "인정한다. 하지만 당신들이 경찰과 군대와 모든 권력을 가지고 있을 때만 그렇다. 그러나 내 사상은 당신들의 사상보다 훨씬 더 강하다. 내가 얻기 위해 투쟁하고 있는 것은 당신들이 지키려고 애쓰는 것보다 훨씬 위대한 것이다. 그래서 나는 당신에게 굴복할 수 없다." "좋다. 한 가지 거래를 제안하겠다. 내가 당신에게 손을 뻗을 텐데, 만일 당신이 나와 악수를 하면 당신은 집에 갈 수 있다. 이길 수 없으면, 합류를 해야 하는 법이다. 내가 당신에게 제안하는 것은 이게 전부다. 나와 악수를 하면 당신뿐만 아니라 지금 이곳에 있는 당신 친구들까지도 집에 갈 수 있다." 그는 내게 손을 내밀었다. 나는 대답했다. "거절하겠다." "그렇다면 당신은 죽을 수밖에 없다." 그들은 내 눈을 가리고 두 손을 묶은 다음 나를 지하독방으로 다시 데려갔다. "며칠 후 당신은 반란죄로 재판을 받게 될 것이다."

왜 그와 악수하지 않았을까? 나는 그들과 화해하려고 시도하는 것은 악마와 화해하는 것과 마찬가지라고 믿고 있었다. 인생은 선과 악 사이의 영원한 투쟁이다. 이 투쟁에서 중립이란 있을 수 없다. 나는 내 자신이 반대편 길에 들어서는 것을 용인할 수 없었다. 차라리 죽음을 택할지언정 결코 나 자신과 타협할 수 없었다.

어머니는 나를 변호해줄 변호사를 구하기 위해 온 나라를 돌아다녔다. 이 일을 맡고 나선 사람은 오직 샤말라뿐이었다. 이 일을 수락한 것은 그로서는 매우 큰 용기였다. 우리는 결국 석방되었다.

1975년, 그들은 우리를 체포하여 재판절차도 없이 가두었다. 나는 1978년 12월까지 수감되어 있다가 석방된 뒤, 어떤 선거구에서 빈민을 대변할 사람이 필요하다고 해서 국회의원으로 출마했다. 모이 대통령이 나를 조찬에 초대했다. 처음에 그는 나를 칭찬했다. 나도 처음에는 그를 케냐의 과거와 단절하려는 사람이라고 생각하고 높이 평가했다. 하지만 내가 곧 이런 관계가 오래 지속되지 못할 거라고 판단하게 된 계기가 있었다. 어떤 집회에 참석하고 돌아오는 길에 나는 길가에 늘어서서 "여호수아! 여호수아! 여호수아!"라고 외치는 사람들을 보았다. 그로부터 이틀 뒤 대통령은 나와 아내 제인을 조찬에 초대했다. 그는 나에게 가난한 사람들 편에 서지 말고, 토지분배 개선과 구금행위 중단을 요구하지도 말라는 이야기를 꺼냈다. 그는 말했다. "잠자는 개를 건드렸다가는 당신이 죽습니다." 내가 "무서운 협박이군요" 하고 말하자, 그는 자신의 충고를 받아들이지 않으면 오래가지 못할 것이라고 말했다.

나는 그에게 사람들이 그를 '여호수아'라고 부르던 집회가 기억나느냐고 물었다. 그는 사람들이 왜 그렇게 부르는지 이유를 모르는 것처럼 굴었다. 나는 케냐인들은 조모 케냐타를 모세라고 여기고 있다고 말해주었다. 이스라엘 사람들을 이집트에서 이끌고 나왔지만 그들을 약속의 땅에 데려가지 못하고 사막에 남겨둔 채 숨을 거둔 모세 말이다. 나는 그에게 말했다. "이제 케냐인들은 당신을 자신들을 약속된 땅으로 데려다줄 여호수아라고 여기고 있습니다. 하지만 당신은 그들에게 자유와 더 많은 월급, 그리고 토지를 제공하지 않고서는 그들을 젖과 꿀이 흐르는 땅으로 데려갈 수 없습니다." 나는 그에게 부정부패를 척결해야 한다고 말했다. "사람들에게 여호수아라는 믿음을 심어주었으니, 이제 당신은 그들을 실망시켜서는 안 됩니다."

나는 1982년부터 1984년까지 다시 투옥되었다가, 1986년부터 1990년까지 노르웨이에 머물렀다. 그 후 우간다에서 체포되어 1993년 2월까지 수감생활을 했고, 석방된 뒤 노르웨이를 거쳐 케냐로 돌아가자마자 다시 체포되었다. 당시는 인종갈등이 격화되는 시기였고, 우리는 '국가민주인권기구(NDEHURIO)'를 결성해 인권투쟁을 벌이는 한편 인권유린 사건을 조사하고 인종갈등을 격화시키는 정부의 행동을 폭로했다.

상황은 갈수록 나빠졌다. 나이로비의 변호사 깁슨 카마우 쿠리아의 집에서 친구들과 함께 아침을 먹고 있을 때였다. 서너 시간 거리에 있는 경찰서가 기습당했다는 소식이 전해졌다. 깁슨은 나를 보고 "당신이 지금 리프트 밸리에 있었다면, 당신은 당장에 이번 기습에 연루되었다고 구속되고 말았을 겁니다"라고 말했다. 다른 친구가 지금도 그럴 가능성이 크다고 말했다. 깁슨은 그런 짓을 저지르는 정부가 또 어디에 있겠느냐며 분통을 터뜨렸다. 그 주 금요일, 놈들은 우리가 예상했던 대로 경찰서 기습 혐의로 나를 체포했다. 완전히 계획된 음모였다.

경찰은 사람들을 시켜 나에게 불리한 증언을 하게 했다. 그들은 증언을 하면서 어색한 웃음을 지으며 아래를 내려다보곤 했다. 어떤 사람은 이 범죄조작이 조잡하고도 어처구니없다는 것을 인정하기도 했다. 덴마크 대사관에 근무하는 한 여성은 그날 밤 깁슨의 집에 나와 함께 있었다고 증언하려고 했지만, 덴마크 외무부에서 이를 막았다. 로버트 케네디 인권재단과 국제사면위원회를 비롯한 국제사회가 케냐 정부에 압력을 넣었다.

나는 반란죄로 구속된 상태에서 재판도 받아보지 못하고 2년6개월 동안 갇혀 있었다. 사형수 감방에 집어넣은 걸로 보아 나에게 유죄판결을 내릴 계획이 분명했다. 우리는 법정에 증거를 제시할 수도 없었고, 반대심문도 할 수 없었으며, 변호사는 변론 요지를 제출할 기회조차 갖지 못했다. 판사는 제정신이 아닌 사람처럼 행동했다. 판사는 마치 강요에 못 이겨 원치 않는 일을 하는 사람처럼 매우 슬픈 표정을 짓고 있었기 때문에, 그가 불쌍하다는 생각이 들기도 했다. 판사의 자녀들과 아내, 심지어는 그의 형제들까지 독방에 있는 나를 보러 오기도 했다. 이상한 일이었다. 결국 판사는 내게 사형선고를 내리기로 결심한 듯했다.

그러나 그 즈음에 독재자 모이는 겁을 먹기 시작했다. 모이는 정권 유지와 국제여론에 대한 대응과정에서 나이지리아의 군사독재자 아바차와 늘 협력해왔다. 그러나 나이지리아의 유명한 작가 켄 세라 위와에게 사형이 집행된 뒤 국제여론이 악화되면서, 영연방은 나이지리아에 대해 각종 제재와 지불정지 조치를 내렸다. 마음이 약한 모이는 늘 주도적이었던 아바차가 당하는 꼴을 보자 사형을 집행할 배짱이 없어졌다. 그리하여 우리는 사형을 면하고 징역형을 선고받았다. 예수님이 그랬듯이, 수많은 나이지리아 사람들이 억울한 누명을 쓰고 죽음으로써 우리의 목숨을 살린 것이다.

위싸 주교
BISHOP WISSA

종교적 자유

"내 교구민들을 보호하는 것은 내가 마땅히 해야 하는 임무다.
누군가 자기 집에 와서 자신의 아이들을 때리는 것을 보고
가만히 있을 사람이 누가 있겠는가?"

콥트교회(이집트 재래의 기독교)의 뿌리는 성 마가에게까지 거슬러 올라가는데, 그는 서기 64년 알렉산드리아에서 처음 이 교회를 세운 것으로 알려져 있다. 그 당시부터 이집트의 콥트교도들은 기껏해야 인색한 용인을 받았고 노골적인 박해의 대상이 되는 일이 잦았다. 오늘날 이집트 영토 내에서 사는 1,000만 명에 가까운 콥트교도들은 중앙정부와 지방정부로부터 많은 탄압을 받고 있다. 위싸 주교가 폭로한 이야기는 끊임없이 자행되어온 억압이 노골적으로 드러난 하나의 사례에 불과하다. 1998년 8월 15일, 룩소르에서 북쪽으로 56킬로미터쯤 떨어진 엘 코세 마을에서 다섯 명의 이슬람교도들이 같은 마을의 콥트교도 두 사람을 살해했다. 이 사건을 조사하던 경찰은 난폭한 행동을 일삼았고, 이후 두 달에 걸쳐 1,200명의 콥트교도를 체포, 구금했다. 체포된 아이들과 여성, 남성들 중 반 수 이상이 구타와 채찍질을 당하고 귀와 생식기에 전기고문을 당하는 등 갖가지 고문을 당한 것으로 보고되었다. 위싸 주교는 자신의 관구인 엘 코세에서 이 사건들을 목격한 뒤, 개인적으로 800여 명의 희생자들을 만나 인권유린 상황을 파악했다. 그는 엘 코세의 인권유린 상황을 알리는 조사보고서를 이집트 당국과 인권기구, 그리고 국제사회에 제출했다. 1999년 5월 9일 내무부는 조사보고서를 기각한 뒤, 위싸 주교를 체포하고 명예훼손을 비롯한 여러 가지 혐의를 붙여 기소했다. 위싸 주교에 대한 재판은 아직 끝나지 않은 상태다. 국제사회는 차별과 불공평에 맞서 싸우는 그의 용기에 관심과 지지를 보여야 마땅하다.

"

1998년 8월 여름, 두 명의 콥트교도가 살해되고 경찰이 조사에 착수했다. 경찰은 사람들을 잡아들이기 시작했다. 그들은 하루에 5, 60명씩 콥트교도들을 잡아다가 수 주일씩 감금했다. 그들은 온갖 수단을 동원하여 사람들을 고문하면서 거짓증언을 강요했다. 나는 고문받는 사람들의 비명소리를 듣고 보안대 담당자를 만나러 갔다. 나는 그와 1시간가량 마주앉아 이 마을의 여러 가지 상황에 대해 설명한 다음 감금행위와 고문을 중단하고 합법적인 조사를 실시하라고 촉구했다. 하지만 나는 아무 소득도 얻지 못했다.

일주일 뒤 이 지역을 관할하는 경찰서장이 도착했다. 나는 주교 한 사람과 사제 두 사람을 보내 그를 만나도록 했다. 그들은 두 시간 동안 회의를 했는데, 처음 한 시간은 분위기가 험악했다. 경찰서장은 이 지역 사람들이 아직 아무것도 모르고 있다고 말했다. 얼마 후 사제와 주교의 태도가 매우 강경하다는 것을 깨달은 그는 한층 누그러진 태도로 이렇게 말했다. 그는 마이클이라는 사람이 살인자고 이번 일은 그 사람 탓이라면서, "내가 당신들 입장이라면 그 남자에게 직접 출두해서 자백하라고 충고하겠다"고 말했다. 경찰은 마이클이 자신의 딸을 강간해 임신을 시켰다는 이유로 두 남자를 살해한 것이라고 주장했다. 경찰은 마이클의 아내와 열 살 먹은 어린아이를 비롯하여 모든 가족들에게 고문을 하기 시작했다. 그들은 그 어린아이를 사막으로 데려가서 그곳에 남겨두기도 했다. 몇 주일 뒤 경찰 측 주장의 핵심 인물, 즉 살해된 두 남자에게 강간당했다는 여자아이가 내 사무실에 찾아

왔다. 우리는 의학적인 검사를 거쳐서 그 여자아이가 처녀라는 사실을 밝혀내고 그녀의 아버지 마이클이 살인자가 아니라고 주장했다.

그러자 경찰은 다른 살인자를 찾기 시작했다. 하지만 대대적인 고문은 계속되었다. 그들은 예민한 신체부위와 은밀한 곳에 전기충격을 가하는 전기고문을 일삼았다. 사람들을 거꾸로 매달아놓고 발로 차고 몽둥이와 채찍으로 때리기도 하고, 사람들의 옷을 벗겨 차가운 물에 집어넣기도 했다. 여자라고 예외는 없었다. 끔찍한 고문이 계속되었다. 나는 고문의 추악함을 일일이 설명할 수는 없었지만, 이를 고발하는 문서를 여러 차례에 걸쳐서 여러 인권기구에 보냈다. 9월 17일, 내무부장관 보좌관이 엘 코셰 마을에 와서 고문당한 모든 사람들을 개별적으로 만나기 시작했다. 한 남자가 들어와서는 잠자코 옷을 벗더니 고문 자국을 보여주었다. 온몸이 채찍과 몽둥이에 맞은 상처와 타박상으로 뒤덮여 있었다. 다음에는 키 작은 남자아이와 여자아이 둘이 들어왔는데, 여자아이는 남자아이보다 한 살 어린 동생이었다. 여자아이는 자신은 가슴에 전기고문을 당했다고 말했고, 두 아이는 동시에 울음을 터뜨렸다.

보좌관은 이제 상황을 모두 알았으니 장관에게 보고하겠다고 말하면서, 경찰서에 가서 한 달하고도 이틀 동안 갇혀 있었던 마이클 복토르와 두 아들을 풀어주었다. 그리고 놀랍게도, 경찰은 살해당한 두 사람 중 한 사람의 사촌을 구속했다. 9월 18

일, 고문을 당한 엘 코세(이곳은 카이로에서 남쪽으로 수백 킬로미터 떨어진 소하그 시 관할지역이다) 마을 출신 15명이 검사를 찾아가 고문으로 생긴 상처를 보여주고 고문행위에 가담한 네 명의 경찰을 고소하겠다는 뜻을 밝혔다. 소하그의 검사장은 그들에게 신체검사를 받게 했다. 신체검사 담당자는 상태가 심각한 두 사람을 더 큰 병원으로 옮겼다. 그러나 그 후에는 아무런 진전도 없었다. 경찰의 고문행위에 대한 엄청나게 많은 증거들이 쏟아졌지만, 정부를 상대로 고소하려고 나서는 사람은 아무도 없었다. 경찰의 고문행위를 고소하고 싶어하는 사람들은 많았지만, 그들은 아무런 진전이 없는 것을 보고 그냥 물러서고 말았다. 이 사건은 이집트와 국제인권기구에서 커다란 반향을 불러일으켰다.

우리는 알렉산드리아의 교황 세누다 3세를 만나 많은 이야기를 나누고 내무부장관 보좌관과 대통령 보좌관들도 만났다. 하지만 이번에도 역시 아무런 조치도 취해지지 않았다. 10월 10일, 나는 두 명의 다른 사제들과 함께 검사에게 소환되었다. 그들은 내가 목격자들에게 증언을 번복하도록 강요하고, 범죄의 증거를 숨기고, 국가의 통합을 해치는 반정부적인 설교를 하고 있다는 요지로 나를 심문했다. 다른 두 사제에게도 같은 혐의를 두고 있었다. 농민들이 신임 검찰총장 마헤르 아브두르 와헤드에게 다시 소송을 제기했지만, 검사들은 희생자들의 상처가 오래된 것들이고 경찰이 고문행위에 가담했다는 증거가 없다며 조사를 중단했다. 그들은 1,200명을 고문한 혐의로 고소된 네 명의 경찰관에 대한 조사를 종결했다. 경찰관

들은 석방되었고, 고초를 겪은 데 대한 보상으로 각기 1,000이집트파운드씩 보상금을 받기까지 했다. 답답한 노릇이지만, 우리는 그들에게 어떠한 책임도 물을 수 없었다.

그러나 내가 왜 두려워해야 하는가? 그들이 나를 고문하지 못하는 이유는 내가 종교인이기 때문이다. 내가 한 일은 고작해야 고위관리들을 접촉하고 대통령에게 탄원서를 보낸 것뿐이다. 나는 이집트인권기구의 하페즈 알 사예드 세아다에게도 이 일을 알렸다. 하페즈는 활동가들을 마을에 보내 사건을 조사한 뒤, 26쪽짜리 보고서를 작성해 전 세계로 보냈다. 내가 한 일이란 이것뿐이다. 내가 왜 두려워해야 하는가?

나는 죽는 날까지 내 교구민들을 보호해야 할 의무가 있다. 그들은 내 자녀들이다. 그들이 나를 아버지라고 부르지 않는가. 콥트교회들은 늘 사람들로 붐빈다. 내 교구민들을 보호하는 것은 내가 마땅히 해야 하는 임무다. 누군가 자기 집에 와서 자신의 아이들을 때리는 것을 보고 가만히 있을 사람이 누가 있겠는가? 아이들이 고문을 당하면서 도와달라고 비명을 지르는데 잠자코 지켜보고 있다면, 그 사람은 제대로 된 사람이 아니다.

케크 갈라브루
KEK GALABRU

캄보디아

정치적 참여와 아동의 권리

"상황이 이렇게 되면 가족들은 굶주려 죽느니보다는
 독극물을 먹고 동시에 죽는 쪽을 선택한다."

케크 갈라브루는 1942년 10월 4일에 태어나 1968년에 프랑스에서 의대를 졸업했다. 그녀는 의사로 활동하면서 1968년부터 1971년까지 프놈펜에서 연구했고, 이어서 캐나다와 브라질, 앙골라에서도 활동했다. 그녀는 1987년부터 1988년 사이에 캄보디아각료회의의 총리인 훈 센파과 반대파 시아누크파 간의 협상이 이루어지도록 하는 데 중요한 역할을 했다. 협상 결과 체결된 평화협정으로 캄보디아에서는 1991년에 내전이 끝나고 유엔 참관하에 선거가 실시되었다. 갈라브루는 유엔이 개입한 과도기에 '캄보디아 인권 옹호 및 증진 연맹(LICADHO)'을 설립했다. 연맹은 특히 여성과 아동의 권리에 초점을 둔 인권옹호 활동과 인권유린 행위 감시, 인권에 관한 교육 및 홍보 활동을 벌이고 있다. 1993년 선거기간에는 159명의 활동가들이 1만6,000명의 유권자들을 대상으로 선거교육을 실시하고 775명의 선거감시단을 훈련시켰으며, 100만 장의 투표전단을 만들어 배포했다. 연맹은 인권을 유린당한 희생자들에게 직접적인 도움을 줄 뿐 아니라, 인권유린 행위를 감시하고 희생자들에 대한 의료 활동과 법적 원조 및 변호 활동을 벌이고 있다.

유엔임시행정기구 직원 2만 명이 캄보디아에 들어왔을 때, 우리는 연맹을 출범시켰다. 자금이 없었기 때문에, 부모님 집을 연맹 사무실로 이용해야 했다. 이 새로운 조직에 대한 소식은 빠르게 퍼져나갔고, 5, 6개월 만에 18만 명의 후원자 겸 자원봉사자가 확보되었다.

우리는 공정한 선거가 치러질 수 있도록 유엔에서 선거를 총괄하고 선거과정을 감시해주기를 원했다. 입헌군주당이 1993년 선거에 출마하자 집권당인 캄보디아인민당

은 사람들의 눈앞에서 그들에게 총격을 가했다. 우리 연맹과 유엔은 그 사건을 분명히 목격했다. 하지만 유엔은 자신들이 공격을 당할 경우에만 응수할 있다는 조건 때문에 어떤 조치도 할 수가 없었다. 내가 그런 정권을 감시하는 노릇을 해야 한다니 믿을 수 없는 일이었다. 하지만 연맹의 설립 목적은 이러한 행위들이 다시는 일어나지 않도록 여건을 조성하는 데 있었다. 캄보디아 정권은 크메르루주 대학살에 버금갈 정도의 만행을 자행하고 있었다. 우리는 유엔과 함께 학살행위들을 기록으로 남겼다. 1년이 채 안 되는 사이에 수백 명이 부상당하고 수십 명이 죽었다. 집권당은 사람들을 죽일 수는 있었지만, 유엔의 활동과 평화협정을 중단시킬 수는 없었다. 그들은 유엔감시단이 어디를 가든 허용할 수밖에 없었다.

유엔은 훌륭한 조직망을 꾸렸다. 5만 명의 캄보디아 자원봉사자들을 조직해 유권자를 교육했고, 50만 부의 세계인권선언 소책자를 인쇄해 배포했으며, 비밀투표의 중요성을 알리는 전단을 100만 장이나 인쇄했다. 이러한 활동은 매우 중요했다. 인민당은 인공위성을 통해 투표부스 안에서 사람들이 누구를 찍는지 알 수 있다고 선전하는 한편, 총을 든 인민당원들이 지켜보는 가운데 사람들에게 불상 앞에서 누구에게 투표할 것인지 맹세하도록 강요하고, 맹세한 대로 투표하지 않으면 부처님이 죽음이라는 벌을 내릴 것이라고 협박했다. 그러나 우리는 사람들에게, 부처님은 선한 분이고 정의를 존중하는 분이니 인권을 침해한 사람들을 벌하고 희생자들을 보호할 것이라고 설득했다. 우리는 또한 투표소에서는 누구의 감시도 받지 않고 자신이 원하는 사람에게 투표할 수 있으며, 자신이 누구에게 투표했는지 발설하지 않도록 주의하라고 교육했다. 인민당의 위협에도 불구하고 투표율은 90퍼센트를 넘어섰다. 국민들은 입헌군주당을 지지했고, 그 당이 승리를 거두자 입을 열기 시작했다. 인민당은 그들에게 조심하라고, 유엔을 지나치게 믿지 말라고 말하면서, 유엔은 곧 떠나갈 배와 같지만 자신들은 영원히 여기에 머무는 항구라고 주장했다.

이제 우리는 평화를 찾았다. 그러나 1970년 이후 계속된 내전으로 인해 많은 아동들이 길거리에 버려져 열악한 환경에서 생활하고 있다. 부모를 모두 잃은 고아들도 있고, 한쪽 부모, 대개는 어머니만 있는 경우도 있다. 그들의 아버지들은 대부분 살해되었다. 부모가 살아 있다고 해도, 너무 가난하기 때문에 스스로 생계를 책임져야 하는 아이들도 많다. 캔에 페인트칠을 해서 파는 일로 하루에 25센트를 벌고, 잠은 길거리에서 자는 아이들도 있고, 매춘관광을 위해 캄보디아를 찾는 비열한 외국인들의 노리개가 되는 아이들도 있다. 아시아인들은 어린 여자아이들을 선호하고, 유럽의 변태성욕자들은 남자아이들을 선호한다. 우리나라에는 성매매업소가 많은데, 밤에 그곳을 지나가면 열한두 살 정도의 어린아이들을 볼 수 있다. 우리는 열세 살 먹은 여자아이와 이야기를 나눈 적이 있었다. 그 아이는 2년째 그곳에서 살고 있다고 말했다. 아시아 남자들은 일정 나이, 가령 쉰 살이 넘어 처녀와 성관계를 가지면 젊어진다는 믿음을 갖고 있다. 그들은 처녀와 성관계를 가지면서 그 아이에게서 에너지를 비롯한 온갖 좋은 것들을 빼앗아간다. 그들은 에이즈문제가 심각해지는데도 콘돔 착용을 좋아하지 않기 때문에 갈수록 처녀를 원하고 있다. 중개인은 가난한 가정을 찾아가 여자아이를 사들이면서 이렇게 말한다. "당신 딸은 레스토랑에서 일을 하든지, 내 친구 집에서 청소 일을 하게 될 겁니다. 당신들이 아주 가난하다는 것을 잘 압니다. 여기 100달러 드리지요." 10달러도 없는 사람들에게 100달러는 큰돈이다. 중개인은 500~700달러를 받고 고객에게 여자아이를 넘긴다. 여자아이를 산 남자는 두 주가량 여자아이와 함께 지낸다. 사람에 따라 다르지만, 한 달을 넘기는 일은 없다. 그 정도면 여자아이에게서 온갖 단물을 다 빨아먹기 때문이다. 그 후에 여자아이는 200달러에 성매매업소로 팔려가서 악몽과 같은 삶을 살게 된다.

어머니의 손에 이끌려 성매매업소에 팔려온 소녀가 있었다. 그 아이는 자기 어머니를 미워하지 않았다. 그 아이는 자신의 업보라면서, 자신이 전생에 뭔가 나쁜 일을 해서 그 대가를 치르고 있는 거라고 말했다. 그 아이는 자신에게 생명을 준 사람이니 어머니에게 잘해야 한다고 말했다. 아이는 아직도 어머니에게 돈을 보낸다. 캄보디아 정부는 아동매춘부의 수를 2만 명으로 추정하고 있지만, 우리는 실제로는 정부 통계보다 4, 5배쯤 많은 것으로 보고 있다. 매춘을 하며 살아가는 아이들은 이렇게 많지만, 우리는 이들이 있는 곳을 다 찾아다닐 수 없다. 아동매춘 행위는 불법이기 때문에 사람들은 이 사실을 철저하게 숨긴다. 하지만 이 사실은 누구나 알고 있다. 너무나 슬픈 일이다.

아동노동 역시 커다란 문제다. 정부는 아동노동이 착취되는 상황을 묵인하면서, 우리가 아동노동을 비난하면 "그럼 아이들을 죽이는 편이 낫다는 거냐?"면서 화를 낸다. 우리는 "아이들이 일을 하는 것은 좋지만, 위험한 일을 하게 놔둬서는 안 된다"고 대답한다. 아이들이 학교에 가려면 돈이 있어야 한다. 교사들의 임금은 한 달에 20달러에도 못 미치지만 학교교육은 무상이 아니다. 캄보디아에서 정상적으로 생활하려면 한 달에 최소한 200달러가 필요하다. 아프기라도 하면, 돈을 빌리고 달마다 20퍼센트의 이자를 갚아야 한다. 이윽고 사람들은 토지와 집을 팔고 노숙자로 전락한다. 상황이 이렇게 되면, 가족들은 굶주려 죽느니보다는 독극물을 먹고 동시에 죽는 쪽을 선택한다. 누구나 알겠지만, 아이들이 배가 고파 우는 모습을 지켜보는 것은 너무나 괴로운 일이다. 우리나라의 유아사망률은 매우 높다. 아마 세계에서 가장 높을 것이다. 다섯 살이 되기 전에 죽는 아이가 1,000명당 180명에 이른다. 유럽 국가에서는 아마 1,000명당 한 명도 되지 않을 것이다.

그 동안 활동해오면서 우리들은 심한 좌절감에 시달렸다. 우리로서는 너무도 버거운 일이었기 때문에, 다른 누군가에게 연맹을 맡기고 어딘가로 도망가버리고 싶을 때가 많았다. 짐을 싸서 비행기에 올라 뒤돌아보지 않고 떠나는 것은 어려운 일이 아니다. 그러나 우리는 '아니, 그럴 수는 없어. 사람들은 우리를 믿고 있어' 하

며 자신을 타일렀다. 돈도 없는 사람들이 돈 한푼 받지 않고 우리에게 와서 일을 했다. 선거활동을 감시할 사람이 필요했을 때, 그들은 이곳에 있었다. 무엇보다도 중요한 것은 쿠데타 도중에, 그리고 쿠데타 후에 우리가 수많은 사람들의 목숨을 구할 수 있었다는 점이다. 사람들이 우리를 찾아와서 "당신들이 없었다면 나는 죽었을 겁니다"라고 말해줄 때, 우리는 힘이 부쩍 솟는다. 단 한 사람의 목숨이라도 구하는 것, 그것이야말로 승리다.

우리는 해마다 경찰에 구금되어 고문을 당하는 600~900명의 사람들을 대상으로 의료지원 활동을 벌인다. 우리는 달마다 약 10만에서 20만 명의 사람들을 돕는다. 우리가 없으면, 그들은 곧 죽을 것이다. 그들은 감옥에 갇혀 있는 동안 제대로 먹지도 못한다. 겨우 밥 한 그릇으로 연명하며, 단백질은 전혀 섭취하지 못한다. 어떨 때는 마실 물조차 없다. 사람들은 왜 수감자들을 도와주느냐고 묻는다. 수감되어 있다고 해서 모두 범죄자는 아니다. 설령 범죄자라 하더라도, 최소한 음식을 제공받고 질병을 치료받을 권리가 있다. 어떤 여자는 50달러의 빚 때문에 2년 동안 수감되었다. 하지만 출감한 뒤에도 빚을 갚지 못해서 다시 수감되었다. 그녀는 50달러 때문에 4년 동안 갇혀야 했다. 우리는 그녀 대신 빚을 갚았고, 그녀는 풀려났다.

가끔씩 힘들 때가 있다. 그러나 나는 우리 활동가들에게 이렇게 말한다. "나는 아직은 여러분과 함께 일할 힘이 있다. 하지만 나는 여러분이 일하는 법을 배우기를 바란다. 연맹은 내 것이 아니라 바로 여러분의 것이기 때문이다. 언젠가 내게도 휴식이 필요한 때가 올 것이다. 나는 벌써 쉰여섯 살이고, 언젠가는 손자들을 돌보아야 할 것이다." 그들은 독립적으로 일을 계속해야 한다. 그들은 대단히 용감하다. 나는 용기란 집권세력의 위협에도 굴하지 않고 사람들을 위해서, 국가와 민중을 위해서 좋은 일을 하는 것이라고 생각한다.

익명의 인권운동가
ANONYMOUS

수단

인권

"우리는 사람들을 돕고 있다. 문제는 정부 측에서
이런 도움을 달갑게 여기지 않는다는 점이다.
정부로서는 사람들이 법에 대해 잘 모르는 편이,
그래서 권리를 요구하지 않는 편이 더 유리하다.
그것이 내가 이름을 밝히지 않는 이유 중 하나다."

수단은 우리가 인권운동가에게서 자신의 신원을 밝히지 말아달라는 부탁을 받은 유일한 나라일 정도로 인권이 짓밟히고 있는 곳이다. 워싱턴에 본부를 둔 '자유의 집'은 수단의 끔찍한 인권유린 행위를 이렇게 폭로했다. "수단 정부와 그 대리인들은 남부지방의 마을들에 대해 폭파와 방화, 약탈을 일삼고, 수천 명의 여자와 아이들을 노예로 만들고, 기독교도 소년들을 납치해 강제로 개종시킨 다음 전선으로 내몰아 총알받이로 삼고 있다. 그들은 마을 사람들을 몰살하거나 '평화마을'이라고 이름붙인 집단수용소로 몰아넣고, 굶주린 마을 사람들에게 먹을 것이 반입되지 못하도록 차단하고 있다. 목사를 비롯한 기독교인들은 끊임없이 투옥되고, 폭행당하고, 고문당하고, 학살당하며, 심지어는 십자가에 매달려 처형당하고 있다." 수단은 1956년 영국으로부터 독립했다. 그로부터 30년 뒤, 카르툼에 근거지를 둔 이슬람 극단주의자들이 민주적으로 선출된 정부를 장악해 남부의 기독교인들을 상대로 성전을 벌이기 시작하면서 150만 명의 사망자와 500만 명의 난민이 발생했으며, 초토화 작전과 국제 구호활동 차단 정책으로 인해 260만 명이 극심한 기아에 허덕이고 있다. 이제 테러정권은 기독교 집단뿐 아니라 독재정권의 행동강령을 따르지 않는다고 판단되는 사람들을 무조건 공격하고 있다. 우리가 익명으로 부르는 이 인권운동가는 잔인한 고문과 죽음의 위협 속에서도 굴하지 않고 자유의 말을 전하며 수단 동포들에게 더 나은 미래의 길을 열어가고 있다.

내가 인권운동에 처음 발을 들여놓게 된 계기가 된 것은 1만 명의 사람들과 함께 일자리를 잃게 된 1989년의 정치적 상황이었다. 정부는 공식적인 정부정책과 관련 이 없는 사람들은 철저히 소외시키려고 들었다. 나는 좋은 환경에서 태어나 교육을 받은 우리 같은 사람들이 일상적으로 극심한 인권유린에 시달리면서 체포당하는 사람들을 도와야 한다고 여겼다. 우리는 난민 지역을 비롯한 여러 지역으로 활동을 넓혀갈 수 있었다.

우리는 우선 정부 주도의 집단결혼 정책이 지닌 악영향에 대해 여론을 환기시키는 일에 뛰어들었다. 이 집단결혼문제는 중요한 정치적 문제다. 정부는 '선량한 이슬람교도'라는 이미지를 증진시키고 난잡한 성행위와 성적 소수자의 발생을 예방한다는 것을 이 정책의 취지로 내세웠다. 정부는 집단결혼식을 조직하고 사람들을 모아 이름을 등록시키는 과정에서, 1만5,000수단파운드씩 뒷돈을 주거나 토지를 제공하는 방식으로 한 번에 500쌍이 넘는 사람들을 모았다. 가난에 찌든 사람들은 이런 결혼에 관심을 가지게 되었고, 양육 부담을 벗을 수만 있다면 자신의 딸을 과거에 서너 번 결혼했던 남자와 결혼시켜도 괜찮다고 생각하게 되었다.

어린 소녀들이 이렇게 결혼해서 임신을 하게 되면, 남편들은 돈과 토지를 손에 넣은 다음 도망가버리고, 여자들은 혼자 남아 아이들을 길러야 한다. 그들은 남편에게서 양육비와 생활비를 받아내기 위해 이슬람 법정으로 가기도 하지만, 재판이 제대로 진행되는 경우는 거의 없다.

2000년 2월 1일자 파나 통신 수단지부의 보도에 따르면, 지난 3년 동안 수단의 법정에서 남편이 출석하지 않은 채 진행된 이혼재판은 2만5,000건에 이른다. 아내의 이혼청구가 제기되면, 법정은 신문에 이혼청구 사실을 공고한 뒤 피고가 법정에 출두하도록 한 달 동안의 유예기간을 둔다. 이 기간이 지나거나 남편이 출두를 거부하면, 법원에서는 '남편이 결석한 상태'에서 자동적으로 이혼 결정을 내린다.

우리는 이와 같은 인권유린 사례를 감시하고, 여성단체들과 함께 현행 법에 대해 토론을 벌이며, 이러한 법에 반대하는 여러 모임들의 조직망을 구축하고 젊은이들을 훈련하여 갈수록 늘어가는 버림받은 여성들의 공동체에 법률적인 도움을 제공하고 있다.

무허가 거주민 촌락에서 가정을 꾸려가는 가장은 대부분 여성이다. 남편들은 대개

군인이나 실업자여서, 여자들이 일을 할 수밖에 없다. 이들이 가장 쉽게 돈을 버는 방법은 길거리에서 차를 끓이거나 그 지역 특산 술을 만들어 파는 일이다. 남부와 서부 지역에서 이러한 일들은 전통적으로 여성들이 맡아 해온 일이었기 때문에, 여성들은 대부분 그 일이 불법이라는 사실을 모른다. 경찰은 이 여성들을 체포하고 집을 수색하고 가재도구를 압수하고 그들이 사는 곳을 부숴버린다. 심한 경우에는 여성들을 채찍으로 때리거나 15만 수단파운드가 넘는 벌금을 물리기도 한다. 우리는 이 여성들에게 다른 일거리를 찾아주고, 법정에 가서 체포된 여성을 변론하고, 돈을 모금해 벌금을 대신 내주기도 한다. 이 여성들이 내는 벌금 총액은 갈수록 늘어나 정부의 주요 수입원을 이루고 있다.

우리는 사람들, 특히 여성들이 인종이나 종교적 차이에 관계없이 인간으로서, 그리고 수단인으로서 누려야 마땅한 권리를 깨달을 수 있도록 돕고 있다. 문제는 정부 측에서 이런 도움을 달갑게 여기지 않는다는 점이다. 정부로서는 사람들이 법에 대해 잘 모르는 편이, 그래서 권리를 요구하지 않는 편이 더 유리하다. 그것이 내가 이름을 밝히지 않는 이유 중 하나다. 어떤 사람이 인권운동을 하고 있다는 혐의를 받으면 바로 잡혀가서 유령의 집(비밀 구금 장소)에서 고문을 당하고, 그나마 운이 좋으면 형기도 없이 감옥에 수감된다. 최근에 체포된 한 기자는 비교적 짧게, 두 달 동안 갇혀 있었다. 그는 고문을 당해 두 무릎이 부서지고 발에 화상을 입게 되었는데, 고문자들은 그의 상처 때문에 문제가 복잡해지는 것을 꺼려 발이 다 나을 때까지 그를 가둬두었던 것이다. 이런 불법구금과 실종은 아주 흔한 일이다. 수많은 사람들이 실종되거나 체포되고, 다음날이면 보안대 사람이 나와서 그 사람이 '자연사' 했다고 말한다. 유명한 의사였던 고 알리 파들 박사는 1992년 초에 체포되어 고문당하다가 뇌종양에 걸려서 사망했다. 사망증명서에는 그가 '대뇌 말라리아'에 걸렸다고 적혀 있었다. 그의 부친은 아들의 시신을 인수하기는커녕 볼 수도 없었고, 그의 시신은 보안대에서 매장했다. 이 일은 수많은 사례 중 하나에 지나지 않는다.

전쟁 때문에, 우리나라 젊은이들은 대학입학시험을 치른 뒤 징집되어 '성전'에 나서게 된다. 그들은 채 한 달이 되지 않는 훈련을 거친 뒤 무기를 건네받고 전선으로 떠난다. 지난해에 강제징집된 한 무리의 소년병들이 카르툼 북쪽 주둔지에서 도망친 사건이 있었다. 경비병들은 그들을 발견하고 총격을 가했다. 소년병들은 강쪽으로 도주했지만, 수영을 할 줄 모르는 사람들도 있었다. 총격으로 죽은 소년병이 열다섯 명이 넘었다. 이 사건은 나일 강에 시체가 떠오름으로써 세간에 알려지게 되었다. 그때까지 정부에서는 이런 사실을 부인하고 그들은 배를 타고 도주하다가 배가 가라앉는 바람에 물에 빠진 것이라고 주장했다. 거짓말이었다. 그들은 물속으로 숨거나 헤엄쳐 강을 건너려다 사살당한 것이었다.

이러한 인권유린 행위를 막을 수 있는 가장 좋은 방법은 사람들에게 자신들의 권리를 깨닫게 하는 것이다. 특히 빈민여성이나 난민여성들이 권리의식을 가져야 한다. 지난 몇 년간 여성의 권리를 위해 활동하는 열일곱 개의 비정부조직이 결성되었다. 여성들은 협동조합을 만들어 수익사업을 펼치고 있다. 게다가 그들은 인종이나 종교, 민족과 상관없이 힘을 합치고 있다. 이러한 활동은 외국에 나가 있는 수단 여성들에게도 영향을 미치고 있다. 이러한 활동들은 정치적인 당파와 소속을 뛰어넘어 이루어지고 있는데, 비록 느리기는 하지만 매우 고무적인 일이다.

수단에서 여성들은 특히 힘든 상황에 처해 있다. 가장 먼저, 여성의 기본적인 권리를 제한하는 법률들이 여성들을 억누르고 있다. 여성들은 여행을 하려면 내무부 여성위원회에 비자를 신청해야 한다. 여성위원회에서는 신청자가 남성 보호자와 함께 가는지, 남편의 동의를 얻었는지 등을 확인한다. 둘째, 모든 여성은 머리카락과 얼굴 전체를 완전히 가리고 발목까지 내려오는 긴 치마를 입어야 한다는 엄격한 의복규정에 따라야 한다. 직장에 다니는 여성들은 승진 같은 것은 꿈도 꿀 수 없다. 경찰 부서에서 일하던 두 여성이 경찰서장 자리에 오른 뒤 바로 사직을 강요당한 일은 매우 유명한 사건이다. 정부는 또한 가족법을 개정해 일부다처제를 부추기고 남편들이 수월하게 이혼할 수 있도록 하는 등 남성들에게 더욱 많은 자유를 주었다. 이슬람 문화에서는 여성도 남성과 똑같은 이혼의 자유를 갖도록 되어 있다. 그러나 실제로는 여성들은 이혼을 청구하기가 매우 힘든 반면 남성들은 아무런 설명 없이도 이혼절차를 밟을 수 있다.

새 가족법에서는 여성이 복종하지 않을 경우 남편이 나시즈(혼인관계의 의무 파기)를 선언하고 말 안 듣는 아내를 '순종의 집'에 맡길 수 있다. 그는 예를 들면 아내가 자신의 허락 없이 외출한 것만 가지고도 이혼을 선언할 수 있다. 그것은 충분한 이혼사유다. 또한 정부는 여성을 차별하는 새로운 상속법규들을 만들었다. 이러한 새 도덕적 법규들은 사회에 무서운 영향을 미친다. 심지어는 여성은 남자와 함께 걸어가기만 해도 그 남자가 자신의 오라비거나 남편 또는 삼촌이라는 것을 입증해야 한다.

여성이 베일을 쓰지 않고 거리를 다니다가 경찰에 발각되면, 체포되어 매질을 당할 수 있다. 임신한 여성에게도 똑같은 규칙을 적용하기 때문에, 경찰서에서 매질을 당하는 바람에 유산한 여자들이 대단히 많다. 여성은 버스를 타도 맨 뒤의 두 줄에만 앉을 수 있다. 여성들은 너무도 힘들게 살아왔다.

나의 아버지는 의사였다. 아버지는 수단의 여러 지역에서 일했고, 환자들을 무척 아꼈다. 아버지가 활동했던 어떤 지역 사람들은 집집마다 돌아다니면서 환자를 돌보는 아버지를 '등불을 들고 있는 사람'이라는 뜻으로 아부 파누스라고 불렀다. 어머니는 소녀 지도자 모임과 응급구조, 자선단체와 교회 모임 등 여러 모임에서 활동했다. 우리 집은 늘 사람들로 북적거렸다. 치료를 받으러 오는 환자들도 있었고, 아이를 낳으러 온 사람도 있었다. 부모님은 우리에게 아무리 단순하고 가난한 사람이라고 할지라도 사람들을 사랑하는 법을 가르쳐주었다. 우리는 부모님을 무척 따랐고, 부모님도 가족을 무척 사랑했다. 할아버지는 농부였는데, 우리는 집안 어른들도 무척 존경했다. 나는 가족에 대한 내 사랑이 내 마음속에 수단에 대한 사랑을 심었고, 모든 수단 사람들을 가족처럼 여기도록 만들었다고 생각한다. 나는 조국을 무척 사랑한다. 나는 부모님이 했던 대로, 아버지가 환자에게 했던 대로, 조국의 동포들을 위해 뭔가를 해야 한다고 느껴왔다. 가정에 깃든 이런 분위기가 나를 이렇듯 인권운동에 전념하게 만든 것이다.

온 나라가 참혹한 빈곤으로 고통받고 있다. 난민들이 특히 심하다. 젊은이들은 무슨 수를 써서라도 나라를 떠나려고 하고, 엄청난 두뇌유출이 진행되고 있다. 어떤 대학은 70퍼센트가 여학생인데, 그것은 남학생들이 대학에 진학하려면 그 전에 '성전'에 참가해야 해서 대학 진학을 기피하기 때문이다. 지금도 주위에는 젊은 남자들은 없고 여자들뿐이고, 그래서 많은 아가씨들이 나이 든 사람이나 외국인과 결혼한다. 반은 대부분의 젊은 남자들이 떠나버렸기 때문이고, 반은 젊은 아가씨들이 무슨 수를 써서든, 심지어는 잘 모르는 외국인과 결혼해서라도, 나라를 떠나고 싶어하기 때문이다.

사람들은 침묵을 강요당하고 있다. 은행에 근무하는 어떤 이에 따르면, 사무실 사람들은 모두 각기 두 명의 감시인에게 감시당하고 있는데, 그 감시인은 정부 요원이 아니라 돈을 받고 고용된 감시인인 경우도 있다고 한다. 정부가 극심한 빈곤을 이용해 사람들에게 돈을 주고 감시를 시킨다는 것은 누구나 알고 있다. 보안대는 대가를 내걸고 젊은이들에게 자기 가족을 감시하도록 부추기기까지 한다. 국제사회에서 이러한 인권유린 상황이 널리 알려지고 국제여론이 압력을 가한다면, 상황을 개선하는 데 큰 도움이 될 것이다. 지금 우리에게 중요한 것은 기아문제를 해결할 식량원조가 아니다. 우리에게는 이처럼 인권을 유린하는 정부에 압력을 가할 신문과 텔레비전의 보도가 훨씬 더 절실하다.

우리는 전쟁으로 150만 명의 생명을 잃었지만, 분쟁은 아직도 끊이지 않고 있다. 남부지역은 처참한 상황이다. 그렇다고 서부나 북부의 상황이 더 나은 것도 아니다. 이 나라는 말 그대로 무너지고 있다. 의료체계도 교육도, 모든 것이 엉망이다. 하지만 최후의 결정권을 쥔 것은 정부가 아니라 국민이다. 1993년 이후 시민사회 내부에서 새로운 기운이 감지되고 있다. 모든 수단인들, 특히 여성들은 조직을 만들고 힘을 합쳐 자신들의 생활을 개선하고 상황을 변화시키는 활동의 중요성을 깨달아가고 있다. 이런 특별한 단체들은 많은 변화를 가져올 수 있을 것이다. 나는 5년이나 10년 사이에 정부가 크게 달라지리라고는 생각하지 않는다. 하지만 현재 우리가 만들어가고 있는 조직망을 통해서, 또한 모든 인권운동가들의 신념과 희망을 통해서, 변화는 일어날 것이다. 내 눈으로 직접 이러한 변화를 보리라고는 생각하지 않지만, 상황을 조금이나마 움직이기 시작하면, 효과는 나타날 것이다.

내게 용기는 많은 것을 의미한다. 용기는 헌신이다. 용기는 희망이다. 용기는 타인을 먼저 생각하는 것이다. 용기는 인권에 대한 굳은 믿음이고, 민중의 힘에 대한 강한 신뢰다. 용기는 지배자들의 권력에 등을 돌리는 것이다. 용기는 우리 수단 사람들에게 많은 변화를 가져다줄 것이다.

프란시스코 소베론
FRANCISCO SOBERÓN

페루

—

인권

"인권운동가들과 시민들은 정부의 반란진압 작전과 무장게릴라,
이 두 세력 사이에 끼어 있었다. 사람들은 상반되는 두 세력 사이에서
목숨을 부지해야 했다."

1980년 1월, 페루의 새벽이 밝으면서, 상상조차 하지 못했던 광경이 눈앞에 펼쳐졌다. 전국 곳곳의 가로등에 죽은 개가 걸려 있었던 것이다. '빛나는 길'이라는 뜻을 가진 마르크스주의 게릴라조직 '센데로 루미노소'가 자신의 존재를 알리기 위해 벌인 첫 활동이었다. 페루의 지주독재 권력에 맞선 이들의 투쟁은 페루를 20여 년에 걸친 비상사태 정국으로 몰아갔다. 그와 같은 상황에서 젊은 변호사 프란시스코 소베론은 교원협동조합과 농업협동조합들의 지지와 지원을 받으며 인권유린 사건들에 대한 조사활동을 시작했다. 소베론은 국가보안대와 두 테러집단, 센데로 루미노소와 '투팍 아마루 혁명운동(MRTA)' 사이에서 짓밟히고 있는 국민의 인권을 보호하기 위해, 1982년 '인권협회(APRODEH)'를 설립했다. 이 단체의 설립 목적은 국토의 16퍼센트가 완전히 전시통제하에 놓여 헌정이 중단되고 있는 상태에서 자행되는 일상적인 구타, 고문, 실종, 불법감금 등의 가혹한 인권유린 행위에 맞서 투쟁하는 것이었다. 인권협회는 인권유린 사례를 조사하고 기록하는 활동에서 갈수록 중심적인 역할을 담당하고 있으며, 라틴아메리카에서 손꼽히는 인권단체로 알려져 있다. 소베론은 국제사회에 페루의 인권 상황을 알리고 열악한 사법체계나마 활용해 인권옹호 활동에 나서는 한편 빈민들에게 그들의 권리를 가르치는 등 다양한 역할을 수행해왔다. 1985년, 소베론은 전국 각지의 인권단체들을 강력한 연합세력으로 조직해냈다. 그는 유엔을 비롯해서 국제인권연맹(남아메리카 부지부장), 국제형사재판소를 위한 연합(운영위원) 등 수많은 인권단체의 직무를 맡아왔다. 국가를 분열시킨 폭력적이고 잔인한 전투와 정쟁 속에서 양 세력은 소베론을 의혹과 두려움의 눈초리로 바라보았다. 고통스러운 지난 20년 세월 동안, 소베론은 목숨이 위태로운 상황에서도 인권유린을 고발하는 것을 주저하지 않았다. 인권옹호의 길에서 전 세계를 돌아다니는 동안 바깥에서 안식처를 구할 수도 있었지만, 그는 어김없이 조국으로 돌아와 인권과 민주주의가 보장되는 새로운 페루를 건설하는 데 힘을 기울여왔다.

1980년대 초, 센데로 루미노소와 투팍 아마루 혁명운동과 같은 반군게릴라 집단이 고원지대에서 정치적 폭력을 일삼기 시작했다. 사람들은 처음에는 이것을 곧 수그러들 국부적인 활동이라고 여겨 깊은 관심을 기울이지 않았다. 하지만 그것은 갈수록 잦아졌다. 2년 뒤 정부는 이 지역들을 비상사태 지역으로 선포, 전시체제에 돌입했고, 그때부터 인권유린이 일정한 형태를 띠고 나타나기 시작했다. 그 무렵 농촌지역에서 농민단체 일을 하고 있던 나는 (1993년의 개헌에 의해 단원제 국회로 바뀌기 전의) 하원 인권위원회에서 일하던 친구들에게 인권유린 상황을 감시해달라는 부탁을 받고, 비상사태가 선포된 지역에서 보고되는 사건들을 조사하기 시작했다.

당시에는 민간 인권단체라고는 성당밖에 없는 형편이었기 때문에, 우리들은 1982년 '인권협회'를 출범시켰다. 처음에는 회원이 네댓 명밖에 없었다. 우리는 법률지원부와 연락부, 그리고 기록부를 조직했다. 인권유린 행위가 늘어남에 따라 우리 활동도 늘어났다. 출범 후 두 달이 못 되어 우리가 보고받은 최초의 사건은 아야쿠초 주민 70명의 강제실종 사건이었다. 첫 2년 동안, 강제실종 사건은 거의 2,000건에 이르렀다. 1983년, 인권유린 사건을 조사하던 기자가 고지대를 지나던 중 매복에 걸려 암살당한 사건이 일어났다. 그 지역은 해군 관할이었고, 비록 전모가 밝혀지지는 않았지만 그 암살사건은 군부와 관련이 있는 것으로 여겨졌다. 우리는 국제사면위원회와 인권감시단, 국제인권연맹(FIDH)과 그 밖의 국제조직에 인권유린 상황을 알리기 시작했다. 처음에는 유엔과 미주인권위원회에도 보고할 수 있다는 걸 몰랐지만, 나중에는 그곳에도 보고하게 되었다.

이후 몇 년간 전국적으로 정치적 폭력이 자행되면서 상황을 감시해야 할 필요성이 커졌다. 여러 인권단체들이 만들어졌고, 우리는 그 단체들과 협력하며 활동하다가 1985년에 들어 국가인권협력네트워크(CNDDHH)를 구축했다. 이는 거의 70개 단체를 망라하는 전국적인 인권활동 네트워크로서, 페루의 인권상황에 대한 연례보고서를 만들어 국내외에 배포하는 활동과 정부간 기구에 대한 청원활동을 벌이고 있다.

그러나 폭력이 십자포화처럼 쏟아지는 상황이었고, 그래서 이러한 초기의 활동들은 매우 힘겨웠다. 센데로 루미노소와 투팍 아마루 혁명운동은 무장집단이었고, 인도주의적인 법률을 일상적으로 어기고 있었다. 또한 무장병력을 동원한 정부의 반란진압 작전에서도 실종, 집단처형, 고문, 불법감금 등 인권유린 행위가 끊이지 않았다. 우리는 매우 조심스럽게 비상사태 지역으로 들어가야 했다. 앙헬 에스코바르 후라도라는 동료가 실종된 사건도 있었다. 그는 실종되던 날 아침 나와 통화하면서, 새로 확인된 강제실종 사건에 관한 정보를 가지고 리마로 오겠다고 했던 터였다. 그날 저녁 7시, 그는 사무실을 나서다 군인으로 보이는 남자들에게 잡혀간 뒤로 두 번 다시 만날 수 없는 몸이 되고 말았다. 다른 수천 건의 사건들과 마찬가지로, 이 사건 역시 아직 해결되지 않았다.

인권운동가들과 시민들은 정부의 반란진압 작전과 무장게릴라, 이 두 세력 사이에 끼어 있었다. 사람들은 상반되는 두 세력 사이에서 목숨을 부지해야 했다. 수많은 무고한 사람들이 실종되고, 살해당하고, 반란군과 연루되었다는 죄로 구속당했다. 무장집단이 활동하거나 출몰했던 지역에 거주했다는 것만으로도 그들은 죄인이 되었다. 그들은 강압적인 상황 속에서 무장집단에게 먹을 것을 제공했을 뿐이지만, 군대는 이들을 협력자로 간주했다. 이런 폭력사태가 진행되는 동안, 60만에 가까운 사람들이 고원지대를 떠나 안데스 산맥의 작은 마을이나 연안의 대도시로 옮겨갔다. 이것은 정치적 폭력사태로 인해 생겨난 사회적 현상이었다.

여전히 무장집단들이 활동하고 있었던 1990년대 초반, 우리 인권운동가들은 갈수록 노출되기 쉽고 공격당하기 쉬운 처지가 되었다. 매우 힘든 시기였고, 우리 자신을 보호하기 위해서는 각자가 철저한 보안의식을 지녀야 했다. 리마에서 활동하던 한 변호사는 폭탄이 든 상자를 배달받았고, 그는 중상을 입고 조국을 떠나야 했다. 살해되거나 끊임없는 협박에 시달리는 동료들도 있고 망명을 떠난 동료들도 있었다. 중요한 것은, 페루는 그 동안 세 번이나 선거를 치렀다는 사실이다. 사람들은 라틴아메리카에서 벌어지는 가장 전형적인 인권유린은 군부정권하에서 발생한다고 생각하는 경향이 있다. 그러나 페루에서는 지난 17년간의 정치적 폭력 사태 동안 한 번도 군부정권이 들어선 적이 없었는데도, 5,000명이 실종되고 3만 명이 살해되었다.

이러한 범죄행위의 상당 부분은 센데로 루미노소가 저지른 게 사실이다. 반란군이 패배한 뒤로, 당시 정권은 공식기록에서 모든 책임을 반란군에게 돌리고 정부군과 암살단의 책임을 은폐하려고 시도하고 있다. 하지만 그것은 사실이 아니다.

1995년, 정권은 1980년 이후 저질러진 군대의 모든 책임을 '용서'하는 사면법을 제정했다. 아니, 용서라기보다 모든 책임을 지워버리는 사면법이었다. 이로써 15년에 걸친 수많은 인권유린과 범죄는 어떠한 조사도, 처벌도, 재판도 받지 않게 되었다.

실종자들은 모두 농민이거나 안데스인들로, 스페인어가 아닌 케추아어를 쓰는 사람들이었다. 그들은 이등국민으로 분류되었고, 그들에게 일어난 일은 큰 관심을 끌지 못했다. 센데로 루미노소가 리마에서 활동을 벌이기 전까지는, 도시지역 사람들은 무슨 일이 일어나고 있는지 아무것도 몰랐다. 1992년, 리마의 라 칸투타

대학에서 학생 여덟 명과 교수 한 명이 실종되었고, 1년 뒤 그들의 시체가 발견되었다. 이 사건은 군대의 첩보부대 소속 암살단이 벌인 짓으로 밝혀졌다. 이것이 법정에서 군인들의 책임을 따진 유일한 사건이었다. 범행 가담자들은 구속되었지만, 1년 뒤에 사면되었다.

억압의 세월이 지나간 지금, 우리는 진실과 정의, 보상을 이루어내기 위해 할 일이 많다. 이 셋은 함께 맞물려 있다. 정치적 폭력에 희생당한 모든 이에게 이 세 가지를 실현해 보이지 못하는 한, 사법제도가 이 요구들을 충족시키지 못하는 한, 페루에서 화해란 있을 수 없다.

그래서 우리는 미주위원회에 이 일을 맡기기로 했다. 후지모리 대통령 체제하에서 정부는 법원과 검찰청에 압력을 행사했고, 이러한 여건 속에서는 인권을 유린한 군대 및 군대와 연관된 암살단의 책임을 물을 수가 없었다. 페루 정부가 저지른 엄청난 인권유린 행위를 입증하는 증거들이 산더미같이 많은데도 불구하고, 현 정권이 자유선거를 통해 선출되었다는 이유 때문에 유엔은 별다른 반응을 보이기 어려웠다. 국제사회는 이른바 민주국가에서 벌어지는 일에 개입하기를 극도로 꺼린다. 하지만 민주주의란 많은 뜻을 담는 개념이다. 그리고 페루에서는 아직 진정한 민주주의가 뿌리를 내리지 못했다.

현재 인권단체들이 당면하고 있는 과제는 시민적 권리와 정치적 권리뿐만 아니라 경제적·사회적·문화적 권리까지도 보호하고 증진시킴으로써 인권에 대한 통합적인 개념을 정립하는 일이다.

매리언 라이트 에델먼
MARIAN WRIGHT EDELMAN

미국

———

아동과 빈곤

"9조 달러에 이르는 경제력을 가진 축복받은 나라에서
많은 아이들이 빈곤으로 인해 서서히,
그러나 총기사고처럼 확실하게 죽어가고 있다."

매리언 라이트 에델먼은 미국에서 가장 유명한 아동보호단체인 아동보호기금(CDF)의 설립자이자 의장이며, 우리 시대에 손꼽히는 정신적 지도자 중 한 사람이다. 에델먼은 인종차별이 심한 남부의 작은 마을에서 태어나 끈끈한 가족애와 경건한 신앙심 속에서 자랐다. 그녀는 스펠먼 대학에서 민권운동에 참여했고, 대학 졸업 뒤 예일 법학대학원에 진학해 흑인여성으로서는 최초로 미시시피 주에서 변호사 자격을 얻었다. 그녀는 미시시피 주 잭슨 시에서 전미유색인지위향상협회의 변호 및 교육부 일을 맡았는데, 그녀와 동료들은 끊임없는 협박과 위협에 시달렸다. 그녀는 1968년, 마틴 루터 킹이 마지막으로 이끌었던 대규모 집회로 수만 명의 미국인들이 워싱턴까지 행진하며 자신들의 권리를 존중해줄 것을 요구했던 빈민들의 행진에서 중심대열에 섰다. 그 직후 에델먼은 '아이들을 방치하지 않으며 모든 아이들이 인생에서 건강한 출발, 공정한 출발, 안전한 출발, 도덕적인 출발을 맞이할 수 있도록 하는 것'을 목적으로 한 아동보호기금을 설립했다. 이러한 설립 목적은 그녀의 굳건한 이상주의를 반영하고 있다. 에델먼의 지휘 아래, 아동보호기금은 빈민 아동과 소수자 아동, 장애 아동들을 위해 아동들의 삶에 영향을 미치는 법률에 관한 연구와 정보교류 활동, 그리고 전국 및 지역 아동보호단체를 지원하고 기술적인 도움을 제공하는 활동을 펼치고 있다. 베스트셀러 저술가이자, 어머니, 아내, 법률가, 강사, 그리고 빈민을 위한 정치전략 수립가로서 분노를 용기와 행동으로 전환시키는 에델먼의 능력은 지난 40년 동안 미국의 빈민들을 위한 정의를 실현시키는 데 중심적인 역할을 해왔다. 그녀의 목소리는 우리로 하여금 영혼을 되찾고 조국을 구하도록 호소하는 각성제 역할을 하고 있다.

너무나 많은 사람들이 너무나 많은 것을 소유하고 있는 미국의 현실에서 빈민 아동으로 산다는 것, 거의 가진 것이 없이 살면서 자신이 못산다는 사실을 의식한다는 것은 견디기 힘든 일이다. 내가 텔레비전도 없는 남부에서 자라던 시절에는 지금 우리의 소비주의적이고 지나치게 물질주의적인 사회에서 꼭 필요하다고 강조되는 것들을 반드시 가져야 한다는 생각을 해본 적이 없다. 가난 때문에 사람들이 갈라진다는 생각을 해본 적도 없다. 그런데 지금은 가난하게 산다는 것, 기본적인 생필품을 구하지 못한다는 것이 훨씬 더 견디기 어려운 일이 되었다. 가난하면 못난 사람 취급을 당하기 때문이다. 성공의 척도가 외적인 것이 되어버렸기 때문이다.

미국은 군비지출과 무기수출, 군사예산, 의료기술에서 1위, 백만장자와 억만장자 수에서 1위를 달리고 있는 유일한 강대국인데도, 우리 아이들을 미국의 최하층 빈민으로 살아가도록 방치하고 있다. 너무도 역겨운 현실이 아닐 수 없다. 경제는 호황을 누리고 재정은 흑자를 기록하고 있는데도, 미국에는 1,350만 명의 빈민 아동들이 있다. 예방할 수 있는 질병으로부터 아이들을 보호하는 데서도 미국은 다른 선진공업국들보다 뒤떨어져 있다. 미국의 경우 1,100만 명이 넘는 아동들이 의료보험 혜택을 받지 못한다. 부끄럽게도, 부유한 선진공업국 가운데 미국만이 유일하게 아이들에게 인생의 건강한 출발을 보장하지 못하고 있다. 미국은 다른 선진국들보다 유아사망률과 저체중아출산율이 훨씬 높다. 우리 아이들은 지구촌사회에서 함께 경쟁하게 될 다른 선진공업국 아이들에게 과학과 수학, 읽기 교육에서도 뒤처져 있다. 가장 부끄러운 것은 우리가 아이들을 폭력으로부터 보호하는 데서도 세계적으로 크게 뒤처져 있다는 점이다. 15세 미만의 미국 아동이 총에 맞아 죽을 가능성은 다른 25개 선진공업국에 비해 12배나 높은 실정이다.

우리가 군사비에 대부분의 돈을 쏟아붓는 것은 현재 우리들이 사로잡혀 있는 망상과 우리 문화에 대한 자부심, 그리고 우리 문화의 폭력성과 무관하지 않다. 새

로운 시대가 막 열리기 시작한 이때, 우리는 현재의 우리의 위상에 대해 몇 가지 근본적인 결정을 내려야 한다. 1968년에서 1997년 사이에 미국에서 자살하거나 혹은 타인을 살해한 사람들의 숫자는 140만 명에 이르렀다. 이는 지난 100년간 미국이 참전했던 모든 전쟁에서 전사한 미국인의 수를 합친 것보다도 많은 숫자다. 1979년에서 1997년 사이에 거의 8만 명의 어린이가 총격으로 사망했는데, 이는 베트남 전쟁의 전사자 수를 훨씬 뛰어넘는 숫자다. 2억 개의 총이 유통되고 있다는 사실과 범죄자와 아동들이 얼마나 쉽게 총을 구할 수 있는지를 보면, 콜로라도 주의 리틀턴에서 벌어진 총격사건이 더 자주 일어나지 않는 것이 놀라울 뿐이다. 이 숫자를 다시 뽑아보면, 약 92만 명의 사람들이 총격으로 살해되었다는 계산이 나온다. 여기에 이 시기에 벌어진 40만 건의 총기 자살사건이 더해지는데, 총기 자살사건의 92퍼센트는 백인이며, 총기살인범의 절반은 흑인이고 나머지 절반이 백인이다. 이러한 대량학살과 총기의 문제, 폭력을 힘으로 숭상하고 용인하는 태도야말로 우리가 맞서 싸워야 하는 대상이다.

이제 우리는 새로운 천년을 맞고 있다. 신은 지금까지 우리들에게 주체할 수 없을 만큼 많은 부를 선사했지만, 우리는 수백만의 어린이들을 안식처도 생필품도 없는 굶주림 속에 방치하고 있다. 지금 우리는 최고의 의료기술을 갖추고 있으면서도 어린이 예방접종률이 개발도상국에도 못 미치는 지역이 있고, 의료혜택을 받지 못하는 아이들이 1,100만 명에 이른다. 아동보호기금은 뉴욕 시에서 캠페인을 전개해 이 지역 미취학아동의 예방접종을 52퍼센트에서 80퍼센트로 끌어올렸고, 지금은 90퍼센트까지 올리려고 노력하고 있다. 국가 차원에서 볼 때, 우리는 총기에 의한 어린이들의 죽음을 막고 아동 빈곤 및 질병 문제를 해결할 수단을 갖추고 있지만, 그것을 하고자 하는 의지가 부족하다. 9조 달러에 이르는 경제력을 가진 축복받은 나라에서 많은 아이들이 빈곤으로 인해 서서히, 그러나 총기사고처럼 확실하게 죽어가고 있다. 그러므로 나는 우리 사회가 진보라고 여기는 것을 다시 정의할 수 있는 방법을 찾아내기를 바란다. 우리에게는 할 일이 많다. 우리는 아이들을 소비중독에 빠뜨리고 그들에게 돋보이는 사람이 되려면 최신의 물건들을 지니라고 말하면서도, 아이들이 그것들을 합법적으로 얻기 위해 직업을 갖도록 교육하거나 훈련시키지 않는다. 우리는 또한 부유한 집안의 아이들에게 그러한 최신의 물건들이 필요하다고 말해왔고, 그들은 자신들의 욕구를 실제로 충족시킬 수 없다는 것을 깨닫고 있다. 그러므로 우리는 아이들을 보호 속에서 성장해야 하는 존재라기보다는 소비자로 취급하는 문화 속에서 직면하지 않을 수 없는 영혼의 빈곤 문제를 해결해야 한다. 이것이 아마 우리 활동의 핵심적인 사안이 될 것이다.

우리는 이틀에 한 번씩 한 개의 교실을 가득 메울 수 있을 만큼의 아이들을 잃는다. 일일이 보도되지는 않지만, 리틀턴 사건과 같은 일이 거의 매일 일어나서 12명 남짓 되는 아이들이 총격으로 사망하고 있다. 하지만 이런 일은 여러 곳에서 산발적으로 벌어지고 죽어가는 아이들 대부분이 백인이 아닌 탓에, 아무도 주의를 기울이지 않는다. 리틀턴 사건에 관심이 쏠리는 것을 보고 있자면, 중산층 백인 청소년들이 미시시피 주에 가서 성인 흑인들의 유권자등록을 도왔던 1964년의 한 프로젝트가 생각난다. 당시 두 명의 백인 청소년이 한 명의 흑인 청소년과 함께 살해되면서 흑인들이 직면해 있던 위험에 노출되자, 온 나라가 충격에 휩싸였다. 그 사건은 우리에게 많은 것을 일깨워주었다. 콜로라도 주의 교외 지역 리틀턴에 있는 학교에서 여러 명의 백인 학생들에게 총기가 난사되었다. 학교는 좀처럼 폭력사건이 일어나지 않는 곳이다. 대부분의 폭력사건은 집이나 거리에서, 서로 아는 사람들 사이에서 일어난다. 아이들이 집에서 파리목숨으로 취급당하여 살해당하거나 책을 읽고 학교에 가려고 안간힘을 쓰고 있는 이때에, 대통령은 냉전이 끝난 시기에 외부의 적으로부터 아이들을 보호한다며 1조5,000억 달러의 국방예산 증액을 요구하고 있으니, 참으로 기가 막힐 노릇이다. 강력한 운동이 벌어져야만 이렇게 뒤집힌 우선순위를 바로잡을 수 있다.

군부는 아주 약삭빠르게 활동해왔다. 그들은 모든 주에 B-2 폭격기와 같은 무기 생산시설과 주둔지를 두고 있고, 거의 모든 선거구에 건물을 배치하고 있다. 해당지역에서는 이 모든 것이 정치적 이해, 그리고 일자리와 관련되어 있기 때문에, 주둔지를 폐쇄하는 데 많은 어려움을 겪게 된다. 누구나 마음에 드는 무기를 가지고 있다. 따라서 근본적인 우선순위를 바꾼다는 것은 대단히 어려운 일이다. 우리는 임신부를 보살피고, 어린이에게 예방접종을 실시하고, 어린이가 방치되는 상황을 막고, 어린이에게 의료보험 혜택을 제공할 수 있는 방법을 알고 있다. 하지만 아이들을 지켜내려면 우리는 강력한 대응세력을 갖추어야만 한다.

인종은 대단히 복잡한 방법으로 커다란 역할을 담당한다. 전통적으로 남부의 유력 인사들은 가난한 백인과 흑인 시민계층을 분할하기 위한 방법의 일환으로 인종을 활용해왔다. 어려움을 겪고 있는 가난한 백인 아동과 가정들이 더 많고, 굶주리는 백인이 더 많고, 의료혜택을 받지 못하는 백인이 더 많은데도, 그들은 가난이란 '다른 사람들'의 문제, 다시 말해 흑인이나 황인종의 문제라고 여기고 있다. 대농장주, 정치가 할 것 없이 많은 유력 인사들과 부유층 인사들은 사람들을 분리시키고 가난한 백인들에게 그래도 그들은 백인이기에 형편이 훨씬 낫다는 생각을 심어줌으로써 정치적 지배력을 유지하려고 획책했다. 그로 인해 인종차별주

의의 경제적 토대는 여러 가지 방식으로 유지될 수 있었다. 매우 슬픈 일이다. 아동문제, 인종문제, 빈곤문제는 서로 연결되어 있다.

분명히 밝혀두어야 할 것은 대부분의 빈민이 일을 하고 있다는 사실이다. 빈민 아동의 70퍼센트가 생계비를 마련하기 위해 온갖 일을 마다하지 않는 노동자 가정에 속해 있다. 그러므로 복지제도를 전혀 믿지 않는 우리로서는 당연히 노동자 가정이 이용할 만한 의료시설과 아동위탁시설, 교통수단이 있는지 확인해보게 된다. 우리는 이 재정흑자 시기에 왜 많은 주들이 사람들에게 직업훈련을 시키려고 나서지 않는지, 이유를 따져볼 것이다. 그것은 아주 어려운 도전이다. 하지만 인종문제와 대부분의 빈민이 백인이며 노동을 하고 있다는 사실은 언론에서 다루기 힘든 주제다. 우리는 지난 25년 동안 빈민과 빈민 아동의 모습을 다시 정의하기 위해 의식적인 노력을 기울여왔다. 흑인이나 황인종 아이들은 가난이나 최악의 상황에 빠질 가능성이 훨씬 더 크다. 그럼에도 불구하고 숫자상으로는 가난한 백인 빈민이 훨씬 더 많다. 우리는 질병에 감염된 아이들의 대다수가 백인이라는 것을 알리기 위해 애써왔고, 국회의원들이 자신과 똑같은 인종들도 이런 일을 겪을 수 있다는 것을 깨닫게 하기 위해 복지제도의 혜택을 받는 백인들의 증언을 얻어내려고 애써왔다. 하지만 오랜 세월에 걸쳐 굳어진 정형화된 사고틀이 언론매체를 통해 강화되고 있기 때문에, 사람들은 빈민이라면 곧바로 흑인을 떠올린다. 흑인 여성이든 흑인 남성이든, 흑인이라는 사실 자체가 열세에서 벗어나기 어렵게 만든다. 빈민, 황인종, 흑인, 장애인 그리고 이주민 아동들의 90퍼센트가 공립학교에 다니고 있으므로, 많은 사람들은 그들이 제대로 배우지 못할 것이라고 여긴다. 그 아이들을 교육시키는 것은 깨진 독에 물 붓는 격이라고 여긴다. 미국에는 모든 아이가 교육을 받아야 한다고 생각하고 그런 교육을 지원할 수 있는 학교체계가 거의 없다. 그 결과, 가

장 많이 필요한 아이가 가장 적게 제공받는다. 그들에게는 가장 열악한 학교와 실력 없는 선생, 그리고 가장 빈약한 실험실과 책이 제공된다. 이것이 인종차별정책이다. 인종차별주의는 그들을 붉은 줄이 그어진 특정 지역에 가둔다. 형사사법제도에도 똑같은 장벽이 있다. 그러므로 가난한 가정에서 태어난 흑인 아동의 경우에는 시작부터 두 가지 장벽에 부딪히는 셈이다. 상황이 많이 나아지기는 했지만, 가난한 흑인으로 살아간다는 것은 여전히 무척 어려운 일이다. 평균수명과 빈곤, 폭력에서 흑인들은 훨씬 더 많은 희생을 감수하고 있다. 언젠가 우리는 미국 흑인 남성의 경우 다른 나라 사람들보다 훨씬 더 살해당할 위험성이 높다는 것을 보여주는 인쇄물을 만든 적이 있다. 우리는 한 페이지에 다 담을 수가 없었다. 우리는 다른 나라의 폭력사건과 사망률을 미국과 비교하기 위해 두 페이지에 걸쳐 인쇄했다. 이처럼 인종문제는 여전히 심각하다. 흑인 아들을 둔 흑인 부모들은 그들의 피부가 단지 거리를 걸어다니는 것만으로도 인종차별과 경찰폭력을 유도하는 원인이 된다고 여긴다. 미국의 인종문제는 아직 해결되지 않았다.

나는 내 생명을 바쳐도 좋을 만큼 가치 있는 일을 하도록 자극받아왔다는 점, 그리고 목표를 잃지 않는 삶을 살고 있다는 점에서 축복받은 사람이다. 나는 부모님을 비롯하여 훌륭한 역할모델들을 많이 만날 수 있었다는 점에서 축복받은 사람이다. 인생의 스승이 되어준 사람들에 대해 나는 할 말이 많다. 나는 미시시피의 위대한 여성들을 스승으로 삼았다. 나는 변호사 신분으로 미시시피로 돌아갔다. 예전에 나는 매 버사 카터 부인이라는 매우 용감한 흑인 여성과 관련된 사건을 맡았다. 그녀는 선플라워 군에서 최초로 학교 인종차별 폐지를 주장하는 고소장을 낸 사람이다. 그녀는 여덟 명의 아이들을 손위의 큰 아이들처럼 목화밭으로 보내기를 원치 않았다. 그녀는 아이들을 학교에 보내던 첫날의 심정을 자세히 들려주

었다. 그녀는 백인학교의 통학버스가 처음으로 집 앞에 온 날, 아이들이 버스에서 내려 예전에 백인학교였던 곳으로 들어가는 모습을 지켜보았고, 그날부터 아이들이 집으로 돌아오는 오후가 되면 모두 무사히 돌아왔는지 하나하나 헤아렸다. 아이들은 학교에 있는 내내 두려움에 떨었고, 그녀는 항상 기도하는 마음으로 지내야 했다. 하지만 결국, 아이들은 쫓겨났고, 총에 맞았으며, 학점도 인정받지 못했다. 우리는 그녀의 사건을 미시시피 주에서 '선택의 자유'를 폐기하는 데 활용했다. 지금 교육선택권에 대한 이야기를 들으면, 나는 초창기에 겪었던 이른바 선택의 자유 사건이 떠오른다. 나는 모든 아이들이 충실한 공립학교 교육을 받을 수 있어야 한다는 굳은 신념을 가지고 있다. 나는, 괴로워하지도 않고 신앙의 힘에만 의지하며 날이면 날마다 이어지는 구타와 폭행, 고통을 견뎌온 대단한 보통 사람들처럼 착한 사람이 아니다. 나는 내가 감옥에서 빼낸 아이들 가운데 구타를 비롯한 극심한 인권유린 행위에 시달리지 않은 아이는 한 명도 없을 거라고 생각한다. 특별한 사람들이 일상적으로 보여주었던 특별한 용기를 보면서, 나는 내가 무척이나 편안한 삶을 살고 있다는 것을 깨달았다.

내가 미시시피 주 연방법원에 나가던 첫날, 탁자에 앉아 있는 사람은 모두 백인 남자 변호사들이었고, 내게 말을 걸거나 악수를 청하는 사람은 아무도 없었다. 나는 내가 누구이며 무슨 일을 해야 하는지 알고 있으면서도, 간혹 두려움에 몸을 떨었다. 미시시피 주 경찰이 마틴 루터 킹 목사가 이끄는 흑인민권 시위를 막기 위해 경찰견을 풀어놓았던 첫날, 나는 우연히 그곳에 있었다. 나는 미시시피 주 변호사 자격을 박탈당할지도 모른다는 생각에 체포되지 않으려고 안간힘을 썼다. 나는 두려움에 떨면서 밥 모제스와 짐 포먼, 그리고 노인들을 비롯한 여러 사람들이 경찰견에게 내몰려 흩어지는 것을 지켜보았다. 그러나 밥은 움직이지 않았다. 일상적

으로 발휘되는 그들의 용기를 지켜보고 있으면, 누구나 "나는 지금 무엇 때문에 투덜거리고 있는 거야?" 하는 말이 자연스럽게 나올 것이다.

나는 우리가 아이들을 보호하지 못한다면 우리 자신도 보호하지 못하리라는 것을 확신한다. 신이 우리에게 이러한 풍요를 주었는데 우리가 우리 가운데 가장 약한 사람들을 돌보지 못할 것이라고는 생각하지 않는다. 테일러 브랜치는 지금까지의 역사에서 어린 학생들이 결정적 요인이 되어 한 나라가 바뀐 적은 한 번도 없었다고 했다. 우리는 버밍햄과 셀마에서 폭도들 사이를 뚫고 나아가 폭력을 잠재운 것이 다름아닌 아이들이었고, 가축운반차에 짐승처럼 실려 잭슨 시의 교도소에 처넣어진 것이 다름아닌 아이들이었다는 사실을 종종 잊어버린다. 부모들이 공포에 떨고 있을 때, 아이들은 최전선에 서 있었다. 버밍햄에서 산화한 네 소녀의 희생을 떠올려보라. 나는 마틴 루터 킹 목사와 그의 운동에 힘입어 내가 젊은이로서 뭔가 할 수 있다는 것을 자각하는 기회를 가졌다는 점, 또한 죽을 각오를 하고 꼭 필요한 일을 하는 자세를 배웠다는 점에서 큰 축복을 받았다.

소명의식은 신의 선물인 동시에 환경이 선사해준 행운이다. 나는 진심으로 신의 은총을 믿는 가정에서 성장했다. 매 버사 카터 부인의 말에는 이러한 뜻이 웅변으로 담겨 있다. "신은 우리 모두를 어디에 쓰실지 좋은 계획을 가지고 계신다. 신은 마땅히 해야 할 일을 할 수 있도록 우리의 힘을 길러주신다." 나는 그녀의 말에는, 모든 사람은 자신의 영혼을 감싸고 있는 껍질을 벗겨내고 내면의 영혼에서 우러나오는 명령에 따라야 한다는 키에르케고르의 사상이 담겨 있다고 생각한다. 어느 누구도 그 일이 쉬울 것이라고는 말하지 않았다. 하지만 우리는 그 길을 가야 한다.

용기는 우리가 죽음의 위협을 느끼는 바로 그 순간에 드러난다. 내가 기억하는 킹 목사의 모습은 늘 죽음을 두려워하는 젊은이의 얼굴을 하고 있다. 수많은 사진에 찍힌 그의 모습은 우울해 보인다. 그는 자신이 다음에 무슨 일을 하게 될 것인지 알 수 없을 때가 많았다. 그는 언젠가 체포되어 조지아의 시골로 끌려가는 동안에 차 뒤에 타고 있던 경찰견 때문에 자신이 얼마나 떨었는지 얘기한 적이 있다. 대학 시절의 내 일기장에는, 내가 그를 처음 만나서 들은 "첫발을 내디딜 때 반드시 계단 전체를 볼 필요는 없다. 두려움을 느낄 수도 있지만, 그것이 우리의 몸을 마비시키게 해서는 안 된다"는 요지의 연설문을 적어놓은 것이 있다. 그는 이런 말을 자주 했다. "뛸 수 없다면, 걸어라. 걸을 수 없다면, 기어가라. 기어갈 수도 없다면, 계속 움직이기라도 하라." 그것이 용기다. 인생을 살다 보면 주위를 돌아보면서 이것이 삶의 목적은 아니라는 것, 이것은 신이 우리를 위해 예비하신 삶이 아니라는 것을 깨닫는 순간이 온다. 우리는 뭔가를 변화시켜야 한다. 그것이 죽음을 의미한다고 해도 상관없다. 얼마 전 오티스 모스는 새에게 최악의 고통은 죽임을 당하는 것이 아니라 날개가 잘리고 혀가 잘리는 것이라고 비유한 적이 있다. 많은 사람들이 시민적 권리를 위해 투쟁하면서 두려움에 떨었다. 그러나 두려움은 불공평한 제도 속에서 살아가면서 겪을 수밖에 없는 한 대목이다. 나는 남아프리카 공화국 케이프타운의 수용소 크로스로즈를 방문했을 때 그것을 느꼈다. 나는 그곳 젊은이들에게서 30년 전 내 자신의 모습을 보았고, 그들이 결코 멈추지 않으리라는 것을 깨달았다. 용기란 두려움을 무릅쓰고 행동하는 것이다.

디그나 오초아
DIGNA OCHOA

멕시코

———

인권

디그나 오초아는 멕시코의 유명한 인권변호사이자 수녀다. 오초아는 '미구엘 아구스틴 프로 후아레스 인권센터(*PRODH*, 약칭 센트로 프로)'의 변호사로서, 치아파스의 사파티스타 반군 변호를 비롯하여 멕시코의 유명한 정치적 소송들을 변론했고 세간의 이목이 집중된 여러 건의 사건에서 무죄판결을 받아냈다. 그녀의 의뢰인들은 대부분 고문을 당했거나 절차상의 위법행위에 시달린 사람들이다. 그녀 자신도 죽이겠다는 협박과 납치, 갖가지 탄압에 시달리고 있다. 이 인터뷰가 있은 지 몇 주 후, 두 남자가 아파트에 있던 그녀를 기습했다. 그들은 그녀의 눈을 가리고 몸을 묶은 다음 그녀를 심문하고 협박하면서 진술서에 서명하라고 윽박질렀다. 그들은 전화선을 끊고 밀폐된 방안에서 가스밸브를 열어놓았다. 그녀가 살아남은 것은 기적이었다. 폭도들은 몇 달 전 습격 때 훔쳐갔던 서류뭉치를 두고 갔다. 이튿날 센트로 프로 사람들은 누군가가 사무실에 침입해 물건들을 뒤진 흔적을 발견했다. 오초아는 그런 상황에서도 곧장 센트로 프로로 가서 일을 했다. 멕시코에서는 최근 몇 년 동안 인권운동가들과 정부 조사관들, 야당 지도자들이 살해당했다. 그리고 이 인터뷰가 이루어진 지 2년 뒤인 *2001년 10월 19일*, 오초아는 사무실에서 여러 발의 총탄을 맞아 사망한 모습으로 발견되었다. 암살범들은 다른 인권운동가들도 비슷한 최후를 맞게 될 거라고 경고했다. 그녀의 죽음은 라틴아메리카 전역을 충격으로 몰아넣었다. 멕시코에서는 그 충격의 여파가 특히 커서, *70년간의 일당독재가 끝나고 멕시코의 인권상황 개선을 내건 빈센트 폭스 대통령이 집권했다.* 암살범들은 잡히지 않았지만, 디그나 오초아의 뒤를 이은 인권운동은 지금도 계속되고 있다.

나는 변호사 활동을 하다가 수녀가 되었다. 나는 사회적 소임을 다하는 종교적 공동체를 찾았으며, 내가 속한 특별한 공동체는 인권옹호에 주력하고 있다. 그들은 내가 '센트로 프로'라는 인권단체와 함께 일할 수 있도록 해주었고, 도덕적·영적 측면에서, 그리고 경제적 측면에서 내게 도움을 주었다. 이러한 과정을 통해 나는 사회적 헌신에서 영적인 헌신까지를 아우르는 인생을 살아가고 있다.

아버지는 멕시코 베라크루스에서 노조 지도자로 활동했고, 설탕공장에서 휴대용 식수와 도로, 토지증명서를 확보하기 위한 투쟁에 참가했다. 아버지와 아버지의 동료들에게서 늘 변호사가 더 많이 필요하고 변호사들의 수임료가 너무 비싸다는 말을 들어왔기 때문에, 나는 법을 공부했다. 아버지는 1년하고도 15일 동안 부당하게 수감되었다가, 실종되어 고문을 당했다. 아버지가 뒤집어쓴 혐의는 모두 날조된 것이었다. 아버지의 사건을 통해 불의를 생생하게 목격한 나는 불의로 고통받는 사람들을 위해 일하기로 결심했다.

처음 법학 공부를 시작했을 때는 검찰청에서 근무하다가 판사를 거쳐 치안판사가 될 생각이었다. 그러한 위치에 있으면 사람들을 도울 수 있으리라고 생각했기 때문이다. 나는 학위를 받은 후 검사가 되었다. 나는 그때 겪었던 불의를 생생히 기억하고 있다. 검찰의 기소 담당이었던 상관이 나를 보고 무고한 사람을 기소하라고 지시했다. 나는 아무런 증거가 없는데도 기소하라는 그의 요구를 뿌리쳤고, 상관은 직접 기소를 진행했다.

그때까지 나는 아무런 어려움도 모르고 지냈다. 그곳은 커피 생산지라서 사람들은 돈이 풍족했기 때문에, 나는 내 직업에 만족하고 있었다. 나는 그 순간 내가 다른 사람들과 똑같은 길을 걸으면서 내 자신이 비판했던 제도에 봉사하고 있다는 것을 깨달았다. 나는 검사 일을 그만두고 다른 변호사들과 함께 변호사사무실을 열었다. 나는 소송 경험이 전혀 없었지만, 검찰을 떠나 다른 편, 즉 변호인 편에 서는 것만으로도 힘이 났다.

내가 처음 맡은 사건은 농민들에게 불법구금과 고문을 저지른 사법경찰에 대한 소송이었다. 우리는 변호사로 행세하고 싶은 마음이 앞서 그 일에 몰두했다. 하지만 아무런 조직적 지원도 없는 상태에서 그 사건을 맡은 것은 큰 실수였다. 나는 어렵사리 경찰의 혐의를 입증할 만한 실질적인 증거를 확보했다. 경찰은 그때부터 나를 구금시킬 때까지 쉴새없이 나를 괴롭혔다. 처음에는 전화를 걸어 고소를 취하하라고 하더니, 다음에는 고소를 취하하지 않으면 나나 가족을 죽이겠다는 협박장을 보내왔다. 나는 활동을 중단하기는커녕 그들의 만행을 널리 공개했다. 협박에 화가 치민 나는 더욱 열심히 일했다. 겁이 나는 건 사실이었지만, 그것을 드러낼 수는 없었다. 적어도 공개석상에서는 아무 두려움도 없는, 자신감 있는 모습을 보여야 했다. 내가 두려워하는 모습을 보이면 그들은 나를 마음대로 주무를 수 있는 방법을 터득하게 될 테니, 나는 그런 방어책을 구사할 수밖에 없었다.

그 후 나는 경찰에 끌려가 여드레 동안 외부와의 연락이 끊긴 채 구금되었다. 그들은 자신들에게 불리한 증거를 넘기라고 말했다. 나는 경찰이 훔쳐갈지도 모른다고 생각해서 그 사건 서류들을 내 사무실도 아니고 집도 아니고 피해자의 집도 아닌 곳에 잘 숨겨둔 터였다. 나는 아버지가 겪었고 다른 사람들도 겪었던 일을 생생하게 체험했다. 경찰은 내 가족들을 붙잡아두고 있다면서 그들의 이름을 댔다. 아버지를 붙잡아두었다는 말을 들을 때는 정말 견디기 힘들었다. 아버지가 과거에 어떤 일을 겪었는지 알고 있었기에, 아버지가 다시 그런 일을 당하게 하고 싶지 않았다. 가장 견디기 힘든 고문은 정신적인 고문이다. 나는 전기고문도 당하고 콧속에 물을 들이붓는 물고문도 당했지만, 그것은 정신적인 고문에 비할 바가 못 되었다.

한 달 동안 고문에 시달리다가, 어렵사리 그곳에서 탈출할 수 있었다. 나는 가족들과도 연락하지 못하고 한 달 동안 숨어 지냈다. 그 한 달은 어떻게 해야 할지 알 수 없어서 괴로웠다. 고문이나 다름없는 고뇌의 시간이었다. 모든 것이 무서웠다.

마침내 가족들과 연락이 닿았고, 나와 가깝게 지내던 대학생들이 나를 위해 움직이기 시작했다. 베라크루스의 할라파에서 활동하는 인권단체들과 가족의 도움으로 나는 실종상태에서 벗어났고, 그 후 변호사들의 도움을 받았는데, 그들은 대부분 여성 변호사들이었다. 가족들은 내가 베라크루스에 있다는 사실 때문에 늘 불안해했다. 처음에 나는 그곳에 계속 머물면서 나를 감금했던 경찰들을 찾아낼 작정이었다. 우리는 고소장을 접수하고 경찰 명단을 내놓으라고 요구했다. 나는 몇몇 경찰관의 얼굴을 분명히 알아볼 수 있었다. 하지만 나는 이 사건을 그만둘 것인지 계속할 것인지를 놓고 엄청난 심리적 압박에 시달려야 했다. 내 목숨은 물론이고 가족들의 목숨도 위험했다. 한 달 동안 고민한 끝에 언니와 동생들은 내게 나를 위해서나 부모님을 위해서나 잠시 할라파를 떠나 있으라고 호소했다.

나는 멕시코시티로 옮겨와서 석 달짜리 인권 강의를 시작했다. 나는 강의를 하다가 나를 위해 활동했던 인권단체 센트로 프로의 활동가를 만났다. 어느 날 그는 지금 인권단체를 설립하고 있는데 변호사가 필요하다고 말했다. 멕시코시티에서 살겠다는 생각은 해본 적이 없었지만, 당시로서는 할라파로 돌아갈 만한 상황이 아니었기 때문에 그의 제안을 받아들였다. 할라파에서는 두 명의 훌륭한 여성 변호사들이 조직적인 지원 속에서 내가 맡았던 사건을 맡고 있었다. 조직적인 지원을 받는 것이 얼마나 중요한지를 알고 있었고, 따라서 그 사건이 취하되지 않으리라는 것을 알았기에 마음이 놓였다. 나는 1988년 12월부터 센트로 프로 활동을 시작했다. 그 후 나는 나와 아버지의 경우와 같은 사건을 많이 맡게 되었다. 그 일은 내게 분노를 일깨웠고, 분노는 문제들을 해결할 수 있는 힘을 주었다. 일을 할 때 나는 진지하고 단호한 겉모습을 보이지만, 마음속으로는 두려움을 느낀다. 때로는 소

리 내어 울고 싶을 때도 있지만, 그럴 수는 없다. 그러면 마음이 약해지고 힘이 빠질 테니까.

그 즈음에는 내가 겪어온 일들 때문에 정신과 전문의의 도움이 필요한 상황이었지만, 그럴 만한 마음의 준비가 되어 있지 않았다. 그때 센트로 프로의 대표가 내게 도움을 받을 수 있도록 해주었다. 그는 예수회 수사이자 심리학자였다. 나는 여섯 달 동안 그가 심리학자라는 사실을 몰랐다. 왜 그걸 밝히지 않았느냐고 묻자, 그는 내가 묻지 않았기 때문이라고 답했다. 우리는 매우 가까워졌다. 그는 내 친구이자 고해신부였고 내 상관이었으며, 내가 정신과 전문의를 따로 만날 때도 정신적인 조언을 해준 심리학자였다.

나는 서서히 고해신부라는 존재를 생각하게 되었다. 할라파에서 나는 여러 신부들의 도움을 받았다. 그리고 처음 모습을 나타냈을 때 사람들이 나를 데려간 곳도 성당이었다. 어린 시절에도 성당에 나가는 것 말고는 신부들을 많이 만난 적이 없었지만, 나는 그곳에서 마음의 평안을 느꼈다. 그때까지 신부들은 헌금을 받고 성사를 베풀며 보이지 않게 권력을 누리는 사람들로만 여겼던 나는 신부들이 사회단체에 참여해 사람들을 돕는 것을 보고 감명을 받았다.

센트로 프로 일을 시작한 뒤로, 우리는 험난한 시절을 보내야 했다. 1995년부터 2년 동안 협박에 시달려야 했을 때가 특히 그랬다. 다시 한 번 나는 협박의 대상이 되었다. 협박을 받자마자, 온몸에 소름이 돋으면서 몸이 떨려왔다. 나는 팩스로 날아온 협박장을 들고 한 여자 동료에게 이렇게 말했다. "루즈, 우리한테 협박장이 왔어. 역시 나를 겨냥한 거야." 그녀는 대답했다. "디그나, 이것은 죽음의 예고장이 아니라 부활의 예고장이야." 그녀의 말이 큰 힘이 되었다. 그 일이 있은 후 변호사

디그나 오초아

친구인 필라르가 내게 전화를 걸어 어떤 안전 조치들을 마련해두었는지 물었다. 그녀가 걱정하는 것은 당연했다. 내가 루즈에게 들은 말을 전하자, 그녀는 이렇게 대답했다. "디그나, 너는 믿음이 깊은 특이한 사람이구나." 그때, 나는 신앙을 가지고 어떤 공동체에 소속되어 있다는 것, 신앙 속에 뿌리를 내린다는 것은 다른 사람들은 누릴 수 없는 든든한 의지가 된다는 것을 깨달았다.

내 행동을 보고 용감하다고 말하는 사람들이 있다. 그러나 나는 다른 사람들의 고통을 보면 늘 분노를 느낀다. 나에게, 분노는 에너지다. 분노는 힘이다. 사람은 에너지를 긍정적인 방향으로 혹은 부정적인 방향으로 사용한다. 우리는 매일 어쩔 수 없이 마주치는 어려운 상황과 불의를 날카롭게 파악하고 분노를 통해 에너지를 뿜어내며 불의에 대항해야 한다. 불의를 보고도 분노하지 않는 것은 무관심이며, 복종이다. 가만히 있으면 상황은 언제나 똑같을 것이라고 생각하고 위험을 무릅쓰며 뭔가를 실천에 옮기도록 우리를 자극하는 것은 바로 불의다. 분노는 우리를 경찰과 군대에 맞서게 한다. 나는 군인이나 경찰들이 상관의 고함소리와 학대행위에 길들여져 있다는 중요한 사실을 깨닫게 되었다. 그들은 평범한 여자들은 하찮게 여기지만, 당당하게 요구를 하고 큰 소리를 치는 여자를 만나면 당황해서 어쩔 줄을 모른다. 그렇게 해서 우리는 성과를 올린다. 내게는 공격적인 성향이 있는데, 나는 오래 전부터 그런 성향을 종교적 교육의 틀 안에서 통제하느라 어려움을 겪고 있다. 하지만 종교인다운 태도는 권력자들의 힘을 꺾는다. 내 친구들은 평소 내 옷차림을 보고 수도사 같다고 말한다. 좋은 일이다. 그러한 옷차림은 사람들의 경계심을 느슨하게 해준다. 나는 사람들에게 비교적 온화한 인상을 주면서도 큰 소리로 당당하게 요구하는 법을 안다. 그 방법은 아주 효과적이다.

한번은 어떤 남자가 20일 동안 실종된 일이 있었다. 우리는 그가 군병원에 있다는 것을 알아내고 구속적부심을 신청했다. 하지만 당국에서는 그를 감금하고 있다는 사실을 부인했다. 어느 날 밤 우리는 그가 어느 국립병원에 있다는 정보를 입수하고 이튿날 아침 그곳을 찾아갔다. 그들은 그를 만나지 못하도록 막았다. 나는 오전 내내 병원을 오가는 사람들을 관찰하면서 들어갈 수 있는 방법을 찾았다. 나는 교대시간을 이용하여 경비대 옆을 슬그머니 지나갔다. 그 남자의 병실에까지 갔는데, 문 앞에 있는 간호사가 나를 막았다. "아무도 들여보내서는 안 된다고 했습니다." 나는 그녀에게 내 몸은 내가 지키겠다. 내게 어떤 일이 일어나는지 지켜보다가 내게 무슨 일이 생기면 어디로 전화를 해달라고 부탁하면서 명함을 주었다. 나는 숨을 크게 한 번 들이쉬고는 거칠게 문을 열고 들어가 방안에 있던 연방사법경찰관에게 고함을 질렀다. 나는 이 남자의 변호사고 이 남자와 할 얘기가 있으니 당장 자리를 비켜달라고 했다. 그들은 어찌해야 할지 잠시 당혹스러워했고, 곧 그 자리를 떠났다. 나에게는 2분의 시간이 주어졌다. 2분이면 그에게 내가 누구인지 밝히고, 그 사람의 아내를 만나보았다는 것을 말하고, 그가 병원에 있다는 것을 증명하는 서류에 서명을 받을 수 있는 충분한 시간이었다. 그는 서명을 했다. 경찰들이 여느 때처럼 사나운 태도로 돌아오더니 당장 나를 붙잡으려고 했다. 나는 그들이 방심하고 있는 틈에 공격자세를 취했다. 영화 같은 데서 보았던 가라테 동작이었다. 물론 나는 가라테를 전혀 하지 못한다. 하지만 그들은 내가 공격을 해올 것이라고 생각했던 모양이다. 나는 속으로는 벌벌 떨면서도 겉으로는 단호한 태도로, 내 몸에 손을 댔다가는 대가를 치르게 될 것이라고 말했다. 그러자 그들은 뒤로 물러서면서 "우리를 협박하는 거야?"라고 말했다. 나는 "좋을 대로 받아들여!"라고 대답했다.

몇 마디 말이 더 오고간 뒤, 나는 15명의 경찰관에게 둘러싸여 그곳을 나왔다. 그 사이 나는 몇 가지 재미있는 대화내용을 녹음하기도 했다. 그들 입에서 '외부와의 연락이 차단된 사람'이라는 중요한 단어가 나왔다. 나는 테이프를 꺼내서 꼭꼭 숨겼다. 경찰은 병원 안에는 녹음기를 가져올 수 없다는 조항을 들먹이면서 병원 경비대를 불렀다. 내가 녹음기를 건네주자, 그들은 나를 놓아주었다. 나는 그들이 나를 병원 밖에서 납치해갈까봐 두려웠다. 나는 혼자였다. 나는 미행이 걱정되어 몇 번이나 택시를 갈아탔다. 센트로 프로에 도착하고 나서야 마음을 놓을 수 있었다. 나는 사람들 앞에서 두려웠던 감정을 모두 털어놓았다. 내가 경찰들에게 둘러싸였을 때 두려워하고 있다는 것을 드러냈다면, 그들은 내게 무슨 짓이든 할 수 있었을 것이다.

특별히 계획하거나 의식적으로 하는 것은 아니지만, 센트로 프로 동료들 사이에는 때때로 일종의 집단치료가 이루어진다. 우리는 속마음과 두려움을 털어놓고 함께 눈물을 흘린다. 그 모임은 육체적인 고통을 겪은 사람들의 모임이다. 내가 속한 종교공동체는 스스로 자신의 두려움을 다스릴 수 있도록 도움을 준다. 커다란 위험이 닥쳤을 때, 집단기도와 성서연구, 기도문들은 큰 힘이 된다. 기도는 매우 중요하다. 그것은 신에 대한 믿음이고, 힘의 중요한 원천이다. 나는 더 이상 혼자가 아니다. 기독교인이자 신앙을 가진 나는 불의에 맞서다 십자가에서 돌아가신 예수님의 추종자다. 예수님이 그런 고통을 겪어야 했다면, 우리가 할 수 있는 일은 뭘까?

아버지가 고문을 겪고 난 뒤, 나는 여러 해 동안 복수를 하겠다고 생각했다. 내가 고문을 당했을 때, 솔직히 말해서 나는 결코 복수하고 싶지 않았다. 그것이 끝없는 복수를 불러올까봐 두려웠기 때문이다. 나는 복수란 악순환이라고 생각했다. 멕시코시티로 옮겨온 3년 뒤에, 한 사람이 찾아와서 나를 고문했던 두 명의 사법경찰을 찾아냈다면서 그들을 붙잡아 응분의 대가를 치르게 하기를 원하느냐고 물었다. 처음 한순간, 나는 머릿속으로 그렇게 하고 싶다고 생각했다. 하지만 곰곰이 생각해보니, 그것은 그들이 했던 행동을 되풀이하는 것이었다. 그랬다면, 나는 지금처럼 그들에게 당당하게 말할 수 없었을 것이다. 나 역시 똑같은 사람이 되었을 테니까.

나는 고문당했던 경험을 남에게 거의 털어놓지 않는다. 하지만 언젠가 분노와 복수심으로 불타오르던 고문 피해자와 이야기를 나눈 기억이 있다. 내 경험을 듣고 그는 감동을 받았다. 복수심을 극복하고 용서하지 못한다면, 우리 역시 그들과 똑같은 사람이 되는 것이다. 고문을 잊을 수는 없다. 그러나 그것을 내 속에서 녹일 줄 알아야 한다. 그러기 위해서는 용서가 필요하다. 시간이 오래 걸리는 어려운 일이긴 하지만, 우리는 반드시 용서를 해야 한다.

이런 도전에 맞서지 않는다면, 무엇을 할 것인가? 인생이란 무엇인가? 인생은 목숨을 부지하는 것이다. 내가 처음 일을 시작했을 때, 나를 할라파에서 떠나게 했던 그 사건을 맡았을 때, 나는 불의에 대한 항거에 몰입하고 있었다. 그러나 나를 움직이게 하는 다른 뭔가가 있었다. 부끄럽지만, 나는 그것을 인정하지 않을 수 없다. 사명감 외에도 나를 움직이게 했던 것은 변호사로서 명망을 얻고 싶다는 욕망이었다. 나는 끔찍한 어려움을 겪으면서, 무엇이 잘못이었는지를 깨달았다. 그런 어려움을 겪고 나서야 내 참된 사명과 인생의 의미, 그리고 내 존재이유를 깨달았다고 생각하니, 너무나 부끄럽다. 나는 고통스러운 경험 속에서 긍정적인 것을 찾아냈다. 그런 어려움을 겪지 않았다면, 나는 그토록 깊이 있게 불의를 깨닫지 못했을 것이다. 아마 센트로 프로에서 활동하지도 않았을 것이고, 예배에도 참석하지 않았을 것이다. 세계는 내가 구축한 좁디좁은 세계보다 훨씬 더 크다는 사실을 깨닫지도 못했을 것이다. 나와 내 가족, 그리고 내 친구들이 겪었던 어렵고도 고통스런 경험 덕분에 나는 넓은 시야를 가지게 되었다. 나는 때때로 이렇게 되뇌곤 한다. "신께서는 이런 방법으로 내가 사물을 제대로 볼 수 있게 하시는군." 그러나 그러한 고통을 겪지 않고서는 사물을 제대로 볼 수 없을 때가 있다.

기욤 게파 아통도코
GUILLAUME NGEFA ATONDOKO

콩고민주공화국

정치적 권리

"우리는 얼마나 많은 사람들이 죽었는지 정확하게
파악하고 있었다. 우리는 이러한 정보를 넘겨주었다. 그러자
정부가 우리의 활동에 신경을 쓰기 시작했다."

기욤 게파는 악명 높은 자이르(1966년부터 1997년까지, 모부투 대통령의 독재체제하에서
쓰이던 국명—옮긴이)의 독재자 모부투 세세 세코의 심각한 인권유린 상황을 조사, 기록하
고 폭로하면서 날마다 생명의 위협에 시달려야 했다. 기욤 게파는 콩고민주공화국 최초의
인권단체 아프리카인권보호협회(ASADHO)를 설립하고 의장을 맡았다. 그는 1996~97년 로
랑 카빌라 대통령의 유혈 정권탈취 과정을 감시했다. 기욤 게파는 그 기간 동안 "계획적인
르완다 주민 소탕작전으로 자이르에서는 대부분이 후투족인 20만 명의 난민과 수천 명의
자이르 주민이 살해되었다"고 주장한다. 기욤 게파는 수많은 인권단체와 인도주의단체들의
보고서를 종합하고 현장을 조사해 보고서를 작성했다. 기욤 게파와 아프리카인권보호협회
는 모부투 정권에서 카빌라 정권으로 이어지는 탄압에 시달리면서도, 인권유린의 가해자와
피해자가 어느 종족이냐에 관계없이 공정하고 정확한 인권유린 보고서를 작성하여 명망을
얻었다. 협회는 지역간, 인종간 긴장을 완화하기 위해 활동하는 콩고인들의 도덕적 버팀목
이 되고 있다. 굽힐 줄 모르는 정직함 때문에 기욤 게파는 스위스 제네바에서 망명생활을 하
고 있으며, 이곳에서도 콩고 국민의 인권과 존엄성을 지키기 위한 활동을 계속하고 있다.

인권문제는 내 삶 속에 깊이 뿌리내리고 있다. 나는 어린 시절부터 다른 사람들과 많이 어울렸다고 한다. 우리 마을에서 동물 취급을 당하던 피그미족 아이들과도 친구가 되었다. 나는 그들에게 빵을 나눠주고 집으로 데려오기도 하고 옷을 주기도 했다. 주위 사람들은 별난 아이라고 생각했지만, 나는 피그미족 아이들을 다른 친구들과 똑같은 친구로 여겼다.

나는 예수회 수도사가 되기 위한 훈련을 받는 동안, 한 교수한테서 인권에 대한 이야기를 들었다. 그 후 나는 수도회를 떠나 킨샤샤 대학에 진학했다. 나는 대학에 심어놓은 경찰 정보원과 학생들 사이에서 뿜어져나오는 인종주의적 증오심을 보고 크게 놀랐고, 정권의 탄압과 관련된 정보를 수집하는 조직에 가담했다. 나는 대학 내에서 살해당한 사람들의 명단을 비롯해서 다양한 정보를 킨샤샤에 주재하는 여러 대사관에 보냈다. 1986년에 나는 아프리카문제에 관심을 가진 학생들의 토론모임인 아프리카인 클럽을 설립했다. 우리는 킨샤샤에서 대학생과 단체 소속 학생들이 참석하는 대규모 집회를 열어 프랑스어 공용 문제를 토론했다. 일당독재체제하에서 이러한 집회를 연다는 것은 위험한 일이었다. 얼마 후 나는 체제전복을 도모하며 외국 정부로부터 돈을 받은 혐의로 구속되었다. 학장은 내가 계속해서 '체제전복 활동'을 할 경우 퇴학조치를 내리겠다고 경고했다.

다시 학교로 돌아온 나는 인종분열 정책에 반대하는 학생조직을 결성했다. 조직원이 600명 이상으로 늘어나자, 우리는 학생회장 선거에 후보를 내기로 결정했다. 우리는 모부투와 그의 지지세력들을 인정하지 않았다. 학교 당국은 우리를 보고 외국의 지원을 받고 있다고 비난했다. 우리는 선거에서 이기지는 못했지만, 많은 학생들이 우리의 공약에 귀를 기울이고 우리에게 지지를 보냈다. 총장은 우리들의 활동이 정치적으로 변질되고 있으므로 활동을 금지한다고 했다. 그는 나를 퇴학시키겠다고 협박했다. 졸업을 1년 앞두고 있던 나는 협상을 제안했다. "우리의 운동은 반체제운동이 아니라 대학에 악영향을 미치고 있는 정부의 특정한 정책들에 대한 반대운동이다. 그러므로 우리는 활동을 금지당할 이유가 없다. 우리는 활동을 계속할 것이다." 그는 우리의 타협안을 받아들였다.

내가 졸업할 무렵, 모부투에 불만을 품은 사람들이 새로운 정치공간을 만들어내기 시작했다. 인권단체를 설립하고 공적인 활동에 참여하기 좋은 시기였다. 나는 우선 두 학생조직의 활동가들을 모아 단체를 설립했다. 발기인들은 서로를 잘 알고 신뢰하고 있는 옛 동료들이었다. 단체이름을 '아프리카인권보호협회'로 정한 우리는, 인권유린 사례를 조사, 기록하고, 우리의 원칙을 고수하고 모든 정당으로부터 독립성을 유지하면서 중요한 사회적 역할을 담당하기 시작했다. 우리는 여러 지역에서 사람들을 모아 전국적인 조직을 갖추었다. 우리는 법률가, 언론인, 의사들과도 협력관계를 맺었고, 각 집단은 전문적인 기량을 발휘하여 인권 향상을 위해 노력했다. 일례로 의사 집단은 에이즈 감염자들에 대한 인권유린 사례에 관한 정보를 제공했다. 인체실험의 대상이 된 사람들에게 '과학 실험'이라는 이름으로, 아무런 통지도 없이 에이즈 바이러스 주사를 놓은 일도 있었다. 우리는 이 사실을 인권단체와 언론, 그리고 외부 세계에 알리고 보고서를 발간했다. 우리는 얼마나 많은 사람들이 죽었는지 정확하게 파악하고 있었다.

그러자 정부가 우리의 활동에 신경을 쓰기 시작했다. 나는 1993년과 1995년에 여러 차례 체포되어 구타당한 뒤로 왼쪽 귀가 잘 들리지 않게 되었다. 보안대원들이 집을 망가뜨려 놓을지도 모른다는 생각 때문에 아무도 내게 아파트를 임대해주지 않았다. 한번은 길을 가고 있는데 경찰이 다가와서 총을 겨누고 나를 강제로 차에 태웠다. 그들은 나를 대통령 직속 정예부대 '차치' 본부로 끌고 가더니, 내가 보는 앞에서 사람들을 주먹질하기 시작했다. 누군가가 말했다. "다음은 네 차례야." 신경이 곤두섰다. 나는 "미국 사람들이 내가 여기 있는 것을 알고 있다"고 말했고, 그들은 나를 매질하고 난 뒤 풀어주었다.

1995년 8월 어느 날, 나는 몇몇 동료들과 스위스 대사, 벨기에 부대사와 함께 저녁식사를 했다. 그날은 차치가 루뭄바주의통일당(PALU) 당원 13명을 사살한 사건에 대해 비난하는 보고서를 발행한 날이었다. 저녁식사를 마치고 집으로 돌아가는 길에, 군인 몇 명이 다가와서 차를 세우더니 내리라고 했다. 한 명이 내 머리에 총을 겨누고는 죽이겠다고 협박했다. 사람들이 나를 알아보고 도와주려고 하자, 군인들

은 공포를 쏘아대며 사람들을 쫓았다. 군인들도 겁을 먹었는지 "차에 타고 어서 떠나라"고 말했다. 차를 타고 그 자리를 떠나면서 나는 그들이 뒤에서 총을 쏠 것이라고 생각했다. 집에 도착해서 아내에게 이야기를 했더니, 총소리를 들었던 아내는 "그게 당신이었단 말이에요?" 하며 크게 놀랐다. 나는 조국을 떠날 때가 되었다고 생각했다.

외국에서 석사학위를 받은 뒤, 나는 조국으로 돌아와 활동을 재개하고 모부투에게 개혁을 원한다는 말을 전했다. 그런데 카빌라가 모부투에 대항하여 반란군을 이끌던 1997년에, 아프리카인권보호협회는 카빌라가 지휘하는 르완다 군대가 후투 난민들을 학살한 사건을 비난하는 보고서를 발간했다. 이렇게 해서 나는 모부투 군과 카빌라 군 양쪽으로부터 위협을 당하는 처지가 되었다. 카빌라는 내가 해방전쟁을 가로막고 있으니 발견하는 즉시 "갈기갈기 찢어죽이겠다"고 공언했다. 나는 조국을 영원히 떠나지 않을 수 없었다.

나는 신부가 될 기회를 갖지는 못했지만, 인권운동을 하면서 새로운 사명을 발견했다. 결국 말을 할 수 없는 사람에게 그들의 목소리가 되어준다는 점에서 두 일은 똑같다고 할 수 있다. 나는 불의에 대한 항거를 결코 멈추지 않을 것이다. 용기는 신념이며, 뭔가에 목숨을 바치는 것이다. 중요한 것은 자신이 현재 하고 있는 일에 대해 확신을 지니는 것이다.

웨이징성
WEIJINGSHENG (魏京生)

중국

___

정치참여 및 투옥

"독재에 맞서 투쟁하지 않으면, 독재자는 결코 국민에게
평범한 삶을 허용하지 않는다. 독재에 항복하거나 더 위대한 뭔가를 위해
헌신하거나, 우리는 둘 중의 하나를 선택해야 한다."

웨이징성은 문화혁명 이후 최초로 자유를 요구하면서 중국의 인권 및 민주화 투쟁의 상징적인 인물이 되었다. 웨이는 투옥 위협에도 불구하고 서방 언론을 상대로 공개적으로 발언하고 글을 썼다. 그는 글을 통해서 개혁을 요구하고, 모든 권력을 손에 쥔 덩샤오핑의 정책을 무시무시한 마오쩌둥의 5개년계획과 비교했다. 그런 대담한 발언으로 인해 그는 15년형을 선고받고 악명높은 노동개조소(勞改, 라오가이)에 수감되었으며, 독방에 갇힌 채 심한 학대를 받았다. 건강이 악화되는 상황에서도 웨이의 신념은 갈수록 확고해졌다. 중국의 올림픽 유치를 결정하기 위한 국제올림픽위원회의 투표가 있기 며칠 전인 1993년 9월 14일에, 웨이는 석방되었다. 중국 당국은 그가 자중하기를 기대했지만, 그는 톈안먼 사건 이후 거의 침묵하고 있는 중국 민주화운동 부흥의 주춧돌이 될 개혁운동가들과 다시 접촉하기 시작했다. 1994년, 웨이가 미 국무성 인권담당보좌관 존 섀턱과 면담하자, 중국 정부는 웨이를 비난하면서 다시 그를 감금하고 거의 1년 이상 외부와의 연락을 차단했다. 정부는 그를 공개재판에 회부하여 다시 14년의 노동개조형을 선고했다. 국제적인 압력이 거세지자 정부는 1997년에 웨이를 추방했다. 그는 현재 뉴욕 컬럼비아 대학에 자리를 잡고 세계 각국을 돌아다니면서 중국의 계속되는 인권탄압을 비판하는 강연을 하고 있다.

수감생활도 힘들고, 망명생활도 힘들다. 하지만 갇혀 있는 것보다는 외국에 있는 편이 민주화운동에 더 큰 도움을 줄 수 있다. 망명생활을 하면 건강을 돌보고 더 잘 먹을 수 있다. 하지만 감옥에 있는 것이 더 나은 경우도 있다. 우선 감옥에 있는 동안에는 어느 누구도 내 마음의 평정을 깨뜨리지 못한다. 감옥에 있을 때는 말도 안 되는 이야기에 귀를 기울일 필요가 없다. 감옥에 있을 때는 적이 분명하고, 적과 친구가 되려고 노력하기도 하고, 곧 자신을 가두고 있는 사람들 속에서 믿을 만한 친구를 얻을

수도 있다. 망명생활을 할 때는 정반대의 상황이 벌어진다. 친구라며 큰소리를 뻥뻥 치는 사람들이 많지만, 알고 보면 나와 민주화운동에 피해를 초래하는 적인 경우가 많다. 이렇게 되면 이 일이 아주 복잡하게 뒤얽힐 수 있다.

오랜 세월 공산주의체제하에서 탄압을 받았으면서도 공산주의의 가장 든든한 옹호자로 남아 있는 사람들의 입에서 터무니없는 주장이 나오곤 한다. 나는 그런 일을 당할 때마다 매우 당혹스럽고, 슬프다. 터무니없는 주장을 펴는 또 다른 세력은 자유민주주의 속에서 살고 있는 서방 정치인들이다. 그들 자신은 자유의 중요성을 이해하고 자유를 누리고 있으면서도, 그들은 줄곧 공산주의 독재정권을 지지하고 있다.

두 번째로 수감되어 공식적으로 14년형을 선고받기 직전에, 교도관들이 내게 물었다. "당신이 이렇게 싸우는 목적이 대체 무엇인가? 당신이 말하는 미국의 친구들은 우리 지도자들과 매우 좋은 우호관계를 갖고 있다. 그들은 협정을 맺고 있다. 당신은 시간을 낭비하는 것이다." 당시 나는 그들의 말을 믿지 않으려고 했다. 그러나 외국에 나와 있는 지금, 나는 그 사실을 믿을 수밖에 없다. 내 눈으로 확인했기 때문이다.

나는 미국과 중국에서, 평범한 사람들에게서 힘을 얻는다. 사람은, 어느 나라에 사는 누구든, 자신의 존엄성을 존중받기를 원한다. 내 활동에 지속적인 힘을 주는 원천은 바로 이것이다. 독재정권보다는 민주국가가 시민들을 더 존중한다. 독재에 맞서 투쟁하지 않으면, 독재자는 결코 국민에게 평범한 삶을 허용하지 않는다. 독재에 항복하거나 더 위대한 뭔가를 위해 헌신하거나, 우리는 둘 중의 하나를 선택해야 한다. 나는 민주국가의 사람들과 접촉하면서 그들의 정부들이 중국 공산주의 정부의 실상을 파악할 수 있도록 탄원해줄 것을 요청해왔다. 아직은 큰 성과를 거두지 못하고 있지만, 시작이 반이다.

거대한 억압자와 대치할 때, 조국에 대한 사명과 개인의 삶 사이에서 균형을 유지하기란 불가능하다. 우리는 고통받는 사람들과 함께해야 할 책임이 있다. 우리가 저항하지 않는 한, 억압자는 결코 우리의 존재를 허용하지 않는다. 우리는 두 가지 삶에 양다리를 걸치고 살아갈 수 없다. 그저 자신의 인생을 더 큰 의무에 헌신하는 방법밖에는 없다.

사람이 스스로를 보호하려고 하는 것은 정상적이고, 또 당연한 일이다. 내 형제들의 입장에서 보면, 나는 비정상적인 사람이다. 우리는 자신이 결정한 어떤 길로 들어서기 전에 먼저 선택을 해야 한다. 아버지는 명망 있는 장군이었으니, 그 정도 배경이면 나는 중국에서 부유하게 잘사는 다른 2세들과 똑같은 특권을 누리며 살 수 있었다. 그러나 나는 결단을 내렸다.

그것은 1978년 12월의 일이었다. 내가 이런 결단을 내린 데는 하나가 아니라 여러 가지 이유가 있다. 나는 농촌지역을 여행하면서 끔찍한 생활환경 속에서 살아가는 농민들을 보았다. 인간애가 조금이라도 남아 있는 사람이라면, 그들에게 연민과 동정을 느낄 수밖에 없다. 나는 16살부터 여행을 시작해서 늘 여행을 다녔다. 나는 그들의 삶의 조건을 개선할 수 있는 기회를 찾았다. 1978년 12월, 덩샤오핑은 민주주의의 싹을 짓밟아버리는 유명한 연설을 했다. 민주화운동을 벌이던 사람들은 그의 연설과 그에 따라 추진되는 정책에 커다란 위협을 느끼고 위축되기 시작했다. 바로 그 순간, 나는 덩샤오핑에 맞서기로 마음먹었다.

1997년, 나는 다시 한 번 선택의 순간을 맞았다. 당시 나는 수감 중이었고, 형기를 마치기 전에는 감옥을 떠나지 않겠다고 버티고 있었다. 덩샤오핑은 내게 선택권을 주었다. 잘못을 시인하면 당장 석방하겠다는 것이었다. 그러나 나는 줄곧 거부했다. 1997년에 나는 해외의 민주화운동이 매우 큰 타격을 입어 남아 있는 세력이 거의 없다는 사실을 알게 되었다. 나는 감옥에서 나가서 직접 해외 민주화운동을 조직하지 않는다면 해외 민주화운동은 절멸될지도 모른다는 위기감을 느꼈다. 내가 서방세계로 넘어온 지 1년 반쯤 되는 지금, 나는 두 가지 작은 성과를 이루었다고 믿는다. 하나는 미국의 주도로 유엔이 중국에 대한 비난 결의문을 채택한 것이고, 또 하나는 유엔이 과거보다 훨씬 단합된 모습으로 중국과의 협력을 꺼리고 있다는 점이다.

나는 수감생활을 하는 동안 과거 여행길에서 만났던 농민 수감자들의 고통에 공감하게 되었다. 나는 내가 하고 있는 일이 그들의 고통을 덜어주는 옳은 일이라는 것을 마음 깊이 새겼다. 나는 내가 이기리라고 확신했다.

1997년에, 그들은 나를 구타하고 독방에 가둔 뒤 읽을거리들을 모조리 빼앗았다. 그런 상태에 놓이면, 마음의 중심을 잡을 수 없고 극도의 혼란상태에 빠지게 된다. 내가 감옥에서 알고 지내던 많은 사람들도 정신적인 공황상태로 빠져들었다. 그들이 노리던 바였다. 내용이 어떤 것이든 간에, 뭔가를 읽는다는 것은 매우 중요하다. 독서는 중심을 잡아주고 정신적인 지향을 제공한다. 어디 한 군데 집중할 곳이 없으면, 마음의 평온을 잃게 된다. 그것은 매우 심한 고문이다.

베이징 사람들은 유머감각이 뛰어나다. 중국인은 늘 유머를 통해 독재권력에 대처해왔다. 그들은 유머를 사용하여 자신들이 겪고 있는 불합리함을 분명하게 표현했다. 나는 유머를 내 천성이자 최선의 방어술이라고 생각한다. 유머는 또 하나의 힘의 원천이며, 자신의 존엄성을 지키는 수단이다. 그것은 매우 중요하지만, 가장 어렵기도 하다. 우리는 자신이 하는 일이 옳다는 확신을 가져야 한다. 자신이 하는 일에 확신이 있으면, 모든 고통은 부차적인 것이 된다.

만일 죽을 각오가 되어 있지 않다면, 체제에 도전할 결심을 해서는 안 된다. 일단 죽음을 각오했다면, 자신의 노력을 성공이나 실패의 관점에서 바라보아서는 안 된다. 옳은 일을 선택했다는 관점에서만 생각해야 한다. 우리 가족은 늘 자신이 한 일에 대해 책임을 진다. 이것은 나에게 큰 영향을 주었다. 일단 결정을 내린 이상, 대가는 따르게 마련이다.

나는 다행스럽게도 강직한 혈통을 타고 났다. 위험이나 억압에 맞서는 일은 내게 특별한 일이 아니다. 결정적인 순간에 자신의 존엄성이나 목적, 이상을 포기하는 사람들이 있는데, 이들은 매우 약한 사람들이다. 그러나 자기 자신뿐 아니라 다른 사람들의 존엄성을 위해 어떤 행동을 한다고 생각하면, 자신이 하는 일이 옳다는 것을 인식하게 된다. 그 순간 용기는 더욱 강해진다. 나는 사형선고를 받고 나서 한 달 동안 엄청난 공포에 시달렸다. 그러다 이런 생각을 하게 되었다. '어차피 나는 죽는다. 왜 적들의 웃음거리가 되어 죽으려고 하는가?' 이렇게 해서 나는 공포를 다스리고 위기를 넘길 수 있었다. 나는 내 존엄성을 지켜낸 것이다. 용기는 육체적인 것이면서 또한 정신적인 것이다. 용기를 타고나는 사람이 있는가 하면, 위험에 직면하는 순간 온몸이 걷잡을 수 없이 떨려오는 사람도 있다.

몸에 반응이 나타난다고 해서 그 사람들을 깔보아서는 안 된다. 신체적으로 용기를 타고나는 사람들이 있다. 나는 어릴 때부터 한 번도, 조금도 몸으로 두려움을 느낀 적이 없다. 내 학창시절의 학생기록부에는 줄곧 두 가지가 적혀 있다. 고집이 세다는 것과 두려움이 없다는 것이었다. 물론 중국의 교사들은 이러한 특성을 가진 학생들을 그다지 좋아하지 않는다.

누구든지 항상 옳을 수는 없다. 그러므로 우리는 사물을 대할 때 공정함을 잃어서는 안 된다. 잘못을 깨달으면, 그것을 인정해야 한다. 그래야 화해가 쉬워진다. 또한 정직해야 한다. 나는 중국공산당 지도자들과 맞서왔지만, 내가 하는 말을 의심하는 사람은 아무도 없었다. 그들은 나를 증오하고 두려워하지만, 내 말을 의심하지는 않는다. 내 감방을 지키던 교도관도 나를 그렇게 대했다. 일관된 태도로 그렇게 처신한다면, 어딜 가든 환영받는다. 이런 태도는 사람들을 화합시킨다. 우리는 자신이 믿을 만한 사람이라는 것을 입증해야 한다. 수십 년 동안 공산당 지도자들과 투쟁해오는 동안, 거짓말을 한다고 나를 비난한 사람은 아무도 없었다. 마침내 당신의 공정성을 인정받게 된다면, 적들조차 당신을 신뢰하게 될 것이다. 그래야만 우리는 균형 잡힌 인생을 살 수 있다.

헬렌 프리진
HELEN PREJEAN

미국

사형제도 폐지

"패트릭은 죽었지만, 나에게는 선택권이 없었다.
그것은 내가 해야 할 일이었다. 나는 중요한 증인이었고,
사람들을 설득해서 그곳으로 이끌어와야 했다.
그래서 나는 15년째 사형제도 폐지를 위해 활동하고 있다."

1977년, 미국 루이지애나 주. 패트릭 소니어와 에디 소니어 형제는 어느 가을날 밤 데이비드 르블랑(17세)과 로레타 부르크(18세)에게 강도질을 한 혐의는 인정했지만, 부르크를 강간하고 두 사람을 살해한 것은 상대방의 범행이라고 각각 주장했다. 에디에게는 종신형이 선고되고, 패트릭에게는 전기의자 사형이 선고되었다. 헬렌 프리진 수녀는 1982년 여름, 폭력이 극심한 뉴올리언스 주 성 토마스 공영주택단지로 거처를 옮겼다. 그녀는 한 친구에게서 패트릭 소니어의 편지상대가 되어달라는 부탁을 받았다. 프리진은 그것을 가난한 자들에 대한 성직자의 임무의 일환이라고 여겨 수락했고, 사형수 감방이라는 암흑세계에 눈을 뜨게 되었다. 그때부터 프리진 수녀는 패트릭이 머리를 깎이고 전기의자에 가죽끈으로 묶인 채 사형당하는 날까지 2년 동안 패트릭의 친구가 되었다. 그리하여 사형제도 폐지운동에 평생을 바친 프리진 수녀의 헌신이 시작되었다. 그녀는 자신의 경험을 글로 기록하여 『데드맨 워킹』이라는 감동적인 베스트셀러를 남겼다. 이 책은 같은 제목의 영화로 만들어져 갈채를 받았고(수전 새런든이 프리진 수녀 역을 맡아 1995년 오스카상을 받기도 했다), 이러한 대중적 인기과 함께 사형제도 폐지운동은 세계적인 반향을 불러일으켰다. 서방 국가 가운데 사형을 집행하는 나라는 미국뿐이고, 미국에서는 지금도 400여 명이 사형 집행을 기다리고 있다. 프리진 수녀는 또한 폭력범죄에 희생당한 가족들의 어려움에도 눈을 돌려 '살아남은 사람들'이라는 단체를 만들어 활발하게 활동하고 있다.

사형제도는 국민들에 대한 고문과 살인 행위를 합법화하는 것이며, 폭력을 줄이고 처벌한다는 명목으로 폭력을 되풀이하는 것이다. 나는 사형 집행을 처음 목격하고 나서야 이것을 깨달았다. 패트릭과 함께 사형장에서 나오는 순간, 내 마음은 너무나 자유로웠다. 누구나 이와 비슷한 일을 당하면 온몸이 굳어지거나, 그렇지 않으면 충만한 원기를 느끼게 된다. 나는 원기가 충만해지는 이런 느낌을 삶의 부활의 법칙이라고 부른다. 삶의 부활의 법칙이란 죽음을 극복하고 악에 저항하는 것이다. 간디는 악을 폭로하고 그것에 저항하라고 했다. 바로 그날, 내게는 새로운 사명이 주어졌다. 패트릭은 죽었지만, 나에게는 선택권이 없었다. 그것은 내가 해야 할 일이었다. 나는 중요한 증인이었고, 사람들을 설득해서 그곳으로 이끌어와야 했다. 그래서 나는 15년째 사형제도 폐지를 위해 활동하고 있다.

그러나 내 이야기를 듣는 사람들은 사형제도에 관심이 없다. 사람들은 이렇게 말한다. "그건 내 관심사가 아니다. 그 사람들은 극소수의 범죄자들일 뿐이다." 우리는 사람들의 마음을 희생자들 쪽으로 돌려야 한다. 우리는 야만적인 행위를 막아야 한다. 내 이야기를 들으면서 범죄자를 만나고, 다음에는 희생자를 만나고, 희생자들을 치유하는 데 진정으로 도움이 되는 것은 무엇이고 도움이 되지 않는 것은 무엇인지를 깨닫게 되면, 많은 사람들이 눈물을 흘린다. 아무리 끔찍한 죄를 저지른 사람이라도 인간의 존엄성이라는 것이 있다는 사실을 깨닫는 것이다. 우리가 칼라 파예 터커가 사형당하는 것을 안타까워했던 것도 그 때문이다. 사람들은 〈래리 킹 쇼〉에서 그녀의 모습을 보았고, 그녀가 상냥한 사람이라는 것을 알 수 있었다. 하지만 우리가 할 줄 아는 것이란 그녀의 인생에서 가장 나쁜 행위 속에 그녀를 가두어놓고 그 행위를 근거로 그녀를 심판한 다음, 살해하는 것뿐이다.

사형제도는 끔찍한 범죄를 저지른 극소수의 범죄자와 관련된 지엽적인 문제가 아니다. 그 속에는 우리가 관심을 쏟고 치유해야 할 우리 사회의 깊은 상처 세 가지가 압축되어 있다. 첫 번째 상처는 인종주의의 상처다. 형사사법제도는 누가 희생자고 누가 관심을 가지는지부터 따지는 인종주의에 깊이 물들어 있다. 미국에서는 백인이 살해되면 최악의 범죄로 간주된다. 사형선고를 받은 사람들 중 85퍼센트는 백인을 살해한 사람들이다. 펜실베이니아 주에서 이루어진 최근의 연구는 백인과 똑같은 범죄를 저지른 유색인종의 경우 더 무거운 형벌을 받는다는 점에서 형벌에 인종주의가 있음을 보여준다.

두 번째 상처는 가난한 사람들에 대한 차별이다. 사형선고를 받은 3,600명의 사람들이 모두 가난한 사람들이라는 것은 결코 우연이 아니다. 그들은 조니 코크란 변호인단을 살 만한 경제력이 없다. 그들은 법정에서 동등한 게임을 벌일 수 없다. 우리는 이것을 가난을 해결하지 못한 그들의 개인적인 무능함 때문이라고 생각한다. 유럽 사람들의 경우에는 사회의식이 훨씬 더 높다. 그들은 범죄가 늘어나면 "우리 사회가 뭘 잘못하고 있는가?"라고 자문한다. 그들은 구조를 살펴보고, 토양을 살펴본다. 미국 사람들은 다르다. "저 사과는 못쓰겠다. 다른 걸 구하고, 저 사과는 없애버리자!", 이것이 미국인의 사고방식이다.

세 번째 상처는 사회문제를 폭력으로 해결하려는 사고방식이다. 우리는 오랫동안 이런 방식에 젖어 있었다. 우리 사회는 폭력 위에 세워졌다. 노예들에게 폭력을 행사했고, 원주민에게 폭력을 행사했으며, 일부 사람들에게 의사를 표현할 기회를 주지 않음으로써 폭력을 휘둘렀다. 가령 오랫동안 여성에게 투표권을 주지 않은 경우가 여기에 해당될 것이다.

그러므로, 나는 사형제도가 지엽적인 문제라고 생각하지 않는다. 이것은 우리나라의 사회구조와 연관된 중심적인 문제이며, 매우 절망적인 행위다. 우리는 다른 방법을 알지 못하기 때문에 범죄자들이 일삼는 가장 나쁜 행동을 그대로 따라하는 것이다. 우리는 사람을 죽인 사람을 죽인다. '너는 살 가치가 없는 놈이야. 너는 우리와 같은 인간이 아니야, 그러니까 폐기해버려도 돼.' 우리는 이런 식으로 생각한다. 이것은 매우 위험하며 치명적인 사고방식이다. 이러한 사고방식은 또한 우리 국민들을 다른 방식의 죽음으로 몰아넣는다. 알다시피 사형제도는 매우 직설적이다. 우리는 살아 있는 사람들을 고문한 다음 죽인다.

이 일은 우리 한 사람 한 사람에서부터 시작된다. 우리는 잘못되었다고 생각하는 일을 바로잡는 데에 동참해야 한다. 첫걸음은 의식을 바꾸는 것이다. 내 경우에는 사람들을 알아 가면서 의식이 바뀌었다. 우리 사회에서 사람들은 장갑을 네 켤레나 끼고 있다. 우리는 서로 접촉하지 않는다. 특정 이웃을 멀리하고, 감옥을 찾는 일도 없다. 사형수 감옥은 우리와 멀리 떨어져 있다. 우리는 결코 범죄자들을 만나지 않는다. 그들은 우리에게서 멀리 떨어져 있다. 그렇기 때문에 우리는 그들에게 어떤 짓이든 쉽게 하는 것이다. 그러한 사실이 우리의 사고방식과 행동양식에 얼마나 빨리 영향을 미치는지 보라. 정치인들은 남보다 더 범죄자들에게 가혹한 형벌을 요구하는 것을 표를 끌어모으는 최상의 방법으로 여기고 있다.

미국 연방대법원은 사형 집행이 인간의 존엄성에 반하는 일이 아니라고 주장한다. 국제사면위원회에서는 고문이란 무방비의 사람에게 극도의 정신적 · 육체적 고통을 가하는 것이라고 정의했다. 시나리오를 하나 만들어보자. 누군가가 사람들을 끌고 가서는 어떤 집에 가두고 "너를 처형하겠다. 화요일 저녁 9시에, 네 머리에 총알을 먹여주지"라고 말한다. 저녁 7시쯤 되면, 그를 데려다놓고 "오늘 저녁은 말고, 다른 날 밤에 보자"고 말한다. 그들은 그를 다시 그 집에 가둬놓고 기다렸다가 데려와서 총을 겨누고는 "오늘밤은 아니야"라고 말한다. 이런 일이 진행되는 동안 가족들이 지켜보도록 해보자. 고문이나 다름없는 이것이 바로 사형이다.

사형제도를 옹호하는 또 한 가지 이유로 거론되는 것은 안전에 대한 사람들의 우려다. "만일 그들을 사형에 처하지 않으면, 몇 년 후에 감옥에서 나와 다시 살인을 저지를 것이다." 그러나 대부분의 나라에서는 끔찍한 살인이나 일급살인죄로 유죄판결을 받은 사람들에게 가석방 없는 종신형이나 장기 징역형을 내리고 있다. 우리에게는 폭력을 되풀이하지 않고도 안전을 확보할 수 있는 방법이 있다.

사형 때문에 범죄자가 죄를 뉘우치지는 않는다. 뉘우침이라는 것은 개인적인 변화나 공감, 연민과 관련된 것이다. 희생자가 겪었던 고통을 경험하고 "미안하다"고 말할 수 있게 되어야만, 범죄자는 죄를 뉘우친다. 끔찍한 범죄를 저지른 사람들 중에는 살아오면서 한 번도 그런 사랑을 받아본 적이 없기 때문에 다른 사람의 감정을 읽을 수 있는 능력이 부족한 사람들이 있다. 하지만 죽음이 다가온다고 해서 다른 사람의 감정을 느낄 수 있는 능력이 갑자기 늘어나는 법은 없다. 그들의 삶은 늘 위협 속에 있기 때문에 오히려 역효과가 일어날 수 있다. 방어막을 치고 자기 자신을 더 꽁꽁 가둔 채 타인에 대한 사랑이나 감정 따위는 버리는 것이다.

용서(forgive)의 어원을 아는가? 용서는 '먼저 준다' 는 뜻이다. 용서하는 사람은 늘 사랑하는 마음가짐을 지니고 있고, 죄악과 증오에 굴복하지 않는다. 반면에 용서하는 것을 어려워하는 사람이 있다. 용서와 망각, 그리고 그와 밀접한 관련이 있는 치유와 사건종결은 결코 같은 의미가 아니다. 나는 오클라호마 시에서 만난 희

생자 가족들 가운데 한 사람을 영원히 잊지 못할 것이다. 그는 나눔의 시간에 자리에서 일어나 이렇게 말했다. "사건종결이라는 단어를 쓰지 맙시다. 우리는 신의 은총 속에서 다시 일상의 삶으로 돌아가게 될 것입니다. 어려운 순간을 극복하는 법도 배우게 되겠지요. 그러나 앞으로 살아가는 동안 나는 단 하루도 내 딸을 생각하지 않는 날이 없을 겁니다. 사건종결이라는 말은 마치 우리가 한 단계를 끝내고 매듭을 지었다는 의미처럼 들립니다." 내가 만난 희생자 가족들 가운데는 차라리 화해라는 말을 쓰기를 원하는 사람들이 있었다. "나는 자신과 화해하고 사랑하는 마음가짐을 되찾을 수 있습니다. 그러나 용서란 말은 모든 것이 다 좋다는 식으로 들리는군요. 나는 결코 그 말을 입 밖에 낼 수 없습니다."

헤밍웨이가 그랬던가? "용서란 고통 속의 은총"이라고. 나는 용기는 정직과 매우 비슷한 것이라고 생각한다. 용기는 마땅히 해야 할 일을 하는 것이다. 움직이는 것이다. 고통에서 벗어나 사물을 변화시키는 것이다. 나는 미국이라는 체제와 싸우면서 사람들 속에서 믿음과 희망을 가질 때, 그리하여 끊임없이 상황을 변화시킬 때, 용기가 샘솟는다. 용기란 어떤 위협이 따르더라도 변함없이 나아가는 것이다. 우리가 루이지애나 주에서 첫발을 내디뎠을 때, 우리는 갖은 욕설을 들어야 했다. 사람들은 차를 멈추고 손가락질하며 고함을 질렀다. "네놈들은 싸구려 동정이나 베푸는 자유주의자에 살인자를 감싸는 놈들이야", "나는 녹여서 총알을 만들어 쓰라고 동전을 잔뜩 기부할 테다" 등등. 폭력은 폭력을 부른다. 사형제도의 본질은 "죽여라! 죽여라!" 하고 부추기는 폭력과 다를 게 없다.

나는 인권이 우리를 새천년의 시대로 이끌어주기를, 우리의 공동체의식과 인간의 존엄성에 대한 존중 의식이 쑥쑥 자라나기를, 우리가 어떤 사회를 만들어야 하는지를 좀 더 제대로 배울 수 있게 되기를 희망한다. 나는 자비를 생각한다. 자비는 우리에게 힘과 영감을 준다. 예수님이 십자가에 못 박혀 돌아가실 때 하신 말씀을 기억할 것이다. "아버지, 저들을 용서하소서. 저들은 자신들이 무슨 일을 하고 있는지 모르나이다." 의식을 갖고 깨어 있지 않으면, 우리는 타인에게 무심해지며 서로에게 나쁜 일을 행하게 된다. 우리가 사람들을 올바른 의식과 자비로운 마음으로 이끌 때, 그들은 비로소 움직일 것이다. 이것이 바로 우리가 해야 할 일이다.

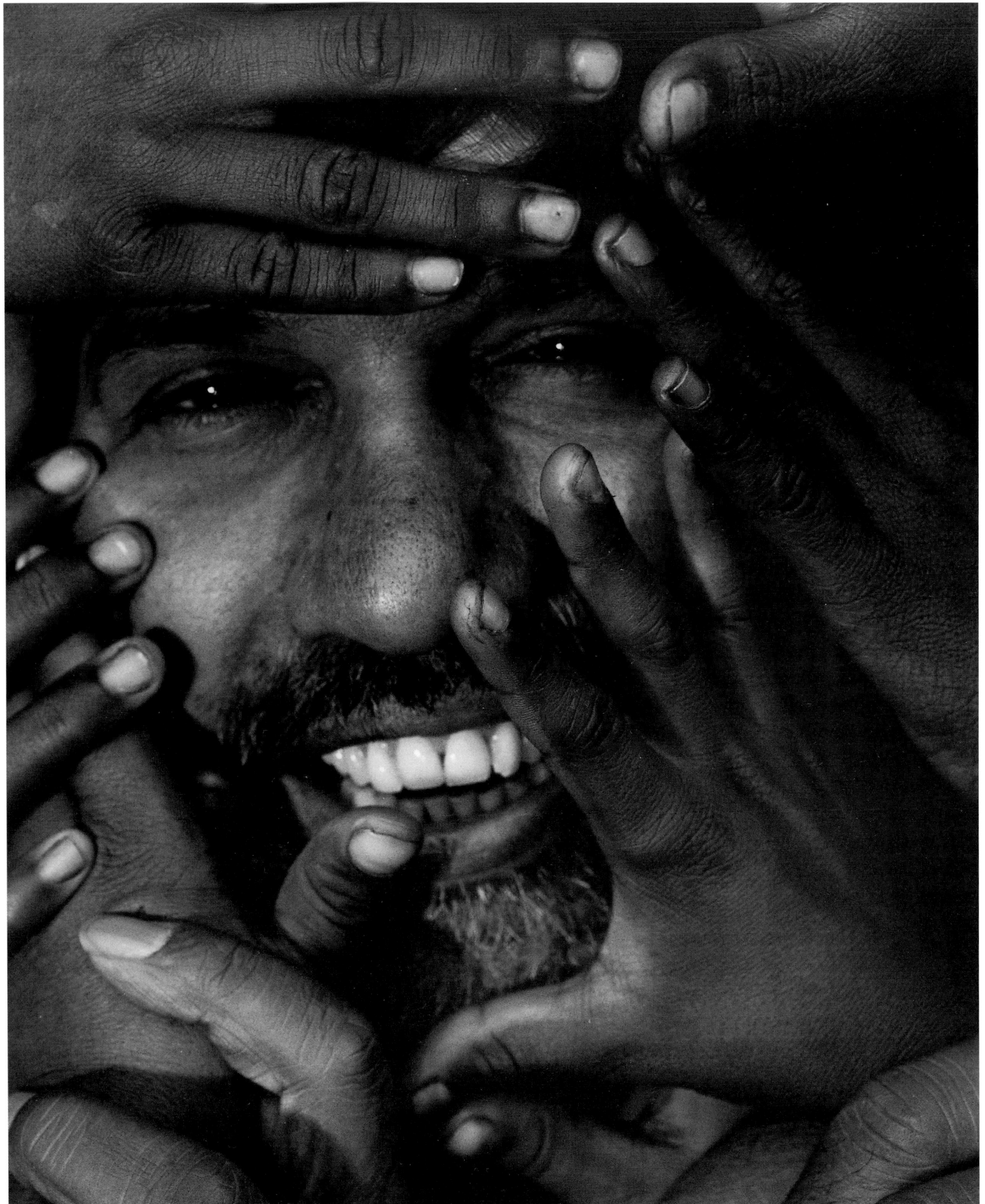

카일라시 사티아르티
KAILASH SATYARTHI

인도

———

아동노동

"예닐곱 살짜리 어린아이들이 휴일은 물론 휴식시간도 없이
하루 열네 시간씩 강제노동에 시달리고 있다.
고용주는 부모를 찾으면서 우는 아이가 있으면 심하게 매질을 하거나
나무에 거꾸로 매달거나 담뱃불로 지지는 처벌을 하기도 한다."

카일라시 사티아르티는 인도 아동노동 금지운동의 지도자다. 그는 지난 10년간 2만8,000명의 아이들을 비롯하여 4만 명이 넘는 사람들을 담보노동에서 구해냈다. 담보노동은 일종의 노예제 같은 것으로, 절망적인 상황에 몰린 가족이 사채업자에게 생활비(겨우 35달러 남짓)를 빌리고, 돈을 다 갚을 때까지 아이를 담보로 넘겨주는 것이다. 돈을 갚지 못하는 경우, 아이는 다른 업주에게 팔려간다. 담보노동자들은 다이아몬드가공업이나 석재산업, 제조업 등에 종사한다. 특히 담보노동자들을 많이 쓰는 곳은 주로 미국이나 다른 나라에 수출할 수제 양탄자를 생산하는 양탄자 수출공장이다. 사티아르티는 비인간적인 노동시간과 위험한 작업환경, 가혹한 학대와 성폭력에 시달리며 비좁고 불결하고 격리된 공장에서 노예생활을 하는 여성들과 아이들을 구해내고 있다. 사티아르티는 유럽 방송을 통해 이러한 현실을 폭로한 뒤, 양탄자 수출공장 사장들에 의해 고소되어 현재 보석 중이다. 그는 끊임없는 죽음의 협박에 시달리고 있다. 사티아르티의 동료 중에는 살해된 사람이 둘이나 있다. 사티아르티가 1989년에 설립해 의장으로 활동하고 있는 남아시아 아동강제노동 대책협의회(SACCS)는 아이들과 여성들을 담보노동으로부터 구해내기 위해서 직접적인 개입과 법적 대응, 대중적인 홍보활동을 하고 있다. 이 협의회는 불법적인 노동착취를 막기 위해서 국내외 조직과 비정부조직을 결집하여 정부와 제조업자, 수입업자들에게 압력을 행사하고 있다. 사티아르티는 인도 전역을 누비는 두 차례의 대규모 행진을 조직하여 아동노동에 대한 문제의식을 일깨웠으며, 1998년에는 전 세계의 1만여 개 비정부조직들을 조직하여 '아동노동에 반대하는 지구촌 행진'을 벌였다. 그러나 아직도 해야 할 일이 많다. 인도에서만도 600만 내지 1,000만 명의 아동들이 담보노동에 얽매여 있다. 세계적으로는 2억5,000만 명의 아동들이 강제노동에 시달리고 있는데, 그 가운데 미국의 농업부문과 노동착취업소에서 일하는 아이들은 24만6,000명에 이른다. 사티아르티의 활동은 이제 막 시작단계에 들어섰을 뿐이다.

담보노동은 기본적인 이주의 자유와 선택의 자유를 박탈하는 일종의 현대판 노예제도다. 사람들은 거의 쉬지 못하고 장시간노동에 시달려야 한다. 태어나면서부터 이런 노예 신세로 살아야 하는 아이들이 500만 명이 넘는다. 이들은 부모나 조부모가 지방의 지주에게 빌린 적은 돈 때문에, 대를 물려가며 죄수처럼 갇힌 채 같은 주인을 위해 일을 해야 한다. 또한 얼마 안 되는 돈을 선불로 받은 부모에 의해 담보노동에 넘겨진 아이들이 500만에 이른다. 그 적은 금액이 아이들에 대한 끝없는 노역을 정당화하는 명분이 되고 있는 것이다.

담보노동의 노동조건은 너무나 비인간적이다. 예닐곱 살짜리 어린아이들이 휴일은 물론 휴식시간도 없이 하루 열네 시간씩 강제노동에 시달리고 있다. 고용주는 부모를 찾으면서 우는 아이가 있으면 심하게 매질을 하거나 나무에 거꾸로 매달거나 담뱃불로 지지는 처벌을 하기도 한다. 아이들이 많이 먹으면 조느라 작업속도가 느려진다고 음식을 조금밖에 주지 않는 경우도 있다. 대개의 경우, 고용주들은 작업능률이 떨어진다고 해서 아이들이 서로 이야기를 나누거나 큰 소리로 웃는 것까지 금지한다. 그야말로 중세의 노예제도와 다름없는 형편이다.

이보다 끔찍한 인권유린은 있을 수 없다. 이것은 인도의 법률과 헌법, 유엔 인권헌장이 짓밟히는 부끄러운 현장이다. 우리는 이러한 상황에 맞설 수 있는 가장 효과적인 무기로 이런 사회악에 대한 관심과 자각을 불러일으키기 위한 대중교육 활동을 펼치고 있다. 우리는 또한 아동노예가 성행하는 지역들을 찾아내고, 비밀작전을 통해 아이들을 구해내어 집으로 돌려보내는 활동을 하고 있다. 아이들에 대한 교육과 사회 복귀를 위한 후속조치들이 절실히 필요하다. 우리는 사회 각 부문, 국회의원, 종교단체, 노조 등을 상대로 로비활동을 벌이고 있다. 우리 조직에는 100명의 상근, 비상근 활동가가 활동하고 있다. 우리는 또한 인도를 비롯한 다른 남아시아 국가들에서 470여 개의 비정부조직으로 구성된 조직망을 꾸리고 있다.

노예로 부림을 당했던 아이들을 대하는 것은 결코 쉬운 일이 아니다. 그런 아이들은 대부분 심한 정신적 상처를 지니고 있다. 기억에 남아 있는 첫순간부터 노예로 부림당했던 그들에게 자유란 너무나 낯선 것이다. 그들은 '자유'가 무엇인지 모른다. 가장 시급한 일은 그들에게 잃어버린 어린시절을 돌려주는 일이다. 그것은 말처럼 쉬운 일이 아니다. 나게시와르라는 열네 살 먹은 남자아이의 몸에는 벌겋게 달군 쇠막대기로 찍힌 낙인이 남아 있었다. 인도에 파견된 케네디 인권센터 직원이 뉴델리에서 이 아이를 만났는데, 아이는 정신적 충격으로 말을 잃어버려 무슨 일이 있었는지 설명하지 못했다. 우리는 나중에 다른 아이들을 통해서 그 아이가 어떤 일을 당했는지 알게 되었다. 그런 아이들에게 다가가기 위해서는 너무나 많은 것이 필요하다.

잘 알다시피, 인도는 도보행진의 전통이 깊다. 마하트마 간디는 사람들을 가르치기 위해 (그리고 스스로 깨우침을 얻기 위해) 몇 차례나 행진에 나섰다. 행진은 아동노동을 퇴치하기 위한 우리의 전체 활동에서 중요한 역할을 한다. 특히 대규모의 인원이 동원되는 경우 행진은 강력한 효과를 발휘할 수 있다. 우리는 행진을 통해서 사람들에게 뭔가를 강요하려고 하지 않는다. 우리가 준비하는 행진에는 200명에서 250명가량이 참여하는데, 그 중 절반이 담보노동과 노예노동에서 풀려난 아이들이다. 아이들은 행진을 통해서 담보노동제도의 끔찍한 폐해와 그들이 얻은 자유가 발휘하는 긍정적인 영향을 사람들 앞에서 생생하게 증언한다. 인권단체나 노조, 그리고 함께 연대해 활동하는 단체의 대표들도 행진에 참여한다. 우리는 날마다 다른 마을을 찾아다니면서 대중집회를 갖고 거리공연을 비롯한 문화활동을 벌이며, 기자회견 등을 통해 사람들에게 우리의 주장을 전한다.

2년 전, 수상이 담보노동은 어쩔 수 없지만 아동노동만은 반드시 금지시키겠다고 약속했을 때, 우리는 크게 환영했다. 그리고 개혁의 움직임과 긍정적인 결과들을 보게 되기를 기대했다. 그러나 지금까지 아무런 조치도 이루어지지 않았다. 안타까운 일이다. 아동노동의 형태는 참으로 다양하다. 아이가 담보로 식당에 넘겨진 경우, 아이를 고용한 주인은 대개 외떨어진 지방 출신인 경우가 많다. 그러나 아이들이 양탄자공장이나 유리공장, 청동그릇공장에 넘겨진 경우, 고용주들은 거물에 속한다. 그들은 수출을 통해 엄청난 외화를 벌어들이기 때문에, 정부는 늘 이들에게 우호적인 입장을 취한다.

하지만, 나는 인도의 양탄자 수출을 전면적으로 금지하자거나 인도의 양탄자에 대해 불매운동을 벌이자는 의견에는 찬성하지 않는다. 내 의견은 아동노동을 사용하지 않고 제작되었다는 보증이 있는 양탄자만 구매해달라는 것이다. 아동노동이 사용되지 않은 양탄자만을 구매하도록 하려면 소비자에 대한 교육이 필요하다. 이 문제에 대해 압력을 행사하는 소비자들이 늘어나면, 아동노동을 포기하고 성인노동으로 대체하는 고용주들이 갈수록 늘어날 것이다. 안타깝게도 지난 몇 년간, 인도, 파키스탄, 네팔 등지에서 수출이 늘어나면서 강제 아동노동이 갈수록 늘어나는 추세다. 현재 인도의 연간 수출액은 6억 달러쯤인데, 양탄자산업에서 일하는

"기억에 남아 있는 첫순간부터
노예로 부림당했던 그들에게
자유란 너무나 낯선 것이다.
그들은 '자유'가 무엇인지 모른다.
가장 시급한 일은 그들에게
잃어버린 어린시절을 돌려주는 일이다."

아이들은 30만 명에 이른다. 10~15년 전의 연간 수출액은 1억 달러 남짓이었는데, 당시 아동노동에 종사하는 아이들은 7만5,000명에서 10만 명 사이였다. 이것을 보면 아동노동과 수출 증대는 직접적인 관련이 있다는 것을 알 수 있다. 이러한 사실을 확인한 우리는 해외 소비자운동에 발을 들여놓았다. 독일과 미국을 비롯한 서방세계의 소비자들은 건강과 환경 문제에만 관심을 보여왔다. 이들은 환경과 동물의 권리를 따지면서도, 이 아이들에 대해서는 아무런 관심이 없었다. 그나마 다행스러운 것은, 지난 몇 년간 아동노동문제가 사람들의 관심을 모으면서 세계적으로 중요한 운동으로 자리잡게 되었다는 사실이다.

우리는 양탄자를 비롯한 제품들이 아동노동을 이용하지 않고 제조되었다는 것을 감시, 조사하고 이를 확인해줄 국제적으로 믿을 만한 독립 전문기구의 설립을 제안했고, 마침내 유니세프를 비롯한 비정부조직과 함께 러그마크 재단이라는 독립 기구를 결성했다. 이 기구는 현장조사관을 임명하고 모든 양탄자에 양탄자 생산 과정의 세부사항을 표시하는 숫자가 인쇄된 라벨을 부여한다. 이 라벨은 양탄자 뒷면에 부착되는데, 아무도 이걸 떼거나 변조할 수 없도록 규정해놓았다. 착취행위를 종식시키기 위한 중요한 진전이다.

그러나 서구 소비자들을 교육시키는 일 역시 위험부담이 있다는 점에서 쉬운 일은 아니다. 어느 독일 텔레비전방송 기획사에서 1차조사를 마친 뒤, 양탄자 수출공장에서 이루어지는 아동노동의 실태를 폭로한 적이 있었다. 이 방송에는 아동노동을 이용하지 않고 제조된 상품만을 취급하겠다는 독일의 양탄자 수입업자 이케아의 발표도 들어 있었다. 리포터들이 이를 추적하기 위해서 사무실과 숙소로 나를 찾아왔다. 내가 한 인터뷰는 매우 일반적인 내용이었는데, 나중에 방영된 프로그램은 인도의 수출업체 쉬나에 대해 상세하게 파헤치고 있었다. 결국 이케아는 대량 주문을 취소했고, 양탄자 수출업계의 대표주자였던 쉬나의 이미지는 크게 손상되

어 다른 나라에 대한 수출에도 큰 차질이 생겼다. 쉬나는 미국에 연간 2억 달러에 달하는 양탄자를 수출하고 있었다. 정치적으로 막강한 힘을 발휘하고 있던 이 회사의 고용주(하리아나 주의 무역장관이 그의 형제다)는 곧 반격에 나섰다.

나는 양탄자산업 전체가, 혹은 대다수가 나를 적대시하고 있다는 사실을 알고 있다. 그들은 나를 적으로 여겨 제거하고 싶어한다. 그들은 나를 하리아나 주로 데려가려고 했다. 그 지역은 불법구금과 위장 살해, 경찰서와 교도소 수감자에 대한 살해 등 인권유린이 극심하다고 알려진 곳이었다. 나는 6월 1일에 체포되었다. 하리아나 주의 경찰은 나를 합법적으로 체포하려고 했지만, 반드시 알리도록 되어 있는 인도 법을 어기고 내가 체포되었다는 사실을 델리 경찰서에 알리지 않았다. 그들은 다른 주에 소속된 경찰이라서 델리 지역에 대한 관할권이 없었기 때문에, 델리에 있는 우리 집에서 나를 체포하는 것은 불법이었다. 나는 주위 사람들에게 전화를 걸어 그들에게는 나를 체포할 권한이 없다는 사실을 확인했다. 그런데도 그들은 우리 집에 들어오겠다며 권총을 꺼내들고 위협했고, 이웃 사람들은 이들의 난폭한 행동 때문에 두려움에 떨어야 했다. 결국 나는 체포되었고, 보석금을 내고 풀려날 수 있었다.

나는 이 모든 일이 일종의 시험이라고 여긴다. 그것은 반드시 거쳐야 하는 도덕시험 같은 것이다. 사회악에 맞서기로 결심한 사람은 완전한 준비를 갖추고 있어야 한다. 육체적이고 정신적인 면뿐 아니라 영적인 면에서도 철저한 각오가 필요하다. 숭고한 희생을 위해서는 자신의 모든 것을 가다듬어야 한다. 저항은 언제나 따르는 법이고, 우리가 할 일은 그것에 대비하는 것뿐이다. 우리는 빠르든 늦든 저항에 부딪히게 될 것이다. 인류의 역사란 그런 것이다.

파트리아 히메네스
PATRIA JIMÉNEZ

멕시코

게이, 레즈비언, 트랜스젠더의 인권

"우리는 정부에 압력을 가해 동성애자들에 대한 차별금지와
동등한 대우, 의료혜택을 받을 권리와 자유롭게 직업을 선택할 권리를
쟁취해야 한다. 이러한 권리들을 향유하기 위해 우리는 먼저
정부에 권리를 요구해야 한다."

파트리아 히메네스는 1998년 마흔한 살의 나이에 국회의원에 당선됨으로써 멕시코의 첫 공개 동성애자 국회의원이 되었다. 보수적인 천주교 가정의 10남매 중 아홉째로 태어난 히메네스는 가족의 편견을 극복하고 사회 전반의 편견과 맞서 싸우고 있다. 그녀는 동성애에 대한 반감에서 비롯되는 폭력과 기본권 침해, 성교육과 문화적 행동주의, 그리고 에이즈를 비롯해서 성관계를 통해 전염되는 질병들에 대한 의식개혁 등을 위해 활동하고 있다. 그녀는 또한 가정폭력 관련 법을 주도적으로 발의하고, 치아파스의 사파티스타 반군과의 평화협상을 지지하고 있다. 그녀는 국회의원으로서 성적 소수자를 비롯한 멕시코 전역의 가난하고 힘없는 이들을 위해 활동하고 있다. 1991년에서 1993년 사이에 멕시코에서는 25명의 게이 남성들이 암살당했는데, 그들은 대부분 치아파스의 이성복장착용자 공동체에 속한 사람들이었다. 히메네스는 경찰이 재수사를 통해 진실을 밝힐 것을 끈질기게 요구하고 있다. 이 인터뷰가 있던 날, 그녀는 치아파스 지역에서 활동하는 인권단체 회원과 전화통화를 하고 있었다. 그 회원은 그녀에게 당국이 그날 아침에 다시 폭력을 사용했으니, 시위시간에 늦지 않게 그곳으로 와서 극한적인 대치상황을 막아달라고 부탁했다. 결국 그녀는 처리해야 할 법안들이 산더미같이 쌓여 있는데도 불구하고, 서둘러 그곳으로 가는 비행기를 탔다.

치아파스 주에서 25명의 이성복장착용자가 잇달아 살해되었다. 살인자들은 반군이나 사법경찰만이 사용할 수 있는 무기를 지니고 있었다. 비밀 파티에서 누군가가 비디오를 찍었고, 주지사가 그 일과 관련이 있을 법한 사람들을 모두 죽이라고 지시했던 것으로 추정된다. 우익 정당이 득세하고 있는 지방자치단체에서는 이처럼 잔혹한 차별행위가 벌어지고 있다. 멕시코의 다른 주에서도 게이와 레즈비언, 트랜스젠더에 대한 인권유린이 진행되고 있다.

멕시코시티에서는 민주혁명당 정부가 선출된 후 눈에 띄는 변화가 나타나고 있고, 표현의 자유도 확보되고 있다. 우리가 성적 다양성을 지닌 사람들의 인권상황을 개선하기 위해 제출한 제안사항에는 그들을 위한 공동체를 만들자는 안도 포함되어 있다. 공동체를 만드는 것은 우리 힘만으로도 가능한 일이지만, 정부로부터 지원을 얻는다는 것은 큰 의미가 있다. 이 투쟁은 아직도 진행되고 있다.

나는 20년째 레즈비언 활동가로 활동하고 있다. 나는 레즈비언이라는 사실에 대해 죄의식을 갖지 않고, 허락을 받을 필요도 없고, 숨길 필요도 없이 사는 것이 곧 해방이라고 생각한다. 나는 페미니즘 강의를 듣고 성역할과 노동분업, 폭력 등 다양한 문제에 대해 생각하는 여성집단을 만나면서 확고한 의식을 가지게 되었다. 나는 인간을 조건에 따라 차별해서는 안 된다는 사실을 깨달았다. 우리는 중국 사람에게 동그란 눈을 가지라고 강요할 수 없고, 누군가에게 피부색을 바꾸라고 강요할 수도 없으며, 동성애자에게 이성애자가 되라고 강요할 수도 없다. 그러나 우리 문화에서는 이러한 진실은 대부분 인정받지 못한다.

차별이 가장 먼저 시작되는 곳은 물론 가정이다. 게이 아동은 가정폭력에 시달린다. 차별은 침묵과 처벌, 그리고 가족의 따돌림과 함께 시작된다. 이런 역할을 주도하는 것은 형제들과 아버지들, 삼촌들이다. 나 역시 자라면서 심하지는 않았지만 이런 경험을 했다. 가족들은 동성애문제가 제기될 때마다 부정적인 반응을 보였다. 이런 분위기는 아이들에게 자신이 동성애자라는 생각을 억누르도록 강요한다.

내가 겪었던 일을 얘기해보겠다. 예전에 오빠는 자신의 여자친구와 나 사이의 관계 때문에 불안해한 적이 있었다. 오빠는 자신의 여자친구가 내게 보낸 편지를 제멋대로 열어보았다. 아마 질투심 때문이었을 것이다. 물론 나는 그녀와 아무런 사이도 아니었다. 당시 나는 열여섯, 오빠는 열아홉이었다. 당시 나는 레즈비언이라는 사실을 자각하지 못하고 있었고, 편지에도 별다른 내용이 없었다. 오빠는 편지를 읽고 나서 내게 "이 염병할 레즈비언 같으니라구!"라고 욕을 했다. "그런데 왜 '염병할' 이야? 레즈비언이라는 게 무슨 잘못이지? 그게 왜 욕이 되지?" 나는 이렇게 따지고 들었다. 나는 그렇게 말하는 오빠의 태도가 맘에 들지 않았고, 편지를 뜯어본 것은 나를 깔보는 거라고 생각했다. 이것이 내 첫 반항이었고, 우리 사회의 편견에 대해 개인적으로 분노를 터뜨린 첫경험이었다.

나는 규방에 갇혀 살지 않았다. 나는 집을 떠났고, 그래서 식구들은 나를 정신분석가나 심리학자에게 데려갈 수 없었다. 나는 집을 떠나자마자 거리로 나아가 내가 누구인지 밝혔다. 나는 처음 시위에 참가했을 때 이란 대사관 앞에 서서 베일을 쓰지 않았다는 이유로 이란 여성들을 죽이는 행위를 비난하는 포스터를 흔들어댔다. 포스터에는 이렇게 쓰여 있었다. "멕시코 레즈비언들은 이란 여성의 학살에 반대한다!" 사람들은 표어를 보고 가다가는 가던 길을 돌아와 다시 표어를 보았다. 우리는 기회가 있을 때마다, 우리는 이런저런 문제에 항의하는 레즈비언이라고 솔직하게 밝혔다. 나는 레즈비언이나 동성애자, 양성애자로서 멕시코의 원주민운동과 같은 사회운동에 동참하고 그들과 협력하는 것이 중요하다고 생각한다. 이런 활동을 통해서 우리는 실체적인 존재로 자신을 드러낼 뿐 아니라 우리가, 그리고 그들이 결코 혼자가 아니라는 사실을 깨닫게 되었다.

나는 지금까지 살아오면서 많은 여성들의 이야기를 들었다. 하나같이 이성애자가 주류를 이루는 사회에서 갖은 불이익을 감수하면서 게이로, 레즈비언으로, 양성애자로, 혹은 트랜스젠더로 살아간다는 것이 무엇을 의미하는지 여실히 보여주는 이야기들이었다. 나는 1970년대 말부터 동성애자들의 문제들을 해결할 수 있는 방법, 혹은 그들이 안고 있는 불안을 조금이나마 덜어줄 수 있는 방법을 모색하기 시작했다.

나는 실제로 레즈비언으로 생활하기 전부터 이미 독립해 있는 상태였다. 내가 가족 모두의 생각을 바꾼다는 것은 불가능했고, 오히려 가족들이 내 생각을 바꾸려고 할 게 뻔했기 때문에 나는 집을 떠났다. 나는 가족들에게 편지를 썼다. 가족들한테서 배울 수 있는 것은 모두 배웠다고 생각하며, 이제 나는 닫힌 세계 너머에 있는 것을 배워야 할 차례라고 적었다. 가족들에게는 날벼락이었다. 언니와 동생들은 어머니에게 내가 성적 정체성에 문제가 있다고 말했다. 하지만 가족들이 대응에 나섰을 때는 난 이미 떠난 뒤였다. 어머니와의 관계는 차츰 회복되었다. 어머니는 처음에는 내가 엉망으로 생활하고 있으며, 앞으로 가정을 이루지 못하리라고 상상하고 있었다. 나는 집도 있고, 직업도 있으며, 공부도 계속하고 있다는 것을 어머니에게 보여주었다. 어머니는 나와 얼굴을 맞대고 앉자, 내가 행복하게 살고 있는지가 가장 궁금하다고 말했다. "그런데 왜 넌 다른 애들처럼 살 수 없는 거냐?" 어머니가 이렇게 물었다. 나는 이렇게 대꾸했다. "엄만 정말 내가 그런 삶을 살았으면 좋겠어요?"

그렇지만 이제까지 나는 늘 어머니의 사랑과 지지를 느끼며 살았다. 부모는 자식이 동성애자인지 아닌지 안다. 어머니는 동성애문제에 대해서는 한 번도 입밖에 내지 않았지만, 마치 그 문제를 잘 아는 사람처럼 내게 특별한 셔츠나 바지를 사다주곤 했다. 어머니는 내가 하는 행동들이 진정으로 나답다는 걸 이해하고 있었던 듯싶다.

레즈비언으로 살아가려면 엄청난 무게의 책임을 감당해야 한다. 우리는 늘 잘 살아가고 있다는 것을 보여줘야 한다는 압박감에 시달린다. 좋은 일인지 나쁜 일인지 잘 모르겠지만, 우리는 직장에서 최고가 되려고 노력한다. 나는 그것은 사회적으로 인정받으려는 노력의 일환이며, 그런 노력을 통해서 우리는 다른 레즈비언들에게 도움을 줄 수 있다고 생각한다. 나 또한 유능한 사람이라는 것을 보여주기 위해서 노력하고 있다. 직장생활을 잘 해온 덕분인지, 나는 차별당하고 있다는 느낌은 별로 느끼지 못한다. 그러나 나는 차별이 일상생활에 깊이 스며들어 있음을 알고 있다. 우리는 사람들의 눈길에서 그것을 느낄 수 있다.

한 가지 예를 들어보겠다. 베라크루스 주의 오리사발 시 시장이 매춘행위를 하는 성전환자들을 모두 구금하라는 명령을 내렸다. 어떤 일이 벌어졌을까? 그들은 매춘부는 물론이고 게이와 레즈비언들까지 잡아넣었다. 그런 사람들을 어떻게 가려냈을까? 그들은 외모만 보고 사람들을 가려냈다. 매춘부는 몸을 팔고 음란한 행위를 하는 등 정부의 규정을 어기고 있으니, 행동을 명분으로 잡아들일 수 있었다. 그러나 많은 젊은 동성애자들이 단지 외모 때문에 투옥되었다. 심지어는 젊은이들이 콘돔을 가지고 있다가 붙잡혀 매춘으로 구속되기도 했다.

이것은 명백한 차별이다. 멕시코시티를 비롯한 대도시에서는 동성애자들이 집단을 이루고 거기서 힘을 얻는다. 그러나 다른 지역의 동성애자들은 혼자 고립되어 있다. 이런 사람들은 우리의 전화번호를 알게 되면 바로 연락을 한다. 우리에게는 수백 통의 전화가 걸려온다. 우리는 성적 다양성을 옹호하고 실질적인 도움을 제공하고 모임을 만들어주는 등 다양한 활동을 전개하고 있다.

그러나 우리 앞에는 할 일이 산더미같이 많다. 나는 라디오나 텔레비전 프로그램을 통해 자녀를 차별해서는 안 된다는 것을 알리는 가족교육 프로그램을 진행하고 싶다. 우리는 젊은 게이들과 레즈비언들이 가족이나 친구들과 원만하게 지낼 수 있는 사회분위기를 만들어갈 것이다.

물론 싸워야 할 상대는 가정 밖에도 있다. 동성애자라는 사실이 밝혀지면 직장을 잃을 수 있는 현실은 여전하다. 심장전문의나, 전문직종에 종사하는 사람이나, 명성을 날리는 사람도 길거리에서 만난 사람에게 동성애자라고 손가락질당하다가 직업을 잃을 수 있다. 이런 현실은 아직도 여전하다. 따라서 우리에게는 법이 필요하다. 법제화는 서서히 진전되는 과정이다. 무엇보다도 중요한 것은 동성애자들이 자신의 권리를 자각하도록 하는 것이다. 우리는 동성애자도 세금을 내고 있는 시민임을 알리는 활동을 20년째 전개해왔다. 다양한 성적 정체성을 가진 집단들이 자신들도 다른 사람들과 똑같은 권리를 갖고 있다는 것을 이해하게 되었으니, 앞으로 우리가 해야 할 일은 이들이 권리를 행사할 수 있도록 돕는 것이다. 지금 우리는 동성애자들이 자신이 가진 힘을 자각하고 있는 지점에 도달했다. 우리가 해마다 벌여온 멕시코시티 중심부까지의 시위행진은 뜨거운 반응을 이끌어냈다. 수천 명의 사람이 행진에 참여해서 "우리도 시민이다!"고 외쳤다. 그것은 지금 우리가 살아가는 현실에 중요한 영향을 미치는 한 걸음이었다. 우리가 멕시코 각지에 흩어져 있는 모든 동성애자들에게 일일이 연락을 취할 수는 없는 일이다. 하지만 우리 조직은 그들에게 점점 가까이 다가가고 있다. 우리는 정부를 몰아붙

여야 한다. 집권당이 국가행동당이냐 제도혁명당이냐 민주혁명당이냐는 전혀 중요하지 않다. 우리는 정부로 하여금 동성애자들에 대한 차별을 막고, 동등한 대우를 제공하며, 의료혜택을 받을 권리와 자유롭게 직업을 선택할 권리를 제공하도록 압력을 행사해야 한다. 이런 권리들을 향유하기 위해서 우리는 먼저 그 권리들을 요구해야 한다.

상황은 서서히, 더 나은 방향으로 변화하고 있다. 우리는 성적 정체성의 문제로 학업을 마칠 수 없었던 젊은이들과 관련한 해결안을 내놓았다. 이것은 매춘밖에 다른 방도가 없다고 생각하는 트랜스젠더들의 경우과도 관련된 해결안이다. 우리는 지역 행정당국과 트랜스젠더들이 어떠한 옷차림을 하고 다녀도 차별받지 않도록 하기 위한 논의를 진행하고 있다. 이들이 제대로 된 직업을 가질 수 있게 하기 위해서 정부는 다른 사람들이 누리고 있는 갖가지 권리와 장학금, 서비스를 제공하는 등 이들에게 정당한 대우를 해야 한다. 우리는 긍정적인 반응을 얻고 있다. 우리는 또한 지역 행정당국에 대해 공개적으로 콘돔을 판매하는 장소를 지정하고, 에이즈 바이러스의 확산을 줄이는 데 필요한 정보를 제공하는 직원을 배치할 것을 요구하고 있다. 하지만 현재로서는 기본임금만 가지고는 콘돔을 구입할 수 없는 형편이다.

우리는 사회복지 민원조사실을 설립하는 데 성공했다. 민원조사실은 시민들의 고충을 접수하고, 각종 지원사업을 벌이며, 접수된 사안을 조사하여 잘못이 있는 사람을 처벌한다. 민원조사실은 앞으로 다양한 성적 정체성과 관련하여 해고를 당하거나 학교나 아파트에서 쫓겨나거나 신체적 공격을 당한 경우에 민원을 접수할 수 있는 창구도 마련할 예정이다. 민원조사관들은 차별하지 않고 제기된 민원을 처리하고, 민원인에게 조언을 해줄 것이다. 이런 것들은 긍정적인 변화의 모습이다. 하원의 여성의원과 남성의원 사이에서도 흥미로운 발전적 변화들이 나타나고 있

다. 우리는 '동성애'와 '동성애 행위'라는 단어(형사제도 안에서 소수자들을 타락으로 이끄는 범죄를 악화시키는 요인으로 간주되는)를 법률용어에서 삭제할 것을 발의했다. 협상테이블에 앉은 모든 정당의 의원들이 이러한 변화를 자연스럽고 정상적인 것으로 받아들였다. 하원은 이 안건이 좋은 안건이라고 인정하고 상원으로 송부했다. 멕시코시티에서 이 안건은 곧 승인될 것이다. 진보는 이렇게 이루어지는 것이다.

그러나 우익세력인 국가행동당과 종교계가 게이와 레즈비언에 대한 공격을 주도하고 있다. 우리는 성적 소수자에 대한 차별을 중지하도록 요구하기 위해 종교지도자들에게 회담을 요청했지만, 아무런 응답을 받지 못했다. 그래서 나는 동성애자 종교인모임에 과달루페의 성모상까지 순례행진을 벌일 것을 제안했다. 그것은 성직자들에 대해 신경쓸 필요 없이, 영적인 존재로 살아갈 권리, 자신의 종교를 밝힐 권리를 천명한다는 점에서 대단히 선도적인 제안이었다. 나는 훗날 이 시절을 회고할 때면 최선을 다해 살았다고 생각할 것이다. 나는 사생활을 위해서 쓸 시간이 없다. 단 며칠도, 때로는 단 몇 시간도 짬을 내기가 힘들다. 내 일정표는 레즈비언모임과 레즈비언-게이운동, 의회활동, 법률청원활동, 행진, 집회, 항의활동, 잡지 발간, 집필활동으로 가득 차 있다. 또 한 가지 중요한 일과는 성과 평등, 인권, 인구와 개발 위원회 등 의회의 각종 상임위원회에 참석하는 것이다. 모든 일을 다 하고 싶지만 시간이 모자란다.

나는 활동을 반성하면서 여러 가지 일들의 참뜻을 깨닫게 된다. 용기도 그 중의 하나다. 용기란, 치아파스에서 장군 앞에 버티고 서서 한밤중에 집으로 쳐들어와 사람들을 놀라게 한 부대를 마을에서 철수시키라고 요구하는 것이다. 우리는 장군에게 의견을 말해야 하고, 무기와 권력을 가진 사람과 맞서야 하고, 자신의 소심함과 공포를 극복해야 한다. 나는 오늘 치아파스로 가서 사람들을 이끌고 라 레알리다드 마을까지 행진할 계획이다. 행진은 바리케이드 때문에 막히고 무장한 민병대가 나올 것이다. 가장 위태로운 순간은, 마을에 들어서자마자 민병대원들이 내가 탄 트럭을 에워싸고 트럭을 불태우고 죽이겠다고 협박할 때다. 예전에는 이런 일들이 두려웠지만, 지금은 두렵지 않다. 결코 혼자가 아니기 때문이다. 사람들은 내게 앞장서서 부대나 민병대를 상대하라고 하지만, 그들은 나와 함께한다. 그렇다. 우리는 늘 함께 있다.

이런 상황 속에서 나는 목소리를 높이지 않고 연설을 시작한다. 그러면 두려움이 사라진다. 나는 사람들에게 차근차근 상황을 설명한다. 나는 마음속으로는 두려우면서도 겉으로는 태연한 표정을 짓는다. 집에 돌아와서야 비로소 실감이 나기 시작한다. 다음날 아침이면 나는 잠에서 깨어나 혼잣말을 한다. "내가 무슨 짓을 한 거지?" 아마 그것이 용기일 것이다. 나도 잘 모르겠다. 나는 위험을 감당할 만한 특별한 사람은 아니다. 내 주위에는 구타를 당한 사람들도 있지만, 나는 아직까지 그런 적이 없다. 그런 일이 닥친다고 해도, 내 활동의 일환이니 하는 수 없는 일이다. 그저 너무 심하게 다치는 일만 없었으면 좋겠다.

우리 앞에는 기회가 열려 있다는 것, 그리고 지금까지 어려운 상황 속에서도 앞으로 전진할 수 있었다는 것을 생각하면 용기가 솟는다. 나는 훌륭한 인권운동가로 인정받고 있다. 하지만 그것은 열린 마음으로 받아주는 사람들이 있기에 가능한 일이다. 우리가 하는 일들을 작은 일들이지만, 아주 중요한 일들이다. 우리가 하는 일은 수감자들이나 강간 피해자들, 임산부들, 혹은 25년간 일한 직장에서 쫓겨난 사람들의 생활과 관련된 일이기 때문이다. 아무리 작은 일이라도 그것은 사람들의 생활이고, 따라서 싸울 만한 가치가 있는 일들이다.

가보르 곰보스
GABOR GOMBOS

헝가리

정신장애자의 인권

"나는 심각한 정신지체 증상을 보이는 굉장히 젊은 남자가
철창에 갇혀 있는 것을 보았다. 직원에게 그가 철창에
갇혀 있는 시간이 얼마나 되느냐고 물었더니, 그는
일을 하는 30분 정도를 제외하고는 하루종일 갇혀 있다고 했다.
나는 그 사람을 철창에 가둬두는 이유를 물었다."

세계 어디서나, 정신지체 장애자나 치매노인, 혹은 우울증에서 정신분열증에 이르기까지 각종 정신질환을 앓고 있는 사람들은 늘 차별을 받으며 살아간다. 그들은 흔히 정신병자 수용소에 감금되는데, 이곳에 갇힌 사람들은 아무런 활동도 하지 못하고 더러운 공간에 방치되거나 심지어는 철창에 갇히는 등 신체적인 구속까지 당하는 끔찍한 환경에서 살아야 한다. 의료혜택, 사생활보호, 음식, 물, 옷, 담요, 난방은 열악한 수준이고, 사회복귀를 목적으로 한 치료는커녕 상습적인 약물 과다투여 및 오용이 자행되고 있다. 치료나 실험을 할 때도 사전에 충분한 정보를 제공하고 동의를 구하는 절차는 전혀 이루어지지 않는다. 만성적인 재원부족으로 인해 대부분의 수용소들이 훈련이 부족한 직원들을 고용하고 있으며, 의지할 곳 없는 이들 사회적 약자들에게 가해지는 폭력을 고발할 수단도 거의 없다. 가보르 곰보스는 이러한 상황 전체를 너무도 잘 파악하고 있다. 그는 1977년에서 1990년까지 네 차례나 헝가리 병원의 정신과병동에 갇혀 있었다. 그 병동에서 나오는 순간, 그는 정신과치료에 대한 철저히 조사를 벌이되, 우선 헝가리에서 시작해 유럽까지 활동을 넓혀가기로 결심했다. 1993년, 곰보스는 헝가리의 정신건강문제를 다루는 최초의 비정부조직 '전국 정신질환자 가족연합(EGTSZ)'을 공동으로 설립했으며, 이듬해에는 정신과 치료시설에 수감된 경험이 있는 수감경험자, 생존자들을 위한 헝가리 최초의 비정부조직 '영혼의 소리'를 설립해 위원장을 맡고 있다. 곰보스는 또한 '유럽 정신의학운동' 산하의 '수감자, 수감경험자, 생존자들' 이사, '정신과의학의 제재와 협조에 관한 유럽네크워크' 이사, 그리고 『커다란 외침』의 편집위원으로 활동하고 있다. 그는 또 '헝가리 정신건강포럼'을 공동으로 설립했다. 정신질환자들을 위한 그의 지칠 줄 모르는 활동은 이전까지 자행되던 치명적이고 비인간적인 행위를 근절시키는 데 도움을 주고, 정신장애자들이 가진 잠재력에 빛을 던져주고 있다.

헝가리에는 과거 미국의 주립 정신병원과 비슷한, 정신질환자를 위한 사회치료시설이 53개에 이른다(심각한 증상의 환자들이 최대 2, 3개월 동안 입원하는 정신과 병원 혹은 병동과는 완전히 다른 시설이다). 이 시설들은 대부분 1953년 공산당에 의해서 설립되었는데, 당시 공산당은 정신질환은 자본주의의 전형적인 특징이므로 공산주의체제에서는 사라질 것이라고 주장했다. 몇 년이 지나도 정신질환이 사라지지 않자, 공산당은 정신질환자들이 눈에 띄지 않도록 대도시나 마을에서 멀리 떨어진 곳으로 수용시설을 옮겼다. 눈에 보이지 않으면 존재하지 않는다고 생각하는 얄팍한 논리다.

모든 문명세계가 그렇듯이, 헝가리에서도 우울증은 국가적인 문제다. 헝가리의 자살률은 세계에서 손꼽힐 정도로 높다. 고전적인 정신질환(심각한 우울증, 조울증, 정신분열증)이 곳곳에서 심각하게 나타나고 있다. 정신분열증 환자가 10만 명가량

에, 심각한 우울증과 조울증 환자도 10만 명에 이른다. 각 정신과 병동의 병상수를 합산하면 수천 개에 이르고, 각 정신질환자 수용소의 병상수는 그보다도 훨씬 많다. 1994년 이후에 설립된 최신 시설에서도 정신질환자들에 대한 차별과 편견, 멸시와 같은 기존의 인식은 그대로 이어지고 있다. 건물은 현대식이지만 사고방식은 낡아서, 전문적인 치료를 위한 공간이나 공동식당은 설치되지 않고 중증 환자를 위한 철창이 여전히 남아 있다.

우리에게는 정신질환자들이 쉽게 찾아가서 여러 가지 용도로 이용할 수 있는 다양한 사회시설, 이를테면 식사와 쇼핑을 비롯한 기본적인 요구를 해결할 수 있는 편안한 안식처와 같은 시설이 필요하다. 그러나 외래환자들이 이용할 수 있는 그런 시설은 전혀 없다. 이런 시설이 있다면, 외래환자들은 하루에 30분가량 이런 시설을 이용하고 사회로 돌아가 일반인과 동등한 사회 구성원으로서 자신들의 삶을 꾸려갈 수 있다. 하지만 이런 시설이 전혀 없기 때문에, 가족과 지방 행정당국은 이들을 수용시설에 보낼 수밖에 없다. 정말 비극적인 일이다. 정부가 아무런 조치도 하지 못하는 주된 이유는 재원부족이 아니다. 정부는 기본적인 인권을 유린하는 비효율적인 시설에는 어마어마한 돈을 쏟아붓고 있지 않은가. 우리는 시설조사를 다니다가, 심각한 정신지체 증상을 보이는 젊은 남자가 철창에 갇혀 있는 것을 보았다. 직원에게 그가 철창에 갇혀 있는 시간이 얼마나 되느냐고 물었더니, 그는 일을 하는 30분 정도를 제외하고는 하루종일 갇혀 있다고 했다. 그 사람을 철창에 가둬두는 이유를 묻자, 직원은 그를 보호하기 위해서라고 대답했다.

정신질환자를 위한 수용시설에 들어가려면, 평균 3년 정도를 기다려야 한다. 재활시설도 아닌 단순한 보호시설에다 시설의 조건도 혐오스럽다는 것을 생각하면, 사람들이 그렇게 기다린다는 것이 이상하게 여겨질 것이다. 사람들은 그곳에 가고 싶어서 기다리는 것이 아니라, 다만 후견인이 억지로 보내기 때문에 아무런 선택의 여지 없이 기다려야 하는 것이다. 헝가리의 후견인제도는 그 자체가 심각한 기본권 침해다. 정신병 증상이나 정신지체 장애를 보이는 사람이 무능력자로 판단되면 후견인을 선정하는 절차를 밟을 수 있으며, 일부 지방공무원들은 2, 3년씩 지속되는 임시후견인을 정하기도 한다. 그것은 재산과 집, 현금을 비롯한 모든 시민적 권리가 후견인의 손에 맡겨진다는 것을 의미한다. 인권유린은 아주 흔하다.

자유의사로 수용되는 경우에도, 자신의 의사에 반해 강제치료나 입원이 이루어질 수 있다. 후견인이 환자를 무능력자로 판단해 평생토록 '자유의사에 의한' 치료를 선고한다면, 그것도 충분히 가능한 것이다. 신설 정신질환자 수용시설에 수용된 환자의 90퍼센트 이상이 후견인제도의 적용을 받고 있다는 것은 수치스러운 일이다.

우리의 요구사항 중 하나는 전문적인 치료를 실시하라는 것이다. 지금은 이들 수용시설에서 전문적인 치료는 거의 이루어지고 있지 않으며, 그나마도 치료효과가 높지 않다. 환자들은 욕실청소, 복도청소 따위의 실질적인 노동을 하고 있지만, 임금을 전혀 지급받지 못한다. 시설에서는 이들의 노동을 이런 식으로 착취할 것이 아니라 최저임금을 지불해야 한다. 그리고 이들이 이러한 노동을 할 수 있다는 것은, 이들이 최소한의 도움만 있으면 사회 속에서도 충분히 살아갈 수 있다는 것을 의미한다.

우리는 한 시설을 방문해 세 시간 동안 그곳을 돌아보았다. 정신과의사와 감독관, 수간호사를 비롯한 몇몇 직원들과 함께 다녔는데, 환자들 가운데 직원의 얼굴을 알아보거나 말을 거는 사람이 아무도 없었다. 마치 아무 관계도 없는 사람들 같았다. 이 수용소는 다른 대부분의 시설과는 달리 정신과의사가 있다는 것을 자랑하고 있었다. 그런데 그 정신과의사는 중증환자만 진찰하는데, 이곳은 중증환자가 5퍼센트에 지나지 않기 때문에 일주일에 사흘, 그것도 오후에만 들른다고 했다. 그렇다면 다른 환자들은 왜 이 시설에 살고 있을까? 왜 노인들을 위한 사회복지시설이나 노숙자숙소 같은 곳에서 지낼 수 없을까? 나는 이유를 안다. 그것은, 이곳 말고는 달리 선택할 수 있는 시설이 없기 때문이다. 그러나 전문 정신과의사의 진료가 필요 없는 사람들이 정신질환자 수용소에 있다니, 기가 막힌 일이 아닌가?

정신질환자와 정신지체 장애자를 위한 시설에 대해 몇 가지 더 말해두겠다. 정신질환자를 위한 사회복지시설 대부분은 이질적인 환자들을 함께 수용하는 복합시설로, 정신지체 장애를 가진 사람들이 함께 수용되어 있다. 대체로 정신지체 장애자들을 위한 시설에서는 인권유린의 정도가 훨씬 심각하다. 이는 재정부족의 문제가 아니라 사고방식의 문제다. 정신질환자를 직원이 구타하는 경우는 아주 예외적이다. 그러나 대부분의 정신지체 장애자 시설에서는 환자들에 대한 구타가 거의 일상적으로 이루어지고 있다.

내가 마지막으로 정신병원에 있었던 것은 1991년의 일이다. 당시 나는 우울증이 심해서 자유의사로 병원에 입원했다. 하지만 퇴원을 하고 싶어도 할 수가 없었다. 이와 관련된 법률 규정이 없었기 때문에, 담당의사는 내 서류기록을 비자발적 환자로 고쳐넣었던 것이다. 그는 내가 흥분상태이며 혼란을 겪고 있다고 보고 있었다. 법원은 이런 일에 전혀 관여하지 않는다. 법원 직원들이 몇 차례 병동을 찾아와서 미리 선정된 환자들 몇 명을 만나보는데, 그들은 대부분 약물 과다복용 상태거나 막 전기충격요법을 받은 사람들이다. 전기충격요법을 받고 나면 기억이 흐려진다. 법원 직원들은 그들을 만나보고 나서는 "예, 됐습니다"라고 말한다.

우울증이 심한 환자는 전기충격요법을 받는다. 20년 전에는 전기충격요법의 주된 대상이 정신분열증 환자였다. 지금은 정신분열증에 전기충격요법을 쓰는 것이 금지되어 있다. 아내는 정신분열증으로 스물여섯 번이나 전기충격요법을 받았고 지금까지도 오랜 부작용에 시달리고 있는데, 그들이 하는 말은 고작해야 커다란 실책이었다는 말뿐이었다. 다행스럽게도, 나는 어머니의 완강한 반대 덕분에 전기충격요법을 받지 않고 약물치료만 받았다.

정신과의사를 처음 본 것은 세 살 때였다. 외삼촌이 자살을 했다. 몇 달 뒤에는 어머니가 우울증이 심해지고 망상에 시달리게 되었다. 내가 어렸을 때 어머니는 여러 번 병원에 입원했고, 입원하고 있지 않을 때에는 직장에 다니면서 나와 할머니의 생활비를 댔다. 나는 주로 할머니 손에서 컸는데, 할머니 역시 정신병을 앓고 있었다. 내가 열 살 되던 해에 할머니가 돌아가셨다. 어머니는 내가 고아원에 가게 될까봐 걱정하던 끝에 재혼을 했다. 새아버지는 술을 많이 마셨고, 어머니의 정서적 안정에 아무런 도움이 되지 못했다. 어머니의 입원이 잦아졌고, 어머니는 몇 번인가 자살을 시도하기도 했다. 어머니는 차츰 자율성을 잃어갔고, 사회적 관계와 역할도 차츰 줄어갔다. 어머니는 장애인연금을 신청했다. 실직은 어머니에게 결정적인 타격을 주었다. 어머니의 삶은 갈수록 좁아져갔고, 어머니에게는 나를 제대로 키우는 일이 유일한 삶의 목표가 되었다. 내가 그럭저럭 독립할 만한 나이가 되었을 때, 어머니가 돌아가셨다. 어머니의 죽음은 의혹투성이였다. 어머니가 외래환자로 드나들던 정신병원의 이중맹검법(약효 판정을 위해 피실험자나 연구자에게 그 사실을 알리지 않고 하는 검사법—옮긴이) 약물실험 대상자 명단에는 어머니가 자유의사에 의하지 않은 환자로 분류되어 있었다.

어머니가 돌아가신 진짜 이유를 알고, 나는 무서운 환각과 심각한 정신병 증상에 시달렸다. 정신과의사를 찾아갈 수도 없을 만큼 중증이었다. 나는 먹지도 않고 집 안에만 틀어박혀 있었다. 다행히 목숨을 구할 수 있었던 것은 우연히 집에 들렀다가 나를 발견한 친구 덕분이었다. 오랜 친구였던 그는 병원에 입원시켜서는 나를 낫게 할 수 없다고 생각했다. 그는 내 상황을 이해할 수 있었고, 의문투성이였던 어머니의 부검결과도 알고 있었다. 친구는 몇 주일 동안 내 아파트에서 지내면서 나를 먹이고 보살펴주었다.

몇 주일 동안, 나는 그가 하는 말을 전혀 알아들을 수 없었다. 그것을 눈치챈 친구는 내게 말을 걸지 않고 묵묵히 내 곁을 지켰다. 내게 절실히 필요한 것은 바로 그것이었다. 3주쯤 지나자 나는 심각한 고비는 넘겼다는 생각이 들었다. 정신과병원의 도움 없이 친구의 인간적인 도움만으로 나는 그 위험한 시기를 넘길 수 있었던 것이다.

그것이 새로운 삶의 시작이었다. 나는 그때까지 믿어왔던 많은 것들에 대해 의문을 품기 시작했다. 또 다시 위기가 닥쳤다. 하지만 나는 자신이 있었다. 가까운 사람이 제대로 도와준 덕분에 나는 다시 고비를 넘길 수 있었다. 내 병은 열일곱 때부터 시작되었는데, 그 전에는 증세가 보이면 자발적으로 정신과에 가서 치료를 받았다. 주사도 맞고, 약도 먹고, 긴장을 풀라는 얘기도 들었다. 하지만 이 모든 것은 내 병과는 아무 상관이 없는 것들이었다. 전에는 "우리는 당신을 도우려고 애쓰고 있다", "당신 뇌 속에서 일어나는 생화학현상이므로, 당신 스스로 해결하는 것은 불가능하다"는 그들의 말을 모두 믿었다. 그러나 친구의 도움을 받으면서 두 번째 정신병 증상에서 벗어났을 때, 나는 내 병을 어느 정도 다스릴 수 있다고 여기게 되었다.

나는 늘 나 대신 내 일을 결정해줄 사람을 찾고 있었다. 내 삶을 통제할 수 있는 사람이 나뿐이라는 생각은 전혀 하지 않았다. 스물다섯이 넘어서 새로운 인생을 시작한다는 건 쉽지는 않지만, 그렇다고 불가능한 일도 아니다. 나는 운이 좋았다. 나는 프랑스 문화부장관으로부터 연구보조금을 받고 프랑스에 갔다. 4개월 동안 전혀 낯선 환경에서 마음을 정리하고 생각을 가다듬을 수 있는 좋은 기회였다.

그러면서 나는 물리학이 내 천직이 아니라는 것을 깨닫게 되었다. 물리학은 내가 어린 시절에 목표를 이루기 위해서 활용했던 약물 같은 것이었다. 목표를 이룬다는 것은 당시 헝가리에서는 쉬운 일이 아니었으며, 공산주의국가에서는 엘리트 전문가들만이 누릴 수 있는 특권이었다. 프랑스에서 돌아오자, 몇몇 사람이 나를 찾아와서 정신장애자들의 가족을 위한 비정부조직의 설립을 도와달라고 부탁했다. 나는 어머니를 생각하면서 그들과 함께하기로 했다. 시간이 지나면서 나는 점점 더 깊이 개입하게 되었다. 이 활동을 하면서 지금의 아내를 만났고, 결혼을 했다. 나는 나처럼 끔찍한 정신이상 증세를 앓고 있는 이들을 돕고 이들에 대한 사회의 태도를 변화시키며 나아가 세계를 변화시키는 일이야말로 내 진정한 사명이라고 깨닫게 되었다.

내가 사람들을 가르치는 입장에 적응하기까지는 상당히 힘이 들었다. 학습장애를 겪은 것은 아니지만, 그것과 매우 유사한 정서적 박탈감, 내밀한 감정의 침해로 인해서 고통을 겪어야 했다. 지금 나는 '유럽 정신의학운동' 산하의 '수감자, 수감경험자, 생존자들' 이라는 운동에 전념하고 있다. 우리는 그토록 비인간적인 구조를 극복하고 살아남은 것은 행운이라고 말하곤 한다. 그것은 환자를 생물학적으로 죽이지는 않지만, 사회적으로 매장된 채 정신질환자 시설에서 살아가는 인간을 생산해내는 구조다. 내 앞에는 매우 간단한 두 가지 선택이 놓여 있었다. 이 일을 맡아 나 자신을 되찾을 수 있는 기회를 갖기를 원하는가? 아니면, 이 일을 뿌리치고 나 자신을 되찾을 기회도 버리기를 원하는가?

오랫동안 나는 물리학 연구가 내 천직이라고 믿었다. 그것은 지지자는 전혀 없고 거대한 경쟁자들만 우글대는 분야였다. 개인적인 삶에서 내 유일한 지지자는 바로 어머니였다. 나를 낳아준 아버지는 나를 전혀 도와주지 않았고, 할머니는 나를 도와주고 싶어했지만 실제로는 그러지 못했다. 정신질환자를 위한 인권옹호 활동을 하면서 나는 같은 경험을 갖고 있는 사람들을 만났고, 그들은 모든 전문지식과 기술을 동원해 나를 헌신적으로 도와주었다. 나 역시 마찬가지 방법으로 은혜에 보답하려고 노력했다. 이것이 바로 연대의식이 아닌가? 그때 나는 난생 처음으로 연대의식을 느꼈다.

나는 에드먼드 힐러리의 책에서 이런 글을 읽었다. 그는 소년시절에, 어른이 되면 높은 산을 정복하고 미발견 대륙을 찾아내는 용감한 사람이 되겠다는 꿈을 가지고 있었다. 그는 어른이 되어 인생을 돌아볼 때, 자신은 산에 올라갈 때마다 두려움에 떨었으니 꿈을 이루지 못했구나 하고 생각했다고 썼다. 하지만 그는 중요한 교훈을 얻었다. 아무리 겁이 많고 용감하지 못한 사람도 스스로 중요하다고 생각하는 일들은 제대로 할 수 있다는 깨달음이었다. 사람은 두려움 속에서도 평화의 실체를 느낄 수 있다. 나는 정서적으로 위기를 느끼고, 겁을 먹고, 정신적 혼란에 시달릴 수 있다. 하지만 여전히 내 마음은 평온하다. 그것은 추상적인 실체가 아니다. 만일 내 마음이 평온하지 않다면, 그것은 옳지 않은 일을 하고 있다는 증거다. 나는 정신치료 과정에서 일어나는 실수의 대부분은 도움을 베풀려고 하는 태도에서 나온다는 것을 늘 잊지 않으려고 노력한다. '당신에게 가장 이롭다' 는 명분 아래, 당신에게 묻지도 않고 당신을 이해하지도 않고 당신을 참여시키지도 않은 채 당신을 도우려고 하는 태도는 결코 좋은 태도가 아니다.

나는 이런 종류의 정신치료를 받고 있는 사람들의 입장을 이해한다. 나는 그들을 가치 없는 존재로 여기지 않는다. 우리는 비록 개인적인 차원에서나마 서로를 이해함으로써 서로에게 영향을 줄 수 있다. 나는 사회의 전체적인 변화는 다양한 분야에서 변화가 일어날 때 이루어지는 것이라고 생각한다. 정책을 결정하는 사람들이 정신질환자, 그리고 다른 장애를 가진 사람들과 인간적인 관계를 맺는다면, 그것은 변화와 이해를 진전시키는 데 있어 다른 무엇과도 비교할 수 없을 만큼 큰 도움을 줄 것이다.

마리나 피스클라코바
MARINA PISKLAKOVA

러시아

가정폭력

"한 여자가 긴급 상담전화에 전화를 걸어 남편이 자신을 죽이려고
한다고 말했다. 나는 경찰서에 전화를 걸었다.
경찰관은 곧바로 그 남편에게 전화를 걸어
'이봐요, 조용히 처리하세요!' 라고 말했다.
나는 희망이 없다는 것을 깨달았다."

마리나 피스클라코바는 러시아의 여성인권 분야의 주도적인 활동가다. 그녀는 모스크바에서 항공공학을 공부하고 러시아 과학아카데미에서 연구원으로 일하던 중, 가정폭력이 만연하고 있다는 사실을 깨닫고 큰 충격을 받았다. 그녀의 노력 덕분에 러시아 당국은 가정폭력의 실태를 추적하기 시작했고, 러시아에서는 해마다 1만5,000명의 여성이 살해당하고 5만 명의 여성이 병원신세를 지며, 구타를 당한 여성 중 20~30퍼센트만이 의사의 도움을 받는 것으로 추산했다. 가정폭력금지법이 제정되지 않았기 때문에, 피해자를 보호할 수 있는 집행기구나 지원단체, 보호시설도 없었다. 1993년 7월, 피스클라코바는 고통받는 여성을 위한 긴급 상담전화를 설치했고, 이후 활동영역을 넓혀 최초의 여성 긴급구조센터를 설립했다. 그녀는 가정폭력금지법을 제정하기 위한 활동을 벌이는 한편, 피해자를 돕고 가해자를 구속할 수 있는 엄격한 법 집행기구를 설립하기 위해 활동했다. 그녀는 언론을 활용해서 여성에 대한 폭력의 실태를 폭로하고 여성에게 권리의식을 심어주는 활동을 시작했으며, 여성인권의 존중을 도모하는 방송프로그램에 정규적으로 출연하고 있다. 생명의 위협을 무릅쓴 피스클라코바의 노력으로 수많은 여성들이 목숨을 구했다.

나는 1993년에 처음으로 가정폭력 긴급 상담전화를 개설한 뒤, 처음 여섯 달 동안 혼자서 하루 네 시간씩 전화를 받고, 네 시간씩 직접 상담을 했다. 상담을 원하는 여성들이 너무 많았기 때문에 거절할 수도 없었다. 나는 훈련을 받은 적도 없고, 거리도 두지 않았으며, 특별히 영역을 따로 정해 선을 긋지도 않았다. 지금 생각해봐도, 그렇게 하지 않을 도리가 없었다.

나는 어떤 일인지도 모르고 이 일에 뛰어들었다. 당시 나는 러시아 과학아카데미 산하의 '사회경제인구연구소'에서 연구원으로 일하고 있었다. 나는 여성문제에 대한 조사업무를 돕다가 어떤 범주로 분류해야 할지 알 수 없는 조사응답서 한 장을 보게 되었다. 남편의 심한 폭력에 시달리고 있는 어떤 여성의 사례였다. 동료들에게 그것을 보여주자, 한 사람이 "그냥 가정폭력의 한 사례일 뿐이야"라고 말했다. 나는 그때 처음으로 가정폭력이라는 단어를 들었다. 그것은 우리 사회에서 한 번도 논의된 적이 없을 뿐만 아니라 한 번도 시인된 적이 없는 문제였다. 나는 이 신기한 현상에 대해 더 알아볼 필요가 있다고 생각했다.

얼마 후 나는 학교 앞에서 아들과 같은 반 친구의 엄마를 만났는데, 그녀는 얼굴 한쪽에 심한 타박상을 입고 있었다. 그녀는 아무런 이야기도 하지 않으려고 했다. 며칠 후 그녀가 전화를 걸어와 충격적인 이야기를 했다. 남편이 셔츠를 입다가 단추가 떨어졌는데, 당장 단추를 달아주지 않았다고 구두로 얼굴을 때렸다는 것이다. 그녀는 얼굴 한쪽이 시퍼렇게 멍들어서 보름 동안 외출도 할 수 없었다고 했

다. 그녀는 정신적으로도 육체적으로도 깊은 상처를 입고 고통스러워했다. 왜 당장 그를 떠나지 않았느냐고 물었다. "내가 어디로 가겠어요?" "그와 이혼하세요. 그리고 다른 아파트도 얻구요." "나는 전적으로 남편에게 의지해서 살고 있거든요." 그녀와 얘기를 나누면서, 나는 가해자인 남편들이 자신의 지배력을 공고히 하면서 피해자인 아내의 자신감과 자존의식을 갉아먹고 있다는 것을 깨달았다. 그녀의 남편은 집에 오면 손가락으로 부엌 바닥을 슬쩍 훑어보고는 조금이라도 먼지가 나오면 "대체 하루종일 뭐 한 거야?"라며 비아냥거린다고 한다. 러시아의 부엌 바닥에는 항상 먼지가 있다. 뛰어다니는 아이들이 있으면 더 심하다. 잘 모르는 사람이 들으면 기가 막힌 이야기겠지만, 나는 이런 일이 자주 일어나는 일이라는 것을 곧바로 알 수 있었다. 이 여성에게는 나와 나눈 대화가 "당신은 무슨 잘못을 했습니까?"라고 말하지도 않고 자신을 비난하지도 않는 사람과 대화를 나눌 수 있었던 소중한 기회였다. 그러나 나는 그녀의 이야기를 들으면서 신체적인 폭력은 심리적인 폭력에서 비롯된다는 것을 깨달았다.

그녀를 돕기로 했다. 그녀가 가 있을 만한 곳을 알아보았지만, 아무데도 갈 곳이 없었다. 그때 내 심정이 어떠했는지, 말로 다 표현할 수가 없다. 나는 깊은 절망과 무력감에 시달렸다. 러시아에는 '사랑하기 때문에 때린다'는 말이 있다. '문화적 사고방식과 관련된 것인데, 내가 무슨 일을 할 수 있을까?' 하는 생각도 들었다. 그러나 나는 곧 무슨 일을 해야 할지 깨달았다. 나는 긴급 상담전화를 개설했다. 어느 날, 한 여성이 전화를 걸어와서 몇 분 정도 이야기를 나누었다. 그 여성은 "전

화로 얘기할 것이 아니라 직접 만나고 싶다더니, 나를 찾아와 눈물을 쏟으면서 이야기를 시작했다. "남편이 나를 죽이려고 하는데, 너무 무서워요. 아무도 모를 거예요." 그녀가 임신하기 전에는, 부부관계는 원만했다. 그러나 임신을 한 뒤로 모든 것이 달라졌다. 남편은 갈수록 고압적인 자세를 취했고, 그녀에게는 아무런 힘이 없었다. "나는 무서웠어요. 남편의 얼굴표정이 좋지 않았거든. 마치 그는 모든 것을 가진 듯한 얼굴이었어요. '그래, 이젠 내 차례야. 나는 너한테 무슨 짓이든 할 수 있어' 라고 생각하는 것 같았어요."

"아니, 어떻게 그런……. 내가 어떻게 해드리면 좋을까요?" 이것이 내 첫 반응이었다. 나는 경찰이 아무 도움이 되지 못할 거라는 것을 알았지만, 어쨌든 경찰에 전화를 걸었다. 경찰관은 친절한 태도를 보였다. 그러나 그는 곧바로 그녀의 남편에게 전화를 걸어 이렇게 말했다. "당신 부인은 대체 무슨 짓을 하고 있는 겁니까? 왜 여기저기 다니면서 가정사를 떠벌이는 거예요? 이봐요, 조용히 처리하세요!" 나는 그녀의 문제가 얼마나 절망적인 것인지 깨달았다. 그녀의 문제는 곧 내 문제가 되었다. 나는 밖에 나갈 수가 없었다. 나는 은퇴한 어떤 여자 변호사에게 전화를 걸었다. "나도 돈이 없고, 이분 역시 돈이 없어요. 이분은 도움이 필요해요. 이혼도 해야 하고, 살 집도 필요해요." 모스크바에서 살 집을 구하는 것은 쉬운 일이 아니다. 그녀는 남편과 결혼하면서 자신의 아파트를 시댁 식구에게 주었고, 당시에는 남편의 형제가 그 아파트에서 살고 있었다. 오도가도 못 하는 형편이었다. 그녀의 상황은 점점 더 나빠졌다. 아기가 9개월쯤

되었을 때, 남편은 그녀를 죽이려고 했다. "그때 내가 어떻게 살아났는지 나도 모르겠어요." 변호사와 나는 그녀를 도와 이혼서류를 작성했다. 남편이 그녀를 죽이겠다고 협박한 것도 그 무렵이었다. "아무도 모르게 널 죽여버릴 거야. 사람들한테는 네가 아이도 버린 채 다른 남자랑 도망갔다고 말하면 그만이야." 나는 그녀가 살아 있는지 확인하기 위해 매일 아침 전화를 걸었다. 석 달 동안, 그 변호사는 우리가 계획을 짜고 실행에 옮기는 단계단계마다 우리에게 조언을 해주었다.

그러다가 끔찍한 상황이 발생했다. 그 여성이 전화를 걸어왔다. "우리가 이야기한 모든 내용을 그들이 알아버렸어요." 우리는 전화회사에 근무하고 있던 그녀의 시어머니가 통화내용을 엿들었다는 것을 알아챘다. 나는 그녀를 안심시켰다. "어쩌면 더 잘된 일이에요. 우리가 바깥에서 도움을 받고 있다는 사실을 알게 합시다." 우리는 전화 통화를 하면서 실제보다 훨씬 더 많은 일을 하고 있는 것처럼 꾸며대었다. 다음날 나는 전화를 걸어 이렇게 말했다. "좋아요. 이번 경찰관은 별 도움이 안 되네요. 그렇지만 내가 이야기를 할 만한 경찰관은 그 사람 말고도 많아요. 변호사도 당신을 도울 거구요. 그러니까 너무 걱정하지 마세요." 다음에 그녀가 우리를 찾아와서 말했다. "우리가 그런 식으로 꾸민 다음부터 그들이 훨씬 더 조심하는 눈치예요." 결국 그녀의 남편은 아파트에서 나갔다. 변호사가 그를 내보낼 방법을 알려준 것도 한 가지 이유지만, 그녀가 자신의 권리에 눈떴다는 것을 남편과 시댁 식구들이 깨닫게 된 데도 이유가 있었다. 마침내 그들은 이혼했다. 시아버지

가 그녀를 찾아와서 말했다. "네가 이겼다. 이제 이혼을 하고 아파트도 다시 찾아가거라. 다시는 내 아들을 보지 못할 것이다."

이 일이 성공적으로 끝난 뒤, 비슷한 처지에 놓인 그녀의 친구가 전 남편을 상대로 소송을 제기하여 그녀의 아파트를 되찾아오기도 했다. 이 일을 시작한 뒤 처음으로 기운이 솟았다. 법률적인 선례가 거의 없는 러시아 사회에서 한 여성이 자신의 권리를 찾기 위해 일어났고, 결국 승리한 것이다. 하지만 이것은 우리가 날마다 듣는 수천 가지 사례의 작은 부분에 지나지 않는다. 안타까운 일이지만, 우리에게 전화를 걸어오는 대부분의 여성들은 자신의 권리를 모르고, 자신이 받아들일 수 없는 것은 받아들일 필요가 없다는 것을 알지 못한다.

물론 좋지 못한 일도 있었다. 언젠가 전화를 받아보니, 웬 남자 목소리가 들렸다. "거기가 대체 뭐하는 곳이요?" 남자가 긴급 상담전화에 전화를 걸어오는 일은 흔치 않았기 때문에, 나는 단단히 경계를 했다. "몇 번에 전화를 거셨나요?" "나는 아내 메모지에 적힌 번호를 보고 확인해보는 중이요. 대체 뭐하는 곳이요?" "당신 아내한테 물어보면 될 텐데, 왜 전화를 하신 겁니까?" 그는 처음에는 침착한 목소리로 점잖게 말했다. "아니, 그저 그곳이 뭐하는 곳인지 당신한테 물어보고 싶었던 것뿐이요." "당신 부인을 믿지 못하는 건 어디까지나 당신 문제예요. 나는 여기가 뭐하는 곳인지 당신한테 밝힐 생각이 없고, 나 역시 당신의 이름을 묻지 않았어요. 당신이 먼저 이름을 밝힌다면, 우리도 이곳이 무엇을 하는 곳인지 밝혀드리지요."

그러자 그는 공격적인 태도로 돌변하더니, 험악한 말을 내뱉었다. "나는 네가 누구인지, 네 이름까지 다 알아. 지금 네가 있는 곳은 물론 사는 집까지 다 알고 있지. 사람 몇 명을 더 데리고 가서 널 죽여버릴 거야." 그 당시 내 옆에 있던 남편은 내가 몹시 두려워하는 것을 보았다. 나는 그 남자한테 "난 당신이 하나도 무섭지 않아요!"라고 말한 다음 전화를 끊었다. 나는 지금도 그가 누구 남편인지 모른다. 어쨌든, 그 남자는 나타나지 않았다. 또 한번은 늦은 밤 집 전화가 울려 받아보니, 남자 목소리가 들렸다. "지금 하고 있는 일을 그만두지 않는다면, 네 아들을 조심하는 게 좋을걸." 너무나 무서웠다. 나는 몇 달 동안 아들을 부모님 집에 보냈다. 자식을 둔 어머니의 처지에서 이런 일을 한다는 것은 대단히 힘든 일이었다.

러시아에서 벌어지고 있는 가정폭력의 건수에 대해서는 각기 추정치가 다르다. 가정폭력을 경험한 적이 있는 가정이 30~40퍼센트에 이른다는 사람도 있다. 1995년 베이징 여성회의 이후 러시아에서 출판된 믿을 만한 통계에 따르면, 한 해에 남편의 손에 죽는 여성이 1만4,500명에 이른다. 지금도 경찰은 그런 통계자료를 갖추지 않고 있지만, 경찰 자체적으로 한 해에 가정폭력으로 사망하는 여성이 1만 2,000명에 이르는 것으로 추산하고 있다. 드디어 이 문제의 심각성이 조금씩 인식되기 시작했다.

그러나 러시아에서는 가정폭력으로 2년 이상 일을 할 수 없을 정도의 부상을 입히거나 살인을 한 경우만을 범죄로 인정하고 있다. 몇 년 동안 가정폭력금지법을 제정하도록 애써왔지만, 아직까지 법은 제정되지 않았다. 하지만 나는 갓 생겨난 여성운동계와 함께 가정폭력에 대한 실무적인 정의를 독자적으로 마련했다. 이 정의에서는 가정폭력의 범위를 넓혀 부부강간, 결혼 및 동거 생활에서 일어나는 성폭력, 격리, 심리적 폭력, 경제적인 통제까지 가정폭력에 포함시키고 있다. 이 가운데 마지막 경제적 통제는 가장 은밀하고 은폐된 형태로 이루어지고 있는 가정폭력이다. 왜냐하면 직장을 갖지 못한 인구 가운데 60퍼센트가 여성이며, 여성의 임금은 동일노동을 하는 남자의 임금의 60퍼센트에 지나지 않기 때문이다.

1994년 1월에는 한 친구가 내 활동에 동참했고, 그해 여름에는 전화상담 활동가를 모집해 처음으로 집단교육을 실시했다. 1995년, 나는 다른 도시들을 찾아다니며 긴급 상담전화나 긴급구조센터의 설립을 돕고 활동가교육을 진행했다. 그 후에는 가정폭력의 피해자들에 대한 심리상담 및 법률상담 프로그램을 개발하기 시작했다.

1997년에는 가정폭력 사건과 관련된 변호사교육을 실시했다. 법정에서 피고 측이 형량을 줄이려고 피해자가 폭력을 유도했다는 핑계를 대며 공방을 벌이는 경우가 많다. 이것은 법정에 나온 피해자의 눈앞에서 벌어진다는 점에서 잔인한 심리적 폭력이다. 가해자가 공개적으로 피해자에게 책임을 뒤집어씌우며 피해자를 공격한다. 안타깝게도, 여성에게도 어느 정도 책임이 있다는 주장을 받아들여 가해자가 자신의 행동에 대한 책임을 면할 수 있게 하는 판사들이 많다. 그렇게 되면, 피해 여성은 큰 정신적 상처를 입게 된다.

2000년에 들어서, 러시아 전역에는 40개 이상의 여성 긴급구조센터가 운영되고 있다. 최근에는 러시아 여성긴급구조센터연합이 결성되고, 정부의 인정을 받아 공식적으로 등록되었다. 나는 초대 회장에 선출되는 영광을 안았다.

부모님은 내 활동에 지원을 아끼지 않았다. 퇴역장교인 아버지는 이렇게 말씀하셨다. "소비에트 시절이었다면 네가 바로 반체제인사였을 거야, 안 그러냐?" "아마 그랬겠지요? 소비에트는 공식적으로는 가정폭력이 존재할 수 없다는 관념적인 신화를 내걸었으니까요." 소비에트 시절에는 가정의 분위기를 만들어가는 것은 여성의 책임이기 때문에, 구타당하는 여성은 여성으로서, 그리고 아내로서 실패한 사람이라는 사고방식이 있었다. 26년 동안 비인간적인 학대에 시달리던 여성들이 나를 찾아오는 것은 그것 때문이었다. 그들은 나를 찾아와서 마음 깊숙이 감춰두었던 진실을 털어놓았다. 지금도 사정은 마찬가지다.

나는 특별한 사람이 아니다. 누구라도 나와 같은 위치에 있었다면 그렇게 했을 것이다. 하지만 그때 러시아가 새로운 출발점에 서 있었다는 점에서, 나는 운이 좋았다. 당시는 러시아의 위대한 발전이 시작되는 지점이자 새로운 사고방식이 시작되는 지점이었다. 이제는 누구나 가정폭력에 대해 이야기하고, 많은 사람들이 그와 관련된 일을 하고 있다.

아스마 자한기르와 히나 질라니
ASMA JAHANGIR AND HINA JILANI

파키스탄

___

인권 전략

"우리는 펜과 법이라는 수단에 의지해서,
 총을 가진 권력, 법을 인정하지 않는 권력에 맞서고 있다."

지난 20년간 아스마 자한기르와 그녀의 여동생 히나 질라니는 파키스탄의 여성 및 인권 운동의 최전선에서 활동해왔다. 그들은 1996년 이후로 정부로부터 24시간 감시당하고 있다. 두 사람은 1980년에 학대받는 아내들이 남편에게 이혼동의를 얻어내는 데 도움을 주기 위해 '여성행동포럼'을 설립하는 일을 도왔다. 그들은 1981년 파키스탄 최초의 여성법률회사를 세웠고, 1986년에는 파키스탄 인권위원회를 조직해 질라니가 의장을 맡았다. 그녀는 헌법의 여성보호 조항과 위배되는 억압적인 샤리아(이슬람 법정) 법의 폐지를 주장하다가 의회로부터 죽음의 협박을 받았다. 자한기르 역시 1993년 이슬람사원 벽에 모독적인 낙서를 한 죄로 사형선고를 받은 열네 살짜리 소년의 변론을 맡으면서 생명의 위협에 시달렸다. 이슬람 극단주의자들이 법원으로 몰려와 자한기르의 차를 부수고 운전기사를 공격했다. 얼마 후에는 무장괴한들이 자한기르의 친정집을 습격해 가족들을 인질로 삼았다. 1998년, 유엔 인권위원회는 적법절차를 밟지 않은 임의 즉결처형에 대한 특별발표자로 자한기르를 임명했다. 히나 질라니는 파키스탄에서 대규모의 무료 법률구조센터를 운영하고 있으며, 여성 및 아동의 권리 옹호와 종교의 관용 확대를 위해 노력하는 사람으로 유명하다. 1999년 4월 6일, 질라니의 사무실에서는 4년간의 별거 끝에 이혼소송을 벌이려던 사미아 임란이라는 의뢰인이 어머니와 삼촌을 만나기 위해 기다리고 있었다. 그들은 전에 데리고 있던 운전사를 대동하고 사무실에 왔고, 그 남자는 임란을 쏘아죽이고 질라니까지 죽이려고 했다. 임란의 가족은 이혼을 가문의 수치라고 여겼고, 자

신의 행동을 '명예살인'이라고 정당화했다. 당시 폐샤와르 상공회의소 의장이었던 임란의 아버지는 가까운 호텔에서 딸의 사망소식을 기다리고 있었고, 곧이어 질라니와 자한기르를 납치죄로 고소했다. 1998년, 파키스탄에서는 500명의 여성이 정조살해로 목숨을 잃어야 했고, 질라니는 이러한 행위를 공개적으로 비판함으로써 세계적으로 유명해졌다. 열정적인 두 자매는 모든 사람들의 귀감이 되고 있다.

질라니 인권운동가에게는 적극적 행동주의가 중요하다. 책상에 앉아 있는 활동가는 단순한 보고자일 뿐이고, 현장에서 뛰는 활동가야말로 주력부대다. 우리는 변화를 만들어낼 사람들이다. 현실을 폭로한다는 것은 쉬운 일이 아니다. 사람들이 인권을 옹호하고 신장시키는 일을 특별한 사람만 할 수 있는 일이라고 생각하게 되면, 운동은 정체되고 다른 이들의 동참의지를 꺾게 된다. 나는 늘, 우리는 투쟁의 대의명분이 옳다는 확신이 있을 뿐 평범한 사람에 지나지 않는다고 강조한다.

아스마 언니와 나는 항상 인권을 이야기하는 환경에서 자랐다. 아버지는 기본권을 위해 싸우는 정치가였다. 아버지는 기본권과 관련한 타협에는 응하지 않고 정치적 능력을 발휘하며 활동했다. 아버지처럼 종교적 관용을 일관되게 지지하고 반대의견을 표현할 수 있도록 해야 한다고 주장하는 분은 많지 않았다.

우리는 1980년대에 변호사 활동을 시작해서 계엄령에 맞서 싸웠다. 우리는 체제에 희생당한 사람들의 문제를 다루면서 인권운동에 발을 디뎠다. 우리는 변호사 활동을 통해서 운동에 추진력을 제공할 수 있었다. 법은 우리 손에서 무기가 되었고, 우리는 법정에서 그 무기를 사용했다. 물론 파키스탄처럼 법치가 존중되지 않는 나라에서 법으로 할 수 있는 일에는 한계가 있을 수밖에 없다는 것을 이해해야 한다. 지금까지 법은 변화의 도구가 아니라 억압의 도구로 쓰여왔다. 그렇기 때문에 인권운동은 법적 차원과 사회적 차원에서 진행되고 있다. 사실 어느 한쪽에만 의지해 인권운동을 벌여나갈 수는 없다. 현재 우리가 처한 환경 속에서 변화를 시도하고, 또 그 환경에 따라 대응해야 하는 것이다. 군부통치 초기에는 법정이 살벌했기 때문에 거리시위 전략을 쓸 수밖에 없었다. 당시에는 거리로 나서기를 두려워했던 사람들이 많았지만, 그렇게 행동했던 이들만이 우리 운동에 합세했다.

자한기르 무엇보다도 중요한 사실은 인권과 정치적 발전이 연결되어야 한다는 점이다. 우리가 인권을 원하는 것은 특정한 문제만을 해결하기 위한 것이 아니다. 아동과 관련된 권리, 담보노동과 관련된 권리, 여성과 관련된 권리, 이 모든 것이 우리의 투쟁 속에서 하나로 연결된다. 이 모든 것이 권리를 인정하지 않는 체제에 의해서 만들어진 산물이며, 우리 투쟁의 대상이다. 나는 막 학교를 졸업한 1968년에 처음으로 여성들의 시위를 조직했다. 그때, 나는 열여섯 살이었다. 당시에는 나라 전체가 계엄령을 수용했고, 국민들은 계엄령을 경제발전 및 안정과 연결지어 생각했다. 비록 어린 나이였지만, 나는 국민의 참여가 허용되지 않는 한 민주적인 경제발전은 기대할 수 없다고 생각했다.

사법제도의 활용은 우리에게 새로운 것이 아니었다. 아버지는 정치적 견해 때문에 수없이 예비구금을 당했고, 매번 혼자 힘으로 자신을 방어했다. 아버지는 언젠가 예비구금 사건은 법원에 이의를 제기할 수 없도록 한 법률에 대해 문제를 제기했다. 아버지는 예비구금은 자의적인 판단이 아니라 객관적인 이유에 의해서 이루어져야 한다고 주장했고, "법원이 객관성을 따지지 않는다면 과연 누가 객관성을 따질 것인가?"라며 사법부에 대해서도 단호하게 책임을 물었다. 아버지는 승리했고, 정부는 자신들의 억압행위를 도와주던 유용한 도구를 잃었다.

동서 파키스탄이 전쟁을 벌이는 동안, 아버지는 동파키스탄 사람들의 인권에 대해 목소리를 높였다. 그 때문에 우리는 한 해를 매우 힘들게 보냈다. 나는 걸핏하면 배신자의 딸이라는 소리를 들어야 했다. 하루는 동파키스탄 사람들의 인권을 옹호하는 유인물을 배포하는 여성들을 따라나섰다. 일곱 명쯤 되는 우리 일행은 인도에 서서 사람들에게 유인물을 나눠주었다. 우리는 차가 와서 멈추면 차에 탄 사람들에게도 유인물을 나눠주기로 했다. 그런데 내가 차창 너머로 한 남자에게 소책자를 건네려 하는 순간, 그는 창문을 내리더니 대뜸 내 얼굴에 침을 뱉었다. 나는 그 순간 편협이 뭔지를 알게 되었다.

아버지가 감옥에 있을 때, 나는 열여덟 살에 접어들었다. 학생이었던 나는 사실상 군부통치에 도전하는 내용으로 아버지의 석방탄원서를 썼다. 파키스탄에서 군사정부를 비합법정부로 규정한 첫 번째 사례였다. 그런 일을 할 수 있다니, 놀라운 일이었다. 사실 사람이 그런 일을 하다 보면, 자신이 지닌 원칙적인 입장이 무엇인지뿐만 아니라 사회가 어떻게 돌아가는지를 알게 된다. 우리는 그런 지식을 토대로 인생전략을 짠다.

우리는 오랫동안 정조살해에 반대해왔다. 정조살해문제를 국제적으로 부각시키는 것은 쉬운 일이 아니었다. 항상 깃발을 치켜들고 언론과 법원을 상대로 활동해야 한다. 인권운동가는 언론과 좋은 관계를 유지해야 한다. 언론은 뉴스를 원한다. 우리는 무슨 일을 하든, 뉴스를 원하는 언론에게 뉴스거리를 만들어주어야 한다. 새로운 통계수치를 제시할 때도, 새로운 얼굴을 보여줄지 아니면 새로운 이야깃거리를 줄 것인지 생각해야 한다. 새로운 이야깃거리는 새로운 뉴스를 만들어낸다. 정조살해가 국제적으로 큰 관심사가 된 것도 언론매체가 있었기 때문에 가능했다.

내가 재판절차를 거치지 않은 살인에 관한 유엔 특별발표자가 되었을 때 첫 번째로 거론한 문제가 정조살해였다. 지금은 사법권 독립에 관한 특별발표자도 역시 이 문제를 거론하고 있다. 어느 날 이혼을 하려고 하던 내 의뢰인이 우리 사무실에서 (딸의 이혼이 가문에 수치를 안겨준다고 여기는) 친정아버지가 고용한 사람의 총에 맞아 죽었다. 여론은 이미 우리 쪽으로 기울기 시작했다. 사람들은 이 문제와 관련된 방송을 보고 문제의식을 가지게 되었다. 언론도 마찬가지였다. 정부가 정조살해에 대한 편견을 가지고 이에 대한 처벌을 거부했다는 사실, 그리고 의회 역시 이를 거부했다는 사실은 우리에게 좋은 뉴스거리였다.

그러나 상황이 나빠졌다. 상공회의소 측에서 우리가 그 살인에 연루되었다는 내용의 성명을 발표했던 것이다. 그것이 신문에 보도되고, 우리를 공격하는 조직적인 시위와 공개적인 위협이 이어졌다. 정부는 묵묵히 방관하고 있었다. 정부는 살인자들을 구속하기는커녕 그들을 돕고 있었다. 먼저, 정부는 히나와 내가 그 여성을 살해했다는 내용의 보고서를 경찰에 제출했다. 정부는 또한 전 경찰에 그 살인자들을 체포하지 말라고 지시했다. 살인이 발생한 뒤 여러 날이 지나고 살인자들이 보석으로 풀려난 뒤에도, 구속영장조차 발부되지 않은 상태였다. 우리는 이 사건과 관련하여 여전히 재판을 하고 있는데, 진짜 살인자들은 경찰에 의해 무죄방면된 셈이다.

이런 종류의 일을 하다 보면 대단히 복잡한 상황에 부딪히게 된다. 우리는 펜과 법이라는 수단에 의지해서, 총을 가진 권력, 법을 인정하지 않고 정부에 은밀한 영향력을 행사하고 있는 권력에 맞서고 있는 것이다. 무엇보다 중요한 것은 우리는 결코 개별적으로 싸워서는 안 된다는 점이다. 1986년에 파키스탄 인권위원회가 결성되면서, 우리 활동은 더욱 탄력을 받으며 조직적인 틀을 갖추게 되었다. 지금 나는 떨쳐 일어나 "그건 잘못된 일이다!"고 말할 수 있다. 내가 그렇게 할 수 있는 것은 내 곁에는 나와 생각이 같은 동료들이 있고 모두 힘을 합쳐 활동할 것이라는 사실을 알기 때문이다. 서로 힘을 북돋아주는 것은 아주 중요한 일이다. 우리는 서로의 장점에 의지하고 있다. 예를 들어보자. 우리는 변호사기 때문에, 법률적인 사건이 생기면 사람들은 그것을 우리에게 위임한다. 인권위원회 연례보고서는 두 명의 동료들이 전문성을 발휘해 작성한다. 또 다른 동료는 매체를 잘 다루며, 설득력 있는 말로 우리의 뜻을 전한다. 어떤 사람이 최전선에 설 수 있는 것은 그 사람이 중요한 일을 하고 있기 때문이 아니라, 그런 역할이 맡겨졌기 때문이다. 그 사람은 전체 운동이 최전선에 서도록 선택한 사람으로서 그 역할을 계속 발전시켜 나간다. 나는 나 자신에 대해서도 그렇게 생각한다. 함께 일하는 사람들의 긴밀한

협력이야말로 본질적이고, 절대적으로 중요한 것이다. 또한 우리는 이 운동을 만들어낸 모든 사람의 공로를 인정해야 한다. 나는 같은 사무실에서 동생 히나와 함께 일하고 있지만, 실제로 같은 일을 하는 경우는 별로 없다. 나는 내 일을 한다.

질라니 자매간에는 늘 경쟁심이 있게 마련이다. 우리는 자매지만, 그것은 우연일 뿐이다. 우리는 서로 독립적으로 활동하며, 어느 누구도 일방적으로 상대방에게 영향력을 미치지는 않는다. 대신 우리는 주변으로부터 영향을 받고 있다. 나는 매우 냉정한 편이지만, 불의만큼은 도저히 참지 못한다. 불의를 보면, 내 몸속에는 아드레날린이 샘솟고 나는 자리에서 벌떡 일어나 행동에 나서게 된다.

자한기르 지도자는 목표를 개념화하고 각자의 책임을 나누어 일을 진행시키는 능력을 갖추어야 한다. 그렇지만 우리가 살아남을 수 있는 유일한 길은 함께 활동하면서 서로에게서 힘과 신뢰를 이끌어낼 수 있는 사람들을 확보하는 것이다. 우리 앞에는 커다란 위험이 기다리고 있다는 것을 모르는 사람은 없다. 하지만 우리는 되도록 이러한 생각을 덜어내려고 애쓴다. 우리는 자주 두려움과 압박감을 느끼는 평범한 사람들이다. 하지만 우리는 계속 전진하고 있다.

질라니 두려움이 생기면, 나는 주위를 둘러보면서 '우리는 살아남아서 다시 이 일을 할 것이다'고 되뇐다. 희망이라는 다리를 하나 더 놓는 것이다. 나는 주위에서 두려움을 극복해낸 다른 사람들의 모습을 본다. 두렵지 않다고 한다면, 그건 사실이 아니다. 나는 정말 두렵다. 나만 그런 것이 아니라 아스마 언니도 역시 때

"우리들 가운데 커다란 위험이
기다리고 있다는 것을 모르는 사람은 없다.
하지만 우리는 되도록 이러한 생각을 덜어내려고 애쓴다.
우리는 자주 두려움과 압박감을 느끼는 평범한 사람들이다.
하지만 우리는 계속 전진하고 있다."

때로 두려움을 느낄 것이다. 내게는 아이가 없지만 언니에게는 아이들이 있고, 내게는 어머니와 형제자매들이 있다. 그런데 그들이 공격당하고 있다. 우리가 그 고통을 어떻게 견디고 있는지는 말로 표현할 수 없다. 죄책감이 생기고, 그보다 훨씬 큰 불안감이 생긴다.

자한기르   나는 두려움을 극복하는 법을 터득했다. 하지만 쉬운 일은 아니었다. 나는 겁이 날 때마다 인권위원회 대표의 집에 가곤 한다. 나는 그곳에 친구들을 초대해 유쾌한 시간을 보낸다. 주위 사람들의 유머감각과 열정은 기운을 북돋아준다. 혼자 떨어져 있었다면, 아마 미쳐버렸을 것이다. 그러나 대여섯 명의 동료들을 만날 때마다 나는 유쾌해지고, 두려움도 사라진다. 물론 우리 가족들도 우리로 인해 대가를 치러야 했다. 그러나 나는 죄의식을 느끼지 않는다. 나는 그 문제에 대해 매우 많은 것을 생각해왔다. 내가 설령 내일 죽게 된다 해도, 내 아이들은 별 문제 없을 것이다. 애들에게는 좋은 아버지가 있고, 할아버지 할머니가 세 분이나 있고, 미혼인 이모도 있다. 나이가 스물셋, 스물하나, 열일곱이니, 아이들도 이제는 다 자랐다. 그리고 엄마로서 가장 중요하게 생각하는 가치관과 인생관도 어느 정도는 세운 아이들이다. 이 아이들은 매우 잔인하고 폭력적인 사회에서 살아가는 법을 배워야 한다. 그 어떤 것도 확실한 보장은 없다. 나는 아이들이 그 점을 이해하고 있다고 생각한다. 아이들은 늘 나를 걱정한다. 나는 아이들에게 이런저런 설명을 해주고 가끔은 농담을 하기도 한다. "괜찮아. 앞으로 보험에 들 거야. 그러니까 너희들은 내가 죽으면 부자가 될 거야." 그들은 마음의 상처를 입었지만, 잘 이겨냈다. 아이들은 더욱 강해졌다.

언젠가 일곱 명의 무장괴한이 나와 아이들을 죽이겠다며 친정집(히나도 함께 살고 있었다)을 습격했다. 그들은 오빠와 올케, 조카를 인질로 잡았다. 다행스럽게도 히나는 아침에 어머니와 함께 외출한 상태였다. 정말 무서웠다. 나는 그때 가족들 걱정에 몸을 떨어야 했다.

나는 특히 형제들에게 정말 감사한다. 그들은 인권운동가가 아니면서도 한 번도 나를 만류한 적이 없었다. 한 번도 자신들이 겪은 위험이 나 때문이라고 말한 적이 없었다. 그들은 내게 힘을 북돋아주고 자부심을 가지게 해준다. 그들은 어떻게 그토록 너그러울 수 있었을까? 어떻게 그토록 이해심이 많을까? 이 세상에 그런 사람들이 존재한다는 사실 때문에 나는 더욱 용감해진다. 위험은 도처에 깔려 있다. 때때로 나는 인권위원회 동료들에게 "나서지 마라"고 말하곤 한다. 우리는 이 말의 뜻을 잘 안다. 나는 이미 위험에 노출된 사람이다. 그런데 무엇 때문에 다른 사람까지 위험으로 밀어넣는단 말인가?

질라니   나는 결코 허무감에 빠져본 적이 없다. 나는 우리가 하는 일이 가치 있는 일이라고 생각한다. 우리가 활동해온 오랜 세월 동안 작은 성공들이 중요한 역할을 했다. 물론 그런 작은 성공들은 극히 드물게 이루어지도 하지만, 아무튼 그것은 대단히 중요하다. 우리는 터널 저 끝에서 빛을 본다. 우리는 그 빛을 수없이 많이 보았다.

해리 우

HARRY WU (吳弘達)

중국

노동개조소(라오가이)

"여전히 높은 말뚝들이 세워져 있는데
한 사람의 반체제인사를 석방시키는 것만으로는 충분하지 않다.
넓은 관점에서 보면 우리는 모두 평등하다.
라오가이의 희생자들은 모두 똑같은 권리를 누려야 마땅하다."

상하이 은행가 집안에서 태어난 해리 우는 예수회 학교를 마치고 1950년대 후반에 베이징 지질대학에 입학했다. 공산당의 잔혹한 숙청이 벌어지던 시기에 그가 다니던 대학에도 색출해야 할 반혁명분자 할당량이 떨어졌다. 대학은 해리 우를 라오가이(劳改, 노동개조소)로 보냈다. 그는 그곳에서 19년 동안을, 때로는 옥수수껍질 가루로 연명하면서 육체적·정신적 고문을 견뎌냈다. 그는 『모진 바람』이라는 제목의 자서전에서, 들판의 쥐를 쫓아가 쥐가 모아둔 곡식낟알을 훔쳐먹고 뱀을 잡아먹었던 이야기를 쓰고 있다. 그는 라오가이에서 풀려난 뒤, 미국 캘리포니아 버클리 대학에서 방문학생 자격을 얻었다. 장학금은 없었기 때문에, 1985년에 단돈 40달러를 들고 미국 땅에 도착한 그는 열흘 동안 낮에는 학교에 다니고 밤에는 공원 벤치에서 잠을 자며 생활했다. 다행히 한 도넛가게에서 심야근무 자리를 얻어, 그곳에서 도넛으로 세 끼 식사를 하고 밤을 보낼 수 있었다. 해리 우는 다섯 차례에 걸쳐 중국 귀국을 시도했으며, 몇 차례 귀국에 성공하기도 했다. 그는 중국에 있는 동안 1991년에 두 번, 1994년에 한 번, 뉴스프로그램을 통해 교도소와 노동개조소의 실태를 알렸다. 이러한 폭로활동으로 인해 중국의 주요 수배자 명단에 오른 그는 1995년에 다섯 번째 귀국길에 올랐다가 체포되었다. 해리 우가 66일간 감금되어 있는 동안 세계적인 석방운동이 전개되었고, 힐러리 클린턴은 베이징 여성정상회담을 거부했다. 중국 당국은 그를 석방했고, 그는 전 미국인의 환영을 받으며 미국으로 돌아갔다. 그는 자주 미국의 국회의사당에서 자신이 밝혀낸 최근의 학대행위들과 관련한 증언을 한다. 그의 증언은 중국 관리들의 사형수의 장기밀매, 교도소에서 만들어진 제품(디젤엔진이나 시카고 불스 의류 등)의 밀수, 빈번한 공개처형, 부당한 피임수술, 잔혹한 강제조치 등에 관한 것들이다. 해리 우가 설립해 이끌고 있는 라오가이 연구재단에서는 1950년 이후 라오가이에 수용된 인원이 5,000만 명에 이르며 현재 800만 명이 강제노동에 동원되고 있는 것으로 추정하고 있다. 해리 우는 라오가이라는 단어가 전 세계 모든 사전에 수록되도록 하는 것을 목표로 삼고, 이 끔찍한 행위를 종식시키기 위해 하루 열여덟 시간씩 강행군하며 전 세계 학생단체와 국가 수뇌부를 상대로 연설을 하고 있다.

인간은 무거운 짐을 짊어진 짐승이나 타인의 욕구를 충족하기 위한 수단이 아니라 인간으로 살아가기를 원한다. 사람들은 서로를 존중해야 하며, 함께 어우러져 살아가면서도 종교나 문화를 선택할 수 있는 자유를 누릴 수 있어야 한다. 전체주의 체제는 사람을 인간으로 대우하지 않고 선택의 자유도 허용하지 않는다. 개인의 권리를 말하는 사람은 곧바로 반체제인사로 지목된다.

미국의 수많은 학자와 정치가들은 중국에는 다른 인권 개념이 적용되어야 한다는 중국 정부의 거짓말을 그대로 되풀이하고 있다. 중국 지도부는 가장 중요한 인권의 범주는 경제적 권리라고 주장한다. 중국 당서기 장쩌민은 "인권과 관련한 내 첫 번째 임무는 사람들을 먹여 살리는 일이다"고 말하지만, 나는 이렇게 대답할 것이다. "내게 자유가 있다면, 나는 스스로 먹고 살 수 있다. 당신이 그 일을 할 필요는 없다." 안타깝게도 서구인들 가운데는 "중국인들은 개인의 권리에 대해 말하는 법이 없고, 집단의 권리에 대해서만 말한다. 그러므로 서구의 인권기준을 중국에 적용해서는 안 된다. 민주주의는 서구의 개념이다"고 말하는 사람들도 있다. 그것은 100퍼센트 위선이다. 중국 역시 조인한 세계인권선언은 오직 하나의 버전이 있을 뿐, 중국판이 따로 있고 미국판이 따로 있는 것이 아니다. 인권은 세계 어디에서나 적용되는 보편적인 것이다.

서구세계에서는 대부분 언론의 자유나 종교의 자유에 초점을 맞추면서, 종교인이나 정치인, 학생 등 반체제인사의 석방을 위해 노력하고 있다. 서구세계는 아무개 신부나 아무개 티베트 수도승 같은 개인에게만 활동의 초점을 맞추고 있다. 사람의 인생은 두 번이 아니라 한 번뿐이므로, 이들 개인의 자유를 요구하고 개인을 구하는 것 역시 매우 중요하다. 그러나 우리 중국 속담에는 이런 말이 있다. "나무를 보지 말고, 숲을 보라."

중국의 인권운동가 중에는 3W가 있다. 해리 우, 웨이징성, 왕단, 이렇게 셋이다. 내가 첫 번째 'W' 다. 나는 베이징에서 대학을 다니던 1957년에 소련의 헝가리 침공에 반대하다가 '반혁명분자'라는 낙인이 찍혀 라오가이 종신형을 선고받았다. 나는 19년의 인생을 그곳에 바쳐야 했다. 내가 석방되던 1979년에, 서구에서는 중국의 개방을 환영했다. 사람들은 마오쩌둥이 죽고 문화혁명이 끝났으니 덩샤오핑이 중국에 새 시대를 가져올 것이라고 생각했다. 그러나 같은 해 두 번째 'W' 웨이징성이 중국의 민주화를 요구한 죄로 투옥되었다. 내가 미국에 있고 웨이는 10년째 수감생활을 하고 있던 1989년에, 또 다른 젊은 학생 왕단이 민주화운동으로 투옥되었다. 중국 정부는 각기 다른 시기에 우리를 투옥했다. 우리 세 사람의 죄는

평화적인 방법으로 자신의 의사를 표현한 것뿐이었다. 1990년대에도 우리 세 사람은 두 번째 형을 선고받았다. 인권이라는 측면에서 볼 때, 중국은 1957년 이후 지금까지 그다지 달라진 것이 없다.

나는 수감된 첫해를 거의 눈물로 보냈다. 가족이 그리웠고, 특히 내가 체포되고 난 뒤 자살한 어머니가 너무도 보고 싶었다. 여자친구 생각도 났다. 천주교신자였던 나는 기도를 드렸다. 2년이 지나자 눈물도 말라버렸다. 그 뒤로 나는 한 번도 울지 않았다. 나는 짐승이 되었다. 나는 영웅도 아니고 강철 같은 의지의 인간도 아니기에, 그들에게 항복할 수밖에 없었다. 그런 환경에 놓이면 누구라도 그렇게 될 것이다. 수용소에 들어간 첫날밤부터 참회를 강요당하는데, 참회는 사람의 존엄성을 파괴한다. 참회에 응하지 않으면, 신체적인 고문이 뒤따른다. 또한 참회문을 읊을 때는 항상 처음부터 끝까지 단숨에 읊어야 한다. 죄가 없다고 주장해서도 안 된다. 오로지 "나는 옳지 않다, 나는 어리석다, 나는 미친놈이다, 나는 개자식이다, 나는 죄인이다"만을 반복해야 한다. 뿐만 아니라 강제노동이 실시된다. 노동은 새로운 사회주의자를 만드는 수단이다. 당은 노동을 통해 재활의 기회를 준다. 최종목표는 수감자를 공산주의체제의 새로운 시민으로 변모시키는 데 있다.

그들은 내 죄가 가볍다고 했다. 무거운 죄가 아니라 가벼운 죄라고 했다. 다만 문제는 내 정치적 태도라고 했다. '나는 잘못한 것이 없다. 너희들이 나에게 올가미를 씌웠을 뿐이니, 나는 결코 어떠한 잘못도 인정할 수 없다.' 나는 참회를 거부할 생각이었다. 그들은 내 삶 속에 들어 있던 모든 사람들, 학교 동료, 친구, 선생님, 부모로부터 나를 차단했다. 나는 완전히 세상과 격리되었다. 생각이 바뀌기 시작했다. '다 내 잘못이야. 그들은 날 싫어해. 내가 뭔가 잘못한 일이 있을 거야. 그게

뭔지 생각해봐야겠어.' 나는 마침내 '그래, 내가 잘못한 거야'라고 여기게 되었다. 나는 서서히 존엄성을 잃어갔고, 확신 또한 사라져갔다. 나는 자신이 범죄자라고 생각하게 되었다. 중국 사람들은 마치 평생 하늘을 볼 수 없는 상자 안에 갇힌 채 사는 것과 같다. 상자로부터 탈출해나오지 못하면, 그 사람들은 끝내 그것을 진리라고 믿을 수밖에 없다. 그것은 사람들의 생각을 완전히 뒤바꿔놓아 우리는 결국 하나의 로봇으로 전락하고 만다. 그러나, 물 한 방울은 세계를 반영하는 데 그치지만, 그 물방울이 수도 없이 많이 모이면 강이 되고 바다가 된다.

19년의 세월. 얼마나 많은 밤과 낮이 흘러갔는가? 나는 사람들에게 주먹질을 하기도 했고, 물건을 훔치기도 했다. 나는 결코 울지 않았다. 내 머릿속에서는 어머니도, 여자친구도, 내 미래도 사라졌다. 몇몇 사람이 죽기도 했다. 그게 어쨌다고? 그들은 나를 완전히 망가뜨렸다. 나는 입술에 사람의 피를 묻히기도 했다. 나는 많은 것을 잊어버렸다.

1986년, 나는 방문학자로 처음 미국 땅을 밟았다. 나는 지금도 처음으로 라오가이에 대한 강연을 했던 10월의 그날을 기억한다. 나는 혼잣말을 하며 스스로 용기를 북돋았다. "너는 해리 우가 아니다. 너는 강연자다." 그러자 갑자기 말문이 트였고, 말이 멈출 수 없을 만큼 술술 풀려나왔다. 20분 동안 학생들은 숨소리조차 들리지 않을 만큼 조용히 귀를 기울였다. 이윽고 강연을 마쳤을 때 나는 다시 인간으로 돌아왔다는 것을 느낄 수 있었다. 강연 끝머리에 나는 처음으로, "내가 살아남은 것은 너무도 큰 행운"이라는 말을 했다.

처음 미국에 왔을 때는 아는 사람이 아무도 없었다. 수용소에 있을 때처럼 나는 익

명의 존재였다. 중국 정부는 나를 수배자 명단에 올렸다. 내가 치부를 건드렸기 때문이다. 반체제인사문제가 거론되면 중국 정부는 기꺼이 대화에 응한다. 하지만 라오가이문제가 나오면, 상황이 달라진다. 과연 히틀러에게 아우슈비츠 이야기를 할 수 있겠는가? 스탈린에게 강제수용소 굴락 이야기를 할 수 있겠는가?

내가 살아남았던 이유가 무엇인지, 나는 모른다. 사람은 스스로를 인간이라고 여기며 자신의 존엄성과 미래, 자신의 삶과 꿈을 위해 싸운다. 누구나 인생은 한 번뿐이다. 30년이 걸릴 수도 있고 80년이 걸릴 수도 있지만, 사람은 누구나 무덤으로 가야 한다. 일단 망명을 한 이상 남은 인생을 즐겼어야 하는 게 아닐까? 나는 왜 중국으로 다시 돌아가야 했는가? 나도 남은 삶을 즐기려고 했다. 하지만 자꾸 죄책감이 생겼다. 사람들이 해리 우를 영웅이라고 할 때는 특히 심해졌다. 서구인들은 나를 영웅으로 몰아가려고 했다. 그들은 영웅을 찾고 있다. 그러나 진짜 영웅이라면 이렇게 버젓이 살아 있지 않을 것이다. 진짜 영웅이라면, 수용소에서 자살했던 사람들처럼 나도 자살을 했을 것이다. 나는 끝난 사람이다. 해리 우는 더 이상 존재하지 않는다. 그것이 내가 중국에 돌아가기로 결심한 까닭이다.

1991년, 나는 웨이징성이 수감되어 있던 라오가이를 찾았다. 그는 고비 사막에 있었다. 나는 사람들에게 라오가이의 실상을 보여줄 수 있는 비디오필름을 확보하고 싶었다. 예전에는 죄수나 관광객, 가족으로 위장했지만, 이번에는 경찰관으로 위장했다. 그들은 나를 알아보지 못했다. 숙소에서는 많은 경찰관들이 내게 손을 흔들었고, 나 역시 그들에게 손을 흔들어주었다. 그러나 1995년, 나는 증거수집을 위해 러시아 국경을 넘어 중국으로 들어가려다 체포되었다. 그들은 나를 체포하고 예전에 내가 찍었던 필름들을 내놓았다. 이번에는 15년형이 선고되었다.

현재 나는 '계획출산' 문제와 관련된 활동을 하고 있다. 이것 또한 중국 정부의 조직적인 인권유린이다. 중국에서는 정부의 허락 없이는 아이를 가질 수 없다. 나는 현재 푸젠 성에서 발급한 '출산 허가'와 '출산 불허'의 증명서 사본을 갖고 있다. 아이를 한 명 낳고 나면 불임수술을 해야 한다. 정부는 둘째아이를 가진 여성을 발견하면 강제로 낙태수술을 시킨다. 농촌에서는 첫째아이를 낳고 나서 4년 후에는 둘째아이를 가질 수 있지만, 아이를 낳고 나면 역시 강제로 불임수술을 받게 된다.

미국의 한 중국학자는 내게 중국 인구가 무서울 만큼 팽창하고 있어서 중국뿐만 아니라 세계적으로 문제가 되고 있다고 말한 적이 있다. 나는 그에게 물었다. "당신은 미국에서 강제낙태가 이루어지면 동의하실 겁니까?" 그는 아니라고 했다. "그런데 왜 중국에는 그런 기준을 적용하시는 겁니까? 이것은 살인정책입니다. 이것은 모든 여성, 아니 모든 사람을 상대로 하는 정책이에요." 정부 통계를 보면, 중국의 한 지역에서만 16~49세의 여성 중 75퍼센트, 120만 명의 여성이 불임수술을 받았다고 한다. 매달 이루어지는 낙태 건수는 약 100건에 이른다.

오늘날 중국인들은 자신이 원하는 상표의 샴푸를 선택할 수 있는 권리가 있다. 그러나 그들은 아직도 진정으로 하고 싶은 말을 하지 못하고 있다. 누구 말대로, 샴푸를 선택할 수 있는 권리가 생기면 자연히 종교선택권도 생기게 될까? 그것은 굉장한 비약이다.

내가 선택할 수 있는 길은 투옥 아니면 망명뿐이었다. 그런데 사람들은 망명 그 자체가 고문이라는 사실을 이해하지 못한다. 망명 역시 인권유린이다. 과거 소련이 반체제인사들을 추방했을 때, 우리는 갈채를 보내지 않았다. 그런데 중국이 왕단을 추방했을 때는, 백악관과 국무성은 미국의 개입정책의 승리라며 환호했다.

물론 나는, 어떤 사람을 그 사람을 구속하고 있는 기계에서 벗어나게 하는 것이 아무 가치도 없는 일이라고 생각하지 않는다. 다만 나는 그 기계가 파괴되는 모습을 보고 싶은 것이다. 웨이징성은 라오가이에서 나왔지만, 지금은 왕샤오포(王小波)가 그곳에 있고, 천주교 신부들이 그곳에 있고, 노동운동가들이 그곳에 있다. 라오가이의 수감자들은 대부분 이름도 없고 얼굴도 없다. 여전히 높은 말뚝들이 세워져 있는데 한 사람의 반체제인사를 석방시키는 것만으로는 충분하지 않다. 넓은 관점에서 보면 우리는 모두 평등하다. 정치범이든 일반 범죄자든, 라오가이의 희생자들은 모두 똑같은 권리를 누려야 마땅하다. 내 이야기는 범죄를 용서해야 한다는 의미가 아니라, 모든 죄수들이 동등하게 인권을 보장받아야 한다는 것이다. 유명한 양심수에 대해서만 이야기하다 보면, 이런 사실이 망각되기 쉽다. 라오가이 수감자 가운데 일반범과 정치범의 비율이 어떻게 되는지는 알 수 없다. 중국 당국에 물어보면 중국에는 정치범이 없다는 대답을 듣게 될 것이다. 예를 들자면, 그들은 이렇게 말할 것이다. "종교를 가지는 것은 합법적이다. 하지만 만일 당신이 천주교를 믿는다면, 우리는 사회를 어지럽히고 불법집회에 참여한 죄로 당신을 구속할 것이다."

모든 전체주의정권에는 억압체제가 필요하다. 흥미로운 것은, 아무도 중국공산당의 이런 억압체제에 대해서는 언급하지 않는다는 것이다. 그런 것은 존재하지 않는다고 말하거나, 특정 개인의 경우에만 이를 이용한다고 말한다. 나는 미국의 모든 상위권 대학들을 다니면서 라오가이에 대해 연설했다. 예일 대학에 갔을 때, 중국에 대한 가장 유명한 대학교재를 쓴 조너선 스펜스에게 나는 이렇게 말했다. "조너선, 당신은 중국말도 잘 하고, 중국인 아내도 있고, 당신 저서에는 중국식 용어들도 많이 들어 있습니다. 그런데 라오가이에 대해서는 어떤가요? 라오가이의 희생자 수는 소련의 굴락의 희생자와 아우슈비츠의 희생자를 합친 것과 비슷합니다. 물론 당신도 라오가이에 대해 들어보았겠지요. 하지만 당신의 보고서나 논문, 저서, 그 어디에도 라오가이란 말은 없습니다. 당신은 그것에 대해 말하고 싶지 않은 거지요? 왜입니까?" 왜 스티븐 스필버그는 아우슈비츠 강제수용소에 대한 영화는 만들면서 라오가이에 대한 영화는 만들지 않을까?

나는 '라오가이(勞改)'라는 단어가 모든 언어의 사전에 수록되기를 바란다. 라오는 '노동'을, 가이는 '개조'를 뜻한다. 그들은 수감자를 개조한다. 히틀러는 처음부터 유대인을 죽이고 사람들을 죽인다는 범죄적인 사고를 갖고 있었다. 공산주의는 처음에는 가난과 불행을 없애고 천국을 건설한다는 멋진 생각을 갖고 있었다. 그들은 처음에는 천사였지만, 끝에 가서는 악마가 되었다. 중국은 신체적 고문은 물론 정신적 고문, 영적 고문도 숱하게 자행하고 있다. 그들은 말한다. "당신이 새로운 사회주의적 인간이 되도록 도와주겠소. 우리는 인간적이기 때문에 당신을 죽이지 않을 겁니다. 당신은 잘못을 저질렀어요. 참회하세요. 공산주의를 받아들이면, 당신은 개조를 통해서 이 공동체를 정신적으로, 영적으로, 완전하게 다시 세우게 될 겁니다."

1974년 이전까지, 굴락은 단어가 아니었다. 그러나 지금 굴락은 단어다. 이제 우리는 라오가이라는 단어를 폭로해야 한다. 그곳에 얼마나 많은 희생자들이 있는지, 수감자들이 어떠한 환경에서 지내고 있는지, 그토록 체계화된 인권유린 시설을 만든 동기가 무엇인지를 폭로해야 한다. 나는 사람들이 사실을 알기를 바란다. 그곳에 얼마나 많은 남자와 여자들이 수감되어 있는지, 그곳 사람들의 강제노동으로 만들어지는 제품이 어떤 것들인지, 강제노동 속에서 살아가는 삶이 어떠한 것인지,

사람들을 그곳으로 보낸 범죄란 어떤 것인지, 사람들은 반드시 알아야 한다. 이것은 수출입의 문제가 아니라 인권의 문제다.

나는 현재 라오가이를 들먹이기가 대단히 어려운 상황이라는 것을 알고 있다. 나는 클린턴 대통령에게 말했다. "나는 당신이 중국의 라오가이를 비난하는 최초의 세계 지도자가 되기를 바랍니다. 부탁드립니다. 그저 한마디면 됩니다. 당신한테는 어떤 손해도 없습니다." 내가 미국의 정책은 전형적인 유화정책이라고 비판하면, 미국 지도자들은 내게 "그럼 고립정책이나 제재조치를 취하라는 겁니까?"라고 묻는다. 그런 극단적인 반응은 좋지 않다. 나는 결코 고립정책이나 제재조치를 제안하는 것이 아니다. 내가 원하는 것은 어느 한쪽에 치우친 이야기를 하지 말라는 것이다. 무역이 중국의 보통 사람들의 삶을 개선하고 있다는 것은 다만 한쪽의 이야기일 뿐이다. 나는 경제수준이 나아지고, 중산층이 등장하고, 재산권이 표면화되고, 사회가 재조직될 것이라는 주장을 문제삼는 것이 아니다. 내가 말하는 것은 다른쪽의 이야기를 들려달라는 것이다. 산업을 통해 창출된 이익은 공산주의체제에만 이득이 된다. 왜 그 점은 말하지 않는가? 중국 공산주의체제는 안정적이다. 그것은 서구세계가 재정적으로 지원하고 있기 때문이다.

가까운 미래에 중국의 위상은 더욱 더 높아질 것이다. 동양에서 공산주의 헤게모니가 수립될 때, 우리는 그 이유에 대해 논의하게 될 것이다. 이 권위주의체제가 강력해지는 것을 왜 보지 못했던가 하며 한탄할 것이다. 이런 중국 속담이 있다. "물이 끓어넘치지 않게 하려면 저어주면 된다. 하지만 더 좋은 방법은 불을 빼는 것이다." 서구세계는 장기적인 중국정책을 마련해야 한다. 자유와 민주주의에 대한 모든 열망에 대해 지원정책을 마련해야 한다.

프리덤 네루다
FREEDOM NERUDA

코트디부아르

표현의 자유

"군인들이 공립대학에서 학생들을 구타하고 급기야 학생들이
죽는 사건이 일어나자, 5만 명의 사람들이 진상조사를 요구하며
시위를 벌였다. 인권운동 지도자들이 체포되어 수개월씩 투옥되었다.
언론의 재판 보도는 편파적이었다. 나는 거짓발표를 도저히
지나칠 수 없었다. 나는 날조된 법정드라마를 폭로하기로 마음먹었다."

신문기자라는 직업은 이제 세계에서 가장 위험한 직업의 하나가 되었다. 언론의 자유를 실천하는 과정에서 수십 명이 죽고 수백 명이 투옥되었다. 프리덤 네루다는 정부의 엄격한 제한에도 불구하고 특별한 용기를 발휘하면서 뉴스를 보도하는 언론인의 대표적인 사례다. 1956년 코트디부아르에서 태어난 그는, 자신의 이상을 표현하기 위해서 이름을 프리덤 네루다로 바꾸었다. 네루다는 아비장 대학을 졸업한 뒤 교사생활을 하다가, 1988년에 『이부아르 수아르』지의 편집기자가 되었다. 2년 후 그는 취재기자가 되어 『이부아르 수아르』, 『라 크로니크 뒤 수아르』, 『라 부아』에서 일했고, 현재 『라 부아』의 편집장을 맡고 있다. 네루다는 처음에는 억압적인 앙리 코난 베디에 정권에 대한 폭로기사를 썼고, 1999년 12월 24일 베디에가 물러난 뒤에는 로베르 게이 정권에 대한 폭로기사를 썼다. 그 동안 네루다와 그의 동료들은 체포, 협박, 습격은 물론이고, 임의적인 벌금형을 받고 '국가원수 모독죄'로 구속되는 등 끊임없는 공격에 시달려야 했다. 1995년에는 네루다의 사무실에 폭탄공격이 가해지기도 했다. 1995년 12월 (베디에가 국가에 '행운'을 가져왔다는 내용의 선거포스터 내용을 비꼬아) 베디에가 축구경기에 참석한 '불운' 때문에 국가대표 축구팀이 남아프리카공화국에 패배했다는 풍자적인 기사를 실은 후, 『이부아르 수아르』지의 동료들이 체포되고 네루다는 지하로 숨어들었다. 네루다는 1996년에 체포되어 '국가원수 비방죄'로 2년형을 선고받았다. 이때 구속된 네 명은 베디에의 '사면' (이것은 자신의 유죄를 인정한다는 의미를 갖는다)을 거부하고 교도소의 제반 여건에 대해 조사했다. 네루다는 1997년 석방되었고, 지금까지도 줄곧 권력에 맞서 진실을 외치고 있다.

코트디부아르에서 정치적 억압이 완화되면서, 사람들은 정당을 세울 수 있는 권리를 손에 넣었다. 노동자들은 노조를 조직할 수 있게 되었고, 언론 분야에서도 신문을 만들 수 있는 기회가 생겼다. 나는 두 명의 친구와 함께 『라 크로니크 뒤 수아르』지를 만들었다. 충분한 재정도 마련되지 않은데다가, 최초의 독립신문에 대한 정부 측의 대응 또한 너그럽지 않았다. 문제가 많았다. 배포도 문제여서, 우리 신문은 9시쯤에 배급업소에 도착하는데도 3시 전에 시장에 깔리는 일이 없었다.

군인들이 공립대학에서 학생들을 구타하고 급기야 학생들이 죽는 사건이 일어나자, 1992년 2월 12일 5만 명의 사람들이 진상조사를 요구하며 시위를 벌였다. 인권운동 지도자들이 체포되어 수개월씩 투옥되었다. 언론의 재판 보도는 편파적이었다. 나는 시위현장에서 일어난 일을 똑똑히 보았기 때문에, 텔레비전으로 방영된 거짓발표를 도저히 지나칠 수 없었다. 나는 날조된 법정드라마를 폭로하기로 마음먹었다. 우리들의 노력 덕분에 몇 달 뒤 시위자들이 석방되었다. 이 일을 계기로 나는 민주주의와 언론의 자유, 표현의 자유를 위해 활동하기로 결심하게 되었다.

이 사건들은 우리나라의 일대 전환점이 되었다. 코트디부아르는 1960년에 프랑스로부터 독립한 뒤, 30년간 일당통치가 계속되었다. 1991년, 정부는 거의 모든 것을 금지시키는 검열법을 통과시켰다. 이 법률로 인해 코트디부아르의 언론인들은 수많은 의무만 지고 권리는 하나도 행사할 수 없는 처지에 빠졌다. 이 법의 내용

을 읽고도 기자가 되기를 원하는 사람은 차라리 땅콩이나 갈러 가는 편이 낫다는 말이 나올 지경이었다.

베디에가 대통령에 취임한 뒤인 1994년 2월, 우리는 그가 설탕산업과 관련된 부패 사건에 연루되어 있다는 기사를 쓰기 시작했다. 몇 달 후, 우리는 명예훼손죄로 1년형을 선고받았다. 법원의 주장은 어떠한 부패행위도 과거의 일이고 베디에가 대통령에 취임한 이상 그 이야기를 공개하는 것은 부직질하다는 깃이었다. 베디에가 국가원수 자리에 앉고 난 뒤에 체포된 기자만 14명이었다. 그들은 언제라도 우리를 감옥에 처넣을 수 있다고 협박했지만, 우리는 굽히지 않았다. '감옥에 가면 머리 위에 창이 매달려 있는데, 그것이 언제 떨어질지 알 수가 없다'는 프랑스 격언 그대로였다.

이 무렵 우리는 대통령의 부정부패에 대한 기사를 쓰고 있었고, 그 내용이 미국 신문에 보도되기도 했다. 그러나 정부의 신문과 방송에서는 베디에가 우리나라의 은총이며, 행운을 가져다줄 것이고, 지금까지 우리를 위해 많은 일을 해왔다고 떠들어댔다. 아무리 보아도 지나친 홍보정책이었다. 그때, 우리나라 축구 대표팀이 남아프리카공화국 대표팀과 벌인 시합에서 2대 2로 비겼다. 코트디부아르 국민들은 훌륭한 선수들로 구성된 우리 팀이 다음 시합에서 이겨 아프리카컵을 차지할 것이라고 확신하고 있었다. 1995년 12월 16일 토요일에 열린 다음 시합에 베디에가 참관했다. 우리 팀은 1대 0으로 졌고, 우리는 "베디에가 참석한 것이 '불운'이다"

"8개월 뒤, 우리는 대통령의 사면을 거부했다.
'싫소! 우리는 지금 정의를 위해 투쟁하는 중이오!'
석방된다는 건 좋은 일이다.
단, 그 후에 당신이 이웃의 눈을
똑바로 볼 수 없는 상황만 일어나지 않는다면 말이다.
우리는 그곳에서 넉 달을 더 보냈다."

는 농담조의 기사를 쓴 것 때문에 '국가원수 비방죄'로 2년형을 선고받았다. 하지만 언론인보호위원회(CPJ), 인권감시단, 국제사면위원회, 국경 없는 기자단과 같은 국제조직들의 활동 덕분에, 우리는 12개월 만에 풀려날 수 있었다.

나카 교도소는 끔찍한 곳이다. 우리가 투옥될 당시, 코트디부아르 최대 규모의 이 교도소에는 6,000명이 수감되어 있었고, 1996년 1월부터 4월 사이에만 100명이 넘는 사람들이 사망했다. 사람들은 돈이 없어서 충분히 먹지 못했고, 늘 구토에 시달린 탓에 거의 해골에 가까운 몰골이었다. 지금도 상황은 그다지 다르지 않다. 도둑질이나 살인죄를 저지른 죄인이 아니라서, 우리는 그래도 교도관들에게 대우를 받은 편이었다. 그리고 우리 신문사에서 날마다 음식을 보내준 덕분에, 우리는 가까스로 목숨을 부지할 수 있었다. 하지만 숱한 사람들이 굶주리고 있었다. 아침 8시에 지급되는 작은 컵 하나 분량의 밥이나 감자 두 개가 하루 식사의 전부였다.

교도소는 여러 개의 구역으로 나뉘어 있다. 우리는 정부 관리나 유럽인들을 수감하는 건물에 있었다. 나는 우리 신문의 발행인, 그리고 다른 두 기자와 함께 4인실을 썼다. 교도관은 우리를 존중해주었고, 경비원들도 여러 가지로 도움을 주었다. 8개월 뒤, 우리는 대통령의 사면을 거부했다. "싫소! 우리는 지금 정의를 위해 투쟁하는 중이오!" 석방된다는 건 좋은 일이다. 단, 그 후에 당신이 이웃의 눈을 똑바로 볼 수 없는 상황만 일어나지 않는다면 말이다. 우리는 그곳에서 넉 달을 더 보냈다.

나는 아이가 셋이다. 막내가 8개월쯤 되었을 때, 아내는 카메룬으로 막내를 데리고 갔다가 얼마 후 돌려보냈다. 막내가 도착한 바로 그날, 나는 체포되었다. 첫째아이가 열다섯 살, 둘째아이가 여덟 살이었다. 아이를 돌봐줄 사람을 찾아야 했다. 사람을 구하는 데 4, 5일쯤 걸렸다. 나는 재판을 받지 않으려고 하는 거라고 오해받고 싶지 않았다. 그건 너무도 수치스러운 일이기 때문이다. 판사는 나를 나카 교도소로 보낼 예정이었지만, 내가 집안일을 수습할 수 있도록 일주일의 시간을 주었다.

아프리카에는 코트디부아르와 사정이 비슷한 몇몇 나라들이 있다. 우리 앞에는 두 가지 길이 놓여 있다. 하나는 인권을 위해 투쟁하면서 아이들에게 좋은 미래를 준비하는 것이고, 또 하나는 비굴하게 몸을 굽히고 정부에서 시키는 일만 하며 사는 길이다. 우리는 가족을 돌봐야 한다고만 생각하면서, 먹고 살기 위한 일을 계속한다. 하지만 그러다가 저들의 손에 걸리면, 죽음을 맞게 될 수도 있다. 그러므로, 우리는 아이들이 더 좋은 미래를 맞이할 수 있도록 싸우는 편이 더 낫다.

나는 아이들에게 내가 언제 체포될지, 언제 죽을지 모른다고 말한다. 나는 아이들이 그것을 알고 있는 편이 낫다고 생각한다. 내 활동이 아이들에게 부정적인 영향을 끼치지 않았으면 좋겠다. 그러나 아이들에게 좋은 미래를 물려주고 싶다면, 우리는 누구나 자기에게 맞는 방식으로 투쟁하지 않으면 안 된다.

주소가 두 개인 경우에는, 개인적인 연락을 원하면 첫 번째
주소를, 더 자세한 정보를 원하면 두 번째 주소를 이용하시오.

ANONYMOUS(익명의 인권운동가)
c/o Robert F. Kennedy Memorial Center for
Human Rights.
Contact: Todd Howland
1367 Connecticut Ave. NW Suite 200
Washington, DC 20036 USA
Tel: +1-202-463-7575 / Fax: +1-202-463-6606
www.rfkmemorial.org

AL SAYED SEADA, HAFEZ
The Egyptian Organization for Human Rights
8/10 Mathaf El Manial St. 10th Floor
Manial El Roda. Cairo, Egypt
Tel: +20-2-363-6811 / Fax: +20-2-362-1613
E-mail: eohr@idsc.gov.eg
www.eohr.org.eg

ARIAS SÁNCHEZ, ÓSCAR
Progresso Humano
Apt 8-6410
1000 San José, Costa Rica
Tel: +506-255-2955 / Fax: +506-255-2244
E-mail: info@arias.or.cr
www.arias.or.cr

BUJAK, ZBIGNIEW
05-822 Milanowek St.
Wysoka 1, Poland
Tel: +48-22-758-3217
E-mail: Zbigniew.Bujak@agora.pl

HIS HOLINESS THE DALAI LAMA
c/o The Office of Tibet, New York
Tashi Wangdi, Representative
241 East 32nd St.
New York, NY 10016 USA
Tel: +1-212-213-5010 / Fax: +1-212-779-9245
E-mail: otny@peacenet.org
International Campaign for Tibet
Contact: John Akerly
1825 Jefferson Place NW
Washington, DC 20036 USA
Tel: +1-202-785-1515 /Fax: +1-202-785-4343
E-mail: info@savetibet.org
www.savetibet.org

DOGBADZI, JULIANA
c/o Forefront Leaders
333 7th Ave, 13 Floor
New York, NY 10001 USA
Tel: +1-212-845-5200 / Fax: +1-212-253-4244
www.forefrontleaders.org

GALABRU, KEK
LICADHO
P.O. Box 499
Phnom Penh, Cambodia
Fax: +855-23-336-09-65
E-mail: president@licadho.org

GARZÓN REAL, BALTASAR
Fundación de Artistas e Intelectuales
por los Pueblos Indigenas de Iberoamerica
Contact: Adriana Arce
C/ Escorial, #16-2B
28004 Madrid, Spain
Tel: +3491-523-0951 / Fax: +3491-523-2943
www.funindio.org

GOMBOS, GABOR
31 Klauzal Street
H-1072 Budapest, Hungary
Tel/Fax: +361-268-9917
E-mail: gombosg@axelero.hu
Mental Health Interest Forum
Szigony Street 13A
H-1803 Budapest, Hungary

HARRIS, BRUCE
12648 Burning Tree Lane
Coral Springs, FL 33071 USA
E-mail: correobruceh@hotmail.com

HAVEL, VACLAV
Prague Castle
Kralovska Zahrada 50
119 08 Prague 1 - Hrad, Czech Republic
Tel: +420-224 373 727 / Fax: +420-224 373 726
www.hrad.cz

HUSSEINI, RANA
P.O. Box 830199
Amman, 11183 Jordan
Tel: +962-79-545-776 / Fax: +962-65-931-117
E-mail: ranahuss@nets.com.jo

HSAW WA, KA
Earthrights International
1612 K Street NW. Suite 401
Washington, DC 20006 USA
Tel: +1-202-466-5188 / Fax: +1-202-466-5189
E-mail: infousa@earthrights.org
www.earthrights.org

JAHANGIR, ASMA AND HINA JILANI
Human Rights Commission of Pakistan
Secretariat/Punjab Center
Aiwan-I-Jamjoor, 107-Tipu Block
54600 New Garden Town, Lahore, Pakistan
Tel: +42-583-8341 / Fax: +42-588-3582

E-mail: hrcp@hrcp-web.org
www.hrcp-web.org

JINGSHENG, WEI
The Wei Jingsheng Foundation
415 East Capitol St. SE, Suite 2
Washington, DC 20003 USA
Tel: +1-202-543-1538 / Fax: +1-202-543-1539
www.weijingsheng.org

JIMÉNEZ FLORES, PATRIA
Closet de Sor Juana
Nevado 112 Departamento 8
Mexico DF 03300 Mexico
Tel: +5255-5672-7623 / Fax: +5255-5420-1762
E-mail: Patriaj@hotmail.com

JONES, VAN
Bay Area Police Watch
A Project of the Ella Baker Center for Human Rights
344 40th St.
Oakland, CA 94609 USA
Tel: +1-510-428-3939 / Fax: +1-510-428-3940
E-mail: van.jones@ellabakercenter.org
www.ellabakercenter.org

KANDIC, NATASA
Humanitarian Law Center
Makenzijeva 67
11110 Belgrade, Serbia and Montenegro
Tel: +381-11-444-5741 / Fax: +381-11-444-3944

KASSINDJA, FAUZIYA
c/o Equality Now
P.O. Box 20646. Columbus Circle Station
New York, NY 10023 USA
Tel: +1-212-586-0906 / Fax: +1-212-586-1611
E-mail: Info@equalitynow.org
www.equalitynow.org

MAATHAI, WANGARI
Greenbelt Movement
P.O. Box 67545,
Nairobi, Kenya
Tel: +1-254-20-571-523
E-mail: gbm@wanachi.com
www.greenbeltmovement.org

MENCHÚ TUM, RIGOBERTA
Fundación Rigoberta Menchú Tum
Contact: Eduardo de Leon, Executive Director
Ave. Simeon Canas 4-04, zona 2
Ciudad de Guatemala 01001 Guatemala
Tel: +502-2232-0793
E-mail: rmt@terra.com.gt
www.frmt.org

MÉNDEZ, JUAN
International Center for Transitional Justice
20 Exchange Place, 33rd Floor
New York, NY 10005 USA
Tel: +1-917-438-9300
E-mail: info@ictj.org

MULLER, BOBBY
Alliance for Security, Vietnam Veterans of America
1725 I Street NW, 4th Floor
Washington, DC 20006 USA
Tel: +1-202-483-9222 / Fax: +1-202-483-9312
E-mail: afs@vi.org
www.vvaf.org

NERUDA, FREEDOM
Embassy of the Ivory Coast in Iran - Tehran
Tel: +98-21-242-8794 / Fax: +98-21-240-0938
E-mail: freedomtr@hotmail.com

NGEFA ATONDOKO ATOI, GUILLAUME
12 rue Dizerens, Apt. 22
1205 Geneva, Switzerland
ASADHO
12 Avenue de la Paix Apt.1
Kinshasa 1, Republique Democratique du Congo
E-mail: asadho@hotmail.com

O'BRIEN, MARTIN
Atlantic Philanthropies
4/10 Donegall Sq East
Belfast, BT1 5HD, Northern Ireland
Tel: +44-28-9023-2500 / Fax: +44-28-9023-2225
Committee on the Administration of Justice
45/47 Donegall Street, Belfast
Northern Ireland, BT1 2BR
Tel: +44 28 9096-1122 / Fax: +44 28 9024-6706
www.caj.org.uk

OCHOA, DIGNA
Center PRODH
Serapio Rendon 57-B
Colonia San Rafael
Mexico DF 06470, Mexico
Tel: +52-55-5546-8217
E-mail: prodh@sjsocial.com
www.sjsocial.org/PRODH/

ORTIZ, SISTER DIANNA
Torture Abolition and Survivors Support Coalition
International
4121 Harewood Rd. NE, Suite B
Washington, DC 20012-1597 USA
Tel: +1-202-529-2991
E-mail: info@tassc.org

PISKLAKOVA, MARINA
ANNA Ul. Dmitriya Ulyanova
Dom 3, library 95, Moscow, Russia
Tel: +7-095-135-1163 / Fax: +7-095-335-96-48
E-mail: marina@emeraldgp.com
Emerald Institute for International Assistance
699 Hampshire Road, suite 204
Westlake Village, CA 91361 USA
Tel: +1-805-374-1272 / Fax: +1-805-374-1274

PREJEAN, SISTER HELEN
3009 Grand Rte., St. John #5
New Orleans, LA 70119 USA
Tel: +1-504-948-6557 / Fax: +1-504-948-6558
E-mail: hprejean@aol.com

PRIETO MENDEZ, JAIME
Comité Ad Hoc de Protección a Defensores de
Derechos Humanos
Carrera 5 No. 33A-08, Bogotá, Colombia
Tel: +57-1-288-8050 / Fax: +57-1-287-9089
E-mail: jprieto@cinep.org.co
Contact: Adriana Salazar

RAMOS-HORTA, JOSÉ
Ministry of Foreign Affairs and Cooperation
Palacio do Governo
Dili, Timor-Leste
E-mail: gabinetemnec@yahoo.com

SARIHAN, SENAL
Association of Women of the Republic
Mesrutiyet Caddesi 20-3
06650 Kizilay Ankara, Turkey

SATYARTHI, KAILASH
The Global March Against Child Labour
E-868. Chittaranjan Park
110019 New Delhi, India
Tel/Fax: +91-11-2627-8358
www.globalmarch.org

SOBERÓN, FRANCISCO GARRIDO
Asociación Pro Derechos Humanos
JR. Pachacutec 980 – Jesus Maria
Lima, Peru
Tel: +51-1-4247057 / Fax: +51-1-4310477
E-mail: fsoberon@aprodeh.org.pe
www.aprodeh.org.pe

SOURANI, RAJI
Palestinian Center for Human Rights
29 Omar El Mukhatar St.—Qadada Building
P.O. Box 1328
Gaza City, Gaza Strip, Via Israel
Tel/Fax: +972-8-282-4776
E-mail: pchr@pchrgaza.org

www.pchrgaza.org

STREMKOVSKAYA, VERA
6 Kedyshko Str, Apt. 47
220012 Minsk, Belarus
Tel: +35717-266-2570

SULTAN, ABUBACAR M.
Rua Major Kakangulo
197, UN Building
Luana, Angola
Tel: +244-2-3323-48 / Fax: +244-2-3370-37
Wona Sanana Project—Fundacao para o
Desenvolvimiento da Comunidade
Av. Eduardo Mondlane, 1270 1 andar,
PO Box 2935 Maputo, Mozambique
E-mail: childdb@teledata.mz

TANRIKULU, SEZGIN
Turkiye Insan Haklari Vakfi
Lise Caddesi Eyyup Eser Apt KaTel: 1 No: 2 Yenisehir
Diyarbakir, Turkey
Tel: +90-412-228-2661 / Fax: +90-412-228-2476
E-mail: tihvdbakir@ttnet.net.tr
www.tihv.org.tr

TULA, MARIA TERESA
282 Baker Street East
St. Paul, MN 55107 USA
Companion Community Development Alternatives
609 East 29th Street
Indianapolis, IN 46205-4199 USA
Tel: +1-317-920-8643 / Fax: +1-317-920-8649
E-mail: cocodaindy@igc.org

TUTU, ARCHBISHOP DESMOND
Contact: Mrs Lavinia Browne
PO Box 3162
Capetown, South Africa 8000
Tel: +27-21-424-5161 / Fax: +27-21-424-5227

VIET HOAT, DOAN
International Institute for Vietnam
4908 Ravensworth Rd.
Annandale, VA 22003 USA
Tel: +1-703-256-0277 / Fax: +1-703-256-0918
E-mail: thuctran@aol.com
www.vietforum.org

WA WAMWERE, KOIGI
National Assembly, Parliament Buildings
P.O.Box 41842
Nairobi, Kenya
Tel: +254-221-291 ext. 2588
E-mail: kwamwere@hotmail.com

WIESEL, ELIE
Boston University
745 Commonwealth Avenue
Boston, MA 02215 USA

WISSA, HIS GRACE BISHOP
Center for Religious Freedom
A Division of Freedom House
1319 18th Street, NW
Washington, DC 20036 USA
Tel: +1-202-296-5101 / Fax: +1-202-296-5078
E-mail: religion@freedomhouse.org

WOODS, SAMUEL KOFI
Foundation for International Dignity (FIND)
18 Dundas Street
Freetown, Sierra Leone
Tel: +232-22-226267

WRIGHT EDELMAN, MARIAN
Children's Defense Fund
25 E Street NW
Washington, DC 20001 USA
Tel: +1-202-628-8787 / Fax: +1-202-662-3510
E-mail: cdfinfo@childrensdefense.org
www.childrensdefense.org

WU, HARRY
Laogai Research Foundation
1925 K Street, NW Suite 400
Washington, DC 20006 USA
Tel: +1-202-833-8770 / Fax: +1-202-833-6187
E-mail: laogai@laogai.org
www.laogai.org

YUNUS, MUHAMMAD
Grameen Bank
Mirpur, Dhaka 1216 Bangladesh
Tel: +880-2-801-1138 / Fax: +880-2-801-3559
E-mail: Yunus@grameen.net
www.grameen-info.org
Grameen Foundation USA
Contact: Alex Counts (President)
1029 Vermont Ave NW, Suite 400
Washington, DC 20005-3517 USA
Tel: +1-202-628-3560 / Fax: +1-202-628-3880
E-mail: info@gfusa.org
www.grameenfoundation.org
www.gfusa.org

ZALAQUETT, JOSÉ
Providencia 545, dep. 65
Santiago, CP 6640307, Chile
Tel: +562-204-4540 / Fax: +562-209-7639
E-mail: jzalaque@terra.cl

그 밖의 단체들

ROBERT F. KENNEDY MEMORIAL CENTER
FOR HUMAN RIGHTS
1367 Connecticut Avenue NW
Washington, DC 20036 USA
T: 202-463-7575/ F: 202-463-6606
E-mail: info@rfkmemorial.org
www.rfkmemorial.org

AMNESTY INTERNATIONAL
5 Penn Plaza, 14th Floor
New York, NY 10001
Tel: +1-212-807-8400 / Fax: +1-212-627-1451
www.amnestyusa.org

HUMAN RIGHTS WATCH
350 Fifth Avenue 34th Floor
New York, NY 10118-3299 USA
Tel: +1-212-290-4700 / Fax: +1-212-736-1300
E-mail: hrwnyc@hrw.org
www.hrw.org

HUMAN RIGHTS FIRST
333 Seventh Avenue 13th Floor
New York, NY 10001 USA
Tel: +1-212-845-5200 / Fax: +1-212-845-5299
E-mail: info_NYC@humanrightsfirst.org
www.humanrightsfirst.org

WITNESS
80 Hanson Place, 5th Floor
Brooklyn, NY 11217 USA
Tel: +1-718-783-2000 / Fax: +1-718-783-1593
E-mail: witness@witness.org
www.witness.org

FOREFRONT
333 7th Ave, 13th Floor
New York, NY, 10001-5004 USA
Tel: +1-212-845-5274 / Fax: +1-212-253-4244
E-mail: forefront@forefrontleaders.org
www.forefrontleaders.org

COMMITTEE TO PROTECT JOURNALISTS
330 Seventh Avenue, 11th Floor
New York, NY 10001 USA
Tel: +1-212-465-1004 / Fax:+1-212-465-9568
E-mail: info@cpj.org
www.cpj.org

U.S. DEPARTMENT OF STATE
Bureau of Democracy, Human Rights and Labor
2100 C Street NW
Washington, DC 20520 USA
Tel: +1-202-647-1716
www.state.gov

감사의 말

『진실을 외쳐라』는 많은 사람들의 도움을 받아 만들어졌다. 이 프로젝트에 참여해서 귀한 시간을 쪼개어 자신의 인생과 경험과 내면의 사상들을 나누어주신 모든 인권운동가들에게 마음속으로부터 고마움을 표한다. 이 프로젝트는 처음에는 조사로 시작되었지만, 나중에는 진실의 위력에 관한 영혼의 여행이 되었다.

이 책은 여러 사람의 공동노력으로 만들어진 저작이다. 이 프로젝트를 위해 갖은 수고도 마다하지 않고 열정과 수고를 쏟아부은 애디 애덤스에게 감사한다. 앨리사 애덤스는 우리의 계획에 차질이 생기지 않도록 하는 귀중한 역할을 맡아주었다. 멜리사 르뵈프는 멀리 떨어져 있기 때문에 만나기가 어려운 사람들의 사진을 찍느라 밤낮을 가리지 않고 수고하면서도 항상 명랑한 태도로 실력을 발휘해주었다. 캐리 트라이블럭은 편지와 제안서를 보내고 인터뷰 일정을 맞추고, 전화연락을 하고, 항공사와 여행사 관련 일을 처리하고, 내가 글을 쓸 수 있도록 내 아이들을 돌봐주는 등 갖은 노고를 아끼지 않았다. 이 책은 상당 부분 캐리의 노력과 희생의 결실이다. 캐리의 도움은 영원히 잊지 못할 것이다.

나는 국제사면위원회에서 하기 연수과정을 시작했던 1981년 이후로, 우리 시대의 유명한 인권운동가들을 만나고 함께 활동할 수 있는 소중한 기회를 누리게 되었다. 내가 만났던 인권운동가 가운데 많은 수가 이 책에 등장한다. 이 책에 나오지 않은 인권운동가도 상당히 많지만, 그들의 사상과 영향력은 이 책의 내용에 녹아 있다. 나는 이 책에 포함시킬 나라들과 문제들, 그리고 활동가들과 관련하여 그분들에게서 귀중한 조언을 얻었다. 늘 내 곁을 지키면서 인권변호사위원회의 전체 활동을 내 재량에 맡겨준 마이클 포즈너에게 특별히 감사한다. 릴리 브라운, 카밀 매씨, 메리 모리스를 비롯한 모든 동료들에게 감사한다. 국제사면위원회 미국 지부의 빌 슐츠와 런던 지부의 매이너 키아이, 워싱턴 지부의 스티브 리카드와 카를로스 살리나스, 그리고 아도테이 아크웨이에게도 감사한다. 켄 로스를 비롯한 인권감시단의 구성원들, 그리고 앤 쿠퍼를 비롯한 언론인보호위원회의 구성원들, 그리고 로디 지야리, 존 애컬리, 텐진 타클라, 레슬리 프리델을 비롯한 티베트를 위한 국제캠페인의 구성원들에게도 큰 도움을 받았다. 존 앨런, 마이크 아미테이, 요셉 아사드, 빈센트 아즈마, 홀리 바틀링, 라일리 밀러 바시르, 스테펀 벨트런, 미셸 보해너, 레슬리 카슨, 릴리 코울, 윌슨 다실버, 패트 데이비스, 로버트 드리넌, 피터 에델먼, 조 엘드리지, 프랑크 페라리, 린 프레데릭슨, 예일 픽스, 엘런 홈, 수지 제이크스, 마

이클 케네디, 카샤 키에틀린스카, 다이아몬드 리우, 마리시아 오스타핀, 케이티 레드포드, 에릭 로젠탈, 존 섀턱, 브렌더 셸턴, 게어 스미드, 진 케네디 스미드, 제인 스펜서, 발레리 토머스, 그리고 앨리스 자크만을 비롯해서 연구와 회의의 진행을 도와준 모든 사람들에게 감사한다. 적은 예산으로 이 책을 만들 수 있었던 것은 인터뷰의 녹취를 위해서 자원봉사를 해준 수많은 친구들 덕분이다. 켈리 페이건 알트마이어, 엘리너 디태너, 이첼 페얼리, 데이비드 그로스, 수지 윌즈 켈리, 앨리시아 코우카, 미첼레 넬슨, 데니스 올리비에라, 버지니아 스티븐스, 히더 트룹, 브리언 투레츠키, 애넬 유리올라에게 감사한다. 친애하는 린 오브라이언은 5개월 동안 녹취자들을 찾아 일을 분담하고 자신도 직접 녹취를 하는 등 어려운 일을 맡아주었다. 그녀의 열정과 능력은 내게 큰 힘이 되었다. 린에게 감사한다.

각 인터뷰의 녹취가 끝난 후, 나는 그 기록을 낸 리처드슨에게 보냈다. 낸은 25년 동안 우정을 나누어온 친구로, 이 프로젝트의 탄생에서 중심적인 역할을 했다. 내가 이 기획안을 내놓을 때부터 낸은 내게 큰 도움을 주었으며 내게 제안문을 쓸 수 있도록 격려해주었다. 낸은 내가 랜덤하우스에 이 기획안을 내놓을 수 있도록 기획안에 대한 조언을 해주었다. 낸은 앤드루 와일리 에이전시의 직원 새러 찰폰트를 소개해주었다. 새러는 랜덤하우스와 진행한 기획안 협상을 비롯한 여러 가지 업무처리과정에서 큰 힘을 쏟아주었다. 낸 역시 내가 기록한 인터뷰 내용을 편집하고, 내가 다시 편집을 끝낼 때까지 기다렸다가 다시 편집한 다음 돌려주는 등 편집과정 내내 나를 도와주었다. 각각의 녹취록은 여덟 차례 이상 검토가 진행되었다. 원래 인터뷰 내용이 30쪽이 넘는 경우도 있었는데, 가장 중요한 내용을 유지하면서 이것을 4~5쪽으로 줄이는 것은 엄청난 상상력과 감성이 요구되는 일이었다. 이 작업을 진행하는 동안 나는 낸에게 많은 도움을 받았다. 나로서는 처음 쓰는 책이라서, 출판업의 복잡성과 사진집의 실제 제작과정에 필요한 여러 가지 요소들에 대해 아는 바가 없었다. 낸은 페이지 구성과 디자인, 제작 책임을 맡았는데, 출판에 관련된 그녀의 지식과 완강한 결단력, 훌륭한 조직기술이 없었더라면, 이 책은 이토록 신중한 방식으로 제때에 출간될 수 없었을 것이다. 어려움에 부딪힐 때마다 낸은 항상 믿음직한 태도로 합리적인 결정을 내렸다. 낸에게 너무나 감사한다.

이 책을 양장본으로 제작하고, 후속판을 출간해준 엄브리지의 다른 직원들에게도 감사한다. 특히 스페인어판의 출간과 국제적인 활동에서 귀중한 역할을 해준 이사

도라 주빌라자와, 혼란스러운 상황에서도 밤낮으로 전 세계의 사람들을 상대로 수천 건의 업무를 처리해준 편집차장 캐밀 롭시스, 그리고 레슬리 마틴, 소피 펜위크, 일레인 루시에게도 감사한다. 무한한 열정으로 강렬하고도 감동적인 디자인작업을 해준 욜란다 쿠오모와 크리스티 노가드에게도 감사한다. 이 책의 가치를 확신해준 크라운의 필립 터너, 안 된다고 하면 편할 상황에서도 좋다고 말해준 더그 페퍼와 스티브 로스, 그리고 제작부장 테레사 니콜라스, 레이첼 페이스와 티너 콘스터블에게도 감사한다. 또한 통찰력을 가지고 이 프로젝트가 진행될 수 있게 해준 피터 번스타인에게도 감사한다.

연극 상연과 관련해서는 가장 먼저 에리얼 도르프만에게 감사한다. 그는 이 인터뷰를 훌륭한 연극으로 바꾸기 위해 최선의 노력을 기울였으며, 10여 개 나라에서 상연될 연극을 돕느라 2년이 넘는 기간 동안 열정적인 활동을 펼쳤다. 특별공연을 준비해준 케네디센터의 래리 월커와 엘리자베스 토마스, 연극 제작과정을 맡아준 연출가 그렉 모셔, 그리고 이 연극을 위해 시간과 노력을 들이는 데 주저하지 않은 배우들, 존 말코비치, 케빈 클라인, 시고니 위버, 알프레 우다드, 지안카를로 에스포시토, 줄리아 루이스 드레이퍼스에게 감사한다.

이 책, 이에 관련된 자료를 만드는 데 소요된 노고는 이 책을 출간하는 데 필요한 실제 비용을 훨씬 웃돌았다. 수많은 사람들이 참여한 덕분에 이 책은 탄생할 수 있었다. 아그바의 아그네스 베리스와 일반약품연합회, 폴과 필리스 소방관기금, 디니엘과 에바 아브라함, 엘리엇 브로이디, 매트 고드, 데이비드와 스토리 하이든, 조셉 P. 케네디 주니어 재단의 유니스 케네디 슈리버, 리복 재단의 더그 카안, 샤론 코헨, 파울라 반 젤더, 제너럴모터스 재단의 데비 딩켈, 그리고 스디니 킴멜에게 감사한다. 그 밖에도 많은 후원자들이 많은 도움을 주었다. 이 프로젝트의 중요성을 가장 먼저 인정해준 로버트 케네디 기념사업회의 딘 스미스, 로버트 케네디 인권센터의 직원들의 도움을 받을 수 있게 해준 린 댈러니, 수많은 나라, 수많은 사건들과 관련된 수천 개의 문서를 토대로 꼼꼼한 기록을 작성해준 프랜 워링에게 감사한다. 로버트 케네디 인권센터의 직원인 아비게일 아브래시, 조세피너 하빈, 캐리 하이트메이어, 마거릿 후안, 데이비드 킴, 앤절리 코카르, 알렉스 문트, 마거릿 팝킨, 스테판 리카드, 킴벌리 스탠턴, 제임스 실크에게 감사한다. 이 프로젝트가 어려움에 부딪히지 않도록 친절한 자문을 맡아준 쿠데르 브러더스의 안토니 윌리엄

스, 그의 보좌역인 리 스타일즈의 노고에도 감사한다. 세계 각지로 갈 수 있는 여행편을 제공해준 유나이티드 항공사의 조 러플린, 아메리칸 항공사의 앤 코스텔로, 앤 웩슬러, 버니 월렛, 매리어트의 프레드 말렉, 노스웨스트의 밥 버켓, 워싱턴 포시즌의 크리스토퍼 헌스버거, 마드리드에 소재한 스타우드 웨스틴 팰리스의 크리스토퍼 에번스와 데이비드 스타인에게 감사한다.

도움이 절실히 필요한 순간에 도움을 주었던 사바 에이전시의 마르셀 사바, 디그나 오초아와 파트리아 히메네스의 인터뷰를 녹취하고 번역해주었을 뿐 아니라 멕시코 여행을 주선해준 조엘 솔로몬, 하이메 프리에토와 마리아 테레사 툴라의 인터뷰를 번역해준 찰리 로버츠, 훌륭한 녹취작업을 해준 ARTI의 관계자들에게도 감사를 표하고 싶다. 시간적, 공간적 제약 때문에 이 책에 인터뷰 내용을 실을 수 없었던 분들, 즉 나이지리아의 올리사 아그바코바, 케냐의 윌리 무퉁가, 호주의 자키 케이토나와 이본느 마가룰라스, 알제리아의 자지 사도우, 인도네시아의 밤방 위조안토에게도 특별히 감사의 말을 전하고 싶다. 서사하라의 사라위족을 만날 수 있게 해준 모울루드 사이드에게도 특별히 감사한다. 나는 알제리의 여성들에게 깊은 유감의 뜻을 전하고 싶다. 알제리 정부가 비자를 취소하는 바람에 우리는 알제리 여성들의 이야기를 들을 수 없었다. 이 책에 포함시키려고 했던 코소보와 르완다, 체첸공화국의 사람들에게도 유감의 뜻을 전하면서 언젠가는 함께 일할 수 있기를 바란다. 여기에 미처 다 기록하지 못한 도움의 손길을 더듬다 보니 내가 인권운동에 관여하고 있다는 것이 얼마나 큰 행복인지 깨닫게 된다. 이토록 거대한 도움의 네트워크를 형성할 수 있었던 것은 이 활동이 그만큼 절실하기 때문이다. 우리는 외롭지 않다. 도움을 주신 모든 분들에게 감사를 드린다. 나에게 사랑과 도움은 물론 자신이 가진 능력과 자산을 베풀어준 친구들과 가족들에게 크나큰 감사를 드린다. 특히 수전 블루멘털, 크리스 다우니, 베스 도조레츠, 로우더 글릭맨, 에델 케네디, 로리 케네디, 앤디 카알쉬, 그리고 메리 리처드슨 케네디에게 감사의 뜻을 전하고 싶다.

알베르 카뮈는 "깊은 겨울을 건디면서 나는 비로소 내 속에 억누를 수 없는 여름이 깃들어 있다는 것을 깨달았다"고 말했다. 언제나 나에게 여름의 기쁨을 선사해주는 세 딸, 카라와 마리아, 그리고 내가 글을 쓰는 동안 내 무릎에 앉아 있거나 책상 밑에 숨어 있던 막내 미카엘라에게 사랑을 전한다.

— 케리 케네디

감사의 말

멜리사 르뷔프에게 감사한다. 나는 지난 3년에 걸쳐서 이 프로젝트를 진행하는 동안 수백 통의 전화와 야근, 업무처리, 안 된다는 대답을 받아들이지 않는 단호한 태도, 전 세계를 아우르는 사진촬영 일정을 지칠 줄 모르고 진행해준 데 대해 그녀에게 깊은 감사의 뜻을 전하고 싶다. 사진을 편집하는 일을 맡아서 이 프로젝트의 마지막 단계까지 나를 도와준 아내 앨리사 애덤스에게도 감사한다.

이 자리를 빌어, 나에게 사진작가로서, 인간으로서 폭넓은 경험을 할 수 있게 해주고, 사진작가로서 이 프로젝트에 참여할 수 있는 토대를 마련해주는 등 여러 가지 기회를 제공해준 사람들, 즉 퍼레이드 출판사의 월터 앤더슨, AP통신의 할 부엘, 케이스 풀러, 루 보카르디, 웨스 갈라거, 그리고 잡지 『타임』의 존 두니악, 아놀드 드랩킨에게 감사의 뜻을 전하고 싶다. 또한 지난 13년 동안 끊임없는 지지와 사진작가로서 훌륭한 성과를 올릴 수 있다는 믿음을 베풀어준 에디 애덤스 포토저널리즘워크숍 이사진들, 즉 빈스 알라비소, 래리 암스트롱, 아드리엔 아우리치오, 모라 폴리, 마얀 골론, 톰 케네디, 켄트 코버스틴, 엘리안 라폰트, 낸시 리, 리챠드 로핀토, M.C. 마던, 칼 마이던스, 고던 팍스, 조 로젠탈, 캐시 라이언, 패트릭 시워트, 마이클 스테판슨에게도 감사의 말을 전하고 싶다.

이 사진들을 촬영하는 데 사용한 트라이엑스 팬 필름을 생산한 코닥 프로페셔널 부문과 이 인물사진들을 찍는 데 사용한 카메라 제조업체들, 즉 니콘(F5), 마미야(RZ67), 콘탁스(CONTAX 645)에 대해서도 깊은 감사를 전한다. 특별히 끊임없이 기술적인 지원을 해준 니콘의 리처드 로핀토, 빌 페칼라, 샘 가르시아와 마미야의 헨리 프뢸리히, 얀 레더만에게 감사한다. 빡빡한 일정에 맞추어 책과 전시회에 사용할 사진을 인쇄해준 조지 스몰과 찰스 그리핀에게 특별히 고마움을 전하고 싶다.

나의 아이들 에이미, 수전, 에드워드와 아이들의 어머니 앤에게 감사의 뜻을 전한다. 특별히 막내아들 어거스트에게 앞으로는 매일 하루에 한 번씩 품에 안고 반짝이는 눈동자를 들여다보면서 "사랑한다"고 말하겠다고 약속한다. 늘 새로운 생각을 하며 자신감 있게 지내는 어거스트가 너무나 고맙다.

무기 없이 싸우고 있는 이름 없는 전사들에게 특별히 감사의 뜻을 전하고 싶다. 경례!

— 에디 애덤스

『진실을 외쳐라』(Speak Truth to Power) 사진전시회는 워싱턴 DC.
코코란 미술전시관에서 시작되어 다음 장소에서 국제적으로 순회전시되고 있다.

미국 뉴욕 주, 뉴욕 시, 콜롬비아 대학교

테네시 주, 멤피스 시, 국립시민권박물관

플로리다 주, 잭슨빌 시, 현대미술박물관

우타 주, 솔트레이크시티, 동계올림픽/ 선댄스 페스티벌

그리스, 아테네, 자유공원, 아테네시민문화센터

푸에르토리코, 산후안, 푸에르토리코미술박물관

스페인, 마드리드, 살라 알칼라 31

캘리포니아 주, 산디에고 시, 사진미술박물관

스페인, 바르셀로나, 2004 문화포럼

이탈리아, 제노바, 페스타 델 우니타

텍사스 주, 휴스턴 시, 로스코 예배당

조지아 주, 애틀랜타 시, 마틴 루터 킹 역사유적박물관

코네티컷 주, 햄덴 시, 퀴니피악 대학교, 앨버트 슈바이처 연구소

노스캐롤라이나 주, 채플힐, 노스캐롤라이나 대학교

루이지애나 주, 뉴올리언스 시, 툴레인 대학교

아르헨티나, 부에노스아이레스, 레콜라타 문화센터

한국에서는, 2006년 5월 12일부터 6월 20일까지 서울, 부산, 광주에서,
민주화운동기념사업회, 국가인권위원회, 5·18기념재단, 부산민주항쟁기념사업회,
광주광역시가 함께 주최하고 민주화운동기념사업회가 주관하는
'진실을 외쳐라 — 세상을 바꾸어가는 인권운동가들Speak Truth to Power'
사진전시회 및 연극 〈Voices from Beyond the Dark〉 상연 행사가 열릴 예정이다.

진실을 외쳐라

— 세상을 바꾸어가는 인권운동가들 —

2006년 4월 10일 찍음
2006년 5월 10일 펴냄

지은이 | 케리 케네디 쿠오모

사진 | 에디 애덤스

옮긴이 | 이순희

펴낸이 | 정종주

펴낸곳 | 도서출판 뿌리와이파리

등록번호 | 제10-2201호(2001년 8월 21일)

주소 | 서울시 마포구 서교동 451-48 2층

전화 | 02)324-2142~3

팩스 | 02)324-2150

전자우편 | puripari@hanmail.net

한국어판 디자인 | BOOKDESIGN SM

종이 | 화인페이퍼

인쇄 | 영신사

제본 | 우진제책

값 40,000원

ISBN 89-90024-53-6(03300)

이 도서의 국립중앙도서관 출판시도서목록(CIP)은
e-CIP 홈페이지(http://www.nl.go.kr/cip.php)에서 이용하실 수 있습니다.(CIP제어번호: CIP2006000499)